解读语文

钱理群　孙绍振　王富仁　著

海峡出版发行集团 THE STRAITS PUBLISHING & DISTRIBUTING GROUP | 福建人民出版社 FUJIAN PEOPLE'S PUBLISHING HOUSE

序：读者主体和文本主体的深度同化与调节

◎ 孙绍振

文本阅读占据语文课堂的绝大部分课时，然而阅读的低效和无效，至今没有得到根本的改进。危害之烈，耗时之久，一代又一代青春投入之大，收益之微，不能不令人哀叹。普遍存在的现实是，学生对课文感到“一望而知”，教师在学生已知的话语上纠缠不休，甚至人为制造混乱，教者殚精竭虑，学者费神无补，积弊之深，百年未变。虽然多年来教学改革五花八门，花样翻新，然未能改变“语文课上和不上一个样”的普遍抱怨。这就迫使我们不能不从根源上、从哲学上、从深层的思维模式上进行反思。

一、看出了文本还是看见了自己？

占据我们教学思想核心的，有两种哲学观念：第一种，机械唯物主义的反映论和狭隘社会功利论，这是非常陈腐的、古老的；第二种，后现代离开文本主体的绝对的读者自发主体论，这是非常新潮的、前卫的。[①] 二者，一个强调客体，一个强调主体，看起来背道而驰，但是在思维的线性上却是异曲同工的。机械唯物论认定，文本内容会在读者头脑中得到反映；读者绝对自发的主体论，则认为只要相信自己，就能有独特的理解。二者在思维模式上的共同点是，从阅读到理解是一条直线，当中没有任何中介，没有任何障碍。

先来看机械唯物论，它虽然已经遭到唾弃，但是，“百足之虫，死而不僵”，在教学实践中，阴魂不散。仅举一例，有老师在解读《背影》时得出结论，爬月台部分最为动人，原因是作者善于观察，乃布置学生课后作观察练习，在观察的基础上作文。

把观察看成是反映，当成为文成功之道，却对观察没有起码的研究，目前在语文课堂上可谓滔滔者天下皆是。观察并不是照相。人的大脑，并非英国古典哲学家洛克所设想的那样，是一块白板；也不像美国现代行为主义者所说的那样，外部信息对感官有了刺激，就会有相应的“反应”。多年前，四十二名心理学家在西德哥廷根开会，突然两个人破门而入，一个黑人持枪追赶一个白人，接着厮打起来，一声枪响，一声惨叫，两人追逐而去。前后经过只有二十秒钟，有高速摄影机记录。会议主席宣布：“先生们不必惊惶，这是一次测验。”测验的结果相当有趣：四十二名专家，没有一个人全部答对，只有一个人错误在百分之十以下，十四个人错误达到百分之二十到百分之四十，十二个人错误为百分之四十到百分之五十，十三个人错误在百分之五十以上，有的简直是一派胡言。[②] 光是这个例子，就可以说明机械唯物主义的反映论是如何经不起检验的。观察并不是机械的反映，它不同于观看，而是有目的的，目的就是主体的预期，没有预期，往往就视而不见。

这是人的一种局限性。预期，从某种意义上说，就是感官的选择性，感

---

① 后现代在关于文本和读者问题上表现比较复杂，这里只针对我国教育界的主流话语，简而言之。后现代有时似乎很重视文本。巴特在《作者已死》这篇论文的最后部分宣布“作者已死”，并没有宣布文本已死。但是，在后现代的话语中，没有确定的（“本质主义”）文本，一切文本注定要被不同读者文化价值所“延异”，所以巴特宣布“读者时代到来”。读者中心说，扩散到教育界，产生了恶性的、无限度的、读者自发主体的“多元解读”的理论。

② 参阅孙绍振：《文学创作论》，海峡文艺出版社 2007 年版，第 56 页。

知只对目的开放，其余则是封闭。预期中没有的，哪怕明明存在，硬是看不见。福建漳州南山寺有个挺古老的泥菩萨，传说当年雕塑师很自信，说塑成以后，完美无缺，如能挑出毛病，分文不取。有关官府发动百姓参观，都挑不出毛病，一个小孩子却看出来了：手指太粗，鼻孔太小，挖鼻孔成问题。为什么明摆着的毛病大人看不出，小孩子却一目了然？原因就在于小孩大多有挖鼻孔的习惯，有这个预期，而大人一般则没有。和心理预期的封闭性相联系的，还有主观的同化，或者叫投射性。明明没有的东西，因为心里有，却看见了。“郑人失斧”的故事说，斧头丢了，怀疑是邻居偷了，于是去观察邻居，越看越像小偷，后来斧头找到了，证明不是邻居偷的，再去观察，就越看越不像小偷。这里有心理学的深刻奥秘。按皮亚杰的发生认识论，外部信息只有与固有的心理图式（scheme）相通，才能被同化（assimilation），才有反应，否则就视而不见、听而不闻、感而不觉。相反，心理图式已有的，外界没有，却可能活见鬼。《红楼梦》里写贾宝玉第一次见到林黛玉，明明是从来没有见过，却硬说这个姑娘我见过。当然，也不能因此而悲观。人就不能突破自己的局限了吗？不，人的心理图式，在其边缘上，也有开放的可能。在新颖刺激反复作用下，就会发生调节（accommodation）。[①] 建构主义的教学要求在学生新知识与旧知识的交界处下工夫，就是这个道理。

机械唯物主义抹杀读者和作者的主体性，其余毒甚烈，尚未得到彻底的清算。我们的教育学权威又大吹大擂地引进了西方当代读者中心论，走另一个极端，把读者主体绝对化，鼓吹超越文本的自发主体性，把尊重学生主体性无条件地放在首位。这就产生了两个原则问题：第一，完全排除了文本主体对阅读主体的制约；第二，对阅读主体心理图式的封闭性和开放性缺乏分析，对主体的封闭性没有起码的警惕。这就在理论和实践两个方面陷入盲目性。主体性像任何事物一样，是可以分析的，至少可以分为自发的和自觉的两个层次。不加分析的主体，不能不是自发的、庸俗的。放任庸俗主体性自流，在当前阅读教学中，比机械唯物论具有更大的欺骗性和破坏性。全国各地课堂上违背文本主体的奇谈怪论层出不穷，其理论根源盖出于此。什么《背影》中的父亲“违反交通规则”啊，向祥林嫂“学习拒绝改嫁的精神”啊，《皇帝的新装》中的骗子是“义骗”啊，《愚公移山》中的行为是在破坏

① 皮亚杰：《发生认识论原理》，商务印书馆 1985 年版，第 21～60 页。

生态环境啊，不一而足。这一切说明，学生主体图式中的当代生活经验和价值的封闭性压倒了开放性，造成了对经典文本的肆意歪曲。文本分析的混乱，甚至荒谬，权威教育理论的教条主义恐怕难辞其咎。

除了权威教育理论家，我想，大学的中文系教师也要承担相当的责任。照理说，他们的阅读主体性应该是比较自觉的，甚至应该是成熟的。如果他们对文本提供了深邃的分析，广大中学老师有可能免受教育理论权威的误导。令人遗憾的是，大学文学教授们的主体封闭性有过之而无不及。他们从文本中看到的，并不是文本内在的、深邃的奥秘，而是他们自己的价值观念的投射。一位权威教授写了一篇《〈咏柳〉赏析》，指出这首诗的好处在于：第一，"碧玉妆成一树高，万条垂下绿丝绦"表现了"柳树的特征"，不但写了柳树，而且歌颂了春天；第二，"二月春风似剪刀"歌颂了创造性的劳动；第三，这个比喻十分巧妙。[①] 这样的阐释，和经典文本可以说八竿子打不着。一个唐朝贵族，他的脑袋里会有"创造性劳动"吗？"创造性劳动"，是权威教授自己心理图式中固有的，是他从 20 世纪 50 年代苏联式的文艺理论的狭隘社会功利论中衍生出来的。至于"比喻十分巧妙"，完全是打马虎眼。岂不知，读者期待的正是其巧妙在哪里。笼统地说巧妙，正暴露了他的心理图式中对比喻的巧妙并没有谱，他所看到的并不是贺知章的巧妙，而是他自己贫乏的"巧妙"概念。

分析的对象是差异或者矛盾，而艺术形象是天衣无缝的、水乳交融的。要进入分析，就要把未经作家主体同化（创造）的原生的形态想象出来，或者用我的说法，"还原"[②] 出来，有了艺术形象和原生形态之间的差异，才有了分析的切入口。"碧玉妆成一树高，万条垂下绿丝绦"的矛盾在于：柳树本不是碧玉，却说它是玉；柳叶不是丝织品，偏偏说它是。权威教授所强调的表现了柳树的"特征"，说明他的美学观念是：机械唯物论的美就是真。但是，这个真并不是绝对的，而是假定的、虚拟的，被诗人的情感特征同化，用物的珍贵性来寄托珍贵的感情。这说明，诗之美，并不完全是由于反映了真实，也由于主体的想象突破了真，是真中有假，假中有真。

---

① 袁行霈：《〈咏柳〉赏析》，初中语文课本第一册，人民教育出版社 1992 年版。

② 我的"还原"不同于现象学的还原，现象学的还原是为了去蔽，而我的"还原"是为了揭示矛盾和差异。

权威教授称赞的“二月春风似剪刀”也不是真的，真的剪刀是不能如此剪柳叶的。要说“比喻十分巧妙”，我可以和他抬杠，不巧妙。春风是柔和的，像爱情一样温柔的，怎么像剪刀呢？冬天的风还差不多。当然，我可以替他辩护，这是早春二月的风，又可能是中国北方长安的风。春寒料峭，有一点刀一样锋利的感觉。但是，我再问，为什么一定是剪刀呢？刀很多啊，比如说，菜刀、军刀。但“二月春风似菜刀”、“二月春风似军刀”就很打油。原因在哪里？在前面一句：“不知细叶谁裁出”。看见没有？有个“裁”字埋伏在那里，“裁”和“剪”自动化地紧密联系，是汉语的天然联想，在英语里就只有一个单纯的 cut。以“十分巧妙”之类来打马虎眼，说明他看不见“二月春风似剪刀”的妙处，只看到自己关于比喻的贫乏的心理预期。或者说，他的干巴巴的“巧妙”概念同化了鲜活的艺术形象。

二、阅读过程中的三个主体和文本结构的三个层次

阅读的深化并不如权威教育理论家所许诺的那样，只要主体的自信就可以畅通无阻了。

阅读主体并不是想开放就开放的，它面临着一场主体开放性与封闭性的搏斗。在一般读者那里，封闭性占有惯性的优势，对文本中的信息，以迟钝为特点，崭新的形象在瞬息之间就被固有的心理预期同化了。聪明的读者，则由于开放性占优势，迅速被文本中的生动信息所震动。但是，敏捷是自发的，像电光火石那样瞬息即逝，而心理预期的封闭性则是惯性地自动化的，仍然有可能被遮蔽。即使开放性十分自觉，也还要和文本的表层的、显性的感性连续搏斗，才有可能向隐性的深层胜利进军。即使如此，并不能保证百战百胜；相反，前赴后继的牺牲，为后来者换取山穷水尽后柳暗花明的提示，这是为无数阅读历史所证明的事实。如说不尽的莎士比亚，说不尽的普希金，说不尽的鲁迅，说不尽的《红楼梦》，说不尽的《背影》、《再别康桥》。就在这前赴后继的过程中，经典文本才成为每一个时代智慧的祭坛，通过这个祭坛，人类文明以创新的图式向固有的图式挑战。每一个经典文本的阅读史，都是一种在崎岖的险峰上永不停息的长征，目的就是向文本主体结构无限地挺进。

后现代教条主张无条件地尊重学生主体对文本的多元的“独特感悟”，这是经不起教学实践检验的。显而易见，在阅读过程中，至少有三个主体在相互制约，除了读者主体以外，还有作者主体和文本主体。文本，尤其是经典文本，并不如后现代哲学所说的那样是无深度的、无本质的，而是有其稳定的立体层次结构的。阅读就是读者主体、文本主体和作者主体从表层到深层的同化与调节。脱离了文本主体和作者主体而放纵读者主体，就不能不产生奇谈怪论。鲁迅说，一本《红楼梦》，“经学家看见《易》，道学家看见淫，才子看见缠绵，革命家看见排满，流言家看见宫闱秘事”①。诸如此类，难道都要无条件地尊重吗？毛泽东看见了“阶级斗争”，而我看到了封建大家族男性接班人的精神危机，难道不是更为发人猛省吗？由此也可看出，权威教育理论家所信奉的西方后现代关于文本无深度、无本质、无中心的理论，是经不起检验的。

说不尽的经典文本，并不是无聊的游戏，而是向不可穷尽的深度挑战。就以《背影》而言，之所以至今仍然众说纷纭，原因就在于理性概括尚未达到可以感觉到的深度。就是朱自清的好友叶圣陶的解读也不例外。叶先生认为《背影》的好处在于写父爱的“一段深情”，把已经是大学生的作者“当小孩子看待”②。这个说法很权威，但是，并没有达到《背影》的最深层次。如果我们不满足于以追踪西方阅读理论为务，有志于阅读学的原创性建构，那么，经典文本的结构并不是单层次的，至少有三层次。

第一层次是显性的，按时间、空间顺序，将外在的、表层的感知连贯，包括行为和言谈的过程。这个层次是最通俗的，学生可以说一望而知。如果满足于此，教师就可能无所作为了。教师应该有一种自觉，即从学生的一望而知指出他的一望无知，甚至再望也还是无知。这也是教师的任务之一。

这样就可能进入到文本的第二层次。这个层次是隐性的，在显性感知过程以下的，是作者潜在的“意脉”变化、流动的过程。这不但是普通学生容易忽略的，就是专家也每每视而不见。《背影》的动人之处，叶圣陶只看到了父亲把已是大学生的儿子“当小孩子看待”，关怀无微不至，却忽略了这种关

① 鲁迅：《绛花洞主小引》，见《鲁迅全集》第8卷，人民文学出版社2003年版，第179页。

② 叶圣陶：《文章例话》，辽宁教育出版社2005年版，第4页。

怀在文章的前半部分遭到儿子厌烦，甚至是公然拒绝；文章的高潮是，作者看着父亲为自己艰难地爬月台买橘子，感动得流下了眼泪，从公然拒绝到偷偷地被感动，构成了完整的“意脉”。其特点是：第一，连续性中的曲折性；第二，情志的深化。显然，有了转折，文章才深刻。只抓住前面父亲的言行，虽然有连续性，但还构不成完整的“意脉”。因为转折是精神焦点，朱自清笔下的亲子之爱和冰心的不同，冰心的亲子之爱是心心相印的，而朱自清的亲子之爱是有隔膜的，爱的隔膜，是具有相当普遍性的规律。从某种意义上说，朱自清比冰心更为深刻。没有这个转折，就没有人性的深度。

这第二层次的揭秘，可能使一般读者满足，但是，这种满足可能遮蔽了更加隐秘的第三层次，这就是文体形式的规范性和开放性，还有文体的流派和风格。这里有着更为深邃的内涵。认定父亲爬月台买橘子的生动性缘于作者细致的观察，就忽略了这是篇抒情散文，到高潮处，却不用抒情散文常用的渲染、形容、排比（如在《荷塘月色》中那样），而是用了朴素的叙述，或者用流行的话语说，就是白描吧。而在文学家（如叶圣陶）和评论家（如董桥）那里，这样的表述，比之《荷塘月色》、《绿》那样的形容铺张风格是更高的艺术层次。

对文本分析不得其门而入，原因之一就是对自发主体的迷信，具体表现就是无视文本深层“意脉”和文体的审美规范和风格创新，阅读在感知显性层次滑行的顽症，其根源盖出于此。

请允许我以杜甫的《春夜喜雨》为例，用还原方法，进一步阐释“意脉”这个范畴。

传统的阅读预期是，《春夜喜雨》的杰出，就在于栩栩如生地写出了春夜之雨的意境，表现了诗人的喜悦。这几乎没有层次，没有分析。按还原法设想，通常人们写雨，大都是写眼睛看到的、耳朵听到的，而在这首诗中，“随风潜入夜”，雨是偷偷地来的，看不见，“润物细无声”，雨是听不见的。在某些迷信观察的老师那里，看不见、听不见，就没法写了。但是，诗人感知的特点是，默默地体验那种无声的“润物”的喜悦，把不能感觉的感觉，变成内心深处无声无息的欣慰。在那个以农为本的时代，在那战乱频仍的岁月，春雨如油，是国计民生所系，所以它是好的、美的。“好雨知时节，当春乃发生”，这一联表面平静的话语的好处，到这里才得到充分的注解。诗人独自默默地享受着春雨美好之感，不由自主地从心里发出无声赞叹。“野径云俱黑，江船火独明”，只有在平原上，视野开阔，在田野小路上才会感到天边有云，一片漆黑，什么也看不见，也是美的，用一点渔火来反衬一下，就更加气韵生动了。“晓看红湿处，花重锦官城”，这里就是“意脉”的转折点了，表面上没有昨夜的雨了，和昨夜的雨无关了，但是，这样鲜艳的花却是昨夜的雨的效果。从一片漆黑，到色彩艳丽，视觉的反差构成了“意脉”的转折：心情从默默的欣慰到豁然开朗。

阅读是阅读主体和文本主体之间由浅到深的同化与调节。而自发的主体图式，只能同化文本显性的表层，其封闭性，使它难以触及隐性的中层和深层。而进入文本结构的深层，恰恰从“意脉”开始。所谓还原，就是“意脉”的还原，也是人的性灵的还原。

有一位老师问我，李清照《声声慢》的开头“寻寻觅觅，冷冷清清，凄凄惨惨戚戚”好在哪？还原，不能停留在字面上，要通过“意脉”把人还原出来。一连三组的叠字，千百年来，众口一词地赞美。但是，韩愈等诗人也用过许多叠词，为什么湮没无闻了呢？说明其好处不仅仅在文字，还在“意脉”深度方面。一开头就是“寻寻觅觅”，这是没来由的。首先，寻觅什么？寻到没有？没有下文。接着是“冷冷清清”，跟“寻寻觅觅”没有逻辑的因果。再看下去，“凄凄惨惨戚戚”，冷清变成了凄惨，逻辑中断。李清照“意脉”的特点就是断断续续。这个“寻寻觅觅”从哪里弄出来的呢？一个寻觅不够，再来一个，又没有什么寻觅的目标。这说明，不知道寻觅什么，说不清自己到底失落了什么。精神的失落感是看不见、摸不着、寻不回的，寻觅本身成了目的。这里贯穿着特别的情绪，是孤单的、凄凉的、悲郁的。不但感觉孤独、冷清，而且凄惨，一个凄惨不够，再来一个，再来了一个还不够，还要加上一个“戚戚”，悲郁之至。朦胧地体验着孤独，忍受着失落感。叠词和句法里的逻辑中断，“意脉”的若断若续，造成了一种飘飘忽忽、迷迷茫茫的精神状态。沉迷于失落感之中，不能自已，不能自拔，又自我陶醉。

三、读出文本结构深层的文化密码来

平面性的自发主体，不能与文本隐性结构进行调节与同化，无法将文本立体结构和立体的人解读出来，就只能在多媒体与导入、对话等等上玩些花样，不但不得其门而入，有时甚至制造混乱。我到一所中学听课，老师讲《木兰诗》，先放美国的《花木兰》动画片，接着集体朗读、分角色朗读了一番，然后讨论《木兰诗》的文本。但这和美国的《花木兰》动画片有什么关系？完全忘记了分析。遵照所谓“平等对话”的原则，老师问，花木兰怎么样？学生答，是个英雄。这花木兰什么地方“英雄”啊？学生想来想去，回答说花木兰英勇善战啊……老师又问了，花木兰回来以后，家里反应怎么样啊？学生说，爸爸妈妈出来迎接她。某同学你做个样子看看她爸爸妈妈是怎样迎接的。学生做搀扶状。又问，弟弟怎么样？弟弟磨刀霍霍向猪羊。某同学你做个磨刀的样子。那学生就做磨刀状。就在这嘻嘻哈哈之间，文本中的花木兰消失了，多媒体上的花木兰也遗忘了，花木兰变成了一个贫乏的概念——英雄就是英勇善战的。多媒体、朗诵、对话，花样玩得不少，可是学生看到的却不是文本中的花木兰，而是预期的心理图式中固有的男性英雄。

其实，在文本里，花木兰是个女性英雄，作者设定的女英雄的特点，恰恰不在英勇善战上。

我问，你说花木兰英勇善战，那么在这首诗里写打仗的一共有几句？他说，“旦辞黄河去，暮至黑山头，不闻爷娘唤女声，但闻燕山胡骑鸣啾啾”这几句是写打仗。这是不是写打仗？不像，写的是想家。他又说，“万里赴戎机，关山度若飞”是打仗。我说，不是，这是行军。他又提出，“朔气传金柝，寒光照铁衣”是不是打仗呢？我说，这是宿营。“将军百战死，壮士十年归”这可以说是打仗了。但是，何其少也，只有两句，而且严格来说，只有一句。因为“壮士十年归”这一句，写的不是打仗，而是凯旋。就是“将军百战死”，也没有正面写她打仗，是写别人牺牲了。打了十年，虽然后面有“策勋十二转”的间接交代，但是正面的就这么区区一句概括性的叙述。她在战争中的英勇是全诗的重点还是“轻点”？战争场面轻轻一笔带过就“归来见天子”了。写战争这样吝惜笔墨，可是写她为父亲担心，决心出征，却不惜浓墨重彩。写了多少句呢？十六句：“唧唧复唧唧，木兰当户织。不闻机杼声，惟闻女叹息。问女何所思，问女何所忆。女亦无所思，女亦无所忆。昨夜见军帖，可汗大点兵，军书十二卷，卷卷有爷名。阿爷无大儿，木兰无长兄，愿为市鞍马，从此替爷征。”然后写备马（从这里可以感到当时农民的负担是如何重，参军还要自己去买装备），四句：“东市买骏马，西市买鞍鞯，南市买辔头，北市买长鞭。”接着写行军中对爹娘的思念，又是八句：“旦辞爷娘去，暮宿黄河边，不闻爷娘唤女声，但闻黄河流水鸣溅溅。旦辞黄河去，暮至黑山头，不闻爷娘唤女声，但闻燕山胡骑鸣啾啾。”前四句和后四句想念爹娘的意思是相同的，句法结构也完全相同，只改动了几个字，几乎没有提供多少新信息，最多四句就够了，作者为什么要冒着重复的风险，写得如此铺张？奏凯归来以后，写家庭的欢乐，用了六句，接着写木兰换衣服化妆，一共十二句：“爷娘闻女来，出郭相扶将；阿姊闻妹来，当户理红妆；小弟闻姊来，磨刀霍霍向猪羊。开我东阁门，坐我西阁床，脱我战时袍，著我旧时裳，当窗理云鬓，对镜帖花黄。”如果作者的意图是要突出木兰作为战斗英雄的高大形象，这可真是货真价实的本末倒置了。

但是，这样的安排，恰恰是为了表现文本两个方面的深层“意脉”。

第一，突出女英雄。从军本来是男人的义务，而文本反复渲染的是女孩子主动承担起男人保家卫国的任务，特点不在于她如何英勇，而是侧重于从军之前的亲情，立功归来以后，和男性享受立功受赏的荣誉、坦然为官作宰截然不同，她只在意享受亲情以及和平幸福的生活。女性的毅然担当，女性的亲情执著，女性超越立功受奖的世俗功利，正是文本“意脉”的前半部分；而文本“意脉”的后半部分则是恢复女儿本来面目的自豪和自得。两点一线，这个“意脉”是文本的生命线，为什么那么多师生视而不见呢？就是因为自发主体心理预期图式中的“英雄”同化作用。在汉语里，“英雄”从语义的构成来说，“英”就是花瓣，杰出之义；而“雄”则为男性。“英雄”没有女性的份儿。而这里的英雄却是女性，顾名思义，应该是“英雌”。文本的“意脉”在于女性从军立功与男性之不同，如果着重写英勇善战，则与男性英雄无大差异。这一点，在文本的结尾处特别透露出来。中国诗歌是讲究比兴的，可是这首诗几乎全是叙述，极少比喻（唯一接近比喻的只有一句：“关山度若飞”），到了最后却来了很复杂的比喻。扑朔迷离，“安能辨我是雄雌”，隐含着女性对于男性粗心大意的调侃和女性心灵精致的自得。这是全诗点睛之笔，日后进入了日常口语，不是偶然的。

第二，经典文本的第三个层次——文体风格，蕴含着矛盾，统一而又丰富。一方面，在花木兰情绪的营造上，极尽排比渲染之能事，这是民歌风格，情致天真而单纯；而另一方面，在描写百战之苦、十年之艰时，则惜墨如金，一笔带过，表现了唐诗的成熟技巧。“朔气传金柝，寒光照铁衣”，不但是精致的对仗，而且平仄在一句之内交替，在两句之间相对。这说明，民歌在长时间的流传过程中，经过了不同文化水准的人士的加工。最明显的莫过于，“将军百战死，壮士十年归”和“同行十二年，不知木兰是女郎”留下的时间上的漏洞了。

经典文本之所以不朽，肯定有它不同凡响、不可重复之处，自发的主体则以模式化的心理预期去遮蔽它。因而，要揭开文本隐藏的“意脉”，就要从心理隐藏的现成预期中解脱出来。要真正读懂《木兰诗》，就要借助文本的信息，驱除现成的、空洞的“英雄”的概念，用文本中微妙的、深邃的信息，推动读者内心图式的开放，作深度调整。孤立地强调自发主体，就是放纵封闭性，对汉语中“英雄”一词中蕴含的男性霸权就会视而不见，就只能感而不觉。

归根到底，在阅读中的自发和自觉主体问题，实际上是自由思考与学养积累的矛盾。我国后现代教育理论家只要自由思考，摒弃学养积累，不但完全脱离阅读实践，而且脱离我国丰厚的阅读传统。我国的教育理念，从来就把“思”和“学”视为一对矛盾，而且把矛盾的主要方面放在“学”上，也就是说，“学”是“思”的基础。孔子云：“吾尝终日不食，终夜不寝，以思，无益，不如学也。”很可惜的是，我们的教育理论家对西方的教条耳熟能详，对自己民族的经典却忘得一干二净。和文本作深度对话，是要有学养做本钱的。对《木兰诗》这样的经典文本，没有学养做本钱，不管主观上多么开放，也是读不出女英雄的文化和艺术的奥秘的。这并不神秘，原因就在于韩愈所说的“术业有专攻”。不学无术，不可能进入经典文本的深层。“外行看热闹，内行看门道”，而自发的主体论，却把“看热闹”当成了“看门道”。

阅读是一种专业，专业的修养不是自发的，而是要循序渐进、不畏艰难地习得的。①

---

① 读者蔡福军来信表示支持我的观念，说：“德国接受美学理论家区分了专业读者与非专业读者。尽管一千个人眼中有一千个哈姆雷特，理论上阐释的可能性是无限的，但是文学经典本身形成了一个标准和内部结构，新经典的产生不会彻底冲垮这个结构，而是让这个结构内部的相对位置发生微调。文学经典本身公认的艺术高度成为潜在的准则，这就是专业读者不断训练、不断积累才有的。”课堂学习当然是专业的。感谢蔡福军的支持；不敢掠美，录以备考。

四、读出作者驾驭文体形式的才华

习惯于以读者的身份，就只能被动接受，真正要进入深层，就要化被动为主动。光是看明白了人家这样写，还不够，还要追问，为什么他不那样写？这是鲁迅提出来的一种阅读办法。① 如何化被动为主动？设想自己是作者，这个题材由我来写，我会怎么写？这样就不但把人还原出来，而且把文本形式的驾驭者还原出来。

权威大师，从章学诚到鲁迅，都说《三国演义》中“三顾茅庐”是虚构的，七实三虚，易滋混淆，而《三国志》中“隆中对”才是可靠的、真实的。可事实上，“隆中对”中明明写着当时刘备把众人支开（“因屏人曰”）方与诸葛亮密谈，没有第三者在场。作者陈寿过了二十多年才出世，到四十岁上才开始整理诸葛亮的遗文，在“隆中对”以后六十多年才写《三国志》，蜀国又没有史官，没有官方文献为据，可他把史官的“实录”原则和文学的虚构、想象结合得水乳交融、天衣无缝，既有文学性，又有中国史家传统的“实录”精神，“春秋笔法”、“寓褒贬”、“微言大义”全在字里行间。刘备明明是谋求用武装、暴力统一中国，可是陈寿却让他说：“孤欲申大义于天下。”也就是用道德教化来赢得老百姓的拥护。以德服人，垂拱而治，一派王道话语。明明当时刘备只有两千左右人马，在一个县里相当于武装部长的职位，可是陈寿却让他自称“孤”，流露出与其地位和王道话语（口头上自认“智术浅短”）不相称的野心。而在虚构的《三国演义》中，“三顾茅庐”这一回，罗贯中却没有用“孤”，而是自称“备”。陈寿为什么没有像罗贯中那样写？这个史家在字里行间寄寓着何等的蕴涵！表现了何等的史笔修养！诸葛亮为他制定了避开曹操，拉拢孙权，向荆州和益州发展，建立根据地的战略方针。一待天下有变，从荆州向河南，四

---

① 鲁迅的原文是：“凡是已有定评的大作家，他的作品，全部就说明着‘应该怎样写’。只是读者很不容易看出，也就不能领悟。因为在学习者一方面，是必须知道了‘不应该那么写’，这才会明白原来‘应该这么写’的。”引自《且介亭杂文二集》，见《鲁迅全集》第6卷，人民文学出版社2003年版，第321页。

川向陕西，兵分两路北伐……接下去不着痕迹地说“则霸业可成”。这时，请注意，陈寿让诸葛亮把刘备官样文章的王道话语转换成了霸道话语。而称呼刘备，如果顺着刘备的自称（“孤”），则应该是“陛下”，但是用了“将军”。这种在称呼上异乎寻常的错位，表现了何等精致的史家春秋之笔！不具备历史和文学想象之矛盾的学养，任何人，包括权威教育理论家，都不可能从几个字眼中看出中国史家笔法寓褒贬的精彩和深邃。

陈寿对诸葛亮的想象，在文学方面同样精彩绝伦。

诸葛亮指出，刘备把目标定在奸臣曹操身上是不行的。曹操拥百万之众，且挟天子以令诸侯，有行政上的合法性，不能和他“争锋”。孙权在江东，已经有三代的基业，而且地形险要，也只能结盟。这就是说，本来刘备的心理预期，习惯性地以“逐鹿中原”为务，诸葛亮把他从固有的心理预期中解放出来，指出荆州和益州是两个空挡，到那里去建立根据地。陈寿不过用几百字勾画了这个二十多岁的小青年在谈笑间让比他年长十几岁的刘备如梦方醒、醍醐灌顶，甚至还带出了这样的心理效果：把自己生死与共的肝胆兄弟关羽和张飞都冷落了。诸葛亮漂亮的话语，显然是文学的想象多于史家的“实录”，把当时的情境和日后几十年的政治军事实践总结在这样简短的话语之中，需要何等的笔力！陈寿虚构的诸葛亮的语言，一点都不像是即兴交谈的口语，通篇出口成章，情志交融，一气呵成，显然是宿构。如诸葛亮分析荆州，这样说：

> 荆州北据汉沔，利尽南海，东连吴会，西通巴蜀，而其主不能守。

魏晋散文，以气为主，建安风骨，朴实无华，然而，陈寿却文采结合情采，站在地理的制高点上，雄视八方，海内风云尽收眼底。不但在当时的散文中难得一见，就是在诗歌中也是稀罕的。更难得的是，在骈体文尚未成为主流话语之时，居然大量运用骈句，与散句结合，达到骈散自如的境地，显然是事后深思熟虑、精心推敲，才能把史家散文的文学性发挥到时代的前沿。这种高瞻远瞩、视通万里的气势和骈句的排比，成为序记性散文的经典模式，为后世散文所追随。如《滕王阁序》：

> 星分翼轸，地接衡庐，襟三江而带五湖，控蛮荆而引瓯越。

王勃几乎亦步亦趋地追随陈寿以一地之微总领东南西北以雄视九州的风格，以天地配比三江五湖，甚至连骈句和动词对称，也不避其似。而范仲淹的《岳阳楼记》“北通巫峡，南极潇湘，迁客骚人，多会于此”，在骈散结合的句法上则更是一脉相承。

不懂得尊重文本主体性的教育理论家，对古代史家和散文的讲究和成就缺乏准备的外行，在这样的文本面前，绝对是两眼一抹黑。

但是，这个文学性很强的史家并没有忘记他的史家“实录”精神，他对诸葛亮的赞扬和保留，也没有直接说出来，只是让它渗透在话语之中。① 到谈话最后，诸葛亮兴奋起来，说一旦天下有变，两路分兵，“命一上将将荆州之军以向宛、洛，将军身率益州之众出于秦川”，百姓们肯定就莫不“箪食壶浆以迎王师”了。陈寿写《三国志》的时候，诸葛亮的这个想象已经落空了。可是陈寿还是不动声色地写下来。从史家看，这是“实录”；从文学看，这是表现诸葛亮的矛盾，战略上高瞻远瞩，堪称雄才大略，但是，不脱小伙子的天真，他的乐观主义在军事上的兵分两路，两个拳头打人，完全是糊涂，后来遭到毛泽东的嘲笑。值得注意的是，到了司马光写《资治通鉴》，就把这一段给删节了。

五、在比较中显出人格与风格的精彩

我们很多老师在课堂上玩了不少轰轰烈烈的花样，但还是读不懂经典，不开窍，进入不了文本隐性的深层，读不出人来，读不出文体风格的讲究来，还有一个原因，那就是习惯于孤立地读经典，不能在历史语境中把众多的经典文本加以比较。时时刻刻说文本分析，却不知除了分析内部差异和矛盾以外，还可以与外部文本进行比较，从而揭示差异，找到分析的切入口。

对于范仲淹的《岳阳楼记》，不知内情者往往以为，如此雄文，必然身临其境，观察入微，通篇都是写实。其实不然。当年范仲淹下放邓州（在今河南），根

① 在为诸葛亮的文集作序的时候，他就直说诸葛亮“治戎为长，奇谋为短，理民之幹，长于将略”。

本没有可能为一篇文章而擅离职守，远赴湖南岳阳。当时滕子京请他为文，只给了一幅《巴陵胜景图》，范仲淹就据此写成这千古名篇。这个滕子京是修复岳阳楼的主持者，身临其境的他是怎么写岳阳楼景观的呢？

东南之国富山水，惟洞庭于江湖名最大。环占五湖，均视八百里；据湖面势，惟巴陵最胜。频岸风物，日有万态，虽渔樵云鸟，栖隐出没同一光影中，惟岳阳楼最绝。

至于他的词《临江仙》所描绘的岳阳楼，就更简陋了：

湖水连天天连水，秋来分外澄清。君山自是小蓬瀛。气蒸云梦泽，波撼岳阳城。　　帝子有灵能鼓瑟，凄然依旧伤情。微闻兰芷动芳声。曲终人不见，江上数峰青。①

八百里洞庭在他笔下，竟然只有"湖水连天天连水"，"分外澄清"，剩下的就是孟浩然诗句（"气蒸云梦泽，波撼岳阳城"）和钱起诗句（"曲终人不见，江上数峰青"）的袭用。这里有个道理，能不能写出东西来，不在于眼睛看到了多少，而在于心里激发出了多少。这位很热爱诗文的滕子京，并不是瞎子，他缺乏的不是观察，而是超越景观的审美主体的优势，丰富的景观在他面前，不但没有多少好处，反而让他脆弱的审美感知遭到了压抑。而没有亲临岳阳楼的范仲淹则相反，明明没有直接观察，却把审美主体的优势发挥到极致。《文心雕龙》有言，"目既往还，心亦吐纳，情来如赠，兴往如答"，心灵不仅仅是接收（纳），而且是发出（吐），不仅仅是答复，而且是赠予。

滕子京的心理图式，被前人的经典话语封闭，不能同化眼前多彩的景观，而范仲淹却对前人的话语不屑一顾，只用"前人备述"四个字就交代过去。审美主体的优势，使得范仲淹不但凌驾于历代文人气魄宏大的话语之上，而且超越了对洞庭湖所掌握的有限的信息。在范仲淹看来，把精神聚焦在自然甚至人物、风物上，以豪迈、夸张的语言来描摹，是此类序记体文章的套路。

① 以上引文均见方华伟编《岳阳楼诗文》，吉林摄影出版社 2004 年版，第 8 页。

范仲淹气势凌厉地从前人的话语模式中进行了胜利的突围：不管是“阴风怒号，浊浪排空”、“去国怀乡，忧谗畏讥”的悲郁，还是“春和景明”、“心旷神怡，宠辱偕忘，把酒临风”的喜悦，都不是他的追求，他心生向往的是超越前人的“不以物喜，不以己悲”的境界。

“不以物喜”，就是不以客观景物的美好而欢乐；“不以己悲”，就是不以自己的遭遇而悲哀。以一己之感受为基础的悲欢是不值得夸耀的。值得夸耀的，应该是：“居庙堂之高则忧其民；处江湖之远则忧其君。是进亦忧，退亦忧。”不管在政治上得意还是失意，都是忧虑的。这种忧虑的特点，是崇高化、理想化了的：人不能为一己之忧而忧，为一己之乐而乐。在黎民百姓未能解忧、未能安乐之前，就不能有自己的忧乐。不管是进是退，不管在悲景还是乐景面前，都不能欢乐。那么什么时候才能欢乐呢？“其必曰‘先天下之忧而忧，后天下之乐而乐’乎。”这时范仲淹处于被贬的地位，他也是在勉励自己，对自己的思想境界提出了比平时更为严苛的要求。主体心理图式的投射，比之通过观察得到的客观信息更为强大，是范仲淹成功的根本原因。

主体的审美心理图式是丰富的，不能狭隘地理解为政治立场。和范仲淹同样因为新政受贬，而且还坐了一段时间监牢的欧阳修被贬到滁州，在《醉翁亭记》里却和他的战友不一样，他就是快乐得很。不但自己快乐，而且和滁州的老百姓一起快乐。欧阳修的境界，不仅在于山水之美，而且在于人之乐。往来不绝的人们，不管是负者、行者、弯腰曲背者、临溪而渔者、酿泉为酒者，一概都很欢乐。欢乐在哪里？没有负担。没有什么负担？当然没有范仲淹那样的负担。这里，没有物质负担，生活没有压力。打了鱼，酿了酒，收了蔬菜，就可以拿到太守的宴席上来共享。欧阳修反反复复提醒读者太守与游人之别，一共提了九次。但是和文字的一再提醒相反，在饮宴时，却强调没有等级的分别。欧阳修所营造的欢乐的实质是，不但物质上是平等的，而且精神上也没有等级，因而特别写了一句：

> 宴酣之乐，非丝非竹，射者中，弈者胜，觥筹交错，起坐而喧哗者，众宾欢也。

反复自称太守的人，没有太守的架子，不在乎人们的喧哗，更不在乎自己的姿态，不拘形迹，无视礼法，在自己醉醺醺、歪歪倒倒的时候享受欢乐。和太守在一起，人们进入了一个没有世俗等级的世界，宾客们忘却等级，太守享受着宾客们忘却等级的自如，人与人达到了高度的和谐。

这还仅仅是欧阳修境界特点的第一个方面。

欧阳修境界特点的第二个方面是，不但人与人是欢乐的，而且山林和禽鸟，即大自然，也是欢乐的。欧阳修营造的欢乐，不但是现实的，而且是有哲学意味的：

> 禽鸟知山林之乐，而不知人之乐；人知从太守游而乐，而不知太守之乐其乐也。

人们和太守一起欢乐，禽鸟和山林一样欢乐。在欢乐这一点上，人与人、人与自然的欢乐是统一的；但是，人们的欢乐和太守的欢乐、太守的欢乐和禽鸟山林的欢乐又是不同的，是错位的。这里明显有庄子与惠子游于濠梁之上“子非鱼”典故的味道。人们并不知道太守的快乐只是为人们的快乐而快乐。这里的“乐其乐”和范仲淹的“乐而乐”，在句法模式的相近上也许是巧合，也可能是欧阳修借此与他的朋友范仲淹对话：“后天下之乐而乐”，那可要等到什么时候呀？只要眼前与民同乐，也就很精彩了：

> 醉能同其乐，醒能述以文者，太守也。

与民同乐，乐些什么呢？集中到一点上，就是乐民之乐。这种境界是一种“醉”的境界。“醉”之乐就是超越现实、忘却等级、忘却礼法之乐。而等到醒了，怎么样呢？是不是浮生若梦呢？不是。而是用文章把它记载下来，当作一种理想。

> 太守谓谁？庐陵欧阳修也。

到文章最后，也就是到了理想境界，一直藏在第三人称背后的四十岁“太守”，一直化装成“苍颜白发”、“颓然”于众人之间的自我，终于变成第一人称亮相了。不但亮相，而且把自己的名字都完整地写了出来。这个人居然是欧阳修，还要把自己的籍贯都写出来，以显示其真实。

经过这样的比较，不但可以看出欧阳修与范仲淹心理图式的相异，同时也可以看出他们心理图式的相通。为什么“醉翁之意不在酒，在乎山水之间”？这是因为山水之间没有人世的等级礼法。为什么要把醉翁之意和酒联系在一起呢？因为酒有一种“醉”的功能，有这个“醉”，才能超越现实。“醉翁之意”在于追寻欢乐，这在严酷的现实中是很难实现的，故范仲淹只能说“后天下之乐而乐”；而欧阳修只要进入超越现实的、想象的、理想的与民同乐的境界，这种“醉翁之意”是很容易实现的，只要“得之心，寓之酒”，让自己有一点醉意就成了。这里的“醉”有两重意思：第一重是醉醺醺，不计较现实与想象的分别；第二重是陶醉，摆脱现实的政治压力，进入理想化的境界，享受精神的高度自由。

由此，我们可以得出以下的结论：

造成文本阅读的无效和低效，原因有两个：第一，是陈腐的机械唯物论和狭隘的社会功利论；第二，是后现代教育理论中离开文本主体的绝对的读者主体论。这种理论把读者主体推向极端，放纵自发性，即所谓“多元解读”。其实，读者主体的心理图式的局限，对文本的“同化”，不是绝对自由的，而是受到文本主体制导的。文本，尤其是经典文本，并不如西方后现代哲学所说的那样是无深度的、无本质的，而是有其稳定的立体层次结构的。要洞察文本，与文本作深度对话，必须不断地对自发主体心理图式进行专业积累，从而作以更新为特点的建构。建构的过程就是读者主体比照、遵循文本层次结构、旁涉作者的深层心理结构、总结阅读的历史经验、攀登上文本阅读的历史高度的过程。孔夫子早就指出的“思而不学”的危险，如今正在中国语文课堂上泛滥。

总而言之，阅读本来并不神秘，不外就是读者主体与文本主体以及作者主体之间的从表层到深层的同化与调节。要真正深入到经典文本的深层，就是要尊重文本的主体，联系作者主体也是瞄准文本主体。学习是一个积累的过程，不能不是漫长的。而后现代教条主义者只尊重读者主体，允诺什么探索、创新，在实践中已经洋相百出、头破血流，这本来是“小葱拌豆腐——一清二白”的事，但由于西方文化的话语霸权的遮蔽，加上对本民族教育理论的精华数典忘祖，就造成了悖谬得像皇帝的新装一样招摇过市。如不加以揭露，这场经典阅读学史上空前的悲喜剧，将自得其乐地“乐其乐”，不知乐到何时。

目　录

萧红：《回忆鲁迅先生》

朱自清：《荷塘月色》

朱自清：《春》

朱自清：《绿》、《背影》

郁达夫：《故都的秋》

曹禺：《雷雨》

刘亮程：《走向虫子》

《木兰诗》

宋祁：《玉楼春》

马致远：《天净沙·秋思》

毛泽东：《沁园春·雪》

鲁迅：《从百草园到三味书屋》

如何读与教《从百草园到三味书屋》?

◎ 钱理群

一、引言：文章的“纲”在哪里?

琢磨标题

鲁迅散文集《朝花夕拾》中的文章，或以人为题，如《藤野先生》、《范爱农》；或以事为题，如《父亲的病》；或以民间庙会、戏剧角色为题，如《五猖会》、《无常》；或以所熟悉的小动物命题，如《狗·猫·鼠》。比较特别的，是《阿长与〈山海经〉》，以一个人和一本书为题。还有就是这篇《从百草园到三味书屋》，讲的是童年时的两个空间：既是生活空间，更是精神空间。“从……到……”的结构，不但表现了童年生活的一个过程，而且形成一个对照，还隐含了一个心理过程。

“神来之笔”

于是，就有了《从百草园到三味书屋》里的“神来之笔”。

鲁迅的散文里常有“神来之笔”，就是突然而至的情感的喷发，情之所至，就会出现不合常规的句法或表现手法。

有时，这“神来之笔”出现在文章的开头，收“先声夺人”之效。如《〈二十四孝图〉》：

> 我总要上下四方寻求，得到一种最黑，最黑，最黑的咒文，先来诅咒一切反对白话，妨害白话者。即使死了真有灵魂，因这最恶的心，应该堕入地狱，也将绝不改悔，总要先来诅咒一切反对白话，妨害白话者。

有时，“神来之笔”出现在结尾处，把文章的情感、意味、气势、境界陡然提升到一个意想不到的高度。如《阿长与〈山海经〉》：

> 仁厚黑暗的地母呵，愿在你的怀里永安她的魂灵！

《从百草园到三味书屋》的特别之处，这样的“神来之笔”出现在文章中间的过渡段：

> 我将不能常到百草园了。Ade，我的蟋蟀们！Ade，我的覆盆子们和木莲们！

“我的”蟋蟀、覆盆子、木莲，而且还是“们”！中间还突然冒出了德语！——这真是太特别了！从来没有人这样写过，鲁迅自己也就这么用过一次。这是不可重复的灵感的创造。但童年的“我”视自然界的动物、植物为朋友的亲密无间的感情，那失去百草园这个“乐园”的沮丧，对未知的三味书屋的恐惧，以及成年的“我”回忆起自己童年生活的这一灾变所感到的愤激与无奈，都尽在其中了——这真是神妙极了！

这样的“神来之笔”，是必须紧紧抓住的。从某种意义上说，这是全文的一个纲。“纲举而目张”，抓住它，整篇文章都“拎”起来了。我们的阅读与教学不妨以此为出发点，先简单提出问题，引发阅读好奇心：为什么“我”要对蟋蟀们以朋友相称，这么舍不得离开百草园？“我”为什么这么不愿意去三味书屋？百草园和三味书屋里到底有什么？对于“我”又分别意味着什么？在读完、学完全篇后，也还要回到这里来体会其更深的内在意义和韵味。把其背后的情感体会透了，这篇文章就读懂了，也就读进去了。

二、百草园为什么是“我的乐园”？

现在，我们依照文章题目的提示，先来读第一板块，可命名为“我的乐园——百草园”。这一部分有四个层次，可以分别采取不同的读法。

辨析词语

文章开头这一段的词语，可辨析者有二。

首先自然是命名。一是“相传叫作百草园”，是从老一辈传下来的习惯称呼。二是“那时”的“我的乐园”，是童年的“我”心里的爱称。其实，在后文回忆雪地捕鸟那一段里还有一个命名：“荒园”。这大概是接近园子的实际状况，或者说是成年人眼里的园子：“人迹罕至”，谁也不去关心，今天的人们也早已忘却了。它只存活在“我”的童年记忆里。这样，“百草园”、“荒园”、“乐园”三个词语，就有了说不出的意味和韵味。

还有一句：“连那最末次的相见也已经隔了七八年，其中似乎确凿只有一些野草”。前半句的“相见”一般指人和人之间的交往，言辞中充满了对一位多年不见的“老朋友”的怀念之情。但后半句却告诉我们：急欲“相见”的是百草园，而且“其中似乎确凿只有一些野草”。而尤其耐人寻味的，是作者用了“似乎”和“确凿”这样含义相反的词。“确凿”是肯定，而且是不容置疑的肯定：就是“只有一些野草”；“似乎”却是一个含糊的、游移的判断：好像是、又好像不仅是“只有一些野草”。——鲁迅为什么要这样写？有的学生甚至会问：这是不是病句？

应该说，将相互矛盾的判断并置，是鲁迅喜欢用的句式。在我们所熟悉的《孔乙己》里，鲁迅就用过一回："大约孔乙己已经死了"。"已经"自然是肯定：孔乙己确凿死了；"大约"却又游移了：推想起来，他大概死了吧。这背后的意思是：孔乙己究竟死了没有，他是什么时候死的，又是怎么死的，谁知道呢？又有谁关心呢？这传递出来的言外之意是更重要的，是需要我们研读时认真体味的。

现在，《从百草园到三味书屋》里的"似乎确凿"的言外之意，也是我们应该琢磨的。"确凿只有一些野草"，这是写实，是和"荒园"的命名相应的。"似乎只有一些野草"，也是写实，更是写意，就是说，在"我"的观察与感觉中，就不仅仅"只有野草"：野草丛里还有别的生命，看下文就知道；而且野草本身，也有着引发"我"想象的别样趣味。这就自然引出下一句："那时却是我的乐园"。——请注意，作者在两句之间用了一个分号，就是要强调"似乎确凿"句和"乐园"句的紧密联系：有了前句的意思，后句就水到渠成了。"乐园"正是全段的关键词，也是全文的点睛之笔。

这同时就激发了一个好奇心：百草园仅仅是些野草吗？它究竟深藏着什么？它为什么是"我的乐园"？——阅读是需要不断引发好奇心的，阅读的过程就是不断满足好奇心的过程。

对照阅读

文章第二段是一个经典段落，已经有不少赏析。这里姑且换一种读法：当年和鲁迅同时在百草园嬉戏的，还有他的二弟周作人。周作人也是一位著名的散文家，但他的作品与鲁迅的风格迥异。他晚年写了一本回忆散文集《鲁迅的故家》，其中第一部分就专谈百草园，对园里的植物、动物都有描述，但却和鲁迅的记忆大异其趣。将兄弟俩的回忆文字对照起来读，是很有意思的。

鲁迅对百草园的描述是我们所熟知的：他注目于菜畦的"碧绿"、桑葚的"紫红"、黄蜂与菜花的"金黄"，感觉到鸣蝉的"长吟"、蟋蟀的"弹琴"与油蛉的"低唱"。在鲁迅的眼里，百草园的动植物都是鲜活的生命，有鲜艳的色彩，有迷人的音响——这显然是一个有艺术天分的孩子对大自然声、色之美的感受、体验与记忆。

而周作人，则用一个科学家的眼光和趣味去进行精细的辨析和考证。他这样谈到蟋蟀和鲁迅说的“弹琴”：

蟋蟀是蛐蛐的官名，它单独时名为叫，在雌雄相对，低声吟唱的时候则云弹琴……普通的蛐蛐之外，还有一种头如梅花瓣的，俗名棺材头蛐蛐，看见就打杀，不知道它会不会叫。又有一种油唧蛉，北方叫作油壶卢，似蟋蟀而肥大……它们只会嘘嘘的直声叫，弹琴的本领我可以保证它们是没有的。

接着他这样描述油蛉：

油蛉这东西不知道在绍兴以外地方叫做什么，如要解说，只能说是一种大蚂蚁似的鸣虫吧。好几年前写过一首打油诗，其词云：

“辣茄蓬里听油蛉，小罩扪来掌上擎，瞥见长须红项颈，居然名贵过金铃。”注云：“油蛉状如金铃子而细长，色黑，鸣声瞿瞿，低细耐听，以须长颈赤者为良，云寿命更长。畜之者以明角为笼，丝线结络，寒天县着衣襟内，可以经冬，但入春以后便难持久，或有养至清明时节，于上坟船中闻其鸣声者，则绝无而仅有矣。”

我们依然可以从周作人的这些娓娓道来中，感受到一种意趣与兴味：他也是和其兄一样，沉迷于百草园这个“乐园”里的；但他感受和表达的，是一种理性的趣味，是所谓“理趣”，和鲁迅的艺术家的“情趣”，既相异，又相通。

我们再回过来看鲁迅记忆里的百草园的植物：

何首乌藤和木莲藤缠络着，木莲有莲房一般的果实，何首乌有臃肿的根。有人说，何首乌根是有像人形的，吃了便可以成仙，我于是常常拔它起来，牵连不断地拔起来，也曾因此弄坏了泥墙，却从来没有见过有一块根像人样。

这里充溢着的神话想象和追寻热情，也是属于具有诗人气质的少年鲁迅的。

而周作人的兴趣，却在园里植物的食用价值。这是他眼里的木莲藤与何首乌：

> 木莲藤……结的莲房似的果实，可以用井水揉搓，做成凉粉一类的东西，叫作木莲豆腐，不过容易坏肚，所以不大有人敢吃。
>
> （何首乌）《野菜博录》中说它可以救荒，以竹刀切成片，米泔浸经宿，换水煮去苦味，大抵也只当土豆吃罢了。①

他自然不相信吃了何首乌可以成仙之说，而是另有说法：

> 据医书上说，有一个姓何的老人因为常吃这一种块根，头发不白而黑，因此就称为何首乌，当初不一定要像人形的……②

这就更显示了一个爱智者的实用理性，也自有其乐趣。

同时听周家兄弟“摆古”，由童年记忆的差异，而想起他们以后思想和文学的不同发展，听其言而识其人，这都是饶有兴味的。

朗读中体验“听长妈妈讲传说故事”的趣味

百草园显然不只有野草。它更有活泼的大自然（动植物）生命，构成了“乐园”之第一乐；此外，还有神秘而美丽的民间传说，此即“乐园”乐事之二。鲁迅在下文中写到的“白颊的‘张飞鸟’”，据周作人讲，就有一个凄厉的传说：这是“被后母或薄情的丈夫推落清水毛坑淹死的女人所化”，所以又叫“清水鸟”，其“性子急”就是因为急于求生和复仇。

鲁迅这里写的传说故事，是由“相传这园里有一条很大的赤练蛇”引

① 周作人：《鲁迅的故家》，河北教育出版社2002年版，第17～18页。

② 同上书，第15页。

起的。周作人也回忆说："赤练蛇只是传说说有，不曾见过，俗名火练蛇，虽然样子可怕，却还不及乌梢蛇，因为那是说要追人的。"赤练蛇是一种无毒蛇。因此，鲁迅在他写的打油诗《我的失恋》里，就把它送给"我的所爱"了："爱人赠我玫瑰花；回她什么：赤练蛇。"同时回赠的还有猫头鹰。据说这都是鲁迅所珍爱的，是他的某种性格、精神的外化。——不过，这都是题外话，以后有机会再详加讨论吧。

由赤练蛇引发的"美女蛇"的传说故事，它的意义，孙绍振、王富仁先生有很好的阐释。或许我们更要关心的不是故事讲了什么，而是如何讲故事。细分起来，又有三个层面：当年长妈妈如何讲故事？当年（童年）的"我"又如何听故事？还有今天（写文章时）成年的"我"（鲁迅）怎样复述这个故事？这也是鲁迅在写《从百草园到三味书屋》时在叙述上所要解决的难题。应该说，作为文章高手，鲁迅处理得可谓得心应手。

鲁迅的叙述方法有二。从总体来说，是采用模拟的手法，复现当年长妈妈讲故事时的情景，当然也有加工，这就形成了一种类似民间说书人的叙述语气和语调，这是需要通过朗读来体会的。比如：

> 到半夜，果然来了，沙沙沙！门外像是风雨声，他正抖作一团时，却听得豁的一声，一道金光从枕边飞出，外面便什么声音也没有了，那金光也就飞回来，敛在盒子里。

这里，拟声词"沙沙沙"、"豁"的灵活运用，"抖"、"飞出"、"飞回"、"敛"这些动词的连用，以及长短句的配合，从三字（"到半夜"）开始，到五字（"敛在盒子里"）结束，整个叙述过程，形成"三—四—三—七—七—九—十一—八—五"这样"短—长—短"的句式结构，造成了一种张弛、缓急、轻重有序的语气，而且也从中隐现出讲述者的神态。这本身就有很大的吸引力。而这一切，又是无须像我们这样分析的，只要通过绘声绘色的朗读，把读者、学生引入类似当年小鲁迅听故事的情景中，感受那样一种紧张、惊异、神秘、好奇、满足就行了。

高明的作者又忙里偷闲，在叙述中不失时机地插话，以显示叙述者和听者的存在。比如：

他虽然照样办，却总是睡不着，——当然睡不着的。

这里，“当然睡不着的”，显然是复述者成年鲁迅的突然出现。这在叙述节奏上会取得舒缓的效果，更增添几分幽默感。

那金光也就飞回来，敛在盒子里。后来呢？后来，老和尚说，这是飞蜈蚣，它能吸蛇的脑髓，美女蛇就被它治死了。

这里，“后来呢？”显然是听故事者童年鲁迅迫不及待的插话和心情的再现。

这样，我们就可以通过朗读语气的不同处理，同时呈现出三个角色：长妈妈（讲故事者）、童年鲁迅（听故事者）和成年鲁迅（叙述者）。既进入历史现场，又走出历史现场。这是一个极有魅力的回忆和叙述。

这一大段的最后一节，补述当年听了故事以后的感想、感觉与心情，还谈到“直到现在”的反应，全然是作者（即成年鲁迅）的语气，是一种当下叙述，更有幽默感。而“叫我名字的陌生声音自然是常有的，然而都不是美女蛇”，就更是鲁迅式的杂文语调，其言外之意更多，学生一时弄不清楚，可以含糊处理，为以后的阅读留下余地。

这一段，通过朗读，让学生感受、领悟、体验小鲁迅当年听长妈妈讲民间传说故事的无穷乐趣，体会到这也是百草园这个“乐园”的有机部分，就行了。

还是通过朗读，体会雪地捕鸟的心情和乐趣

“雪地捕鸟”，自是百草园里的一大趣事、乐事。我们还是通过朗读来领悟其中的兴味。特别要细心体会的是捕鸟过程中心情的变化：“明明见它们进去了，拉了绳（充满着期待，心情何其紧张），跑去一看（何其兴奋），却什么都没有（何其失望），费了半天力，捉住的不过三四只（又是何其沮丧）。”而捕鸟的乐趣也就尽在这期待、紧张、兴奋、失望与沮丧之中呢。“我”于是颇为佩服“闰土的父亲”了：他可是“小半天便能捕获

几十只，装在叉袋里叫着撞着的”——单是这“叫着撞着”的鸟雀，就足以吸引“我”羡慕的眼光了！当“我问他得失的缘由”，“他只静静地笑道：你太性急，来不及等它走到中间去”——就这“静静”的一“笑”，活画出一个有见识的、和蔼的老农形象，他的指点更让“我”五体投地，就像在《故乡》里闰土让“我”称羡不已一样：“闰土的心里有无穷无尽的希奇的事，都是我往常的朋友所不知道的。他们不知道一些事，闰土在海边时，他们都和我一样只看见院子里高墙上四角的天空。”闰土的父亲不是也给“我”打开了一个新的天空吗？

原来，百草园之所以成为“我的乐园”，还因为那里不仅有趣味无穷的“雪地捕鸟”的游戏，更有教“我”游戏的一个有见识、有本领的山野里的农人——此为“乐园”之第三乐趣。有此三乐，不亦快哉，不亦快哉！

三、如何酝酿“神来之笔”？

正因为“我的乐园——百草园”部分已经将其中的乐趣渲染得淋漓尽致，过渡段情绪的急转直下，就有一种特殊效果。而我们说的那句“神来之笔”又非突如其来，而是自有铺垫。这就是先说“不知道为什么”，然后连续三个“也许是因为……”的猜测性的排比句，把“我”的情急、惶恐、悔恨等情绪又渲染得淋漓尽致，这才逼出“神来之笔”里的连声呼唤，将留恋不舍的感情推向高潮。这里最令人拍案叫绝的，自然是德语“Ade”的突然出现——本来，“Ade”这样的德语显然是成年鲁迅才能说出的，但用在这里，读者却毫不怀疑这是小鲁迅喊出的：这也是我们（包括今天的中学生）的经验，人在情急中是会喊出平时用熟了的某个外语单词的，这就是所谓“慌不择言”。——以上这些，教师自己领悟了以后，可以通过朗读来引导学生感悟其中的情感以及情感的酝酿和爆发过程。

四、"只要读书"的三味书屋给了"我"什么？

现在，我们来读文章的第二板块，姑且命名为"'只要读书'的三味书屋"。

第一印象："调侃"的出现

我们首先注意到的，是作者叙述语调的变化。如果说写百草园用的是深情而幽默的语调，那么写到三味书屋，一开始就出现了调侃。

要理解第一段的调侃，先要作一点注释。三味书屋："古代人把经书、史书、子书比作三种食物：经书是米谷，史书是蔬菜，子书是酱油肉末等调料"，"书中自有千钟粟"也。"肥大的梅花鹿伏在古树下"，"'鹿'者，'禄'也，当官也，发财也；'肥大的鹿'，高官也，厚禄也；'伏在古树下'，'禄'在古书中也"。① 弄懂这两个意思，就能读出下面这一句的味道了："没有孔子牌位，我们便对着那匾和鹿行礼。第一次算是拜孔子，第二次算是拜先生。"本来，一群孩子对着一个木匾、一幅画跪拜行礼，就已经够可笑了（想想这是怎样一番情景），现在还要"算是"（这两个字很耐寻味）拜孔子、拜先生（神圣的孔夫子、威严的先生变成匾和梅花鹿），这就更荒诞不经了。但细细想来，读书本就是为了混碗饭吃、谋个官做，自然要从书中寻"（食）味"，膜拜"梅花鹿（禄）"了，可不是吗？这里的调侃味是十足的。

"只要读书"的三味书屋：显在和潜在的对照

围绕"怪哉"一问而展开的这两段，是一个重点，关键词是这样两个

① 转引自王富仁：《自然·社会·教育·人——鲁迅回忆散文〈从百草园到三味书屋〉赏析》，《名作导读》，上海教育出版社2006年版，第169页。

短语、短句："只要读书"，"我就只读书"。"只要读书"，"不应该问"，也不应该有"我很想详细地知道这故事"的好奇心——这是一种扼杀求知欲、不允许独立思考、以追求高官厚禄为唯一目的的"死读书，读书死"的教育，也就是三味书屋的教育。作者强调的是，这样的教育在"我"心灵上的反应——"我就只读书"。"就"与"只"两个字写尽了"我"的厌烦、反感和无奈。小鲁迅还由老师拒绝回答自己的问题想起了所有"大人"的态度："年纪比我大的人，往往如此，我遇见过好几回了。""往往如此"四个字写出了"我"的多少失望与不满！"怪哉"，"怪哉"，究竟是谁"怪"?!

而且还有调侃。这样的调侃是通过对比来完成的：先生"和蔼"而面"有怒色"，号称"渊博"而"不愿意"、不屑于回答学生"怪哉"的问题，并置一起，是有几分可笑的。

而且还有潜在的对比：是的，"阿长是不知道的，因为她毕竟不渊博"，但她却会绘声绘色地讲那么美丽、神秘的传说故事；而同样是对"我"的疑问，闰土父亲"只静静地笑"着回答，和"渊博"的老师的"怒色"，又形成了多么鲜明的对比！——在童年鲁迅和成年鲁迅的心目中，民间的百草园永远是正规学校三味书屋的对照物。

"后园"里偷得的乐趣

但即使在三味书屋里"也有一个园"，即所谓"后园"，那里也有大自然的生命。与其说这是一个客观存在，不如说这更是小鲁迅和他同学的发现：天性接近大自然的孩子，几乎在任何地方都会本能地发现大自然的生命和生机。

于是，就有了"折腊梅花"、"寻蝉蜕"和"喂蚂蚁"的乐趣。但这却是偷得的，只有"静悄悄"地玩，而且随时会被老师"大叫"回去。而且比起在百草园里看"轻捷的叫天子（云雀）忽然从草间直窜向云霄里去了"的视野的开阔，后园里的天地还是太狭窄了。

“读书”的趣味

随着老师“瞪几眼，大声道：‘读书！’”，读者就跟着童年鲁迅与成年鲁迅一起进入三味书屋的“读书”生活里了。需要提醒的是，“读书”是贯穿“三味书屋”这一大板块描写的关键词，前后重复了六次（“读书”、“读一阵书”、“朗读”），但其间的语气、情感却有微妙的变化。如前所分析，当“我”叙说到“只要读书”、“我就只读书”时，是充满怨愤的，连同对只要自己读书的老师，也是多有不满的。但从老师瞪眼喝令“读书”开始，就有了由隐到显的变化。

首先是“大家放开喉咙读一阵书，真是人声鼎沸”，语气里依然充满了调侃的意味。接着又将“我欲仁斯仁至矣”的严正和“狗窦大开”的戏谑、“潜龙勿用”的神秘、“厥土下上上错”的难解混在一起，形成荒谬的并置，自然让人忍俊不禁。但我们同时可以感觉到，包括小鲁迅在内的私塾里的这些顽童，实际上是将读书游戏化了，并从中感受到一种乐趣，以至成年鲁迅回述这段生活时仍然流露出一丝温馨。

自然，最动人的还是对老师“读书入神”的描写。这也可以说是“神来之笔”：“他总是微笑起来，而且将头仰起，摇着，向后拗过去，拗过去。”——这里的观察、描写也都“入神”了。而“拗过去，拗过去”，更是典型的鲁迅句式，前一段的“（我们的声音便）低下去，静下去”，也是这样的句式，充满了律动感。重要的是，不知不觉中，我们又感受到了描写百草园的文字里特有的幽默感，调侃的语气消失了。

童年鲁迅显然多少是怀着一种好奇心来看老师“读书”的“入神”的，但这却构成了他童年记忆中终生难忘的一个神圣瞬间，或许他正是在这个瞬间朦胧地感悟到了读书的乐趣，并影响了他一辈子的读书和写作。因此，三味书屋里的老师，在童年鲁迅与成年鲁迅的心目中，都是值得怀想的。于是，我们也就注意到，其实一开始就提到了先生的口碑：“他是本城中极方正，质朴，博学的人”。小鲁迅对先生的教育或有不满，但最终还是认可这样的评价的。

因此，鲁迅对三味书屋的评价、情感，也必然是复杂的。于是，在最后一段，写到课堂上的“做戏”、“画画儿”，“书没有读成，画的成绩却不少了”，读书期间所培养的艺术兴趣，鲁迅其实是受益终生的。但童年最初的成绩却卖给了“有钱的同窗”，“这东西早已没有了吧”，文章戛然而止，但那对三味书屋生活的怀念，对失去童年的惆怅之情，我们还是可以感受和体会得到的。

五、回到“神来之笔”处：掩卷后的反思

最后，我们还是回到“神来之笔”处。前面说过，那既是对失去的百草园生活的留恋，也是对即将开始的三味书屋生活的恐惧和不安。尽管如前所分析，最终小鲁迅依然在三味书屋里找到了另一种乐趣，但他对于百草园的依恋可能是更深厚、更根本的。

实际上，百草园和三味书屋构成了鲁迅童年生命成长的两个空间，前者是一个大自然的空间、一个民间文化的空间，后者则是一个学校教育的空间。鲁迅并没有完全否定学校教育，但显然对大自然空间、民间文化空间情有独钟，因为那是一个充满生命的活力，人与自然、成年人与孩子和谐相处，能够焕发想象力，培育艺术感受力，让思想自由飞翔，尽享健康、明朗、快乐的生活的成长空间，而学校教育却根本忽略了人的生命的自由成长、健全发展，变成一个“只要读书”的封闭空间，人和自然的天然联系被隔断，儿童的好奇心被压抑，人的怀疑天性受打击，独立思考权利和能力被剥夺，童年的欢乐遭蚕食，只被引导去一味追求“读书致仕”的道路——这都是“反教育”的。

百草园与三味书屋的鲜明对比，所提出的正是儿童的成长究竟应该有一个什么样的空间和我们需要怎样的教育等问题。鲁迅通过对自己童年生命成长的回忆，对这一教育学根本问题的思考，提供了一个极好的个案。因此，我们也可以把本文的讨论，具体化为这样一个题目：中国的大文学家、大思想家鲁迅是怎么成长的？他的童年生活给了我们什么启示？或许可以以本文为中心，将鲁迅的其他有关回忆性散文、小说，如《社戏》、《无常》、《女吊》、《故乡》、《风筝》、《我的种痘》、《我的第一个师傅》、

《阿长与〈山海经〉》、《五猖会》、《狗·猫·鼠》等，一起进行对比、研读，那将是饶有兴味的。

因此，我们完全可以从教育学的角度来重读这篇我们读熟了、教熟了的文章，它会给我们许多启示，引发许多感慨。因为，今天中国的“百草园”（自然空间、民间文化空间）已基本被排除在教育的视野之外，而且在实际生活中也处在逐渐消失之中；而今天的学校教育，还没有走出三味书屋“只要读书”的教育模式，而且有变本加厉的趋势，以至今天校园里连三味书屋里那位“读书入神”的先生的身影，已经很少见到了。

我们现在读鲁迅1926年所写、回忆1892年童年生活的散文，还如此强烈地感到，一百多年前发生的事情依然具有现实性，不能不有惊心动魄之感。

关键词语中的童心和幽默

◎ 孙绍振

阅读不光是为了文字，而是为了读懂作者和人物的精神、情感与个性。这一切并不是抽象的，而是在非常具体的、非常灵活的语言中的。

作品分析，从哪里开始？从语言开始，甚至也可以说从语词出发。对语义进行深入的分析，揭示出同样的语词里存在着的两种不同的语义范畴。一方面是科学的、工具性的语义，讲究字典语义的准确和规范。但是，规范语义是客观的、共通的、稳定的，对于一切人来说都是一样的。另一方面是文学语言，往往是超越字典语义规范的，表面上看来，甚至有可能是违反了语言规范的。它带着非常强烈的个人的、临时的感情色彩，这种语义离不开特殊的语境，表现的是作者或者人物瞬时的感情，不像字典语义那样是共通的、长期合用的，而是个人化的。正是从这种个人化的运用中，我们能够辨认出作者和人物的个性及深层的、潜在的情感。我们所说的语言的人文性，大体说来，就是人的精神的载体，不是一般的、抽象的人，而是个别的、特殊的人，在具体语境中的人，哪怕是瞬息即逝的感情。

一、找到关键词语，抓住工具性与人文性的差异和矛盾

并不是在所有的语句中都充满了这种超越常规的、瞬时的语义。如果所有的语词都是个人化的，都富有作者临时的、在特殊语境中赋予的意义，读者就很难理解了，作者和读者之间就很难沟通了，就像我们在一些前卫性很强的诗歌中看到的那样。在文学散文里，这种超越常规的情况，只是在一些局部的、关键的词语中表现得特别明显。正是在这种地方，隐藏着作者和人物的心灵密码；也正是在这里，显示出语义的精细微妙。

比如，在《从百草园到三味书屋》里，第一段中的“乐园”两个字，在许多教师那里，可能觉得没有什么可讲性，因为在他们心目中，它只有一种含义，那就是写在字典里的那种意思，没有什么矛盾可以分析的。

但是，没有矛盾，没有差异，就无法进入分析的层次。关键不在于要有矛盾，而是如何把矛盾揭示出来。因为，一切经典文本都是天衣无缝的，矛盾不在表面，不是现成的，得有一种方法，最好具有可操作性，把矛盾揭示出来。

我在分析《荷塘月色》和《再别康桥》的时候，曾经提出一个方法，叫做“还原法”。①

首先，要从文学语言中“还原”出它本来的、原生的或者字典里的规范的意义；其次，把它和上下文中也就是具体语境中的语义加以比较，找出其间的矛盾，从而进入分析的层次，否则只能在语言的表面滑行。

---

① 《超出平常的自己和伦理的自由——〈荷塘月色〉解读》，载《名作欣赏》2003年第8期；《再谈还原方法——以〈再别康桥〉为例》，载《名作欣赏》2004年第8期。

按原生语义，“乐园”，令人想到美好的天堂，至少是风景极其精彩的地方吧。如果是一个荒废的园子，“只有一些野草”，把它当作“乐园”，可能要给人以用词不当的感觉。但是，鲁迅在开头第一段却强调说：百草园，不过“只有一些野草；但那时却是我的乐园”。这里关于“乐园”的特殊理解和运用，正透露了一个孩子的童心，离开了孩子天真的心灵是不能得到解释的。这里的“乐园”具有双重含义：一重和字典里的含义有关，肯定是一种美好的场所；但是，同时还有另外一重含义，用来形容一种并不美好的场所，让读者进入童年回忆的境界，和读者分享美好的童趣。

从符号学的理论来说，这就是所谓能指和所指之间的矛盾和转移。关于符号学，也许有些教师并不陌生，有些理论家讲起来更是滔滔不绝，但是，一到具体文本，我们有些同行就有点捉襟见肘了。

福州市有一位小学生写了一篇作文，题目叫做《过了一把当班长的瘾》。写的是，他的班主任想出一个很好的主意，让每个同学都当一天班长。这个小同学写他终于盼到了他当班长的那一天，全文写出了他当班长的兴奋和趣味。但是老师却在评语上说，当班长的“瘾”不妥。“瘾”是贬义词，和烟瘾、酒瘾联系在一起。轮值当班长是为同学服务，同时也是锻炼自己。老师建议小作者要正确用字，应该先查查字典，最后还批评小作者的文章“缺乏童趣”。这真是有点滑稽了，“过瘾”，恰恰是最有童趣的地方，你把人家批了一顿，又回过头来问人家要童趣，这不是“骑在马上找马”吗？语义，尤其是在抒情性的语境中，具有无限潜在的能量，是在不同的语境中，因地、因时、因人而不断转化生成的。日常交往和写作的最佳效果就是对这种潜在能量的转化和生成的一种发挥，学生凭着语感和直觉，并不难做到，教师的任务是帮助学生去自由发挥直觉，而不是去扼杀。

这个批语，在理论上的根源就是单纯工具论的流毒。工具论把语言当作客观事物“本质的反映”，当作思想的“物质外壳”，这就难免造成一种错觉，以为语义是本质的唯一表现，必然就把语言人性、文学语言的个体性忽略了。我们的汉语，字典意义和具体语境中的语义（或者所指）并不完全重合。字典里的意义非常有限，而在具体上下文（语境）中，却因人而异，因事而即时生成。可以毫不夸张地说，在无限多样的语境和人物身上，同一语词所能表达的意义是无限的。工具语义不因人而异，而文学语义所唤醒的情感记忆却因人而异。这是一种在字面以外的默契，在无声、心照不宣中构成比字面更为丰富的、微妙的交流。

心照不宣是自动化的，它把许多逻辑层次省略掉，因而给人一种不言而喻的感觉。但是，恰恰在这种心领神会之处，是可讲性的所在。这里包含着语言和人的精神的奥秘。

鲁迅在文章中说百草园有“无限趣味”，这个“趣味”和“无限”就是关键词，包含着矛盾，就有可分析性。

在一般情况下，“无限趣味”让人想到的一定是十分奇特的、罕见的、美妙的事物，但是，鲁迅明明说，这里只有菜畦、石井栏、皂荚树、桑葚、蝉、黄蜂、叫天子，可以想象，成年人肯定觉得没有什么趣味。觉得这一切有趣的人是什么样的人呢？他有什么样的心灵特点呢？要说油蛉低唱、蟋蟀弹琴有趣，倒还可以理解，但是，鲁迅又说，“翻开断砖来，有时会遇见蜈蚣；还有斑蝥”，这一切都是有“无限趣味”的证据。我们把它还原一下，在成年人心目中，蜈蚣是毒虫，斑蝥的俗名叫做屁虫，和“乐园”、“趣味”不但没有关系，而且很煞风景。而鲁迅却特别强调它放屁的细节：“倘若用手指按住它的脊梁，便会啪的一声，从后窍里喷出一阵烟雾。”这算什么“趣味”呢？还要说“无限”！是不是应该改成：虽然有点可怕，但是在我当年看来，还挺好玩，挺有趣味的。这样一来，从字典语义来说，好像是用词更恰当了；但是，从深层的语义来说，却是大煞风景了。因为这样就没有孩子的天真、好奇和顽皮了，而只是大人的感觉。

如果满足于把语言当作工具，只要学会准确运用“趣味”这两个字就可以说是完成任务了。但是，要体会到“趣味”这两个字，在不同人的心灵中，有无限丰富的差异，就不是太容易了。语词并不是抽象的概念，而是唤醒自我和读者的感觉和经验，进行对话和交流的符号。光把语言当作硬邦邦的工具，就没有办法完成唤醒读者经验的任务，从而也就无法让读者的想象参与创造，难以让读者受到感染。

读者光凭语感、光凭直觉就能感到，在这开头两段里，这两个关键词最为传神。传什么神？孩子的心灵之神。这种神，就是天真的、顽皮的，对世界经验很少的，对什么都感到好奇的童心。这并不是大人的乐园，而是孩子的乐园；不是一个物质意义上的乐园，而是心灵的乐园。明明不是乐园，之所以成为乐园，是因为在这里活跃着一颗童心，洋溢着儿童的趣味。

“无限的趣味”，如果仅仅从字典意义上去理解，实际就是从成人意义上去理解，那样就没有乐园可言了。

语言的人文性并不神秘，它就在这样平凡的词语之中。

拘执于工具性的特点，就是把“乐园”和“趣味”孤立起来，因而没有什么可讲性；而兼顾人文性，就是紧紧抓住具体的人，瞄准人的年龄和经历的特点，学生的情感和记忆就会被激活起来，就不愁没有话可说，就不愁课堂对话氛围不活跃了。

二、提出问题的方法

可讲性、可分析性和可对话性是联系在一起的。

关键在于，在学生忽略过去的、没有特别感觉、以为是不言而喻甚至是平淡无奇的地方，却发现了十分精彩的内涵，而且揪住不放。

且还原方法把矛盾提出来。还原的对象有两种：一种就是我们前面已经讲过的，把原生的语义，即字典上的语义想象出来，这叫做语义还原；还有一种，还原的不是语义，而是作品所表现的对象——人物和景物。将人物和景物的原生态，即未经作者心灵同化的状态、逻辑想象出来，让它和文本中的形象形成对比，矛盾就不难揭示出来了：景物是静态的，变动性比较小，因而一般比较容易还原；而人物则比较复杂，特别是人的心灵、人的情感，更是变动不居的，还原也就不容易。但是，既然有矛盾存在，要还原它也不是不可能的。

《从百草园到三味书屋》接下去写到长妈妈讲的故事。

用还原法，不难发现，这是一个迷信故事，但是，作者并没有把它作为迷信故事来批判。这样，就把矛盾（迷信和理性）揭示出来了。问题提出了，就有比较好的对话题目了：为什么鲁迅在这里没有以理性为准则声明这是一个迷信故事？

如果声明长妈妈讲了一个迷信的、可笑的故事，是不是可以呢？

当然不是不可以。但是，读起来的感觉是不是会差一点，甚至倒胃口呢？

不声明反倒好，因为这是一个孩子感觉有趣的长妈妈。这里语言所完成的任务，不仅仅是传达长妈妈的故事，而且是表现孩子的记忆里好玩的人物。有些教师对有可讲性、拥有巨大潜在量的、可对话性的东西常常视而不见，就是因为强大的成人趣味淹没了、窒息了儿童趣味。

但是，鲁迅表现孩子的特点，不仅在关键词的字面上，而且在一系列关键词语所组成的字里行间，在行文的逻辑和理性逻辑的矛盾之中，形成一种反差。这里有几点不能忽略：

第一，从整个故事的逻辑发展来说，作者有意让其中的因果关系显得粗糙，按理性来说，不可信。第一层因果是：老和尚光是从书生脸上的“气色”，就断定他为“美女蛇”所迷，有“杀身之祸”。理性地讲，这是不可信的、不科学的。这一点难道鲁迅一点都不知道吗？第二层因果是：给他一个小盒子，夜间就有蜈蚣飞出去，把美女蛇给治死了。因果逻辑更不科学，太不可思议了。但是，长妈妈却说得十分自信，鲁迅故意把这种矛盾写得很突出、荒谬，这其间就隐藏着讽喻。说得具体一点，叙述者虽然是童年的鲁迅，但是隐含着写作时成年鲁迅深邃的洞察，流露出对长妈妈的迷信的调侃。但鲁迅没有过分谴责她，因为他特别强调，长妈妈并非有意骗人，相反，她自己十分虔诚、十分执著。因而，她虽然可笑，但不可恶，相反，有点好玩，甚至可爱。

第二，也许有学生会质疑，说：这不是迷信，而是神话或者童话。在神话和童话里，往往是善良最终战胜邪恶。这当然不能说没有道理。如果是这样，则童话的诗意增加了，而讽刺意味却弱化了。从这里，更可以看出鲁迅对小人物的宽厚。

第三，故事讲完了，长妈妈作出的结论却是：今后“倘有陌生的声音叫你的名字，你万不可答应他”。这个因果逻辑就更荒唐了。从这样一个可信性很低的个别性很明显的故事，或者就算是神话吧，根据这个个别的、罕见的人物经历，居然就得出了一个极端普遍性的结论，任何时候，在背后叫名字的声音，都可能是美女蛇发出的。这种逻辑的荒唐和长妈妈的郑重其事，形成了矛盾、反差、不和谐，就显得可笑，这就是幽默。鲁迅的讽喻就藏在这幽默笑容的背后。但是，鲁迅并没有以此为满足，接下去，他不但没有指出这个故事的不可信，以及长妈妈的结论很荒诞，而是相反：

1.“这故事很使我觉得做人之险，夏夜乘凉，往往有些担心，不敢去看墙上，而且极想得到一盒老和尚那样的飞蜈蚣。走到百草园的草丛旁边时，也常常这样想。”这样，一方面，把自己写得很傻气的样子；另一方面，显而易见，却是把长妈妈的故事进一步导向荒谬，愈是荒谬，愈是可笑，幽默感愈强烈。

2.然而鲁迅对自己已经相当强的幽默还是不满足，他继续发挥下去：“但直到现在，总还没有得到，但也没有遇见过赤练蛇和美女蛇。叫我名字的陌生声音自然是常有的，然而都不是美女蛇。”这几句的精彩在于，好像这样荒谬的故事，作者一直并没有觉察，连怀疑一下的智商都没有似的。这就不仅仅是对长妈妈的调侃，同时也是鲁迅的自嘲了。这在中国叫做“自嘲”，在西方幽默学中，叫做“自我调侃”，属于幽默之上乘。把对于长妈妈的调侃和鲁迅的自我调侃结合起来，这就显示出鲁迅幽默感的丰厚。

从这里，我们还可以体会到一个有趣的规律，那就是幽默和抒情的不同。我们所读到的抒情散文，大抵是美文，共同的倾向是对环境和作者内心的美化、诗化。而幽默似乎不是这样，它不回避把自己和人物加以贬抑，甚至“丑化”。如长妈妈睡觉的姿态，以及她所讲的愚昧的故事，还有作者的自我贬低，把自己写得很笨的样子。但是，这样很有趣，不过不同于抒情的趣味。如果说，抒情是一种情趣的话，那么，幽默就是一种谐趣。注意“丑化”的“丑”是加引号的，从一种意义上来说，是丑，但从另一种意义上来说，是丑中有美。这个问题比较复杂，留待另文详说。

一个建议供大家参考：在“口语表达”中，让学生复述这个故事，特别强调要注意学生在叙述的时候遗漏了什么。有些学生可能把故事说得很周全，但是也可能把故事后面长妈妈别出心裁的“教训”省略了，或者遗忘了。而这一笔是很精彩的，是幽默感的高潮。不理解这一笔，就是在艺术上没有读懂鲁迅的幽默。

还有一点值得注意：这样一个情节本来曲折的故事，却叙述得非常干净。其中有一个插入语，更显示了鲁迅对于故事中人物的嘲讽：那个书生拿了老和尚的小盒子放在枕边以后，“却总是睡不着，——当然睡不着的”。这句话从叙述故事来说，可以认为是多余的，但是对于叙述语言的趣味来说，可以叫做涉笔成趣。叙述者突然插进来评论：这家伙自讨苦吃。从中流露出作者对于人物可笑心理的嘲讽。

总起来说，鲁迅在这里显示出来的幽默感真是有笔墨淋漓之感。

三、反语、幽默和人文精神

百草园写过以后，写三味书屋，仍然写人物，语言的趣味仍然以幽默为主。他猜想自己被送到书塾里读书的理由是由于顽皮，这显然是不可靠的。读者当然知道，绝对不是作者所猜测的那样。为什么要强调一下这种不可靠的理由？无非是为了表现儿童式想象和推理的趣味。

鲁迅写他的老师的笔墨也是幽默的。这表现在其中的两个关键词（“渊博”、“宿儒”）的奇妙运用上。说他是城中极“渊博”的，而孩子问他“怪哉虫”是怎么一回事他却不知道。这里有多层意味可以分析出来：第一，对先生所谓“渊博”的讽喻。第二，这也是对孩子以为“渊博”就是什么都懂的一种调侃。第三，更深的调侃当然是对于先生的反应，他答不出什么是“怪哉虫”，居然“很不高兴，脸上还有怒色了”。第四，接下来的一段话不能忽略：“我才知道做学生是不应该问这些事的，只要读书，因为他是渊博的宿儒，决不至于不知道，所谓不知道者，乃是不愿意说。年纪比我大的人，往往如此，我遇见过好几回了。”这里明显是不合逻辑的，不是讲正理，而是歪理，不是正经语言，而是反语。这是因为文章明显表现出先生虽然号称“渊博”、“宿儒”，但答不出学生的问题，明显是先生不知道，可是作者却说，先生是无所不知的，只是不愿意说罢了，错误在学生不该问。读者一眼可以看出结论和理由之间的矛盾。正是由于矛盾、不统一、不和谐（这在英语中叫做 incongruity，在幽默学中是一个很基本的范畴），才显得怪异、好玩、好笑、有趣味，这就是幽默。这种不和谐、不统一，是一系列反语构成的。

要真正分析这种不和谐的逻辑与超越常规的用词，不能停留在赞叹的层次上，必须抓住结论和理由的矛盾，抓住反语不放。同时要真正懂得一点幽默，就不能忽略讲歪理的工夫。人当然要讲正理，那是在正经的时候，但是，在追求幽默效果的时候，就要懂得讲一点歪理，许多人、许多文章幽默不起来，就是因为不会讲歪理，不敢讲歪理。

先生的教学法，很简陋；在三味书屋里读书，很刻板。稍稍出去游玩一下，就被呵斥，大叫起来："读书！"除此之外，似乎没有什么启发兴趣的办法。一天到晚让学生读个没完，而且鲁迅特别强调，学生对于所读的内容，完全是死记硬背，根本莫名其妙。

这样的读书不是很枯燥吗？这样的先生不是很可恨吗？在心灵不开阔、趣味不丰富的作者笔下，可能是这样的。但是，鲁迅是个人道主义者，是个艺术大师，他只是把教师的教学法写得很"菜"，却没有把他的心写得很"菜"。鲁迅突出写了他教书没有什么真本事，但是又渲染他自己读书很投入，简直是如痴如醉。他所读的文章明明很平常，却沉醉在自己营造的境界之中："读到这里，他总是微笑起来，而且将头仰起，摇着，向后拗过去，拗过去。"

用还原的方法想象一下：如果不是在艺术中，而是在生活中，一个人空有"渊博"、"宿儒"之名，教书却无方，说刻薄一点，是误人子弟，令人厌恶。但是，当我们读到他如此沉浸在自己的境界之中时，是不是会觉得这个老头子也有挺好玩的、挺可爱的一面？从这里，鲁迅通过"渊博"、"宿儒"等词语，所传达出来的对于小人物的人道主义的宽容，不是跃然纸上了吗？

三味书屋既是这样枯燥，老师又是这样一种水平，这日子不是很痛苦，一点乐趣都没有吗？不。

接下去写的是在枯燥无味的学塾里，孩子们快乐的天性仍然不能磨灭。学生们趁先生自我陶醉的时候，自己开小差，做小动作了：用纸糊的盔甲套在指头上做戏者有之，用半透明的纸蒙在绣像小说上画画者有之。

从诸如此类的语词中，我们可以看到，明明是无聊的事情，儿童却乐此不疲。鲁迅所用的语言是普通的、平淡的，但是传达出来的趣味却是隽永的。在三味书屋读书是枯燥的，但是三味书屋里仍然趣味盎然。不管教育体制多么僵化，孩子们活泼的天性却仍然能够找到自己的表现形式。对童心的肯定，就是对旧教育体制的批判。

当然，关于三味书屋是“乐园”还是“苦园”，可以争论，只要不忘记鲁迅笔下的孩子不论在什么简陋的地方，不管是在满目荒废的百草园里，还是在连下课和休息都没有的学塾里，都能创造出自己的欢乐，就连在愚蠢的长妈妈、迂腐的先生身上都能逗引出一种幽默的情趣，让人感受到小人物的可怜和可爱，感受到生活的情趣和谐趣。从文学创作的根本意义上来说，这就是才华。才华不仅仅是驾驭语言，而是在别人感觉不到情趣的地方，却感受到情趣；在别人觉得有情趣的地方，又显示了谐趣。文字不过是趣味的载体，没有趣味，凭空要弄文字，是不可能写出好文章来的。

鲁迅的语言就是这样，把我们带进了这样一个充满童趣的精神家园。学生写作文，为什么老是觉得没有东西可写呢？就是因为对于日常的、平淡的生活没有激发出趣味。而阅读经典文本的主要目的，并不在于文字，不在于记忆佳句，而在于心灵的熏陶，在于拓展我们的情趣和谐趣的领域。

细细品味这样的作品，难道不能激发我们的心灵，使它变得更加开阔吗？对于生活中有毛病甚至看来是令人讨厌的人物，难道不能从另一个角度看出他的善良和可爱吗？欣赏浑身都是优点的人，是容易的；欣赏缺点非常明显的人物，则需要更为宽广的胸怀。设想一下，如果我们碰到类似长妈妈式的人物，我们会不会有鲁迅这样的趣味和胸襟呢？为什么学习语言不能把它仅仅当作工具呢？就是因为，语言是和人的心灵、人的精神境界水乳交融地结合在一起的。

自然·社会·教育·人

◎ 王富仁

一

鲁迅的《从百草园到三味书屋》是一篇回忆散文。所谓“回忆散文”，我认为至少有两个因素是不能忽略的：其一是对于往事的记忆，其二是现在对往事的感受。往事，并不都能留在作者的记忆里，大量的往事是早已被忘却了的，为什么独有这些还留在作者的记忆里，还能如此鲜明地呈现在作者的脑海里呢？这说明这些往事较之所有已经忘却的往事在事发的当时就已经深刻地影响了作者，或者给予过他意外的惊喜，或者给予过他意想不到的痛苦，或者使他产生过浓厚的兴趣，或者使他感到过厌恶或厌倦。虽然随着时间的流逝，这些情绪都已经没有当时的强烈，甚至在现在的心境中已经发生了各种色调的变化，但在当时，一定是格外深刻的。从写作的角度来说，作者的记忆就是一种自然的选材方式，通过记忆的过滤，作者已经把那些对自己的心灵没有影响或极少影响的事情或事情的细节排除在外，留下的就是那些曾经深刻地影响过作者心灵的事情或事情的细节了。所以，对于一篇回忆散文，假若它没有使我们感到过于的张扬或过于的拘谨，没有使我们产生虚假感或遮掩感的话，我们就得细细体味其中的事情以及各个细节对作者当时心灵的影响。这种影响不可能是单纯的，不可能仅仅用一种理性的语言可以完全表达清楚，但这种影响却一定是存在的，并且一定是十分深刻的。

回忆散文写的是往事的回忆，但却不仅仅是往事的回忆，而同时是作者现在对往事的感受。每一个人都有很多往事的记忆，但他为什么只写出这件事或这些事，肯定是作者在写作的当时对这些往事有深刻的感受。对于过去的感受来说，这时的感受是二度感受，是对感受的感受。这个二度感受是在现实的背景上，在现在的文化心理的基础上产生的新的感受。回忆中的事情或事情的细节一定是有意义的，但并不是所有的回忆散文都是优秀的回忆散文，这就取决于散文作者现在对往事的感受的深度。与此同时，在写作上，各个细节取决于过去的记忆，但对于这些细节的组织和叙述则取决于作者表现现在更新的、更深刻的感受的需要。所以，对于回忆散文，我们必须同时在两个层面上都能感受到它的意义和价值，一是事情或事情的细节当时对作者的影响，一是作者现在对这种影响的感受或理解。

二

“我家的后面有一个很大的园，相传叫作百草园。”关于百草园的描写，不论是教师还是学生，都能感到是一段极其美丽的景物描写，但这里的百草园是不是一个我们平时所认为的真实的、客观的百草园呢？鲁迅在开头一段就动摇了我们的这种想法。在成年的“我”看来，“其中似乎确凿只有一些野草”。

既然“其中似乎确凿只有一些野草”，为什么“那时却是我的乐园”呢？

因为对于儿时的“我”，那是一个自由的世界，是一个自由嬉戏的场所。

在自由的心灵中，世界是美丽的，是魅力无穷的。

“自由”是什么？“自由”就是自己的心灵不受任何的约束、任何的限制，就是自己所有的感觉器官都不受任何约束、任何限制地自由活动着，外部的世界和心灵的世界进行着畅通无阻的交流，没有外和内的差别，没有天和人的界限，外部世界就在自己的感觉中，自己的心灵就在外部的世界中：“碧绿的菜畦，光滑的石井栏，高大的皂荚树，紫红的桑葚”，一个个不同的事物、不同的形象，迅速地、不间断地呈现在“我”的视觉里，形象鲜明而突出，色彩各异，形状各异。外部世界的形象是跳动着进入“我”的眼帘的，“我”的心灵也就跳动在外部世界的不同事物上：“鸣蝉在树叶里长吟，肥胖的黄蜂伏在菜花上，轻捷的叫天子（云雀）忽然从草间直窜向云霄里去了”，听觉、视觉一起活动着，声音、形象一起呈现着，动态的和静态的几乎同时被“我”所感知。我们感到了外部世界的丰富多彩和生动活泼，同时也感到了“我”的心灵世界的丰富多彩和生动活泼。这不是两个世界，而是一个世界，是心灵世界和外部世界融为一体的美的世界。“油蛉在这里低唱，蟋蟀们在这里弹琴”，在这里，“我”只能听到声音，但却看不到发出声音的油蛉和蟋蟀们的形体，这就招引“我”去寻找藏在草丛里、断砖下的这些昆虫，但翻开断砖，找到的却不一定是原来要找的油蛉和蟋蟀，反而可能是也在那些地方藏匿着的蜈蚣。这是一种意外的发现，一种在意外的发现中的意外的乐趣。“还有斑蝥，倘若用手指按住它的脊梁，便会啪的一声，从后窍喷出一阵烟雾。”多么奇异！多么有趣！“我”玩得多么专注，多么舒畅！没有父母的指导，没有教师的教诲，他对外部世界的兴趣自然地吸引着他去观察各种事物，认识各种事物，手脑并用，在不经意间，就获得了在教科书中根本无法获得的具体、细致的知识。“何首乌藤和木莲藤缠络着，木莲有莲房一般的果实，何首乌有臃肿的根”，他对不同事物的不同特征的把握是多么准确、多么细致呵！但这不是在教科书里学到的，不是由别人教会的，而是他自己的观察，自己的发现。在这种观察和发现里，他不会产生被动接受时的自卑和自馁，而是自然地增长着他感受世界、观察世界、认识世界的主动性和积极性。不是别人让他知道，而是他自己愿意知道。他要自己去看，去听，去触摸，去探索，去实验。“有人说，何首乌根是有像人形的，吃了便可以成仙，我于是常常拔它起来，牵连不断地拔起来，也曾因此弄坏了泥墙，却从来没有见过有一块根像人样。如果不怕刺，还可以摘到覆盆子，像小珊瑚珠攒成的小球，又酸又甜，色味都比桑葚要好得远。”一个多么忙忙碌碌的小家伙呀！但他忙得惬意，忙得愉快。

百草园是“我”的乐园，是“我”获得了无限乐趣的所在，这是“我”在童年时就感觉到的。但是，当作者重新回忆起这段往事的时候，他还不能不认识到，百草园同时也是他的一个知识的宝库，是他认识这个世界的开始。我们看到，就在这短短的一个自然段里，作者如数家珍般地叙述了多少种事物呵！菜畦、石井栏、皂荚树、桑葚、鸣蝉、黄蜂、叫天子、油蛉、蟋蟀、蜈蚣、斑蝥、何首乌、木莲、覆盆子，所有这些事物，都有鲜明的特点，都有神奇的色彩，都有旺盛的生命力量，它们共同组成了一个色彩缤纷、生气盎然的百草园。

这也是当时的“我”的心灵的写照。

三

百草园是一个自然的世界，但是这个自然的世界并不都是美好的，它同样隐伏着危险。

> 长的草里是不去的，因为相传这园里有一条很大的赤练蛇。

在过去，我曾把长妈妈讲给“我”听的美女蛇的故事仅仅作为一个封建迷信的故事来理解，认为它对“我”的影响是绝对有害的。我现在的认识发生了一些变化，我认为，要理解这个美女蛇的故事及其对“我”的影响作用，仅仅通过理性判断是不行的，必须通过“我”在当时的实际感受和对“我”的实际影响作用来分析。

在这里，我们首先应当提出的是：我们这个世界，包括我们所面对的自然世界，是不是完全美好的，对于人的生命的存在和发展是不是都是有益的，都是没有任何危险的？假若它不是完全美好的，对于人的生命、特别是弱小的生命不是没有任何威胁的，我们应该不应该让儿童知道这种危险性的存在，并且使他们知道如何自己保护自己呢？我认为，只要意识到这一点，我们就能够知道，长妈妈是在关心、爱护“我”的意识的支配下给“我”讲了这个美女蛇的故事的，是为了让“我”有一种自我保护意识，从而知道外部世界实际存在的危险性的。在具体分析这个故事的内容之前，必须看到，这个故事传达着长妈妈对“我”、对儿童、对弱小生命的自然的、朴素的、亲切的感情，是在与儿童的亲切交流中讲给“我”听的一个有趣的故事。所以，尽管这个故事让“我”体验到的是恐惧的情绪，但这个故事在整体上却有一种奇诡的美感，对“我”是充满魅力的，是“我”愿听和乐听的。这些故事对我们的成长有没有实际的作用呢？我认为，正是这样一些故事，使我们在还没有力量战胜一切危险的时候，自然地避免了人生中各种可能发生的危险，使我们在面临有可能发生危险的局面时，有所警惕，有所回避。待到我们长大成人，有了战胜危险的更大的力量，有了更多的现实经验，我们就知道这些故事是虚构的、想象的了，儿时的恐惧心理也慢慢地消失。这是一种艺术的教育，是用艺术的手段、用想象的故事传达人类各种人生感受和人生体验的方式，而不是作为死的知识、作为永远不变的教条生硬地注入人们的头脑的。它的形式在人类现实经验的丰富过程中能够自然地显现出它的虚幻性来，但它的寓言性质却永久地给人类提供着有价值的人生感受和人生体验的内容。我认为，我们对于长妈妈的美女蛇的故事，也应当这样感受和认识。

“长的草里是不去的”，这是“我”自觉自愿地遵守的规则，没有任何的勉强，没有不自由的感觉，因为这出于他本人的自我保护意识。

当我们回到美女蛇的故事本身，我们就会看到，鲁迅在这篇散文里，绝对没有否定社会教育，否定人类更加切实地认识世界、认识事物、认识各类人的本质属性的必要性，他提出的是怎样更有效地进行人的教育的问题，而不是要不要教育的问题；是掌握什么样的知识的问题，而不是要不要知识的问题。人类是爱美的，是向往美的，美是在人类直感、直觉中感受到的，而不是在理性的认识中认识到的。但是，正因为人类是爱美的，美是在直感、直觉中呈现出来的，所以很多害人、吃人的东西都用美来引诱人、陷害人。美女蛇就是以美的形式引诱人的一个蛇精，一个“人首蛇身的怪物”。“能唤人名，倘一答应，夜间便要来吃这人的肉的。”要识破这样的妖怪，只靠直感和直觉是不行的，必须有透过现象看到本质的理性认识能力。那个读书人没有这种能力，险些被美女蛇所害；而那个老和尚则能够看穿美女蛇的骗局，用法术制伏了美女蛇，救了这个没有经验的读书人。

结末的教训是：所以倘有陌生的声音叫你的名字，你万不可答应他。

这故事很使我觉得做人之险，夏夜乘凉，往往有些担心，不敢去看墙上，而且极想得到一盒老和尚那样的飞蜈蚣。走到百草园的草丛旁边时，也常常这样想。但直到现在，总还没有得到，但也没有遇见过赤练蛇和美女蛇。叫我名字的陌生声音自然是常有的，然而都不是美女蛇。

这里的议论，带有明显的幽默意味。幽默，都是兼有两层意思的。它表面上是对长妈妈故事的否定，而在更深层次上却是对它的肯定。美女蛇当然是不可能遇到的，但像美女蛇这样的人却是常常遇到的。对待美女蛇，可以用老和尚的飞蜈蚣，而对待像美女蛇这样的人，却是没有像飞蜈蚣这样灵验的办法的。鲁迅一生经常受到所谓正人君子的围攻，他们打着维护公理、正义的旗号，对鲁迅进行的却是恶毒的人身攻击。这样一些人，也正像美女蛇一样，一旦提到你的名字，就是为了伤害你，一不小心，就会落入他的圈套。这样一些人的存在，使人生变得十分险恶，使人无法轻易地相信人，必须对自己不了解的人有所警惕，有所戒备。所以，即使对于成年的鲁迅，长妈妈的故事也不是没有意义的。我们不能把这个故事仅仅理解为一个封建迷信故事，理解为对鲁迅思想的毒害。

四

最初的自然知识是在“我”与大自然的直接接触中获得的，最初的人生经验是在长妈妈这样的成年人所讲的民间故事中获得的，而最初的技能训练则是在闰土的父亲这样的成年人的指导下进行的。

薄薄的雪，是不行的；总须积雪盖了地面一两天，鸟雀们久已无处觅食的时候才好。扫开一块雪，露出地面，用一枝短棒支起一面大的竹筛来，下面撒些秕谷，棒上系一条长绳，人远远地牵着，看鸟雀下来啄食，走到竹筛底下的时候，将绳子一拉，便罩住了。

这是游戏，但也是一种实际技能的训练。在这里，有经验，有方法，有过程，有实际的操作，需要劳动也需要灵巧，需要细心也需要耐心，需要智慧也需要意志。“你太性急，来不及等它走到中间去。”对于儿童的身心，它是一种全面的训练。

一个活泼泼的儿童在一个活泼泼的世界上活泼泼地成长着——这就是我们从《从百草园到三味书屋》前半部分的描写中获得的整体印象。童年是美好的，因为童年是自由的。正是在这样一个意义上，他不能理解家里的人为什么要把他送进书塾里去，并且是全城中称为最严厉的书塾。但从成年的作者看来，那时的生活却不仅仅是快乐的，同时也获得了丰富的知识。自然的知识、人生的经验、实际的技能，都在充满趣味的游戏中得到了丰富和发展，身心是和谐的，求知欲是旺盛的。作者当然已经知道家里的人为什么要把他送进书塾去读书，但那不是从人的教育的角度出发的，而是从社会的功利目的出发的。仅仅从人的教育出发，把他从这样一个丰富多彩的世界里送到一个枯燥呆板的书塾中去读那些枯燥呆板的四书五经，实际是不合理的，是戕害了他的旺盛的求知欲望和活泼的生命力，而不是有助于他知识的增长。

童年的“我”感到的是游戏的乐趣，成年的作者重视的是人的教育。但在这个时期，二者是有机地融合在一起的。将这二者截然分开的是社会，是社会的功利主义目的。

五

中间挂着一块匾道：三味书屋；匾下面是一幅画，画着一只很肥大的梅花鹿伏在古树下。没有孔子牌位，我们便对着那匾和鹿行礼。第一次算是拜孔子，第二次算是拜先生。

对于刚刚上学的“我”来说，学校的一切也是新鲜的，所以他很清楚地记得这些细节。而对于成年的作者来说，这些细节却有着更为丰富的含义，因为这些细节，恰恰是社会心理的反映，凝结着当时人们对教育、对文化的理解和运用。

必须看到，中国文化中是有很多做戏的成分的。做戏，是做给别人看的；而自己，却别有目的。“尊孔”就是中国文化中演的一出大戏。“尊孔”，应该是对孔子这个人的尊敬，是对孔子这个人的思想和品格的尊敬，并且自己也愿意成为像孔子这样的一个人。但中国社会的“尊孔”却不是这样。中国绝大多数的知识分子并不想成为孔子这样的一个人，并不想一生落拓，为实现自己的社会理想而奔波操劳。中国绝大多数知识分子的“尊孔”是因为学了孔子的书能够升官，能够发财，能够飞黄腾达、光宗耀祖，是为了个人的命运和前途。这实际上不是尊重孔子和他的思想人格，而是把孔子及其思想、人格作为自己升官发财的工具。鲁迅说：“孔夫子之在中国，是权势们捧起来的，是那些权势者或想做权势者们的圣人，和一般的民众并无什么关系。然而对于圣庙，那些权势者也不过一时热心，因为尊孔的时候已经怀着别样的目的，所以目的一达，这器具就无用，如果不达呢，那可更加无用了。在三四十年以前，凡有企图获得权势的人，就是希望做官的人，都是读‘四书’和‘五经’，做‘八股’，别一些人就将这些书籍和文章，统名之为‘敲门砖’。这就是说，文官考试一及第，这些东西也就同时被忘却，恰如敲门时所用的砖头一样，门一开，这砖头也就被抛掉了。孔子这人，其实是自从死了以后，也总是当着‘敲门砖’的差使的。”[①] 正因为孔子在中国官僚、中国文人手里只是一块“敲门砖”，所以孔子这个人以及他的思想和人格，在他们的心目中实际上是不占有重要位置的，在他们心目中真正占有重要位置的是权势和禄位。家长让孩子上学，也不是为了让他们成为像孔子那样的人，也不是为了让他们学习孔子的思想和人格，而是为了让孩子读书当官，成为一个人上人，成为一个权势者。在三味书屋里，“没有孔子的牌位”，只挂着一张“画着一只肥大的梅花鹿伏在古树下”的画。“鹿”者，“禄”也，当官也，发财也；“肥大的鹿”，高官也，厚禄也；“伏在古树下”，“禄”在古书中也，

① 鲁迅：《且介亭杂文二集·在现代中国的孔夫子》。

“书中自有千钟粟，书中自有颜如玉”也。“没有孔子牌位”是不要紧的，但却不能没有这个象征着升官发财的“画着一只肥大的梅花鹿伏在古树下”的画。

“我们便对着那匾和鹿行礼。第一次算是拜孔子，第二次算是拜先生。”这个“算”字用得很妙。拜的实际是学校和禄位，上学是为做官，所以拜学校也是拜禄位。尊重禄位，尊重权势，也就“算是”尊重孔子，尊重老师了。——若不想当官，还会尊重孔子、尊重老师吗？

家长让学生上学是为了做官，所以学校的教学就不必考虑儿童当下的兴趣和需要，只教给他们应付科举考试所需要的“知识”就够了。“我出世的时候是清朝的末年，孔夫子已经有了‘大成至圣文宣王’这一个阔得可怕的头衔，不消说，正是圣道支配了全国的时代。政府对于读书的人们，使读一定的书，即四书和五经；使遵守一定的注释；使写一定的文章，即所谓‘八股文’；并且使发一定的议论。”① 儿童是不可能对未来的升官和发财感到真正的趣味的，当然也不会对四书五经感到真正的趣味。他们的求知欲望在这样的教育中不是得到鼓励和发展，而是受到了漠视和抑制。我们看到，在上学之初，“我”是有着强烈的求知欲望的，对老师也怀着由衷的尊敬，认为老师能够教给他长妈妈所不可能知道的更多的事情。但作为老师，却认为与四书五经无关的一切都是没有“用”的知识，他不但不回答学生提出的问题，反而认为学生主动提出问题是极不应该的，是“不学好”的表现，从而也严重挫伤了儿童学习的积极性，抑制了他们本能的求知欲望。在天真活泼的儿童看来，这大概也是一种“怪哉”的现象。

实际上，学生并不绝对地厌恶书本知识，“怪哉”的问题也是在书籍中记载着的，也是一种“书本知识”，但这样的“书本知识”却不被当时的学校教育所承认。在学校让学生学的，都是学生根本无法理解也无法感到趣味的枯燥乏味的高头讲章，是“仁远乎哉我欲仁斯仁至矣”，是“上九潜龙勿用”，是“厥土下上上错厥贡苞茅橘柚”，这是一些学生在自己的生活中根本不需要也无法理解的语言。

① 鲁迅：《且介亭杂文二集·在现代中国的孔夫子》。

学生在读书中感觉不到趣味，就必然要到书籍之外去寻找趣味。所以，在先生读书入神的时候，他们就跑到外面去玩耍：

> 三味书屋后面也有一个园，虽然小，但在那里也可以爬上花坛去折蜡梅花，在地上或桂花树上寻蝉蜕。最好的工作是捉了苍蝇喂蚂蚁，静悄悄地没有声音。

这仍然是儿童游戏本能的体现，但这里的游戏较之“我”在百草园中的游戏已经带上了一点破坏性和残酷性。在那时的学校里，没有体育课、美术课、音乐课、手工课，没有自然科学知识的课程，没有课间休息，到校后就在教室里读那些深奥枯燥的经书，一直读到吃饭的时候才放学，稍有不慎，就会受到老师的训斥或体罚。学校的生活是十分枯燥的，没有任何自由，精神受到压抑。在这种情况下，一旦得到一点自由，学生就会贪婪地抓住它，满足自己压抑已久的求乐欲望，而不会顾忌自己行为的后果。他们“爬上花坛去折蜡梅花”，就是在这种迫不及待的心情下产生的占有欲的表现，具有一种破坏的性质，这与“我”在百草园里的情况是不同的。在百草园里，“我”没有这种迫不及待的心情，不会想到要把自己喜爱的事物占为己有，因而也不会轻易毁坏它们。在学校里，学生的精神受到压抑，身体受到摧残，并且把这一切都视为合理的，他们感觉不到成年人对自己生命的爱护和顾惜，他们对比自己更弱小的生命也就没有了爱护和顾惜之情，“捉了苍蝇喂蚂蚁”，就表现着他们对更弱小的生命的态度，带有一点残酷性。假若说“我”在百草园里的趣味是一种情趣，这时的趣味就带有一点恶趣的性质了。但是，这一切都是由于学校对儿童的禁锢，责任并不在儿童本身。在儿童本身，这些仍然只是他们活泼好动天性的表现，是可爱的，而不是可恶的。——假若连这点调皮精神也没有了，他们不就完全成为小绵羊了吗?

由于在读书中感觉不到趣味，所以他们读书时就没有任何主动性了。老师让读书，他们就放开喉咙读一阵，读的是什么，读得懂不懂，他们是无暇顾及的。待到老师读书读得入了神，他们就偷着做他们的小动作了：“有几个便用纸糊的盔甲套在指甲上做戏。我是画画儿……”在我们现在看来，前者是对手工技巧的爱好，后者是对绘画的爱好，都是应当受到鼓励的，但在那时的教育里，都只能“偷”着做，他们在这些方面的才能无法得到充分的发展，是可想而知的。

六

最后，我们得谈谈“先生”这个人物。

在“文化大革命”中，大家把鲁迅的《从百草园到三味书屋》视为对反动教育路线的揭露和批判，从而也把“先生”这个人物说成是忠实地执行了反动教育路线的一个反派人物。在当时，我曾写过一篇《如何正确评价〈从百草园到三味书屋〉中“先生”这个人物》，认为这个人物不是一个反派人物，而是鲁迅所尊重的一个“方正、质朴、博学”的老师。直至现在，我仍然坚持自己的观点。

在这里，我们首先要解决的是教育和教师关系的问题。

教育，是培养教育一代代儿童的，由教师实际担当着教育的任务。但教育的性质和任务却既不取决于受教育的少年儿童本身，也不取决于实际担当着教育任务的教师，而是取决于一个时代、一个社会对教育和文化的基本理解和运用。假如当时的社会就是以科举制度选拔人才的，假如学生的家长送学生入学读书就是为了自己的孩子能够通过科举考试获得一个更优越的社会地位，一个教师是不能不根据科举制度的要求来培养学生的。也就是说，教师在整个社会教育观念和教育体制面前是没有自己的主动性的，我们评价一个教师不能仅仅看他施行的是什么样的教育，还应该看到他怎样具体地施行了这样的教育。我认为，只要意识到这一点，我们就会看到，《从百草园到三味书屋》中的“先生”这个人物，对他的学生不是冷酷的，而是有着朴素的爱心的。这种爱心不可能不受到当时教育观念和教育体制的束缚，但我们仍然是能够感受得到的，对学生也有着潜在的影响作用。他对学生的态度在总体上是和蔼的，没有一副凶神恶煞的样子，学生也并不怎么害怕他。“第二次行礼时，先生便和蔼地在一旁答礼”，这使学生在他面前的心情是轻松的。总体说来，三味书屋的气氛是沉闷的，但却没有严重的压抑感，他和学生之间的关系很难亲切起来、活泼起来，但二者也没有严重的对立情绪。“我”向他提出问题时他面有怒色，学生跑出教室玩耍时他在书房里“大叫起来”，其目的仍然是为了让学生专心读书，他的学生从他的表现中感觉不到恶意，所以对他还是尊敬的。“他有一条戒尺，但是不常用，也有罚跪的规则，但也不常用，普通总不过瞪几眼，大声道：——‘读书！’”当时的社会和家长赋予了他这些权利，但他不但没有滥用这种权利，而且表现出了尽量不使用这种权利的愿望，这说明他对学生还是相当温厚的。更为重要的是，当时的教育不但束缚着学生，也束缚着教师。教师教的很可能正是自己不愿意教的，教师做的很可能正是自己不愿意做的，但在当时的社会教育观念和教育体制之下，教师却没有权力也没有能力按照自己的意愿进行教学活动。也就是说，教师也是受到它的压抑的。

铁如意，指挥倜傥，一坐皆惊呢～～；金叵罗，颠倒淋漓噫，千杯未醉嗬～～

从寿镜吾先生入神地读着的这些文句我们可以感到，他内心也是有着自己的苦闷和不满的，但他在学生面前，却无法表达自己内心的真实情感。他和学生之间，同样隔着一层厚障壁，使他和学生的心无法相通。这是学生的悲剧，也是教师的悲剧，社会的教育观念和教育体制把他们的心灵隔在了两端。

我之所以特地提出对“先生”这个人物的态度的问题，是因为自然与社会、社会与教育、教师与学生之间的矛盾不仅仅在中国古代的私塾教育中存在，即使在现在甚至在未来的教育中仍然会长期存在，社会总是以自己所需要的思想模式或知识结构要求于学校教育，这种要求总是与儿童的自然需求和本能的求知欲望有所不同，教师总是不能不按照当时社会的教育观念和教育体制的要求具体地从事自己的教育活动，因而教师的要求与学生的愿望之间也总是无法取得完全的一致。二者的矛盾使教师在自觉与不自觉间就会限制学生的自由发展，将学生严重束缚在特定的教育目的上。这些矛盾只有在整个社会不断加强对儿童身心健康的关心和对儿童自然成长规律的认识的基础上才能得到相对完满的解决，单纯批评教师在具体教学活动中的缺点和错误，是不可能从根本上解决这些矛盾的。鲁迅在《从百草园到三味书屋》中描写的是这样一种社会教育现象，而不是对寿镜吾先生本人的批评。即使对这样一种社会教育现象，鲁迅取的也不是无情的批判和揭露，而是在委婉的叙述中点缀着轻松的幽默，发人深省却不愤激恚怒。在教学中，教师和学生共同面对这样一篇批评学校教育的回忆散文，假若仅仅强调学生受束缚的一面，而认识不到教师同样受到当时社会教育观念和教育体制的束缚，很容易造成学生与教师之间不应有的思想对立。只有正确阐释这篇回忆散文中对寿镜吾先生的描写，才能加强教师和学生的相互理解和同情，完善和发展我们的教育观念，改革我们的教育体制，求得我国教育事业的更大发展。

鲁迅：《阿长与〈山海经〉》

还原法分析和关键词解读

◎ 孙绍振

开头两段，似乎很平常，没有什么可分析的。但是，用还原法是可以提出问题来加以分析的。

把还原法落实到关键词语上去，以阿长这个名字作为关键词来还原、分析。为了交代阿长的名字，鲁迅用了两段文字，这样是不是太繁琐了？鲁迅不是说过，文章写成以后至少要看两遍，要将可有可无的东西删去吗？那么，这两段如果删去了，有没有损失呢？肯定是有的。因为在“阿长”这个关键词的深层，不但有长妈妈的，而且有周围人的精神密码。按照还原法，本来名字对于人来说，应该是慎重的。一般人的名字，大都寄托着美好的期望，不同的人有不同的叫法，表现的是不同的情感和关系。

鲁迅强调说，她叫“阿长”。然而，“长”并不是她的姓，也不是她的绰号。因为绰号往往是和形体的特点有关系的，而阿长身材并不高，相反，长得“黄矮而胖”。原来她的名字是别人的名字，她的前任女工的名字。

通过还原，问题、矛盾就不难提出来了。

第一，在正常情况下，可以把他人的名字随意安在自己的头上吗？什么样的人名字才会被人家随便安排呢？一个有头有脸的人，人家敢于这样对待她吗？这样的人，肯定是社会地位卑微的，不被尊重的。这是很可悲的。鲁迅不惜为此而写了这两段文字，说明他对一切小人物的同情，用鲁迅自己的话来说，这叫“哀其不幸”。

第二，名字如果随便被安排，在一般人那里难道不会引起反抗吗？然而，阿长没有，好像没有什么感觉，很正常似的。这说明了什么呢？说明她没有自尊。人家不尊重她，她对此麻木。鲁迅在这里表现出他对于小人物态度的另一方面，即“怒其不争”。

从研究方法来说，这样的分析已经挖掘了可讲性，但是还可以扩展一下，力求结论有更大的涵盖面。

用名字来揭示人物的社会地位和心灵奥秘，是鲁迅常用的手法。在《阿Q正传》里对阿Q的名字，在《祝福》中对祥林嫂的名字，也有同样的细致用心。

需要注意的是，整篇文章里没有对阿长进行肖像描写。光是对名字这么叙述，看来连描写都算不上。但是，在鲁迅看来，这比之对肖像的描写还重要。

分析如果到此为止，是很可惜的。当一种方法好像到顶了的时候，要深入下去，就应该换一种。

还原不够用了，就用比较的方法。事实上，我们前面分析长妈妈名字的时候，就用了比较的方法，把她的名字和祥林嫂比较。要深刻地揭示《阿长与〈山海经〉》的特点，不妨把它和《从百草园到三味书屋》加以比较。

从对人物的态度来看，我们可以感到，鲁迅对于他的保姆阿长，比之对于他的老师寿镜吾，感情变得比较复杂了。《从百草园到三味书屋》是一篇童年的回忆，因而童心和童趣是我们注意的要点，进行比较的目的，在于它们之间有什么一样和不一样的地方。

《从百草园到三味书屋》写了一些表面上互相不连贯的事，《阿长与〈山海经〉》集中写一个人，但关于这个人物的故事并不太连贯，使全文连贯起来的，是作者作为儿童对阿长态度和情感的变化过程。这个过程比较丰富，也比较复杂。要作段落划分，就比较繁琐，吃力不讨好。要把

"我"对于长妈妈的情感变化过程的各个阶段分析出来，最好的办法是把蕴含着"我"对长妈妈的观感发展和变化的关键词找出来。

鲁迅在名字的文章做足了以后，就写对于她的一般印象，无非说她喜欢传播家庭里面的是是非非、小道新闻。特别点出细节，说话时手指点着自己的鼻尖或对方的鼻尖。这说明什么问题呢？没有礼貌，没有文化，不够文明而已。

作为保姆，她的任务应该是照顾孩子的生活，包括睡眠，但是，她夜间睡觉却把自己摆成一个"大"字，占满了床。这说明她不称职。而且，尽管"我"的母亲向她委婉地表示夜间睡相不太好，她居然没有听懂，不但没有改进，反而变本加厉，夜里把自己的手放在"我"的脖子上。

把这一切归结起来，表现作者态度的几个关键词是"不佩服"、"最讨厌"和"无法可想"。

这以后，事情有了发展，"我"与阿长的矛盾加深了。

过新年对于小孩子来说，是无限的欢乐，而且是充满了童心和童趣的想象。而阿长却把这一切弄得很煞风景。首先是新年第一句话一定要吉利，这把孩子的心情弄得很紧张。其次是完成了任务，给一个福橘吃，却又是冰冷的东西。注意，没有这个冰冷的感觉，就很难表现出孩子的心情和阿长的迷信之间的冲突。

这一切造成的结果，又有一个总结性的关键词语："磨难"，或者"元旦劈头的磨难"。

把节日变成了"磨难"，这是"我"和阿长的情感矛盾的第二个阶段。

第三个阶段是对于阿长的情感的一个大转折，关键词不是事情讲完了才提出来的，而是在一件事情还没有讲出来时提前出现的，这关键词就是："伟大的神力"、"特别的敬意"。

阿长讲了一个荒谬不经的故事。这是本文中最为精彩的笔墨，尽显一个幽默大师从趣味到语言的游刃有余。

首先，这个故事一望而知是荒诞的。

1. 概念混乱：把太平天国和一切土匪混为一谈，尊称其为"大王"。

2. 缺乏起码的判断力：门房的头被扔过来给老妈子当饭吃，对其可信度毫无怀疑态度。

3. 逻辑混乱：小孩子要被拉去当小长毛，只要女人脱下裤子，敌人的炮就炸坏了。

这是显而易见的荒谬、可笑，而长妈妈却讲得很认真，并没有流露出任何欺骗或者开玩笑的样子。这就显得好笑、不和谐、不一致，有点西方人讲的 incongruity 了，有点幽默了。

其次，用还原法观之，对于长妈妈的逻辑荒谬，特别是将小孩抓去当小长毛和只要女人脱裤子敌人的炮就炸坏了的说法，“我”不但没有表示怀疑、反驳，反而引申下去：“我”不怕这一切，因为“我”不是门房。这就把逻辑向荒谬处更深化了，好像真的所有门房都要被杀头，好像太平天国时代还没有成为遥远的过去似的。这是第一层次的荒谬。

第二层次的荒谬是，这一切居然没有引起“我”的恐惧，也没有引起反感，反而引起了“我”的“空前的敬意”。逻辑就更加可笑了。越是荒谬，就越是可笑。“敬意”的这种语义在字典里是找不到的，只有把语义的变幻、人的情感世界的丰富和奇妙结合在一起，才能真正领悟。这里的幽默感得力于“将谬就谬”。按还原法，正常情况下，应该对长妈妈的荒谬故事加以怀疑、加以反驳：阿长的立论前提绝对不可靠，推论也有明显的漏洞。这些都视而不见，却顺着她的错误逻辑猛推，将谬就谬，愈推愈谬，几个层次，越推越歪。幽默感随之而强化。

“特别的敬意”和“伟大的神力”，如果不是在这个意义上用，可能要被认为用词不当。但是，这种用法有一种特殊的功能，就是反讽。这种用语蕴含着作者特别的情趣，极其生动地表达了作者富有幽默感的特点。

接着，正面引出“我”想拥有《山海经》的事。对于孩子的这种童心，没有人关心，而这个做保姆不称职、生性愚蠢而又迷信的长妈妈，却意外地满足了孩子的心灵需求。

“我”对于长妈妈的感情来了一个大转折。这是第四个大转折。关键词仍然是“空前的敬意”。比之第三个转折的“特别的敬意”还增加了一点分量，还怕不够，又在下面加上了一个“新的敬意”。但是性质上，这个“空前的敬意”、“新的敬意”和前面的不一样，它不是反语，不是幽默的调侃，没有反讽的意思，而是抒情的。和前面的幽默反语遥相呼应，构成一种张力。

整篇文章最精彩的就在这里了。

同样的词语，在不同语境下唤醒读者不同的情感体验：一是反语，有讽喻的意味；另一则有歌颂的意味。而这二者本来互相矛盾的内涵，竟可以水乳交融地、自然地结合在一起。不难看出我们的语言大师鲁迅对于汉语语义创造性的探索。

这从单纯工具性是难以解释的，细心的读者从这里可以深切地感受到语言的人文性。在字典中的语义是固定的，甚至可以说是僵化的，而具体语境中的语义则是变幻万千的，是在人与人的特殊精神关联中变幻的。这种变幻，正是语义的生命，从这种变幻的语义中，读者才能充分感受到人物的精神密码和作者对人物的感情。鲁迅对这个小人物的愚昧，并没有采取居高临下的、尖锐的讽刺，而是采取温和的调侃，并且还渗透着自我调侃，同时对于小人物，哪怕是很微小的优点，都要以浓重的笔墨，甚至直接抒怀来表现。在最后一段，居然用了诗化的祈使语气：

> 仁厚黑暗的地母呵，愿在你怀里永安她的魂灵！

对于中国的国民性一直持严厉批判态度的鲁迅，用这样诗一般的颂歌式的语言，是很罕见的。鲁迅在小说中写过一系列的农村下层人物，受到他歌颂的很少，从阿Q到祥林嫂，从七斤到爱姑，从单四嫂子到王胡、小D，这些人物没有一个受到鲁迅这样诗化的赞美。但是，长妈妈却享此殊荣。从这里可以看出，鲁迅对于下层小人物，尤其是被侮辱、被损害的小人物，也并不仅仅是“哀其不幸，怒其不争”所能概括完全的，至少在特殊的情境下，鲁迅还为下层小人物所感动，似乎可以用“欣其善良”来补充。从这个意义上，我们能不能说鲁迅自己所说的对于他的人物“哀其不幸，怒其不争”是不够全面的？这一点是可以在课堂上进行讨论的。

读文章，就要读出它的好处来，用比较的方法，就要比较出它们各自的特点。《阿长与〈山海经〉》和《从百草园到三味书屋》及鲁迅小说中的许多人物相比，它的特点就不难概括出来，那就是：不但有幽默的调侃，而且有真挚的抒情。

从这里可以看出鲁迅作为一个伟人的宽广胸怀，即使对一个有这么多毛病和缺点的、麻木的、愚蠢的小人物，即使她只做了一件可能是微不足道的好事，鲁迅也把它看得很重要，要用诗一样的语言来赞美。

从这里，我们应该深深地体悟鲁迅式的人文情怀。而表现这种人文情怀，最为关键的词语就是“伟大的神力”、“空前的敬意”、“新的敬意”，这一切和最后祈求大地母亲永远安息她的灵魂这样的诗化语言结合成一体。一味拘于字典语义，是不可能融入这种深沉浑厚的精神境界的。

怎样读和教《阿长与〈山海经〉》?

◎ 钱理群

读《阿长与〈山海经〉》，有三个难点，也是其语言表达上的特点所在，似乎也应该成为教学的重点。

几乎所有的赏析文章都谈到，这篇回忆散文主要描述了“我”和阿长的关系，“我”对她的情感的变化：从厌她、烦她、恨她到最后敬她的全过程。而转折的关键，又在阿长给“我”买了《山海经》：文章的题目就特意点明这一点。因此，全文自然就分为两大块。加上最后一个自然段和那句“神来之笔”，全文可分三个部分。而每个部分都有一个难点。

一、语感：体味贬义词背后的爱意

先说第一部分的难点。文章一开始就说，“我”“憎恶她的时候……就叫她阿长”。这似乎定了一个基调：这一大段就是写“我”对阿长的恶感。具体描述中的用词，似乎也证实了这一点，除了“憎恶”之外，还有“不大佩服”、

“讨厌”、“疑心”、“无法可想”、“不耐烦”、“诧异”、“大吃一惊”、“磨难”、“烦琐之至”、“非常麻烦”、“严重地诘问”等等。

但是，问题就在这里：难道阿长真的就那么“讨厌”吗？难道“我”对于阿长就真的只有“憎恶”吗？

提出这样的问题，是因为不说别的，单是我们这些读者，读了这些文字，就不会对阿长产生反感。就拿文章对阿长两个动作的经典描写来说吧：

> 最讨厌的是常喜欢切切察察，向人们低声絮说些什么事，还竖起第二个手指，在空中上下摇动，或者点着对手或自己的鼻尖。
>
> 一到夏天，睡觉时她又伸开两脚两手，在床中间摆成一个“大”字，挤得我没有余地翻身，久睡在一角的席子上，又已经烤得那么热。推她呢，不动；叫她呢，也不闻。

这首先是两幅绝妙的人物速写画，也是典型的小说家笔法：寥寥几笔，一个虽“切切察察”，却也没有多少心思、心眼，即所谓“心宽体胖”的乡下女人的形象立马跃然纸上了。说这是“经典描写”，是因为此后只要一说起阿长和生活中类似阿长的人，我们都会想起这“上下摇动”的“手指”，这床上的“大”字，而且忍俊不禁，发出会心的微笑。也就是说，读者的情感反应，不是“讨厌”，而是觉得“可笑”，还有点“可爱”，是不是？

这样的文章字面意义、意向和读者阅读的情感反应之间的差距，是很有意思的，颇耐琢磨。

这里，有一个“童年感受”和“成年回述”之间的差异问题。应该说，所有这些“憎恶”、“讨厌”、“不耐烦”等等，都是小鲁迅的真实感受，尽管也有点夸张放大，以便和后文形成强烈反差。但成年鲁迅在回顾这段童年生活时，感情却要复杂得多。他从长妈妈所有这些颟顸的举动，所谓“迷信”的背后，看到、感受到了一种真挚的、浓浓的爱意：她那么“极其郑重地”期待说吉祥话，送“福橘”，祈望“一年到头，顺顺流流”，不仅是为自己的“一年的运气”，更是为了“我”的幸福。他更从中看到了长妈妈这位普通的乡村保姆的性格中真率、可爱的一面。这都是成年鲁迅所格外珍惜的。他把文字里的这些言外之意巧妙地传达给了我们，于是，就有了前面所说的和文字表面指向不同的理解和感情反应。——顺便说一点，鲁迅和许多“迷信”的批评者不同，他是一直在为农民的“迷信”辩护的：早年在《破恶声论》里就指出，所谓“迷信”，其实是“向上之民，欲离是有限相对之现世，以趣（趋）无限绝对之至上者也”，并且说“农人耕稼，岁几无休时，递得余闲，则有报赛，举酒自劳，洁牲酬神，两愉悦也”。而一些自称“志士”的知识分子却要大加干预，“则志士之祸，烈于暴主远矣”。直到晚年，谈到广东人敬财神时他还说：“迷信是不足法的，但那认真，是可以取法，值得佩服的。”[①] 那么，鲁迅写到阿长“极其郑重地”要求“我”说吉祥话时，大概也是怀有一种理解的同情，以至赞赏之意吧。

因此，我们读和教文章的第一部分，其难点和重点都在这里：如何引导学生从一系列的含有贬义的词语背后，品味出、感受到其间的善意和爱意，也就是我们通常所说的“语感”的培育、训练。除了必要的引导、提示之外，朗读是一个重要环节。比如“元旦祝福”这一段，如果通过语气的轻重、缓急的处理，将阿长的“郑重”——“惶急”——“十分欢喜”的情感发展，以及相应的“我”的不解——“惊异”——“大吃一惊”——如释重负，惟妙惟肖地表达出来，使学生感悟到阿长的“可笑”与“可爱”，也就无须多说什么了。

二、辨析：为什么“大词小用”？

阿长为“我”买《山海经》这一部分，无疑是全文的核心——这也是文题所暗示的。

于是，就有了文章的高潮，这是我们读和教这篇文章时首先要抓住的。鲁迅的文章总是有一个蓄势的过程，然后达到爆发点，形成一个高

① 鲁迅：《〈如此广东〉读后感》。

潮。本文的高潮有二。

第一个高潮，就是这一部分里长妈妈那一声高叫：

“哥儿，有画儿的‘三哼经’，我给你买来了！”

声音是高亢的，感情是浓烈的，真个是快人快语！“哥儿”的称呼里有说不出的爱怜、亲热，而把《山海经》误听、误记、误说为“三哼经”，更让读者会心一笑之后，又有说不出的感动。——这些，也同样要通过朗读来体会和感悟。这一句话，就把长妈妈的形象光彩夺目地立起来了，形成全文的一大亮点。

更值得注意和琢磨的，是文章对“我”的反应的描写：“我似乎遇着了一个霹雳，全体都震悚起来”，“这又使我发生新的敬意了”，“她确有伟大的神力”。这里连续用了“霹雳”、“震悚”、“敬意”、“伟大”、“神力”这样的词语，这些词分量都很重，是所谓“大词”，是专用在某些庄重的场合，用在某些大人物或特异人物的身上；现在，却用在这样一件小事（无非是买了一本书）、这样一个小人物（乡村农妇、保姆）上，是不是“大词小用”呢？这确实是一个理解和讲解中的难点：鲁迅为什么要“大词小用”？

我们首先注意到的是，这样的词语在前面的文字中已经出现过，即在叙述阿长讲“长毛的故事”时，就有“空前的敬意”、“特别的敬意”、“伟大的神力”的说法。但在那段叙述中，是语含调侃的，因为阿长所说的“脱下裤子”的战法和功效，是童年的“我”所不能理解的，这是因“深不可测”而感到“神力”而生“敬意”，就同时不免有滑稽之感。而这一段里，“神力”、“敬意”的再度出现，就不再有任何调侃的意思，而是一种纯粹的敬辞，是一种抒情。就是孙绍振先生所说的，“同样的词语，在不同语境下唤醒读者不同的情感体验”。

问题是，这样的“敬意”是怎样产生的？其实在前面的叙述里已经有了铺垫，就是“我”“渴慕着绘图的《山海经》”的故事。请注意，“渴慕”也是一个分量很重的词，不是一般的“慕”（羡慕、爱慕、思慕），而是“渴（望）”到了极点，一种迫不可耐的爱慕、思慕、欲求。这又是为什么？文章告诉我们，这样的“渴慕”是由一位老人“惹起来”的。而这位老人有两大特点，一是“爱种一点花木”，二是“和蔼”而“称我们为‘小友’”。和大自然、孩子如此亲近，说明他是鲁迅最为钟爱的百草园这个自由空间里的人物。因此，他书斋里的藏书也就“特别”，除应试书之外，还有讲“草木花鸟兽虫鱼”的杂书，《山海经》也是其中之一——这些都是在三味书屋这样的正规学堂里读不到的。因此，小鲁迅在那里看到的世界是三味书屋强迫阅读的经书之类应试书里所没有的；于是，他第一次看到了、发现了“人面的兽，九头的蛇，三脚的鸟，生着翅膀的人，没有头而以两乳当作眼睛的怪物”，唤起了他无穷的好奇心、无羁的想象力，而这些都是在正式的教育里受到严重压抑的，甚至被扼杀的。

因此，对“我”来说，《山海经》就不只是一本书，而是另外一个世界，另外一种生活，是他的自我生命渴望突破三味书屋的教育的束缚，寻求一个新的天地的希望所在。难怪“一坐下，我就记得绘图的《山海经》”，“一……就”，他真的为这样的“渴慕”而坐立不安了。

问题是，有谁会关心“我”的内心渴求？有谁能满足“我”生命成长的需要与欲望？——“谁也不肯真实地回答我”。家长不会、不能，老师不会、不能，学者不会、不能，年长者都不会、不能。“我”早就有这样的遭遇、经验：在《从百草园到三味书屋》里，就已经说到了“渊博”的老师“不愿意”回答“我”的问题，“年纪比我大的人，往往如此，我遇见过好几回了”。

就在这时候，在这样的绝望中，阿长挺身而出了，她给“我”带来了朝思暮想的《山海经》!

“我”原本就不曾期待过她，“她并非学者”，字都不识，“说了也无益”，不过是“既然问了，也就都对她说了”，不抱任何希望的。

这是一个完全意外的惊喜！

“我”怎能不“发生新的敬意”?!“别人不肯做，或不能做的事，她却能够做成功”，“她确有伟大的神力”。——这是关键所在，应该细加琢磨。

“别人”，如前所分析，是指家长、老师、学者等等，他们掌握了教育权力，并且负有教育责任，但却从来没有想过儿童应该有一个属于他自己的想象的世界，那里有“人面的兽，九头的鸟……”；他们根本不懂得，教育的目的就是满足和培育孩子的好奇心。鲁迅在《从百草园到三味书屋》里早已一语道破：他们的所谓“教育”，就是“只要读书”四个字，也就是“读死书，读书死”。自然对小鲁迅要读《山海经》的要求，充耳不闻，“不肯做，不能做了”。反倒是阿长，一个普通的无权无势也无文化的农妇，她当然不懂教育的理论，包括我们所说的“想象力”、“好奇心”，但她有一条，就是从心底里爱她的“哥儿”，“我”那副坐立不安、失魂落魄的样子，她看了心疼，就要想方设法满足孩子的愿望、欲求，而且她想到做到：“我给你买来了！”她就是这样简简单单、痛痛快快、自自然然地为“哥儿”做了这么一件事，然而，却犹如一声“霹雳”，“我”的“全体都震悚起来”，而且，我们读者，以及一切有良知的中国教育者、关心孩子的人们，都会为之震动，并且悚然而思！是的，面对这位有着爱心、直抵教育本质的“我”的、我们大家的“伟大”的“保姆”，是不能不引发出许多反省和反思的。

三、感悟：最后的“神来之笔”

鲁迅的文章自有一股“气势”。而且我们说过，他是最善于“蓄势”的，就是说，前面所有的描写都是一个铺垫，也是情感的酝酿过程，情势郁结到了那个点上，就顺势而发，沛然而不可御了。于是，就有了那最后的高潮，文章的顶点，那一声仰天长啸：

> 仁厚黑暗的地母呵，愿在你怀里永安她的魂灵！

说这是“神来之笔”，是因为这样多少带有宗教色彩的祈愿文字，即使在鲁迅的文章里，也几乎是绝无仅有的。

它因此成为学生理解的难点。

为此，需要从两个方面为学生的理解、感悟作一些准备。

首先要指出，作者在本文中其实也为这样的一声高喊作了充分的铺垫。在文章的一开始就点明：“长妈妈……就是我的保姆。”而且我们还注意到，鲁迅一生从未写过自己的母亲，在离开这个世界前，他曾对冯雪峰谈到想写一篇关于母爱的文章，并且说“母爱是伟大的”，但他毕竟没有写出；他留给我们的，就是这篇写同样给予他童年生活以真正的爱的“保姆”的怀念文字，而且在《从百草园到三味书屋》、《狗·猫·鼠》等文中多次提及阿长，都足见长妈妈在他童年记忆中的地位与分量，可以说，他对这位保姆的感情中，包含了一种对母爱的依恋。

而在文章的结尾部分，鲁迅又满怀深情地写道：“我终于不知道她的姓名，她的经历；仅知道有一个过继的儿子，她大约是青年守寡的孤孀。”那么，在鲁迅的眼里，长妈妈又是一位社会底层被抹杀、被损害的不幸的妇女。鲁迅早就说过，他的写作所关注的，就是“病态社会的不幸的人们”①，也就是说，长妈妈是和闰土、闰土的父亲、祥林嫂们一起活在鲁迅心中的。

这样，我们终于懂得，鲁迅要为长妈妈祈祷，是深含着他的爱——对母亲或母亲般的保姆、生命的养育者的爱，对社会底层不幸者的爱。

其次，需要理解的是“仁厚黑暗的地母”的形象。西方神话里，有巨人安泰以大地母亲为力量源泉的传说。而在中国民间，也有以“黑暗”为宇宙生命起源的传说，如流传于湖北神农架的《黑暗传》就这样唱道：“先天只有气一团，黑里古洞漫无边。有位老祖名黑暗，无影无形无脸面。……那时没有天和地，那时不分高和低，那时没有日月星，人和万物不见形。汪洋大海水一片，到处都是黑沉沉……”这里，有一种“黑暗”体验，其实，对我们每个人（包括中学生）都并不陌生：深夜睡觉时，常常会有自己被黑暗包裹的感觉，如鲁迅在《夜记》里所描述的“赤条条地裹在这无边无际的黑絮似的大块里”，有时会突然产生回到童年躺在母亲宽厚的怀里的幻觉，感受着母体带来的无边无尽的温暖。

这样，本来是一个普通的祝祷，如人们通常所说的“愿死者在地下安息”；现在，鲁迅却创造了一个“人间保姆”回到“仁厚黑暗的地母”的“怀里”这样的意象，既具有浓郁的诗意，又赋予生命哲学的意味：生命的死亡就是回归到生命的起源——“大地母亲”那里去。

---

① 鲁迅：《我怎么做起小说来》。

或许中学生还难以理解这样的生命哲学，但那样的生命的“黑暗”体验，他们却是可以感悟的。因此，不妨引导学生一起高声朗读：

仁厚黑暗的地母呵，愿在你怀里永安她的魂灵！

只要学生感到了心灵的震动，也就够了，即使他们暂时还不甚懂得其意义。

鲁迅：《故乡》

精神“故乡”的失落

◎ 王富仁

鲁迅的《故乡》中写了三个故乡：一个是回忆中的，一个是现实中的，一个是理想中的。第一个是过去时的，第二个是现在时的，第三个是未来时的。小说突出描绘的是现实的故乡。

一、回忆中的故乡

“我”回忆中的故乡是一个带有神异色彩的美的故乡。

它的美，我们至少可以从以下几个方面感受出来。

第一，它是一个五彩缤纷的世界。这里有深蓝的天空，有金黄的圆月，有碧绿的西瓜，少年闰土有一副紫色的圆脸，脖子上带着明晃晃的银白色的项圈，海边有五色贝壳，红的绿的都有，鬼见怕也有，观音手也有，还有各种颜色的鸟类：稻鸡、角鸡、鹁鸪、蓝背……在这里，没有一种色彩不是鲜艳的、明丽的，任何两种色彩之间的对比都是鲜明的，它们构成的是一幅“神异”的图画，一个五彩缤纷的世界。

第二，它是一个寂静而又富有动感的世界。当“我”记起童年时的故乡，浮现在脑海里的首先是深蓝的天空、金黄的圆月、海边沙地上碧绿的西瓜，整个大自然是那么静谧，那么安详；但在这静谧的世界上，却有着活泼的生命。这活泼的生命给这个幽静的世界带来了动态的感觉。“一个十一二岁的少年，项带银圈，手捏一柄钢叉，向一匹猹尽力的刺去，那猹却将身一扭，反从他的胯下逃走了。”“月亮地下，你听，啦啦的响了，猹在咬瓜了。你便捏了胡叉，轻轻地走去……”这是一个幽静的世界，同时又是一个活泼的世界。它幽静而不沉闷，活泼而不杂乱。静中有动，动中有静，和谐自然，是一个令人心旷神怡的世界。

第三，它是一个辽阔而又鲜活的世界。“我”回忆中的故乡是一个多么广阔的世界呵！这里有高远的蓝天，有一望无垠的大海，有广阔的海边的沙地。但在这广阔的天和地之间，又有各种各样的人和事物，有活泼的少年闰土，有猹、獾猪、刺猬，有稻鸡、角鸡、鹁鸪、蓝背，有五彩的贝壳，有金黄的圆月，有碧绿的西瓜……这个世界广阔而又鲜活，一点也不狭窄，一点也不空洞。

我们可以看到，“我”回忆中的故乡并不仅仅是一个现实的世界，同时更是一个想象中的世界，是“我”在与少年闰土的接触和情感交流中想象出来的一幅美丽的图画。它更是“我”少年心灵状态的一种折射。这心灵是纯真的、自然的、活泼的、敏感的，同时又是充满美丽的幻想和丰富的想象力的。它没有被“院子里高墙上的四角的天空”所束缚，而是在与少年闰土的情感交流中舒展开了想象的翅膀，给自己展开了一个广阔而又美丽的世界。

那么，“我”的这个广阔而又美丽的世界是怎样展开的呢？是因为两颗童真的心的自然融合。少年的“我”是纯真的、自然的，少年闰土也是纯真的、自然的。他们之间的关系不是用封建礼法关系组织起来的，而是用彼此心灵的自然需求联系起来的。少年闰土不把少年的“我”视为一个比自己高贵的少爷，少年的“我”也不把少年闰土视为一个比自己低贱的穷孩子。他们没有人与人之间不平等的观念。他们之间的情感交流是畅通无阻的，是没有任何顾忌和犹豫的。我们重新读一读他们之间的对话，就可以感受到，他们之间是想到什么便说什么的，想到哪里就说到哪里的，他们不是为了讨好对方而说，也不是为了伤害对方而说，而是说双方都感兴趣的话。两个人的心灵，就在这无拘无束的对话中融合在一起了。而在这融合中，各自都变得丰富了。少年闰土来到城里，“见了许多没有见过的东西”；少年的“我”通过与少年闰土的谈话，也像看到了过去自己从来没有看到过的世界。

总之，“我”回忆中的故乡是一个美好的世界，这个世界实际上是少年的“我”美好心灵的反映，是少年的“我”与少年闰土和谐心灵关系的产物。但是，这种心灵状态不是固定的，这种心灵关系也是无法维持久远的。社会生活使人的心灵变得更加沉重，使人与人之间的关系变得复杂起来。当成年的“我”重新回到“别了二十余年的故乡”时，这个回忆中的故乡就一去不复返了。在这时，他看到的是一个由成年人构成的现实的故乡。

二、现实中的故乡

现实中的故乡是什么样子的呢？我们可以用这样一句话来概括我们对这个故乡的具体感受：它是在现实社会生活的压力下失去了精神生命力的故乡。

这时的故乡是由三种不同的人及其三种不同的精神关系构成的。

“豆腐西施”杨二嫂

“豆腐西施”杨二嫂是一个可笑、可气、可恨而又可怜的人物。

她为什么可怜呢？因为她是一个人。一个人是需要物质生活的保证的。当一个人无法通过自己正常的努力而获得自己最起码的物质生活保证的时候，为了生命的保存，就要通过一些非正常的、为人所不齿的手段获取这种保证了。在这个意义上，她是值得同情的。她原来是开豆腐店的，为了豆腐店能够赚到更多的钱，她擦着白粉，终日坐着，实际上是用自己的年轻美貌招徕顾客，“因为伊，这豆腐店的买卖非常好”。“美”，在“豆腐西施”杨二嫂这里已经不再是一种精神的需要，而成了获取物质利益的手段。物质实利成了她人生的唯一目的。为了这个目的，她是可以牺牲自己的道德名义的。当自己的青春已逝、美貌不再的时候，她就把任何东西都拿来当作获取物质实利的手段了。她的人生完全成了物质的人生，狭隘自私的人生。这样一个人，亲近的只是物质实利，对别人的感情已经没有感受的能力了。在这类人的感受里，“利”即是“情”，“情”即是“利”；“利”外无“情”，天地间无非一个“利”字。她感受不到别人真挚的感情，对别人也产生不了这样的感情，感情也只成了捞取好处的手段。她的眼里只有“物”，只有“利”，只有“钱”，而没有“人”，没有有感情、有道德、有精神需要的人。在这个世界上，她是能捞就捞，能骗就骗，能偷就偷，能抢就抢。但人类社会是在相互关联中存在和发展的，人类为了共同的生存和发展，需要心灵的沟通，需要感情的联系，需要道德的修养，需要精神品质的美化。像“豆腐西施”杨二嫂这样一个毫无道德感的人，时时刻刻都在做着损人利己的勾当，是不能不引起人们的厌恶乃至憎恨的。所以，就她本人命运的悲惨，她是可怜的；而就其对别人的态度，她又是可气、可恨的。她的可笑在于长期的狭隘自私使她已经失去了对自我的正常感觉。她把虚情假意当作情感表现，把小偷小摸当作自己的聪明才智。她是属于世俗社会所谓的能说会道、手脚麻利、干净利索、不笨不傻的女人。但在正常人眼里，她这些小聪明、小把戏都是瞒不了人、骗不了人的。所以，人们又感到她的言行的可笑。人们无法尊重她、爱戴她，甚至也无法真正地帮助她。她是一个令人看不起的人。

如果说少年的“我”和少年闰土的一切言行的总体特点是自然、纯真，那么“豆腐西施”杨二嫂的一切言行的总体特点则是不自然、不真挚。在她这里，一切都是夸大了的，是根据自己的实利考虑变了形的。她一出场，就“突然大叫”，发出一种“尖利的怪声”，这是她不感惊奇而故作惊奇的结果。她的面貌特征也是在长期不自然的生活状态中形成的。她一生只练就了一个薄嘴唇，能说会道，脸相却迅速衰老下来，只留下一个凸颧骨，没有了当年的风韵。她的站姿也是不自然的，故意装出一副不可一世的样子，实际上她早已失去了自信心，失去了做人的骄傲，但又希望别人看得起她，尊重她。她对“我”没有怀恋，没有感情，但又故意装出一副有感情的样子。她能说的只有“我还抱过你咧!”这样一个微不足道的事实，但却把这个事实说得非常重要，好像这就对“我”有了多么大的恩情，好像“我”必须对她感恩戴德、牢牢记住她对“我”的重要性。她不关心别人，因而也不会知道别人的生活状况，不会了解别人的思想感情。她通过自己的想象，把别人的生活说得无比阔气和富裕，无非是为了从别人那里捞取更多的好处。

“豆腐西施”杨二嫂体现的是“我”所说的“辛苦恣睢而生活”的人的特征。她的生活是辛苦的，但这种辛苦也压碎了她的道德良心，使她变得没有信仰，没有操守，没有真挚的感情，不讲道德，自私狭隘。

成年闰土

少年闰土是一个活泼可爱的孩子，是一个富有表现力的少年。“他的父亲十分爱他”，他的生命是有活力的，他的思想是自由的，他的心地也是善良的。

> “这不能。须大雪下了才好。我们沙地上，下了雪，我扫出一块空地来，用短棒支起一个大竹匾，撒下秕谷，看鸟雀来吃时，我远远地将缚在棒上的绳子只一拉，那鸟雀就罩在竹匾下了。什么都有：稻鸡，角鸡，鹁鸪，蓝背……”
>
> “现在太冷，你夏天到我们这里来。我们日里到海边检贝壳去，红的绿的都有，鬼见怕也有，观音手也有。晚上我和爹管西瓜去，你也去。”
>
> “不是。走路的人口渴了摘一个瓜吃，我们这里是不算偷的。要管的是獾猪、刺猬、猹。月亮地下，你听，啦啦的响了，猹在咬瓜了。你便捏了胡叉，轻轻地走去……”
>
> “有胡叉呢。走到了，看见猹了，你便刺。这畜生很伶俐，倒向你奔来，反从胯下窜了，他的皮毛是油一般的滑……”

在这些话里，跳动着的是一个活泼的生命。少年闰土较之少年的“我”更是一个富于表现力的少年，是一个有更多的新鲜生活和新鲜感受要表达的少年。“我”的知识更多是从书本当中获得的，少年闰土的知识则是从大自然中、从自己的生活实感中获得的。他生活在大自然中，生活在自己的生活中，他比少年的“我”更像一个语言艺术家。他的语言那么生动，那么流畅，那么富有感染力！它一下子就把少年的“我”吸引住了，并留下了至今难以磨灭的印象。但这个富于生命力和表现力的少年闰土，到了现在，却成了一个神情麻木、寡言少语的人，“只是觉得苦，却又形容不出”。为什么他在少年时就能有所感而又形容得出，现在却形容不出了呢？因为“那时是孩子，不懂事”，但“不懂事”的时候是一个活泼的人，现在“懂事”了，却成了一个“木偶人”了。这是为什么呢？因为这里所说的“事”，实际是中国传统的一套封建礼法关系，以及这种礼法关系所维系着的封建等级观念。

维系中国传统社会的是一套完整的封建礼法关系，而所有这些封建礼法关系都是建立在人与人不平等的关系之上的。帝王与臣民，大官与小官，官僚与百姓，老师与学生，父亲与儿子，兄长与弟弟，男性与女性，都被视为上下等级的关系。他们之间没有平等的地位，也没有平等的话语权力。上尊下卑，“上”对“下”是指挥、是命令、是教诲，“下”对“上”是服从、是驯顺、是听话。闰土之所以说小的时候是“不懂事”，是因为按照现在他已经懂得了的礼法关系，“我”是少爷，他是长工的儿子，二者是不能平等的。“我”尊，闰土卑，他那时没有意识到自己的卑贱地位，在“我”面前毫无顾忌地说了那么多的话，都是极不应该的。但那时年龄小，可以原谅，一到成年，中国人都要遵守这样一套礼法关系；不遵守这套礼法关系，就被中国社会视为一个不守规矩、不讲道德的人了，就会受到来自社会各个方面的惩罚。闰土就是在这样一套礼法关系的教育下成长起来的，他是一个“老实人”，是一个讲“道德”的人。但一旦把这种礼法关系当成了处理人与人关系的准则，人与人之间的思想感情就无法得到正常的交流了，人与人的心灵就融合不在一起了。这就是在“我”和闰土之间发生的精神悲剧。“我”怀念着闰土，闰土也怀念着“我”，他们在童心无忌的状态下建立了平等的、友好的关系。这种关系在两个人的心灵中都留下了美好的、温暖的、幸福的回忆。“我”想到故乡，首先想到的是闰土，闰土实际上也一直怀念着“我”。“他每到我家来时，总问起你，很想见你一回面”。只要想到他和“我”童年时在一起玩耍的情景，我们就能够想到，闰土的这些话绝不是一般的客气话。两个人重新见面时，“我”很兴奋，闰土也很兴奋，“脸上现出欢喜和凄凉的神情；动着嘴唇”，说明他心里颤抖着多少真挚的感情！但封建的礼法关系却把所有这些感情都堵在了他的内心里，形容不出来了，表现不出来了。

> 他的态度终于恭敬起来了，分明的叫道：
>
> “老爷！……”

在这里，我们能够听到两颗原本融合在一起的心被生生撕裂开时所发出的那种带血的声音。闰土不再仅仅把“我”视为平等的、亲切的朋友了，他把“我”放在了自己无法企及的高高在上的地位上；他自己的痛苦、自己的悲哀，在这样一个高高在上的人面前已经无法诉说、无法表现。“老爷”这个称呼带着一种“敬”，但同时也透着一股“冷”。在这种“冷”的氛围中，“我”的感情也被凝固在了内心里。两颗心就被这个称呼挡在了两边，无法交流，无法融合。所以“我”“打了一个寒噤”，知道两个人之间“已经隔了一层可悲的厚障壁了”。

《故乡》让我们看到，只有少年闰土和少年的“我”的关系才是符合人性的，后来这种封建礼法关系不是人的本性中就具有的，而是在社会的压力之下形成的，是一种扭曲了的人性。人在自然的发展中不会把自己视为一个卑贱的、无能的人，像闰土这样一个人的封建礼法观念是在长期的强制性的压力下逐渐形成的。社会压抑了一个人的人性，同时也压抑了他的自然的生命，使他习惯了消极地忍耐所有外界的压力，忍耐一切精神的和物质的痛苦。那个手持胡叉向猹刺去的闰土是多么富有朝气、富有生命的活力，又是多么勇敢！但封建的礼法关系逐渐压抑了他的生命力，使他在一切困苦和不幸面前只有消极地忍耐。只有意识到闰土已经没有了少年时的旺盛生命力，我们才能够理解，为什么“多子，饥荒，苛税，兵，匪，官，绅”，能够“苦得他像一个木偶人了”。他已经没有反抗现实的不幸的精神力量。他把所有这一切都视为根本不能战胜的。他只能承受，只能忍耐，他尽量不去思考自己的不幸，尽量迅速地忘掉自己的困苦。他不再敢主动地去感受世界，去思考生活、思考自己。久而久之，他的思想干瘪了下去，他的感受力萎缩了下去，他的表现力衰弱了下去，他的精神一天天地麻木下去，他已经成为一个没有感受力、没有思想能力和表现能力的“木偶人”。只有宗教还能给他带来对未来的茫远的、朦胧的希望。他的精神已经死亡，肉体也迅速衰老下去。

成年闰土体现的是“我”所说的“辛苦麻木而生活”的一类人的特征。这些人是善良、讲道德、守规矩的人。但传统的道德是压抑人的生命力的。他们在封建道德的束缚下丧失了生命的活力，精神变得麻木了。

成年的“我”

成年的“我”是一个现代知识分子，在自己的故乡已经失去了存在的基础，失去了精神落脚地。他像一个游魂，已经没有了自己精神的“故乡”。

中国古代的知识分子有相当部分是官僚地主。在经济上是地主，在政治上是官僚，是有权有势的阔人。但现代的知识分子大多在城市中谋生，已经没有稳固的经济基础，也没有政治的权力。在“豆腐西施”杨二嫂的心目中，值得惧怕和尊敬的是放了“道台”、“有三房姨太太”、出门坐“八抬的大轿”的“阔人”。现在“我”“不阔”了，所以也就不再惧怕他、尊重他，而成了她可以随时掠夺、偷窃的对象。他同情“豆腐西施”杨二嫂的人生命运，但“豆腐西施”杨二嫂却不会同情他。他无法同她建立起精神的联系。他在她那里感到的是被歧视、被掠夺的无奈感。闰土是他在内心所亲近的人物，但闰土却仍然按照对待传统官僚地主知识分子的方式对待他，使他无法再与闰土进行正常的精神交流。他在精神上是孤独的。他寻求人与人之间的一种平等关系，但这种关系在现在的“故乡”是找不到的。

总之，现实的故乡是一个精神各各分离，丧失了生命活力，丧失人与人之间温暖、幸福的情感关系的故乡。

三、理想中的故乡

回忆中的故乡是美的，但却是消失了的、回忆中的、想象中的、不那么“真实”的。因为它只是在少年童真心灵感受中的故乡，而不是一个承担着生活压力和社会压力的成年人感受中的故乡。这种童真的心灵是脆弱的，是注定要消失的。少年可以不承担物质生活的压力，不必养家糊口，也不必介入到成人的社会关系之中去。但人注定是要从少年成长为成年人的，成年人注定是要独立谋生的。所以成年人眼中的故乡才是一个更重要也更真实的故乡，因为它不但决定着成年人的命运，同时也决定着一代又一代孩子们的前途。但是，这个现实的故乡却是痛苦的，缺乏生命力量，也缺乏发展潜力。“豆腐西施”杨二嫂用自己的自私狭隘、用自己物质实利的欲望腐化着故乡的精神，瓦解着故乡的前途；闰土则用自己的忍耐维持着现实的苦难，使现实的一切不可能向着美好的前途转化。但是，我们却不能不希望故乡有一个美好的前途，不能不产生改变现实的故乡的愿望。这不但因为它毁灭了自己回忆中的那个美好的故乡，更因为现实的故乡决定着一代又一代故乡人民的命运。

真正的理想不是凭空设计出来的，也不是别人告诉自己的。它们都不是一个人的真正理想。那样的理想对一个人的精神发展起不到重要的作用，因为它无法深入到一个人的心灵深处去，是一个人可有可无的东西，一遇困难他就会轻易放弃它。一个人的真正理想是在自己不同生活感受的差异中产生出来的，是从对现实生活状况和社会状况的不满中产生出来的。具体到《故乡》中来说，“我”有一个回忆中的美好的故乡，也有一个令人感到痛苦的现实的故乡。前一个是美好的，但却不是故乡的现实，不是全体故乡人民实际生活中的故乡；而现实的故乡“却是令人难以忍受的”。“我”就很自然地产生了一种希望，希望现实的故乡也像回忆中的故乡那么美好，希望现实的故乡中的故乡人也像回忆中的故乡中的少年闰土那么生气盎然、朝气蓬勃，像少年的“我”与少年闰土那样亲切友好、两心相印。但是，现实的故乡已经成了现在这个样子，现实是无法改变的，改变的只能是未来。在这时，“我”就有了一个理想的故乡的观念。只有这种理想，才是“我”最真切的理想，因为它是从自我的生活感受、社会感受中自然形成的，是从自己心灵深处升华出来的。这种理想一旦产生，“我”就永远不会放弃它。“我希望他们不再像我，又大家隔膜起来……然而我又不愿意他们因为要一气，都如我的辛苦展转而生活，也不愿意他们都如闰土的辛苦麻木而生活，也不愿意都如别人的辛苦恣睢而生活。他们应该有新的生活，为我们所未经生活过的。”这就是“我”对故乡的理想。

这个理想能不能实现呢？“我”没有给人作出明确的回答。实际上，任何的理想都是无法作出确定无疑的回答的。因为理想是要人去具体地实现的，是要很多人的共同努力才能实现的，而人又是变化着的，并且是有各种不同的发展变化的可能的，这就使任何一个人、任何一种理想都难以得到确定无疑的实现。但“我”的理想又绝对不是没有实现的可能，因为人类自身永远存在着向上追求的力量。在《故乡》中，那就是水生和宏儿的友谊。它像少年闰土和少年的“我”的关系一样，也是脆弱的，也是可以瞬时即逝的，但他们到底还没有被社会压榨成像成年闰土、成年的“我”或“豆腐西施”杨二嫂这样的人物，他们是有可能变得比现在的人们更好、更有朝气、心灵更加美好的。

> 我想：希望是本无所谓有，无所谓无的。这正如地上的路；其实地上本没有路，走的人多了，也便成了路。

也就是说，谁也不能断定一种理想能不能最终得到实现，关键在于有没有人去追求。有人去追求，有更多的人去追求，就有希望；没有人去追求，或者只有极少的人去追求，就没有希望或没有更大的希望。

作者没有给我们作出美好未来的许诺。所有关于未来的许诺都是虚幻不实的。他让我们去追求，去追求美好的未来，去创造美好的未来。

附：在《故乡》中，三个“故乡”的关系如下。

过去	现在	未来
少年闰土	成年闰土	成年水生
少年的“我”	成年的“我”	成年宏儿
	“豆腐西施”杨二嫂	
	少年水生	
	少年宏儿	
回忆中的故乡	现实中的故乡	理想中的故乡

四、“故乡”与“祖国”的同构

真正好的文学艺术作品，是有对自身的超越力量的。也就是说，它写了一些人、一些事，但表现的却不仅仅是这些人、这些事。它能使我们感受到更多、更大、更普遍的东西。它只是一个发光体，但这个发光体所能够照亮的范围却是无限广大的。在这里，我们首先应当看到，《故乡》具体描绘的是“我”回故乡时的见闻和感受，但表现的却不仅仅是这些。什么是故乡？故乡就是一个人曾经生活过的地方，特别是儿时生活过的地方。但这个故乡的范围却是可大可小的。在杭州，绍兴就是鲁迅的故乡；在北京，浙江就是鲁迅的故乡；而到了日本，中国就是鲁迅的故乡。在这时，“故乡”和“祖国”就成了同一个概念。所以，在有的民族的语言里，“故乡”和“祖国”是同一个词，第一个字母大写就是“祖国”，第一个字母小写就是“故乡”。也就是说，《故乡》具体写的是“故乡”，但它表现的却是鲁迅对“祖国”的感受和希望。

在我们的观念里，“故乡”好像只是一个物质的存在。好像一个人对自己故乡的热爱是天然的，是一种责任、一种义务，是不会改变、也不应当改变的。实际上，“故乡”对于每一个人都是时时变动着的精神的实体，它是在一个人与它的精神联系中逐渐形成和发展的。在《故乡》中，“我”与故乡的精神联系首先是由于有了少年的“我”与少年闰土的友好和谐的关系，在这时，故乡在他的观念中是美好的、亲切的。但当他再次回到故乡，这种精神联系淡漠了，故乡的观念就变化了，在这时，他对故乡的现实是厌恶的、反感的。但“我”到底是曾经与故乡人有过亲密的情感联系的，他无法忘却自己记忆中的那个美好的故乡，无法对故乡人的痛苦生活采取完全冷漠的态度，所以他希望自己的故乡好起来，希望自己故乡的人有一个美好的前途。不难看出，这表达的也是鲁迅对自己祖国的痛苦的爱。鲁迅的生命是在自己的祖国成长发展起来的，他曾经在自己的祖国感受到爱，感受到人与人关系中的温暖。但当他离开自己的童年，作为一个成年人进入了社会，有了更广阔的生活视野和社会视野，经历了人生的艰难，看到了中国社会的落后和破败，感受到了中华民族在现代世界的痛苦命运和严重危机，感到了中国人民生活的艰难和命运的悲惨，他对祖国的感受就发生了根本的变化。他精神中的“祖国”失落了，物质“祖国”仍然存在着，但在这个“祖国”中却再也找不到自己精神的归宿。这时的“祖国”，主要是由两种人组成的：一种是像“豆腐西施”杨二嫂一样只有物质欲望的中国人。他们是没有信仰、没有道德、没有固定的操守、极端狭隘自私的人。他们虚情假意，把任何一个人都视为自己掠夺的对象；对人没有真挚的感情，关心的只是个人眼前的物质实利。他们没有“别人”的观念，更没有“祖国”的观念，他们是社会腐败、人与人关系混乱的精神根源。中国物质文化的落后更加重了部分中国人对单纯的物质实利的关心，加重了这些人的狭隘和自私。他们是中国社会中的一些“不老实”的人。但另一种像成年闰土这样的“老实人”，又是被中国传统宗法伦理道德严重束缚着的人。他们已经没有旺盛的生命力量，没有争取自己美好前途的奋斗意志和智慧才能，他们消极地忍受着生活的重压。有能力的不讲道德，讲道德的没有能力。彼此没有起码的同情和理解，更没有团结奋斗的精神。他对这样一个祖国不能不感到严重的失望。但这种失望又是在关切着它的时候产生的。“豆腐西施”杨二嫂没有失望的感觉，因为她并不关心自己的祖国；闰土也已经感觉不到对社会、对祖国的失望，因为他只有在忘却中才有刹那的心灵的平静，他已经没有正视现实的勇气。正是这种失望，使作者产生了对祖国未来的理想，并切实地思考着祖国的未来。鲁迅的爱国主义不是虚情假意的爱国主义，也不是狭隘自私的爱国主义，而是通过对祖国现实命运的切实关心、对祖国前途的痛苦思考体现出来的。

假若我们把鲁迅的《故乡》提高到对祖国前途和命运的关切的高度来体验、来感受，那么，《故乡》与我们当代的读者也就有了密切的精神联系。一个民族、一个社会，都是在发展过程之中的，人的成长也是缓慢的、曲折的。童年的梦都是美的，成年人的发展则是受到社会人生严重制约的。每个人都必须获得物质生活的保证，但物质利益随时都可以把大量的社会成员变成一些不讲道德、没有感情、狭隘自私、损人利己的人，他们在任何历史条件下都会成为腐化社会、破坏人与人和谐关系的力量，而人与人的社会竞争又会把社会不平等的关系保持下来，压抑广大社会群众的生存意志和奋斗意志，使之成为像成年闰土那样精神麻木的“木偶人”。既不成为“豆腐西施”杨二嫂那样的人，也不成为成年闰土那样的人，并不是那么容易的。

人类发展的过程不也是这样的吗？一千年以后还会有“豆腐西施”杨二嫂这样的人，也会有成年闰土这样的人，有良知的知识分子还会像成年的“我”一样在社会上找不到自己精神的归宿。

《故乡》的意义将是常青的。

五、悠长的忧郁，悠长的美

即使在鲁迅的小说里，《故乡》的美学风格也是独树一帜的。《狂人日记》有压抑的愤懑，它像一颗颗连发的炮弹一样把自己对传统伦理道德的愤懑发射出去。它是对整个中国旧有文明、旧有文化的总攻击，打的是阵地战。只有反抗，没有留恋；只有愤懑，没有忧郁。《孔乙己》写的是一个人物的命运，小说中有同情，也有讽刺，而作者同孔乙己保持着一定思想感情的距离。作者从来没有也不会与孔乙己这样的知识分子建立起像同少年闰土那样亲密无间的感情联系，这样的感情联系是只有在完全平等的基础上才有可能产生的。孔乙己的等级意识把别人的这种感情关在了自己的心扉之外，不但他自己产生不了这种感情，就是别人也无法产生对他的这种感情。他对孔乙己的同情只是一个人对一个人的同情，一个中国知识分子对另一个中国知识分子的同情，除此之外没有完全个人化的因素。

《孔乙己》完成的只是一个简短的记事，一个人一生命运的报道。它简洁得有些冷峻，短小得有些愤懑。《故乡》则不同，作者对故乡的感情不仅仅是人与人之间一般的感情，同时还是带有个人色彩的特殊感情。在对故乡没有任何理性的思考之前，一个人就已经与它有了剪不断、理还乱的精神联系。童年、少年与故乡建立起的这种精神联系是一个人一生也不可能完全摆脱的，后来的印象不论多么强烈，都只是在这样一个基础上发生的，而不可能完全摆脱开这种感情的藤蔓。具体到《故乡》这篇小说中来说，“我”对故乡现实的所有感受都是在少年时已经产生的感情联系的基础上发生的。“我”已经不可能忘掉少年闰土那可爱的形象，已经不可能完全忘掉少年时形成的那个美好故乡的回忆。此后的感受和印象是同少年时形成的这种印象叠加并胶合在一起的。这就形成了多种情感的汇合、混合和化合。这样的感情不是单纯的，而是复杂的，不是色彩鲜明的，而是浑浊不清的。这样的感情是一种哭不出来也笑不出来的感情，不是通过抒情的语言就可以表达清楚的。它要从心灵中一丝一丝地往外抽，慌不得也急不得；它需要时间，需要长度，需要让读者去慢慢地咀嚼，慢慢地感受和体验。这种没有鲜明的色彩而又复杂的情感，在我们的感受中就是忧郁。忧郁是一种说不清、道不明的情感和情绪，是一种不强烈但又轻易摆脱不掉的悠长而又悠长的情感和情绪的状态。《故乡》表现出来的是一种忧郁的美，忧郁是悠长的，这种美也是悠长的。

“悠长”是《故乡》整篇小说谋篇布局的特点。可以说，小说所要表现的无非是“我”重回故乡的见闻和感受。但这种感受是无法脱离开原来对故乡的印象和感受的。小说一开始，并没有直接进入对现实故乡的描写，而是用较长的篇幅写了路上的感受和这次回故乡的缘由。回到故乡后仍然没有直接进入对故乡现实的刻画，而是由母亲的话引起儿时的回忆，用更长的篇幅记叙了儿时与少年闰土的交往。这些描写都表现出了一种不急不躁的作风和态度。作者并不急于进入现实见闻的描写，他一寸一寸地接近它，半步半步地接近它，而不是一步就跨入小说的中心。在这个过程中，作者酝酿的是一种情绪，一种基调，它渐渐使读者的心灵进入到“我”回故乡时的心境中去，因为只有这样，才会像“我”那样感受现实的见闻。离开故乡的描写同回故乡的过程的描写有着相同的特点。作者没有急于结束这篇小说，而是比较详尽地记叙了离开故乡时的情景和心情。有一个外国学者认为，《故乡》结尾时的议论是不必要的。我认为，这结尾时的议论不仅仅是要表达某种思想认识，它更是一种抒情的必要。如果说开头部分给人以身未到故乡而心已到故乡的感觉，这里给人的则是身已离开故乡而心尚未离开故乡的感觉。整篇小说像一座弧形的桥梁，前边是一段长长的拱桥，中间是主桥，后边又是一段长长的拱桥，弧度很小，但桥身很长，给人产生的是悠长而又悠长的感觉。在这个过程中，流动着的是越来越浓的忧郁的情绪。直到结尾，这种忧郁的情绪仍然没有全部抒发罄尽。鲁迅没有给读者一个确定无疑的结论，没有指明故乡或悲或喜的固定前途。故乡的前途仍然是一个未知数，一个需要人自己去争取的未来。它把人们对故乡的关心永久地留在了人们的心中，把对故乡现实的痛苦感受永久地留在了人们的心中。人们没有在结尾时找到自己心灵的安慰，它继续在人们的心灵感受中延长着、延长着，它给人的感觉是悠长而又悠长的，是一种没有尽头的忧郁情绪，一种没有端点的历史的期望。这是一种忧郁之美。

这种忧郁的美感不仅表现在小说的谋篇布局上，还表现在它的语言特色上。小说开头和结尾的语言带有明显的抒情性，它们把中间的小说叙事置于一个封闭的抒情语言的框架中，为其中的叙事谱上了忧郁的曲调。小说中唯一欢快的语调出现在对儿时回忆的描写中，但它接着就被对故乡现实描写的低沉空气驱散了，剩下的只是一种忧郁和感伤。在前后两段的描写中，句式是悠长的，虽有起伏，但造成的不是明快的基调。它们像飞不起来的阴湿的树叶子，一片一片，粘连在一起，你压着我，我压着你，似断又连，都有一种悠长而又沉重的感觉。

我所记得的故乡全不如此。我的故乡好得多了。但要我记起他的美丽，说出他的佳处来，却又没有影像，没有言辞了。仿佛也就如此。于是我自己解释说：故乡本也如此，——虽然没有进步，也未必有如我所感的悲凉，这只是我自己心情的改变罢了，因为我这次回乡，本没有什么好心绪。

整整这一段，还是没有说清过去的故乡到底是不是比现在美丽，实际上这两种感觉已经叠合在一起，怎么分也分不开了。它造成的只是一种忧郁的心情，而不是任何一个明确的结论。它的语言也和这种心情一样，没有跳跃性，你牵着我，我牵着你，似有停顿，又停不下来，整整这一段似乎只是一个句子，把“我”那种忧郁的心情很好地传达了出来。

忧郁是一种悠长的情绪，又是一种昏暗的、阴冷的、低沉的情绪。整个《故乡》的色调，也是昏暗的、阴冷的、低沉的。时候是“深冬”，天气是“严寒”的、“阴晦”的，刮着“冷风”，声音是“呜呜”的，看到的是“萧索的荒村”。即使结尾处那些议论性的语言，也带着昏暗的色彩、阴冷的气氛和低沉的调子。它不是痛苦的怨诉，也不是热情的呼唤；它不是绝望的挣扎，也不是乐观的进取。一切都是朦胧的。如果说红色是热情的，蓝色是平静的，绿色是清凉的，黑色是沉重的，灰色就是丰富的、复杂的。它是多种色调的混合体。它包含着所有色调，而又没有任何一种色调取得压倒性的优势。忧郁就是这样一种复杂的情绪。忧郁是灰色的，《故乡》的主色调也是灰色的。

《故乡》——心灵的诗

◎ 钱理群

《故乡》里分明有两个故事：闰土的故事与“我”的故事，两者互相渗透、影响，构成了一个“复调”。以往的阅读偏于注重闰土的命运及其意义，其实，作者的着力点是在对“我”的精神历程的审视，对闰土的观照是包孕其内的。《故乡》更是一首心灵的诗。

今天的研究者往往把鲁迅的《故乡》与他的《祝福》、《在酒楼上》、

《孤独者》等另几篇小说归为一类，因为它们共有一个“离去—归来—离去”的叙事模式，即所谓“归乡”模式。但《故乡》里“我”的故事确实是从“我”“回到相隔二千余里，别了二十余年的故乡去”说起的，作者显然采用了“横截面”的写法，将完整的人生（心灵）历程的第一旅程——“离去”推到了后景，成为仍然影响、制约着正在进行的人生（心灵）历程的不可忽视的心理背景。这样，“我”的故事就包含着“我”过去的故事与“我”现在的故事这两个部分。前者是作者正面描写的，后者则是通过某些提示虚写的，需要读者在接受（阅读）时通过自己的体验、理解与想象，将作者零星的提示加以扩充与完整。例如，在小说开头即提到故乡“聚族而居的老屋”，以及自己“在谋食的异地”，小说结尾处又谈到“四面有看不见的高墙，将我隔成孤身，使我非常气闷”，“我的辛苦展转而生活”，读者可以据此而想象，“我”（以及与之有着很大重合的作者）正是这样一代知识分子：他们或因被“聚族而居”的封建宗法制度的农村社会所挤压、抛弃，走投无路；或为“欧风美雨”所带来的西方现代文明所吸引；或为“人”生来俱有的对于“未知世界”的神往，“飞”向“远方”的“梦”（欲念）所驱使，纷纷“走异路，逃异地去寻求别样的人们”①。因此，当“我”这一代知识分子“离乡”而去，奔向现代化都市时，他们实际上是实现了某种精神上的蜕变，即在价值上告别了“故乡”以及与之相联的一整套童年生活经验，而成为真正意义上的现代知识分子。但是，现代都市（特别是中国的半封建半殖民地的现代都市）却没有提供他们理想（梦幻）中的精神乐园，如作品所提示，“我”依然为生活“辛苦展转”，并无以摆脱孤独、寂寞等精神痛苦，于是，又为作为“人”的本性的“归根、恋土”情绪所蛊惑，开始做起“怀乡”梦来——这就是小说开头所说“二十年来时时记得的故乡”的意思。因此，“我”此番归来，固然是“专为了别他而来”，但确又有“寻梦”的意义。既是“寻梦”，“我所记得的故乡”，那幅“神异的图画”里的“深蓝的天空”，“金黄的圆月”，“一望无际的碧绿的西瓜”，以及“其间”那勇敢、机灵、健康、活泼、“心里有无穷无尽的希奇的事”的小英雄，甚至“我”与闰土

① 鲁迅：《呐喊·自序》。

间毫无隔阂的关系，都是心象世界中的幻景，而非“此岸”的现实——不仅不是“现在的现实”，而且也不是（不全是）“过去的现实”（至少是被纯化、理想化了的）。但是，当“我”还沉浸于“怀乡”梦时，是不可能将“幻景”与“现实”区分开的——小说开头忽而惊呼“我所记得的故乡全不如此。我的故乡好得多了”，忽而又承认“要我记起他的美丽，说出他的佳处来，却又没有影像，没有言辞了。仿佛也就如此”，这固然反映了处于“幻景”与“现实”之间的恍惚，但“我”最终还是肯定了那幅“神奇的图画”，表示“似乎看到了我的美丽的故乡”。而且，由于前述从“离乡”到“做怀乡梦”这一段精神历程，在小说里仅仅作为背景“虚”悬于“回乡”的“实”写背后，因此，在读者的心目中，“幻景”与“现实”也是混沌一片的。所以，“我”现在的故事，即“回乡的故事”，不仅自始至终在“心里的回乡”与“现实的回乡”所构成的张力中展开，而且必然是一个“幻景”与“现实”互相剥离的过程，是一个“苍黄的天底下，远近横着几个萧索的荒村，没有一些活气”的现实图画逐渐代替了那想象中理想的“神奇的图画”的过程，是“西瓜地上的银项圈的小英雄的影像”由十分清楚到最后模糊的过程。在这里，现实闰土的故事（以及现实杨二嫂的故事）无疑起了“惊醒”的作用，帮助“我”完成了“幻景”与“现实”的剥离。闰土一声“老爷”，使我“似乎打了一个寒噤”，终于从“幻觉”的世界回到了“现实”，并进而感到了被“隔成孤身”的“气闷”与“悲哀”。这是一种因“希望”的破灭而格外加重的深刻的精神痛苦，当“我”宣布“所谓希望”不过是“自己手制的偶像”，比之闰土们的菩萨崇拜更为“茫远”时，就达到了“绝望”的极致。“我”终于重新肯定对故乡的价值否定，再度离去，从而完成了“离去—归来—再离去”的人生循环（在小说的外在形式上则表现为“始于篷船，终于篷船”的一个“圆圈”）；与此相应的，是一个从希望（第一次离去时）到绝望（第一次离去后），再从希望（小说开头归来时）到绝望（再一次离开时）的心理过程。

但“绝望”却并非“我”的心灵历程的结束：鲁迅在发现“希望”为“虚妄”以后，又发现了“绝望”的“虚妄”，正是所谓“于无所希望中得救”。因此，在《故乡》里，“幻景”与“现实（过去的事实）”的分离，并不意味着“理想”本身的失落。在写作《故乡》的五四时期，鲁迅强调，真正的“革新的破坏者”“内心有理想的光”[①]。这样，在小说的结尾，“我”的眼前再一次“展开一片海边碧绿的沙地来，上面深蓝的天空中挂着一轮金黄的圆月”——这幅“神异的图画”在模糊以后再度清晰呈现，自有着另一种意义：它已不再和此岸的“过去的事实”相纠结，不具有变成“现实”的任何可能性，因而不再成为人们的“精神避风港”。它仅仅高悬于彼岸世界，作为“理想”（“希望”）的象征照亮了此岸世界，使人们对“现实”产生不满，进而激发出变革“现实”的热情与努力——这就是小说结尾所说的“走路”：这是在一个日益接近而又永远达不到的“理想”目标激励下的不断的前进运动，人生的意义与价值就实现在这“走”（不断的运动）的过程中，“走的人多了，也便成了路”。在有了这样的认识（与发现）以后，“我”（“回乡”的知识者）的最后“离去”，就不是一种单纯的绝望，而且包含着绝望后（或者说是为绝望所逼出的）新的奋起、新的探索行动（“走”），或者说是对于世界与自我“双重绝望”的抗战，重新响彻“绝望”中的“希望”的旋律，从而完成了“希望—绝望—希望”的心理循环（“圆圈”）。我们由此而发现了鲁迅《故乡》（以及其他类似小说）在小说结构上的一种苦心设置与追求——不论情节发展，还是情感、心理上的推演，都有一个“顶点”：在《故乡》里就是少年闰土“小英雄”形象的“模糊”（消亡）与“我”在情感、心理上的“绝望”；在推至消亡与绝望的“顶点”之后，又反激出一种“死（消亡）”后之“生”，“绝望”后的反抗（挑战），然后戛然而止。这当然不是纯粹的结构技巧，它内蕴着鲁迅“反抗绝望”的人生哲学和生命体验，是十分明显的。

① 鲁迅：《再论雷峰塔的倒掉》。

鲁迅：《社戏》

读一读《社戏》全文

◎ 钱理群

像鲁迅《社戏》这样的经典课文，差不多每一个字、词、句，以及每一个细节，都经过了千百人的反复咀嚼；现在要重读，而且要读出新意，确实不易。

那么，换一种思路，换一个读法，换一个角度，又如何呢？

于是，我注意到了中学语文课本里面《社戏》系节选，并非原题小说的全文：小说写了三次看戏的经验，现在"连头砍去"，只剩下了对少年时代看社戏的回忆。这固然是小说的主体部分（从命题为《社戏》即可知），也具有相对的独立性，但毕竟只是一部分。只看部分不读全文，就很难把握作家整篇小说的总体构思，也不能从部分之间（被删去的部分与保留下来的部分）的内在联系中去准确地了解作者的写作旨意。——看来，在我们已经习惯于将"看社戏"这一部分从全文中分离出来以后，还有必要认真重读全篇，将其还原（回归）到整体结构中去。

同时，我还想到了《社戏》这篇小说所特具的回忆性质。也就是说，小说所写到的，都经过了作者主观心灵的过滤，是"醒生活"与"梦"相结合的产物，如周作人所说，"梦并不是醒生活的复写，然而离开了醒生活也就没有了材料”。与其说它是写实，不如说是写意，至少是写实与写意的结合。因此，我们读鲁迅的《社戏》，觉得鲁迅家乡社戏的表演美极了，但如果真的坐实了，如我们在荧幕上看见的社戏实景，我们会觉得大失所望、诗意全无的。在某种意义上，我们可以说，鲁迅写（回忆）看戏，其意不在戏或看戏本身，而是通过戏（看戏）这面镜子，来折射出自己内心世界（内在精神、情感、心理、性格）的某一侧面。因此，我们读鲁迅所写的《社戏》，固然可以注重于它所描写的社戏本身的民俗学、美学价值，以及在看戏过程中所展现的农村少年的客观形象、农村社会人与人之间的关系和作者的向往之情——这是人们已经习惯了的阅读思路、角度，但根据前述作品的主观性，我们是不是可以把注意力集中于小说中的“我”在看戏过程中的心理反应，从而去窥见鲁迅精神世界的某一角落呢？我想，这是值得一试的。

那么，我们就从头读起吧。

仔细读被“砍”去的部分，有一个有趣的发现：这一段中有些描写、感受，在鲁迅其他作品里也曾一再出现。关于戏院里“咚咚喤喤之灾”的描写，很容易使我们联想起《藤野先生》里地板“咚咚咚地响得震天，兼以满房烟尘斗乱”的留学生学跳舞的场面。而剧院里“身边的胖绅士”到了《示众》里又变成了“胖大汉”，你看，“（我）用力往外只一挤，觉得背后便已满满的，大约那弹性的胖绅士早在我的空处胖开了他的右半身了”①，“他刚刚低头要钻的时候，只听得一声‘什么’，那裤腰以下的屁股向右一歪，空处立刻闭塞，光明也同时不见了”②，这两段描写何其神似。至于等在戏院外面“昂着头看戏目”、“看散戏之后出来的女人们”的“看客”更是鲁迅许多小说的基本角色。这说明，“戏场小天地，天地大戏场”，在鲁迅的眼里，中国的戏院不过是中国社会的一个缩影，他对戏院的观察与感受实际上就是对中国社会与中国国民性的认识与发现，所以，由此而引起的忧愤就格外深广，心灵的震动也就格外强烈。于是，我们就可以理解，剧场上的“冬冬喤喤的敲打，红红绿绿的晃荡”（在一般人看

① 鲁迅：《社戏》。

② 鲁迅：《示众》。

来不过是“过分吵闹”而已），对于他竟然成为一个灾难，以至于一再地省悟到自己“在这里不适于生存了”——在他的感觉中，这笼罩一切、响彻四方的“冬冬喤喤”之响，“红红绿绿”之晃荡，是一种精神的扩张、霸占，是对个体生命空间的侵犯，对个体精神的挤兑、迫压，这一切都形成了对于个体精神自由以至生存的威胁。这是一个多么敏感的、沉重的心灵，他确实不适合生存于这个世界（现实社会）：戏院长凳过狭、过长，一般人的反应至多是不舒服、不愉快，而他竟然“联想到私刑拷打的刑具，不由的毛骨悚然的走出了”——这联想，这心理反应，过于奇特，可又是多么深刻！剧场沉闷的演出，即使是鉴赏力极高的观众也至多感到不耐烦，而鲁迅竟至于如此的焦躁、烦乱、不安：“看小旦唱，看花旦唱，看老生唱，看不知什么角色唱，看一大班人乱打，看两三个人互打，从九点多到十点，从十点到十一点，从十一点到十一点半，从十一点半到十二点……”他甚至有如受刑罚、度日如年的感觉（而这又是一段多么出色的不着痕迹的心理描写！）——在鲁迅的心灵感受中，剧院（以至整个现实社会）就是一个活生生的监狱。因此第一回看戏，他仿佛为梦魇所驱，“毛骨悚然的走出了”；第二回看戏，他就只有“逃走”一法，但这又是怎样的逃出：“机械的拧转身子，用力往外只一挤，觉得背后便已满满的……我后无回路，自然挤而又挤，终于出了大门。”（按：着重号为笔者所加）这每一处描写都几乎含有某种象征的意味。至少在鲁迅的感觉中，这又是一次令人恐怖的生命的挤兑与逃亡，好不容易逃出大门，迎头看见的竟又是那些麻木的、愚昧的“看客”，鲁迅不由得倒抽一口凉气……

就是通过这些看戏过程中不同寻常的、极其个性化的感觉与感受——他的被侵犯、挤压感，他的被监禁、拷打感，他的焦躁、沉重、紧张、不安以至恐惧……如此真实而又惊心动魄地向我们展现了鲁迅敏感的、被扭曲的、受伤的灵魂。——而且，应该承认，这正是我们从鲁迅许多作品中所看到的那个“鲁迅”。

现在，我们可以带着这些小说前半部分留给我们的奇特而沉重的印象来重读我们早已读熟了的课文，我们仿佛有了新的眼光、新的感受与发现：

这是从“剧场”向“野外”的生命空间的转移（在过渡段中，关于中国戏不适于剧场，“若在野外散漫的所在”“也自有他的风致”的议论，颇耐人寻味）。如果在“剧场”里，一切都是“表演”，身临其中的人，即使是鲁迅这样的人中之杰，也都不免要或主动或被动地扮演某种角色（如前所述，鲁迅在小说第一部分里就扮演了与周围一切相对立的“批判者”、“受害者”，以至“斗士”的角色），从而导致自我形象的某种扭曲（鲁迅在第一部分的无处不在受迫害的敌视的眼光，尽管深刻，却不能不说多少有些变态）。现在回到“野外”，出现在我们面前的就是这样一个普普通通的“迅哥儿”，他不仅不再需要扮演任何角色，还摆脱了“秩秩斯干幽幽南山”之类的束缚（鲁迅在《五猖会》里十分生动地描绘了这种压抑），失去了读书人的优越感（这种优越感在某种程度上也会形成对人的一种压抑），无拘无束地表现他的自然本色。当我们随着“迅哥儿”和他们的小伙伴一起，乘着那大白鱼似的航船，穿行于豆麦、连山、水气、月色之间，我们就触摸到了一个轻松、舒展、自由的灵魂，感受到“弥散在含着豆麦蕴藻之香的夜气里”的心灵的沉静与柔和。以这样的心境去看戏，就有了完全不同的感觉与感受，同样是声音，此刻听到的横笛声“宛转、悠扬”，同样是灯光的晃动，即使是“红红绿绿的动”，也因为有了距离，“模糊在远处的月夜中”，而“疑心”是“画上见过的仙境”，甚至对“咿咿呀呀的唱”与沉闷的表演，尽管扫兴，却也“忍耐的等着”，等不及了，就吁气，打呵欠，以至于溜走，一切都自自然然、随随便便，即所谓随心所欲。“归来”时的“偷食罗汉豆”，在充满了情趣的笑谈中，感受着生活的充盈、人际关系的亲密与和谐，与前述“看客”的无聊、冷漠更形成鲜明的对照。小说结尾写道：“真的，一直到现在，我实在再没有吃到那夜似的好豆，——也不再看到那夜似的好戏了。”这时，在鲁迅的心目中，“那夜似的好豆”与“好戏”已经成为某种生命形态、境界的象征：轻松而舒展，沉静而柔和，和谐而充满情趣。这正是鲁迅曾经有过并且心向往之的；同时也是鲁迅心灵世界的一个方面，却往往为人们所忽略。鲁迅的“这一面”与小说前半部（也是鲁迅许多作品）所展示的紧张而压抑、焦躁而粗糙、被扭曲与受伤、充满了痛苦的灵魂，同属于鲁迅。鲁迅就存在于这二者的撞击与渗透之中，而又自觉地倾斜于后者，掩饰前一方面。——《社戏》却是一次偶尔的袒露，其特殊价值大概也就在于此吧。

附课文删节内容：

我在倒数上去的二十年中，只看过两回中国戏，前十年是绝不看，因为没有看戏的意思和机会，那两回全在后十年，然而都没有看出什么来就走了。

第一回是民国元年我初到北京的时候，当时一个朋友对我说，北京戏最好，你不去见见世面么？我想，看戏是有味的，而况在北京呢。于是都兴致勃勃的跑到什么园，戏文已经开场了，在外面也早听到冬冬地响。我们挨进门，几个红的绿的在我的眼前一闪烁，便又看见戏台下满是许多头，再定神四面看，却见中间也还有几个空座，挤过去要坐时，又有人对我发议论，我因为耳朵已经喤喤的响着了，用了心，才听到他是说“有人，不行!”

我们退到后面，一个辫子很光的却来领我们到了侧面，指出一个地位来。这所谓地位者，原来是一条长凳，然而他那坐板比我的上腿要狭到四分之三，他的脚比我的下腿要长过三分之二。我先是没有爬上去的勇气，接着便联想到私刑拷打的刑具，不由的毛骨悚然的走出了。

走了许多路，忽听得我的朋友的声音道，“究竟怎的?”我回过脸去，原来他也被我带出来了。他很诧异的说，“怎么总是走，不答应?”我说，“朋友，对不起，我耳朵只在冬冬喤喤的响，并没有听到你的话。”

后来我每一想到，便很以为奇怪，似乎这戏太不好，——否则便是我近来在戏台下不适于生存了。

第二回忘记了那一年，总之是募集湖北水灾捐而谭叫天还没有死。捐法是两元钱买一张戏票，可以到第一舞台去看戏，扮演的多是名角，其一就是小叫天。我买了一张票，本是对于劝募人聊以塞责的，然而似乎又有好事家乘机对我说了些叫天不可不看的大法要了。我于是忘了前几年的冬冬喤喤之灾，竟到第一舞台去了，但大约一半也因为重价购来的宝票，总得使用了才舒服。我打听得叫天出台是迟的，而第一舞台却是新式构造，用不着争座位，便放了心，延宕到九点钟才出去，谁料照例，人都满了，连立足也难，我只得挤在远处的人丛中看一个老旦在台上唱。那老旦嘴边插着两个点火的纸捻子，旁边有一个鬼卒，我费尽思量，才疑心他或者是目连的母亲，因为后来又出来了一个和尚。然而我又不知道那名角是谁，就去问挤小在我的左边的一位胖绅士。他很看不起似的斜瞥了我一眼，说道，“龚云甫！”我深愧浅陋而且粗疏，脸上一热，同时脑里也制出了决不再问的定章，于是看小旦唱，看花旦唱，看老生唱，看不知什么角色唱，看一大班人乱打，看两三个人互打，从九点多到十点，从十点到十一点，从十一点到十一点半，从十一点半到十二点，——然而叫天竟还没有来。

我向来没有这样忍耐的等候过什么事物，而况这身边的胖绅士的吁吁的喘气，这台上的冬冬喤喤的敲打，红红绿绿的晃荡，加之已十二点，忽而使我省悟到在这里不适于生存了。我同时便机械的拧转身子，用力往外只一挤，觉得背后便已满满的，大约那弹性的胖绅士早在我的空处胖开了他的右半身了。我后无回路，自然挤而又挤，终于出了大门。街上除了专等看客的车辆之外，几乎没有什么行人了，大门口却还有十几个人昂着头看戏目，别有一堆人站着并不看什么，我想：他们大概是看散戏之后出来的女人们的，而叫天却还没有来……

然而夜气很清爽，真所谓“沁人心脾”，我在北京遇着这样的好空气，仿佛这是第一遭了。

这一夜，就是我对于中国戏告了别的一夜，此后再没有想到他，即使偶而经过戏园，我们也漠不相关，精神上早已一在天之南一在地之北了。

但是前几天，我忽在无意之中看到一本日本文的书，可惜忘记了书名和著者，总之是关于中国戏的。其中有一篇，大意仿佛说，中国戏是大敲，大叫，大跳，使看客头昏脑眩，很不适于剧场，但若在野外散漫的所在，远远的看起来，也自有他的风致。我当时觉着这正是说了在我意中而未曾想到的话，因为我确记得在野外看过很好的好戏，到北京以后的连进两回戏园去，也许还是受了那时的影响哩。可惜我不知道怎么一来，竟将书名忘却了。

至于我看那好戏的时候，却实在已经是“远哉遥遥”的了，其时恐怕我还不过十一二岁。我们鲁镇的习惯，本来是凡有出嫁的女儿，倘自己还未当家，夏间便大抵回到母家去消夏。……

附注：选自《鲁迅全集》第1卷，人民文学出版社1981年版。自“我们鲁镇的习惯”至小说结束为现行教材所选部分，着重号为笔者所加。

杂文话语和抒情话语的统一

◎ 孙绍振

这篇文章，收在鲁迅的小说集《呐喊》里，应该是小说，但是《呐喊》里有不少散文式的小说，如《一件小事》。这一篇，并没有传统小说中常见的人物矛盾、情感错位等等。文中人物的情感和意向大体一致，不以人物性格的不同见长，很像是散文，但不是一般的散文，而是抒情的散文，如果算是小说的话，也是一种抒情性很强的散文化的小说。

文章的主体是童年时代在农村的河边看草台班子演出的美好体验。而文章的开头（选入教材时被删），却写在大城市的正规戏园里两次看戏混乱而烦闷的记忆，这显然是后面美好记忆的陪衬。要在艺术上真正读懂这篇文章，最关键的就是要读懂文章的最后一句话：

> 真的，一直到现在，我实在再没有吃到那夜似的好豆，——也不再看到那夜似的好戏了。

这显然不是一般的对比，而是一种极端化的对比：一方面是极端的好，另一方面则是极端的差。这种对比，如果从客观的角度来看，可能是有点不太可信的。但是，读者并未对作者产生误解，原因就在于，所有的这些对比都集中在主观心理上：只要让读者把相关的词语集中起来，就很明显。

第一次看戏：外面，“早听到冬冬地响”；进到里面，“红的绿的”在“眼前”“闪烁”，耳朵里是“喤喤的响”。座位太高，凳子太细，没有爬上去的勇气。在后来的回忆中，这一次的看戏总的评价是："冬冬喤喤之灾"。

第二次看戏：戏园子里，立足都难。一直在忍耐中等待着名角出场。然而，"看小旦唱，看花旦唱，看老生唱，看不知什么角色唱，看一大班人乱打，看两三个人互打"，充满了不耐烦的情绪。

这种看戏的印象，可以用"反感"、"无奈"来概括。不但一点欣赏艺术的享受的感觉都没有，而且连起码的娱乐的感觉也没有。京戏是供人欣赏的艺术，可是听觉里留下的只是噪音，剧场应该是文明的，可是座位的管理却是一片混乱。一味是"冬冬喤喤的敲打，红红绿绿的晃荡"，把大城市正规戏园里名角（明星）的演出写得这样不堪，显然是夸张的，有点漫画化、戏谑化。把演出说成是灾难（"冬冬喤喤之灾"），把座位之简陋说成是令人联想到"私刑拷打的刑具"，甚至把戏园外人说成不是来看戏的，而是来看"散戏之后出来的女人们的"，流露出了内心的愤激。甚至把戏园里的氛围，两次说成是"不适于生存"，更是有意的夸张。"适者生存"本来是当年流行的哲学话语，也是鲁迅所信奉的社会淘汰规律。"不适于生存"，就要灭亡，不但是一个人的问题，而是整个民族的危机。这样的语言，是带着杂文的、讽刺的色彩的。特别是下面这样的话：

> 从九点多到十点，从十点到十一点，从十一点到十一点半，从十一点半到十二点，——然而叫天竟还没有来。

这本来是流水账，是为文之大忌，但是在这里，流水账却有另外一种功能，那就是表现了鲁迅所说的"忍耐的等待"。注意力不在看戏上，而在时间的默默计算上。起初，还是一个小时一个小时地计算，后来就变成了半个小时半个小时的焦虑，写的是潜在的心理状况的微妙变化。表现的重点，并不是戏园本身的演出质量，而是作者的情绪，用的是杂文笔调。

大量杂文手法的运用，和后面在农村看戏的优美诗情构成了对比。

一提起在农村的外祖母家，作者的笔调立即变成了抒情诗式的了。把很平凡的只有二三十户人家、一个小杂货店的小村庄，说成是"乐土"，使我们想起了鲁迅在《从百草园到三味书屋》中把破墙野草的园子当成

"乐园"，目的不过是为了表现童心的单纯和天真。

本文的重心当然是在农村看社戏的体验。

惜墨如金的鲁迅对看戏前的曲折进行渲染，不仅仅在成行的曲折上，而且在心情的变化上。起初是"急得要哭"，后来是"似乎听到锣鼓的声音"，再接下去则是"不钓虾，东西也少吃"；而周围的小伙伴，则是"叹息而且表同情"。所有这一切，都是心理的曲折多于外部事情的曲折，目的不过是为了积累期待的情绪。一旦成行，感情就自然流泻了："很重的心忽而轻松了，身体也似乎舒展到说不出的大"。

接着就是正面写那次最美好的看戏的经历了。

但是，细看那次看戏的过程，似乎戏也并不是特别好，主要是不如预期的美好，相反倒是充满了遗憾：一是近台没有位置，船只好停在比较远的地方；二是著名的铁头老生并没有连翻八十四个筋斗；三是一个老旦老是"咿咿呀呀的唱"；四是"我"所期盼的蛇精和跳老虎也并没有出现；五是买豆浆却没有买到；六是只能抵抗着倦意，支撑着看，眼睛都迷糊了，忍不住打呵欠，只有一个小丑挨打算是比较好看的；七是一个老旦唱个不停，以为她抬起手来戏就要结束了，可是她竟仍然唱个不停。所有这些接二连三的煞风景，终于使大家"熬不住"了。

从这个意义上说，戏并没有什么特别好看的，似乎也并没有就戏的质量和大城市戏园子名角的演出相对比的意思。那么，为什么鲁迅在结尾处还要说一辈子没有看过这样好的戏呢？这个戏究竟好在什么地方呢？

好的地方很多。在大家发现好戏已经没有指望的时候，在一般情况下，应该是扫兴的，但是，当双喜提议"还是我们走的好罢"，"大家立刻都赞成，和开船时候一样踊跃"，而且还"骂着老旦"。这时候的情绪并不低落。如果低落的话，则回顾戏台，应该和来时有不一样的感觉。鲁迅是怎么写的呢？

> 一离赵庄，月光又显得格外的皎洁。回望戏台在灯火光中，却又如初来未到时候一般，又漂渺得像一座仙山楼阁，满被红霞罩着了。吹到耳边来的又是横笛，很悠扬……

把农村草台班子的演出说成是仙山楼阁，完全是抒情的诗化。和来时的远景几乎完全是一样的：

> 最惹眼的是屹立在庄外临河的空地上的一座戏台，模糊在远处的月夜中，和空间几乎分不出界限，我疑心画上见过的仙境，就在这里出现了。

这就说明，虽然看戏的强烈愿望没有得到满足，但是心情却没有变化，仍然充满了诗意。这是为什么呢？关键不在于看戏，而在于看戏过程中的人。作者为之感动的不完全是戏，而是那些陪着他来看戏的小伙伴，他们来前的主动慷慨（打包票，确保平安），水路上的能干，看戏时的兴致，甚至他们骂人的牢骚、失望，都是美好的：

> 不多久，松柏林早在船后了，船行也并不慢，但周围的黑暗只是浓，可知已经到了深夜。他们一面议论着戏子，或骂，或笑，一面加紧的摇船。这一次船头的激水声更其响亮了，那航船，就像一条大白鱼背着一群孩子在浪花里蹿，连夜渔的几个老渔父，也停了艇子看着喝采起来。

比起这样美好的情境，那戏不如想象的那样美好，早已忘却了，也就显得十分不重要了。作者所用的完全是诗的抒情笔法。

社戏之美，有两个方面：首先，美在和大自然的美相融合的山水画似的境界上；其次，戏并不过瘾，令人过瘾的却是纯洁的小伙伴淳朴的人情。后者集中在偷罗汉豆的情节中，那个叫做阿发的孩子，居然主张偷自家的，而不是别人家的，仅仅是因为自己的豆子长得比别人家好，一点也没有自私的考虑。这是人情美的一个层次。更深的层次则集中在“偷”字上，偷得坦然，偷得愉快，偷得好玩。偷得不像偷，因为是偷自己家的，并不完全是偷，哪怕偷六一公公家的，也是半公开的，就是被发现了，也不怕骂，相反，还敢于回骂。这就是说，完全没有偷的性质，沟通理解，心照不宣。

人情之美更为精彩的层次是，六一公公发现自家的豆被偷了，不但没有骂，反倒很高兴：

> 双喜，你们这班小鬼，昨天偷了我的豆了罢？又不肯好好的摘，踏坏了不少。

而孩子们并不担忧，而是十分坦然：

> 是的。我们请客。我们当初还不要你的呢。你看，你把我的虾吓跑了！

不但没有因为偷而有羞惭的感觉，相反，倒像是看得起他的意思。连钓虾的注意力都没有转移，可见其无所谓了。

最后，最为精彩的层次是，这个六一公公，竟然因为“我”觉得豆子好吃，“竟非常感激起来”，被人家偷了东西，还“非常感激”，这是何等淳朴的人情。更为突出的是，六一公公还将大拇指一翘，得意地说道：“这真是大市镇里出来的读过书的人才识货！”

这可真是把农村人情的诗意发挥到家了，不但是在抒情，而且还带着一点幽默感。

理解了这一切，才能理解鲁迅在文章最后说，从此以后，就再也吃不到这样好吃的豆，看不到这样好的戏了。

不是因为戏和豆的质量，而是因为这样的人情，在鲁迅的童心中，是永远也体验不到了。

鲁迅是在用诗一样的情感赞美农村人物，不单儿童，而且包括成年人。这在鲁迅的小说中，几乎可以说是前所未有的。农村人物，在鲁迅笔下，大都是麻木、愚昧、自私、保守的，即使像长妈妈那样的，获得了鲁迅的赞美，也还是愚昧的；即使像闰土那样可爱的，成年以后，就变得迟钝、麻木了；但是这里的六一公公，却不自私，而是那么可爱，淳朴得富有诗意。

鲁迅：《孔乙己》

鲁迅为什么偏爱《孔乙己》？

◎ 孙绍振

《孔乙己》是一篇真正的“短篇”小说，却几乎涉及了孔乙己的一生。从他一直考不取最起码的秀才，中老年潦倒落魄，无以为生，偷书，被打致残，直到最后消失、死亡，经历的时间起码有几十年。但是，全文只有2800字不到。在《呐喊》中，《孔乙己》却是鲁迅最喜欢的一篇。这么短的小说，怎么能写得这样震撼人心呢？

最表面的原因在于，鲁迅在孔乙己的故事之外，安排了一个表面看来是一个多余的人物，就是那个小伙计。他本来与孔乙己的命运八竿子打不着，不管是孔乙己考试还是挨打，都和他没有关系，只是在孔乙己喝酒的时候他能够看到孔乙己而已。和孔乙己命运有关的人物很多，如那个把他打残的丁举人老爷，还有请他抄书的人家，一定和孔乙己有更多的接触，而且有更多的冲突，相比起来，这个小伙计就所知甚少。然而，鲁迅却偏偏选中了这个小伙计作为叙述者。这是为什么呢？

第一，鲁迅的立意是让孔乙己的命运只在小伙计有限的视角里展开。那些偷书、挨打固然很重要，但是，由于这些发生在小伙计的视角以外，孔乙己的落第、偷书，甚至挨打致残，都可以发生在幕后，只要让小伙计从别人的嘴巴中听到的，读者也就知道了。这样就可以省略了许多直接的、正面的场景描写。鲁迅省略的气魄很大，那些决定孔乙己命运的事件，使得孔乙己之所以成为孔乙己的那些情景，一件也没有写。

第二，对事变作在场的观看，只能以对受虐者的痛苦和屈辱的感同身受为主。而事后的追叙，作为局外人，则可能作有趣的谈资。受辱者与叙述者的情感就拉开了距离，其间的情致就丰富、复杂得多了。

可见，小伙计的视角的功能就在于，给作者以自由的省略和营造复杂的情致。

鲁迅对孔乙己的一生，其省略非常令人吃惊。遵循小伙计的视角，小说只选取了三个场面，而孔乙己本人在咸亨酒店只出场了两次。从某种意义来说，这两个场面和孔乙己的命运关系并不大。第一个场面，是他偷书以后，已经被打过了，来买酒，被嘲笑了；第二个场面，是他被打残了，又来买酒，又被嘲笑了。如果要揭示孔乙己潦倒的根源，批判科举制度把人弄成废物，这两个场面不可能是重点。如果要表达对于孔乙己的同情，那完全可以正面写他遭到毒打的场面。像范进中举那样，正面描写发生在主人公身上的事件，以及在场人物的反应等等。但是，鲁迅明显是回避了这样的写法。这是不是舍本逐末呢？

关键不在于是否舍本逐末，而在于鲁迅衡量“本”和“末”的准则。

三个正面描写的场面，写作的焦点是人们如何看待这个人。最不可忽略的是，小伙计特殊的眼光。对于这个完全是局外人的小伙计，鲁迅很舍得花笔墨，一开头就花了两个大段。这里的动人之处在于，鲁迅以小伙计的眼睛，以不以为意的观感，和孔乙己拉开情绪的距离。小说的全部内容就是这个小伙计与孔乙己错位的观感。在他观感以内的，就大加描述；在他观感以外的，通通省略。从这个意义上来说，小说写的并不仅仅是孔乙己。其实，这正是鲁迅的匠心，也就是创作的原则，或者是鲁迅小说的美学原则，重要的不是人物遭遇，而是这种人物在他人的、多元的眼光中的不同观感。鲁迅之所以弃医从文，就是因为他看到日俄战争时期，中国人为俄国人当间谍，在被执行枪决之前示众，中国同胞却麻木地当看客。在鲁迅看来，为他国做间谍送死固然是悲剧，但是，对同胞之悲剧漠然地观看，更是悲剧。

叶圣陶发表在1924年5月15日出刊的《国文杂志》第一期上的一篇文章《〈孔乙己〉中的一句话》，认为《孔乙己》的主题在于“表现旧式教育的不易发展人的才能，潦倒的读书人的意识和姿态，以及社会对于不幸的人的冷淡——除了随便的当作取笑的资料以外，再没有其他关心”。他说：“小说中最妙的文字是‘孔乙己是这样的使人快活，可是没有他，别人也便这么过。’这句话传达出无可奈何的寂寞之感。这寂寞之感不只属于这酒店的小伙计，也普遍属于一般人。‘也这么过’，谁能跳出这样的罗网呢？”他还说，这个句子在整篇小说中有承上启下的作用。[①] 这无疑是有见地的。叶圣陶当年以“寂寞”来概括咸亨酒店中的人物及其精神状态，翻译成今天的话语就是漠然、麻木。对于孔乙己的命运，对于他的遭遇，大家都是漠然、麻木的。但是，作为一个小伙计，他的漠然、麻木又有不同。这个不同的出发点就是“无聊”、“单调”，所看的都是“凶面孔”，“教人活泼不得”。在这样沉闷的氛围中，“只有孔乙己到店，才可以笑几声”。这里的笑声，不是一般的描述，而是整篇小说情绪的逻辑起点和整篇小说的结构支点。

孔乙己第一次出现时，“皱纹间时常夹些伤痕”，显然是遭受过殴打的结果。按说，这个人非常不幸，没有起码的出息，无以为生，是一个失败的读书人，又近乎小偷。更糟糕的是，又是不成功的、时常被抓住的小偷。显然，其命运是很悲惨的。然而，恰恰是这样一个人，又给小店带来欢乐，为这个小伙计打破沉闷无聊之感（开头写小伙计的无聊，就是为了反衬孔乙己带来的笑声），为整个酒店带来了欢乐的氛围。惜墨如金的鲁迅，在渲染孔乙己带来的欢乐氛围时，很舍得花笔墨：“所有喝酒人都看着他笑”，甚至“哄笑起来：店内外充满了快活的空气”。

小说立意的焦点，显然就在这种“笑”上。

偷书挨打，有什么好笑的呢？在这种笑里，鲁迅挖掘出了什么深刻的东西呢？

首先是这个已经沦为小偷的无用的人，从道德理性来说，“好喝懒

---

① 叶圣陶：《未厌居文谈·〈孔乙己〉中的一句话》，见夏丏尊、叶圣陶的《文心》，三联书店1999年版，第274～275页。

做”，偷窃，是恶的；但是，从情感（审美）价值来说，恰恰又给人带来了欢乐。这种欢乐，就带上了一点喜剧性。一方面是那些喝酒的嘲笑他又偷了书，又挨打了，而且有人指出是亲眼看见，“吊着打”的。这是确确凿凿的事实，而孔乙己否认的态度又是十分坚决的，“额上青筋条条绽出”，但是，否认的论据却是十分薄弱，甚至是不能成立的：“窃书不能算偷。”显而易见，这不过是把偷窃的概念从白话变成了文言，并没有改变偷窃的实质。

这就显得荒谬可笑了。这种可笑，构成了小说的幽默基调。但是，这种幽默并不是太轻松的。因为给人带来欢笑的孔乙己自己没有笑，不但没有和大家一起笑，而且越来越尴尬了。这就使笑中有一点沉郁感。这种沉郁感和寂寞感是有所不同的。这里隐含着的沉郁，来自于对弱者的连续性的无情嘲弄。不放松的调侃，使得弱者狼狈，越是狼狈越是笑得欢乐，而弱者不但笑不出来，而且不能流露出难以忍受的表情。

这种荒谬可笑是残酷的，残酷在对人的自尊的摧残。孔乙己虽然潦倒、沦落到如此地步，却仍然还在维护着他残存的自尊。文言文的用语“污人清白”、“君子固穷”为一般酒客所不懂，却成为读书人最后的“面子”的盾牌。但是，不管什么样的话语，总不能改变亲眼目睹的事实。因而，孔乙己这种最后的自尊的维护显然是无效的（这一点与阿Q有相近之处），甚至是理屈词穷的表现，只能引起“众人都哄笑起来”。

更为深刻的是，发出残酷笑声的人并没有太明显的恶意，其中还有知其理屈予以原谅的意味。整个氛围是欢乐的，不管是小伙计还是众人，都不是寂寞的。只有孔乙己可能有点寂寞。他对自尊心遭受打击的抵抗是无效的，这是对于来自外部世界的包围来说的。从这个意义上说，他是寂寞的，完全是苦苦挣扎。不但口头上不承认自己是小偷，而且在他自己内心并没有小偷的感觉。号称冷峻的鲁迅，没有让他在大庭广众之间承认自己是小偷，没有让他的自尊心公开地、彻底地崩溃，没有让他由于蒙羞而不要脸，乃至丧失善良之心。相反，鲁迅特别写到孔乙己在酒店里的“品行”比别人好，酒钱不大拖欠；主动教导小伙计“回”字有四种写法；对围过来要吃他的茴香豆的孩子，软弱地说着“多乎哉？不多也”。联系到小说开头，写他依旧穿着长衫，没有加入短衣帮的行列，这些都在提示，在他自己的感觉中，他活得还是残留着一点“读书人”的身份和自尊的。

小说对孔乙己并没有明显厌恶的成分，只是调侃而已，在调侃中又隐含着忧郁的同情。小说的幽默虽然是沉郁的，但并不是讽刺的，鲁迅没有揭露孔乙己的品质恶劣，就是偷书，明明是屡屡提及，却又隐含着为之辩护的成分。字里行间，似乎留下了矛盾：

> 孔乙己……没有进学，又不会营生；于是愈过愈穷，弄到将要讨饭了。幸而写得一笔好字，便替人家钞钞书，换一碗饭吃。可惜他又有一样坏脾气，便是好喝懒做。坐不到几天，便连人和书籍纸张笔砚，一齐失踪。如是几次，叫他钞书的人也没有了。孔乙己没有法，便免不了偶然做些偷窃的事。

在鲁迅的话语中，把孔乙己的偷窃分为两种：一种是，抄书时把人家的书籍、纸张、笔砚一齐偷了，讳言之曰“一齐失踪”。另一种是，“偶然做些偷窃的事”，这里的“偷窃”，显然是有别于书籍、纸张、笔砚以外的“一齐失踪”。偷窃的对象，那应该是书籍、纸张、笔砚以外的，可能是更加值钱的东西。对这种值钱的东西，鲁迅把它叫做“偷窃”；而对于书籍、纸张、笔砚，鲁迅的具体行文为“连人一齐失踪”。如果把偷书也算在偷窃之中，则不应该接着说他“偶然做些偷窃的事”。何况后来在人们的议论中也说，“他总仍旧是偷”。可见，在鲁迅心目中，孔乙己偷书，是不包括在“偷窃”之中的。这在事实上，不正是孔乙己“窃书不能算偷”的逻辑的翻版吗？正是在这样的话语中，流露出鲁迅对孔乙己的宽容、温情和回护。

在鲁迅看来，孔乙己不过是科举制度的牺牲品。作为制度，是可恶的，但是作为人，却是值得同情的。他要揭示的不是孔乙己偷书的恶，而是周围人对他缺乏同情的丑。在孔乙己的第一次出场中，读者感觉不到严酷的讽刺的意味，其间调侃的笑，是带着温情的。

接下去是第二个场面，孔乙己没有出场。在一般情况下，场面的连贯与情节的因果性、并行性相联系，但在这里，并没有因果和并行关系，其间，就是叶圣陶称赞的那句著名的话：

> 孔乙己是这样的使人快活，可是没有他，别人也便这么过。

孔乙己出场是快活的，不出场也是快活的。对于这句话，叶圣陶在不止一篇文章中表示过赞赏。在我看来，这正是小说构思的“意脉”所在。整篇小说，都是以孔乙己所引起的笑为脉络的。这个构思很深沉。一个苦命的人物，在公众场合出现却能带来快乐，而他自己却没有快乐可言，只是尴尬地抵抗嘲弄。但是，没有他，人们也一样快活。这有些什么值得深思的呢？小说接着写下去，在酒店里，人们发现，孔乙己长久没有来了：

> 一个喝酒的人说道：“他怎么会来？……他打折了腿了。”掌柜说，“哦！”“他总仍旧是偷。这一回，是自己发昏，竟偷到丁举人家里去了。他家的东西，偷得的么？”“后来怎么样？”“怎么样？先写服辩，后来是打，打了大半夜，再打折了腿。”“后来呢？”“后来打折了腿了。”“打折了怎样呢？”“怎样？……谁晓得？许是死了。”掌柜也不再问，仍然慢慢的算他的账。

这里有个小小的疑问：承上启下的话语是，孔乙己使人快活，没有他，别人也快活，可是从字面上看，好像并没有任何文字直接写到人们的“快活”。然而从对话的语调中，仍然可以看出那个提供消息者的心态。说他被打折了腿，归结为他“自己发昏，竟偷到丁举人家里去了。他家的东西，偷得的么？”这和孔乙己在场时那种欢乐、调侃是很不相同的。但是，对于丁举人打折了孔乙己腿的这样野蛮的人身伤害，说话者没有半点保留，相反给人一种理所当然、津津乐道的感觉。也许这就是鲁迅所提示的“快活”。特别是，传孔乙己可能已经死了的时候，说话的和听话的都没有震惊。“掌柜也不再问，仍然慢慢的算他的账。”对于一个给酒店带来欢笑的人的厄运，居然一点反应也没有。这就充分显示出鲁迅在对话描写中潜在量的巨大了。

当然，这里有一点似乎是不能回避的，鲁迅明明说是孔乙己不在场人们也是快活的，而在上述文字中，却没有快活的字眼。鲁迅为什么没有直接点明喝酒的那个人快活地说着呢？这可能是与鲁迅追求白描式的对话有关。鲁迅在《二心集·看书琐记》中说：

高尔基很惊服巴尔扎克小说里写对话的巧妙，以为并不描写人物的模样，却能使读者看了对话，便好像目睹了说话的那些人。（八月份《文学》内《我的文学修养》）中国还没有那样好手段的小说家，但《水浒》和《红楼梦》的有些地方，是能使读者由说话看出人来的。

很可能，鲁迅在这里就是有意不去直接点明说话者那种津津乐道的神态甚至以消息的传播者为荣的情绪，把想象的空间留给读者。这是一种什么样的“快活”呢？一个人死了，居然没有同情的感觉，反而“快活”地将之作为谈资。用“寂寞”可能是概括不了的，更确切地说，应该是潜在的“悲凉”。

场面上的热闹和潜在的悲凉形成一种张力，从容不迫，含蓄隽永，显示了鲁迅笔墨的最高火候。如果在这里，粗心的读者可能感觉还不够明显的话，到了下面，孔乙己第二次也是最后一次出场时，就不能不有所触动。这时的孔乙己被打折了腿，不能走路。鲁迅以小伙计的视觉，导引着读者逐步发现孔乙己的狼狈和悲惨。先是看到他在柜台下面，因为不能站了，只能盘着两腿，臀下垫着一个蒲包，后是发现他是用手撑着地面“走”。躯体残废到这种程度，在与平常这么不同的情况下，掌柜的仍然同平常一样，笑着对他说：

孔乙己，你又偷了东西了！

发现一个熟人被打得不能走路，只能用手“走”路，是很悲惨的事，本该感到惊讶、同情，至少是礼貌性的沉默，可是，掌柜的却不但当面揭短，而且还“笑着”。这就是说，精神上残酷的伤害已经是够可怕的了，更可怕的是，他并没有感到严酷，也没有想到其中包含的伤害性，相反，倒是感觉到并无恶意，很亲切地开玩笑似的。

但他这回却不十分分辩，单说了一句“不要取笑!”“取笑？要是不偷，怎么会打断腿?”孔乙己低声说道，“跌断，跌，跌……”他的眼色，很像恳求掌柜，不要再提。此时已经聚集了几个人，便和掌柜都笑了。

鲁迅在这里揭示的是，所有的人似乎都没有敌意，都没有恶意，甚至在说话中还多多少少包含着某种玩笑的、友好的性质。但是，这对孔乙己却是对残余自尊的最后摧残。因为从一开始他的全部努力就是忌讳言偷，就是为了维护最后的自尊，哪怕是无效的抵抗，也要挣扎的。这是他最后的精神的底线。但是，众人，无恶意的人们，却偏偏反复打击他最后残余的自尊。这是很恶毒的，但又是没有明确的主观恶意的。鲁迅所揭示的，就是这种含着笑意的恶毒。鲁迅的深刻在于，这种貌似友好的笑中，包含着冷酷，包含着对人的精神的麻木不仁，对人的反人道的无形摧残。

孔乙己已经被逼到找不到文言词语来维护自尊的程度，连“跌断”这样掩饰性的口语都没有信心说下去了，可是酒店里的人却都“笑了”。这种“笑”的内涵太丰富了。一方面，当然有不予追究的意味；另一方面，又有心照不宣地识破孔乙己的理屈词穷，获得胜利的意思。这一切明明是鲁迅式的深邃的洞察，但是在文字上，鲁迅却没有任何形容和渲染，只是很平淡地叙述，“仍然同平常一样，笑着对他说”，连一点描写都没有，更不要说抒情了。但是，唯其平静、平常、平淡，才显得诸如此类的残酷无情，由于司空见惯，而没有感觉，没有痛苦，而鲁迅的笔墨，就是要揭示这种无形的精神虐杀的可怕。

不一会，他喝完酒，便又在旁人的说笑声中，坐着用这手慢慢走去了。

孔乙己如此痛苦，如此狼狈地用手撑着地面离去，酒店里的众人居然一个个都沉浸在自己欢乐的“说笑声”中。人性麻木至此，这是何等的惨烈！更有甚者，在粉板上留下了孔乙己欠十九个铜钱的记录，他年关没有再来，第二年端午也没有来，人们记得的只是“孔乙己还欠十九个钱呢”。过了中秋，又到年关，仍然没有再来。小说的最后一句是：

我到现在终于没有见——大约孔乙己的确死了。

一个人死了，留在人们心里的，就只是十九个铜钱的欠账。这笔账，是写在粉板上的，是一抹就消失的。一个人的生命，在众人心目中竟然是这样的无所谓。在世的时候，人们拿他作为笑料；去世了，人们居然既没有同情，也没有悲哀，甚至连一点感觉也没有。这里不但有鲁迅对于人生的严峻的讽喻，而且有鲁迅在艺术上创造性的探索。

在《孔乙己》中，显示的是一种新型的悲剧，那就是没有悲哀的悲剧和没有欢笑的喜剧。对这篇小说在艺术上这样的追求，鲁迅是特别有心得的。他的学生孙伏园，在《关于鲁迅先生》中有这样一段话：

我曾问过鲁迅先生，其（按：指《呐喊》）中，哪一篇最好。他说他最喜欢《孔乙己》，所以已译了外国文。我问他的好处，他说能于寥寥数页之中将社会对于苦人的冷淡，不慌不忙地描写出来，讽刺又不很显露，有大家的作风。①

这样的回答，可能有点出乎读者的意料。在我们印象里，在《呐喊》中，鲁迅喜欢的作品不应该是《孔乙己》，至少应该是《阿Q正传》、《狂人日记》、《药》等名篇。但是，在鲁迅自己看来，恰恰是这些名篇，他并不太满意。傅斯年以“孟真”的笔名写的《一段疯话》中，对鲁迅的《狂人日记》大加称赞。但是，鲁迅却在和他的通信中表示：

《狂人日记》很幼稚，而且太逼促，照艺术上说，是不应该的。②

① 孙伏园：《关于鲁迅先生》，载《晨报·副刊》，1924年1月12日。

② 鲁迅：《对于〈新潮〉一部分的意见》，载《新潮》第一卷第四期，1919年4月。

鲁迅为什么作出这样的评价？几十年过去了，这至今还是鲁迅研究的空白。

鲁迅擅长写人物的死亡，可以说，每一个都不重复。阿Q的死亡，是悲剧性的，但是却以喜剧的方法处理。而祥林嫂的死亡，同样是悲剧性的，鲁迅却创造了悲剧的抒情氛围。在《孤独者》中，魏连殳的死亡，则又是冷峻的，那是含着冷笑的死：冷笑着这世界，也冷笑着自己。那是反抗势利最终胜利的死，但是，又以人格上同流合污为代价，是失败的死，故氛围沉重而严峻。主人公的哭，是挣扎着像受伤的狼的长嚎，惨伤里夹杂着愤怒和悲哀。而《铸剑》中，英雄主义的慷慨赴义，偏偏和暴君合葬，变成了荒诞（解构）。唯独《孔乙己》中的死亡，既不是悲剧的，也不是喜剧的，是没有悲哀的悲剧和没有欢笑的喜剧。它所展示的是：最大的悲剧，就是无论悲喜，都是精神的空白。

在表现方法上，《孔乙己》没有描写，没有渲染，只有平淡的叙述。这一点和鲁迅的其他名篇是很有些不同的。

鲁迅善于在人物死亡之后，大笔浓墨地表现周围人物的心理反应，多方面地加以渲染。阿Q的死亡，鲁迅正面只写了“如微尘一般的迸散了”，似乎比较简单，有点讨巧之嫌。但是接着而来的是心理多方面的效果：举人老爷没有追到赃，赵府损失了辫子和赏钱，故皆号啕。更特别的是舆论：一是在未庄，认为阿Q坏，被枪毙就是证据；二是在城里，枪毙不如杀头好看，又没有唱一句好戏。妙在同样极端荒谬，多方反差却如此之大。而祥林嫂的死亡，反应也是多元错位的，鲁四老爷说她死在旧历年关，不是时候，可见是个谬种；茶房认为，“还不是穷死的”，没有任何异常的感觉，没有任何情绪上的反应。而整个鲁镇的人们，一个个都忙着祝福，虔诚地祈求来年的幸福。只有一个外来的“我”感到不可推卸的、沉重的内疚。以人物心理反应创造复合的氛围，可以说是鲁迅的惯用手法。然而在《孔乙己》中，鲁迅却显示了另外一种手法，那就是没有悲哀的悲剧。既没有明显的讽刺，也没有调侃性的幽默；既没有《祝福》中的抒情，也没有《阿Q正传》和《药》中的反讽，更没有《孤独者》死亡后那种对各方面虚假反应的揭露。在《孔乙己》里，有的只是三言两语，精简到无以复加的叙述。这种叙述的境界，就是鲁迅所说的“不慌不忙”，也就是不像《狂人日记》那样“局促”。“讽刺”而“不很显露”，这就是鲁迅追求的“大家的作风”。反过来说，不这样写的，把主观思想过分直接地暴露出来，那就是“局促”，讽刺而“很显露”，在鲁迅看来，就不是“大家的作风”。拿这个标准去衡量《狂人日记》、《阿Q正传》，鲁迅就可能觉得不够理想，不够“大家的作风”。这不仅仅是对自己的苛刻，而是对艺术的执著和追求。

《孔乙己》叙述者的选择[①]

◎ 钱理群

《孔乙己》中的“我”是咸亨酒店里的小伙计，也就是说，作者有意地选用“小伙计”作为小说的叙述者——这个事实是人们在读《孔乙己》这篇小说时很容易就注意到的。

但却很少有人进一步深究：作者选择这一叙述者有什么意味呢？

叶圣陶先生在《揣摩——读〈孔乙己〉》里曾经说到这个问题。他指出：“用第一人称写法说孔乙己，篇中的‘我’就是鲁迅自己，这样写未尝不可以，但是写成的小说会是另外一个样子，跟咱们读到的《孔乙己》不一样。大概鲁迅要用最简要的方法，把孔乙己的活动范围限制在酒店里，只从孔乙己到酒店喝酒这件事上表现孔乙己。那么，能在篇中充当‘我’的唯有在场的人，在场的人有孔乙己，有掌柜，有其他酒客，都可以充当篇中的‘我’，但是都不合鲁迅的需要，因为他们都是被观察被描

---

① 本文写作时参考了吴晓东的《鲁迅小说的第一人称叙事视角》，载《鲁迅研究动态》，1989年第1期，特此说明，并向作者致谢。

写的对象。对于这些对象，须有一个观察他们的人，可以假托一个在场的小伙计，让他来说孔乙己的故事。”

应该说，叶圣陶先生的这一分析已经相当中肯。我们就在此基础上，稍作一点申说与展开吧。

按叶老的分析，篇中的“我”除了可以是鲁迅自己外，还可以有四种选择：孔乙己、掌柜、酒客和小伙计。现在，我们来探讨一个鲁迅的选择与他的追求（他所要表达的意思）有什么关系。

首先，鲁迅没有选择孔乙己自己作故事的叙述者。这涉及鲁迅所特有的观察（世事与人）方式与艺术构思特点：鲁迅从来不孤立地观察、描写人，而是把人置于与他人（社会）的关系（首先是思想关系）中来观察与表现。鲁迅在具体考察、描写中国社会时，有一个重大的艺术发现：在中国，不仅封建制度、封建伦理道德“吃人”，而且千百年的习惯势力所形成的“无主名无意识的杀人团”更在无时无刻地制造着“吃人”的悲剧。在鲁迅看来，后者是更为普遍、更不露痕迹的，因而是更为可怕的。因此，他总是要在他的悲剧主人公的周围，设置一群“无主名无意识的杀人团”，构成一种社会环境、氛围，或者说，把他的主人公置于社会（群众）的众目睽睽之中，在与社会（群众）的关系中来展现他的悲剧性格与命运，从而形成“被看/看”的叙述模式。这样的艺术构思决定了鲁迅不可能选择孔乙己自己作叙述者，那将是一个单一的视点与视角，是鲁迅所不取的。因而必须从孔乙己周围的人中选取一人来作为叙述者，从而形成两个不同（甚至是对立）的视点与视角，这就是小说所一再描写、反复渲染的孔乙己的自我审视、主观评价与周围的人（社会群众）对他的观察、评价的巨大反差。比如，在孔乙己的自我感觉里，他是清白而高人一等的，但在周围的人（社会群众、看客）的眼里，他却是“好喝懒做”、没有任何地位、任何人都可以欺辱（重则将其打得半死，轻则将他取笑）的；在孔乙己的自我评价中，他是国家、社会不可或缺的“君子”，他懂得“回”字的四种写法，这类特殊价值是芸芸众生不可望其项背的，也是无法理解的，但在小伙计的视角里，“孔乙己是这样的使人快活，可是没有他，别人也便这么过”，除了成为人们无聊生活中的笑料之外，孔乙己已无任何价值可言。因此，到小说结尾，人们之所以还提起他，仅仅因为粉板上仍然写着他“还欠十九个钱”，待到粉板上他的名字被擦去，人们就将他完全忘却，以至于他的结局，人们只能说“大约孔乙己的确死了”，是“大约”死了还是“的确”死了，已无人弄得清楚，更无人过问与关心了。这样，作者就通过双重视点的巨大反差，不仅写出了孔乙己个人的悲剧，即人们通常所说的“被封建科举制度毒害、吞噬”的悲剧，而且它所反映的知识分子的自我审视与主观评价和社会上大多数人对知识分子的观察与评价（它构成了知识分子的实际地位）之间的对立和反差，超越时空，具有更大的概括性与普遍性。尽管自古以来知识分子就做着“王者师”的美梦，以治国平天下为己任，但正如鲁迅所说，皇帝老子只有在开国（交好运）与亡国（倒霉）时才想起知识分子，传统知识分子不过是充当“帮闲”与“帮忙”的角色。① 这其中所显示的知识分子地位、命运的悲剧性与荒谬性，岂止孔乙己一人，岂止孔乙己那个时代！

那么，作者为什么不选择掌柜、酒客作为叙述者呢？直接用这些“看客”的眼光去看孔乙己，不是可以更强烈地显示出孔乙己命运的悲剧性与荒谬性吗？这同样也涉及鲁迅对社会关注与艺术构思的基本特点。在鲁迅看来，在中国这个一切都“戏剧化”、“游戏化”的国度里，人不是充当“看客”，就是“被人看”，这构成了中国人的基本存在方式。因此，鲁迅的关注从来都是双重的，把“被看”者与“看客”同时纳入他的艺术视野，作为他的“被观察被描写的对象”。从这样的创作意图出发，小伙计正是再恰当不过的叙述者（观察点）：一方面，他是酒店中人，孔乙己（被看者）与酒客、掌柜（看客）这两类人的一言一行都尽收眼底；另一方面，他的地位与身份决定了他与孔乙己、酒客、掌柜都有一定的距离，他可以以一个旁观者的身份，同时观察与讲述（描写）孔乙己的可悲与可笑，以及“看客”（酒客、掌柜）的麻木与残酷，形成一个“看”“被看/看”的叙述模式，并在这一模式中同时展开知识者与群众的双重悲喜剧。另外，既然“我”（小伙计）作为小说里的一个人物出现，他在发挥观察者、叙述者的功能的同时，也必然要显示出某种独立的意义。例如，小说的开头部分，作者为了说明幼年当过酒店小伙计的“我”为什么会忽然说

① 鲁迅：《集外集拾遗·帮忙文学与帮闲文学》。

起二十多年前的故事，何以对孔乙己特别有兴趣，用了整整两节的篇幅，反复渲染酒店小伙计生活的“单调”、“无聊”，这才自然引出“只有孔乙己到店，才可以笑几声，所以至今还记得”的话头。除了这类结构性意义之外，小伙计个人命运中的“单调”、“无聊”所传达出的寂寞感与压抑感，也自有独立价值，构成了孔乙己周围的社会环境和气氛的一个有机部分。“我”（小伙计）的独立意义更表现在，随着故事的进展，小伙计自身的性格，以及他与孔乙己、酒客们的关系，也发生了微妙的变化：如果在小说开头部分，“我”确实保持了旁观者的客观与冷漠的话，那么以后“我”就逐渐地参与到故事中来，特别是小说写到“我”如何“附和着笑”，当百无聊赖的孔乙己主动与“我”攀谈，以寻求心灵慰藉，“我”先是应付，既而“不耐烦，懒懒的答他”，最后竟“努着嘴走远”时，不能不让人感到，“我”（小伙计）的精神境界、地位都逐渐向麻木、冷酷的酒客靠拢，最终不免被同化，这本身就构成了一个精神悲剧。“我”（小伙计）的这种变化在读者欣赏心理上甚至会起到意想不到的作用：如前所述，叙述者小伙计在小说人物（孔乙己与掌柜以至酒客）的关系上处于旁观者（局外人）的地位，这是与读者在阅读活动中的旁观者（局外人）地位有相近之处的。这样，读者不仅在阅读之初很容易与叙述者采取同一态度来对待孔乙己，而且随着叙述过程的进展，当叙述者小伙计也于无意识中参与了对孔乙己的折磨时，在诚实的读者心理上就会产生一种类似狂人“我也吃过人”的有罪的自省。——这样的效果正是作者所追求的。

这样，我们就进一步发现，尽管作者本人并没有作为一个叙述者在小说中直接出现，但在“我”（小伙计）的叙述中，读者仍然可以强烈地感受到作者的存在，即叙述学中所说的隐含作者的存在。这就是说，在“我”（小伙计）“看”（叙述）“被看（孔乙己）/看（酒客、掌柜）”的故事的背后，还有一个隐含作者在“看”，不仅冷眼“看”看客（酒客、掌柜）怎样“看”孔乙己，而且冷眼“看”小伙计怎样“看”看客与孔乙己，隐含作者的“看”，构成了对“我”（小伙计）的“看”与“看客”（酒客、掌柜）的“看”的双重嘲讽与否定。于是，读者终于穿透叙述者“我”（小伙计）冷漠的语调与“看客”们的冷酷嘲弄，感受到了隐含作者鲁迅对于小说主人公孔乙己（知识者）的悲喜剧命运的同情、焦虑。这是一个运动的过程：开始，读者也许会较多地认同于叙述者（“我”）对孔乙己的命运采取有距离的旁观态度；但随着叙述的展开，隐含作者（他的眼光、情感）逐渐显现渗透，读者就逐渐与叙述者拉开距离，而靠拢、认同隐含作者，终于从孔乙己的“喜剧”里发现了内在的悲剧性；到小说结尾，叙述者讲到孔乙己“在旁人的说笑声中，坐着用这手慢慢走去了”时，读者不可能如“我”（小伙计）似的“附和着笑”，而是以批判的眼光来重新审视孔乙己的故事与“我”（小伙计）的叙述，并引起更深远的思索。——而这，也正是作者的写作目的所在。

至此，我们就可以多少领悟到鲁迅在《孔乙己》里选择小伙计作为叙述者的深意。由这一选择，形成了小说三个层次的“被看/看”结构：先是孔乙己与酒客、掌柜之间，即小说人物之间的“被看/看”；再是小说人物（孔乙己、酒客、掌柜）与叙述者（小伙计）之间的“被看/看”；最后是叙述者、小说人物与隐含作者之间的“被看/看”。而实际上，读者在欣赏作品时，又形成了读者与隐含作者、叙述者、小说人物之间的“被看/看”。在这样的多层结构中，同时展现着孔乙己、酒客、掌柜与“我”（小伙计）的三种不同形态的人生悲喜剧，互相纠结、渗透、影响、撞击，读者、隐含作者、叙述者与小说中的人物置身于如此复杂的小说叙述网络之中，就呈现出既是非单一的、多面的，又是动态的复杂心理、情绪、美感反应。而这一切复杂性又显现于极其简练的叙述语言与极其舒展的叙述风格之中，这就显示了鲁迅非凡的思想与艺术功力。

鲁迅：《祝福》

礼教的三重矛盾和悲剧的四层深度

◎ 孙绍振

鲁迅写得最成功的一种死亡，是哪一种呢？阿Q的？阿Q的死亡是写得相当成功，但还不是最成功的，因为阿Q死亡的写法是有缺点的。什么缺点？现在不能讲。我先讲一个写得最成功的死亡——祥林嫂的死亡。

从哪里提出问题呢？问题提得不对头，不是地方，就失败了一半。

问题要提得好，一是要新颖，就是从人家忽略了、没有感觉的地方开始；二是要深刻，有很深邃的潜在能量，有从一点通向整体的可能，像中医讲的穴位一样，一点全身震动。

下面，我从两个地方讲起。

第一个地方是从鲁迅的早期著名小说《狂人日记》讲起。为什么说是早期，而不说是第一篇小说呢？这有讲究。因为它不是第一篇，这一点现在也不方便讲，后面会讲到。《狂人日记》里面有个关键语句，那就是讲到“吃人”：“反正我晚上睡不着，打开中国历史来看，满篇都是仁义道德，实际上字里行间都写满了‘吃人’、‘吃人’。”这里有一个矛盾，一方面，这是小说的思想光华所在，甚至可以说是历史价值所在。不管有没有读过《狂人日记》，只要读过中国现代史，都会知道这句名言。但这只是就思想价值而言的，若从艺术上来说呢，就有值得怀疑之处。因为《狂人日记》所说的“吃人”是象征的，象征带着很强的抽象性，而不是感性形象，而作品中的“吃人”，恰恰是狂人的误解。比如，怀疑医生叫他好好养病，是要把他养胖了吃，自己也曾经和哥哥一起吃过妹妹的肉，甚至一个陌生女人骂孩子，也造成了被吃的恐惧，等等，几乎所有“吃人”的恐怖，都来自狂人的幻觉。这些绝不足以支持狂人所说的，中国历史全是“吃人”。也就是说，作品的思想和作品提供的感性形象之间并不相称；或者说，从艺术上来说，这篇小说并没有完成主题，主观的宣泄和人物形象的构成之间还有比较大的距离。

从艺术上来说，这篇小说至少是不成熟的。

什么样的小说才能算是完成了“吃人”这一主题的呢？我觉得真正的艺术的实现应该是在六年以后的《祝福》里，在祥林嫂的悲剧中。虽然《祝福》中没有“吃人”这样的字眼，但是祥林嫂的形象显示，她是被封建礼教的观念以及对女人和寡妇的成见与偏见“吃”掉的。她的悲剧的特点是没有凶手，是没有刽子手的死亡，她就是被一种观念逼上死路的。这是我要讲的第一个契机。

第二个地方是，有人说，鲁迅在日本“弃医从文”并不像他在《呐喊·自序》里讲的那样冠冕堂皇。说在上细菌课之前，在新闻短片中，他看到一个中国人为俄国人做探子，被日本人抓去枪毙，而麻木的围观者恰恰是中国人。这使他受到严重的刺激，因此想到“愚弱的国民”，也就是愚昧的、没有觉悟的国民，身体再好，活着也只能做两种人，一是杀头的对象（也就是示众的材料），二是围观的看客。因此，中国的问题不是身体的问题，而是脑袋问题。有人说，这不一定是老实话。甚至有人提出怀疑，在上细菌课之前有没有放映过新闻短片，都还是个问题。

他们说，问题出在鲁迅成绩不太好，有点混不下去了。仙台医学专科学校是一个大专水平的学校，鲁迅的成绩单在上个世纪 60 年代我就看过，考得最好的是伦理学，讲道德人心的，属于文科性质，得了 80 分，其他的成绩都是七十几分、六十几分，其中的解剖学是藤野先生教的。鲁迅在《藤野先生》中说，这位先生特别喜欢他，特地替他改笔记，还给他打过高分，以至于引起了周围日本学生的怀疑：“是不是漏题了，偏爱中国学生?”看来，鲁迅的记忆可能有误。成绩单中，两个学期的解剖学，第一学期60分，第二学期59分，平均59.5分。这个藤野先生也真是的，够古板的了，这么喜欢的一个学生，就那一分也不饶他。我没有研究过教师心理学，我当教师，对我的学生，如果觉得他有天分、有前途，或者人格高贵，那就不是59分了，随便加它个20分，就是79、80分了呀！不知道这个日本人怎么回事?！就是这样一个先生，临走的时候还洗一张照片送给他，还要写什么“惜别”，给人打59.5分，还“惜别”个什么劲呢？所以有人就说鲁迅是因为不及格，混不下去了。我研究了一下，好像不是这样的。为什么呢？按照学校的规定，两门功课不及格才要留级，鲁迅只有一门不及格，还可以升级，无非要补考一下。再往细里研究，鲁迅在年段排名怎么样呢？全年段160多人，鲁迅考了80多名，一个中国人，刚到日本，用日文考试，在全年段排中间，还算过得去的嘛！要混是可以混下去的。可以相信鲁迅不是为了59.5分而退学，而是实在有感于疗救中国的国民性是当务之急。所以他后来不念大学了，就跑到章太炎那里去学文字学，同时自己拼命自修西方小说，翻译西方的小说。

五四期间，妇女婚姻题材很普遍，许多人写封建礼教、仁义道德“吃人”，但是成为经典的，能进入我们大学、中学课本并不断被改编为戏曲、电影的，就只有《祝福》。当然，经典是各种各样的，有些经典只有历史价值，在当时很重要、很有贡献，但是今天读起来却索然无味。为什么？因为它的思想、形式和产生的那个时代联系得太紧密了，离开了那个时代，后代人读起来就十分隔膜。像五四时期风靡一时的郭沫若的《女神》，其中绝大多数的作品当代青年是读不下去的。而《祝福》却是另外一种经典，不但有历史的价值，而且有当代阅读的价值。为什么？因为它有不朽的艺术生命力。生命力在哪里呢？

关键是它的主题——“吃人”，比之《狂人日记》要更深刻而丰富。

全篇没有“吃人”这样的字眼，但是，其人物命运的每一曲折所引起的周围反应却显示了：一个人被逼死，没有真正的凶手，凶手是一种广泛认同的关于寡妇的观念。这种观念堂而皇之，神圣不可侵犯，但却是荒谬而野蛮的，完全是一种不合逻辑的成见。

要把问题讲清楚，不能从什么是封建礼教的概念、定义讲起，而应该从文本、从情节中来分析。那么我就从祥林嫂死了以后各方面的反应讲起。

“我”问，祥林嫂是怎么死的？进来冲茶的茶房说，“还不是穷死的”。

这好像不无道理，她毕竟是当了乞丐，冻饿而死的。

但这是终极的原因吗？在它背后是不是还有原因的原因呢？那她为什么会穷死？是因为她被开除了。她为什么被开除？原因是她丧失了劳动力。可是原本劳动力是很强的呀，最初到鲁家，鲁四奶奶不是庆幸她比一个男工还强吗？原因的原因是，她的精神受了刺激。什么东西使她受了这么严重的刺激呢？这就是问题的关键。

一切都因为她是寡妇。

按封建礼教成规，寡妇要守节。五四时期写妇女婚姻题材的小说，大都写封建礼教要寡妇守节，可是寡妇不干。鲁迅偏偏不写这个。他写祥林嫂不想改嫁，不写她想改嫁，不写她不能改嫁之苦，如冬天晚上没人陪呀，被子里没有热气呀，屋角破了没有人来修理啊，等等。他写祥林嫂不但不想改嫁，而且从婆婆家溜出来。为什么溜出来？《祝福》里没讲。夏衍改编的《祝福》电影里说，婆婆想把祥林嫂卖掉，给祥林的弟弟娶媳妇。这可能值得参考，除了别的原因以外，还因为夏衍和鲁迅是同乡，他对那个地区的风土人情有深刻的体悟和理解。祥林嫂为什么要逃？这值得分析。公开地出走，像娜拉那样是不行的。因为在农村，封建礼教很严酷。丈夫死了，妻子就成了丈夫的“未亡人”，也就是成了等死角色。这就是封建礼教的夫权：妻子是从属于丈夫的，丈夫死了，还是丈夫的。鲁迅在小说中问题提得深刻：婆婆卖了她，让她去当别人的老婆，不是违背夫权了吗？不！封建礼教还有一权，那就是族权。儿子属于父母，儿子死了，儿媳妇就自动转到了婆婆名下。这样，就产生了封建礼教内在的第一重矛盾，就是夫权要求守节，族权可以将之卖出，卖出就是以不能守节为前提。接着就发生了所谓抢亲。这里面显示了族权以暴力强制的特点，而这种野蛮却被视为常规。

鲁迅如果写祥林嫂想改嫁，那么就只有夫权一重矛盾了，思想也就比较单薄。而把祥林嫂放在这样的矛盾下，即夫权让她守节，族权强迫她改嫁，那么其荒谬和野蛮就不言而喻了。如果光是写到这一层，也挺深刻了，可是鲁迅并不满足。他进一步提示，夫权与族权有矛盾，那是人间的事，那么到了地狱里，到了神灵那里，怎么样呢？柳妈告诉祥林嫂：你倒好，头打破了，留下了一个疤，可还是改嫁了，在人世留下了个耻辱的标记。这个问题还不大，但你死了以后，到了阎王老爷那里怎么办呢？两个丈夫争夺你，阎王是公平的，就把你一劈两半，一人一半。阎王代表什么权力呢？神权。神权居然是这样的一种“公平”。照理说，祥林嫂可以申辩：“我并不要改嫁，是他们强迫我改嫁的呀，你不能找我算账。真要劈两半的话，应该劈我婆婆嘛。”可是，阎王是不讲理的。这样，鲁迅之所以不写祥林嫂想改嫁的原因就很清楚了，就是要通过她的处境来显示三个不讲理：夫权是不讲理的，族权是不讲理的，神权是不讲理的。要寡妇守节这一套，完全是野蛮而又荒谬的！

礼教不讲理，人不讲理，神都不讲理，这就是鲁迅第一层次的深度。

鲁迅第二层次的深刻在于：揭示了这种荒谬而野蛮的封建礼教观念并非封建统治者、封建地主所独有。马克思在《德意志意识形态》中讲过：统治阶级的思想在每一时代都是占统治地位的思想。鲁四老爷是封建统治阶级，他有这种思想，看见祥林嫂头上戴白花就皱眉头；鲁四奶奶有这个思想，她不过是不让祥林嫂端福礼。但这不太荒谬。荒谬的是，这种思想不仅是他们有，而且跟祥林嫂同命运的人也有，比如柳妈，这种观念也是根深蒂固的。虽然鲁迅没有写柳妈是一个寡妇，但从情节的上下文看来，可能也是一个寡妇，一个老寡妇。何以见得？因为她似乎当寡妇的经验很丰富，而且没听说她丈夫来看过她，她也没像长妈妈那样回家探亲什么的。由此大体可以断定她是跟祥林嫂同样命运的女人。她坚信菩萨把祥林嫂一劈为二是公正的，劝祥林嫂去“捐门槛”赎罪。这种寡妇罪有应得的观念，以及被统治也当作天经地义，真的很可怕。荒谬野蛮的观念已经深入到每一个人的潜意识里，感觉不到荒谬了。举一个例子：祥林嫂在改嫁被抢亲了以后，很快丈夫得伤寒证死了，儿子也被狼咬死了，祥林嫂又回到鲁镇。这个时候，鲁迅在《祝福》里面单独一行写了一句话：

> 大家仍然叫她祥林嫂。

读者早就知道她叫祥林嫂了，这不是废话吗？其实，这句话的用意非常深刻。她为什么叫祥林嫂？因为她老公叫祥林。她姓什么，叫做什么名字，谁都不知道。老公叫祥林，她就叫祥林嫂。但是问题来了，嫁了第二个老公，此人名曰贺老六。再回到鲁镇来，有个问题要研讨一下，是叫祥林嫂还是叫老六嫂比较妥当呢？或者为了全面起见，干脆叫她祥林老六嫂？对这么复杂的文化问题，碰头会都没有开，就自动地、不约而同地"仍然叫她祥林嫂"。这里有一个自动化的思维套路，即只有第一个丈夫算数，"好马不配二鞍"，"烈女不事二夫"，嫁第二个丈夫是罪恶的等等。思想的麻木，以旧思想的条件反射为特点。

这看来是一个极小的问题，将它与西方的思维模式作一点文化比较，是很有意思的。比如说，在西方，女人嫁了丈夫以后，是要改姓的。譬如，普京娶了老婆，他老婆的名字后面要加上普京的姓，变成阴性的，叫普京娜。如果从俄语第二格来理解，就是属于普京的。又如，克林顿的夫人希拉里，她嫁给克林顿以后，不久也改为希拉里·克林顿。再如，肯尼迪的老婆，她原来的名字叫杰奎琳，她嫁给肯尼迪，就改为杰奎琳·肯尼迪。但是她后来也跟祥林嫂一样，丈夫死了，又嫁了一个丈夫，是希腊的船王，名曰奥纳西斯，于是在她的名字后面加上奥纳西斯。她过世之后，墓碑怎么刻呢？美国人也没有讨论。我出于好奇心去看了一下，刻的是杰奎琳·肯尼迪·奥纳西斯。你看人家嫁了两个丈夫，在墓碑上，堂而皇之。但中国人的观念不一样，要叫她祥林老六嫂，她一定很恼火。但是叫她祥林老六嫂是很符合逻辑的呀。"仍然叫她祥林嫂"，是不讲理的、荒谬的、不合逻辑的。但是，大家都习惯于荒谬，荒谬到都麻木了，以至于感觉不到荒谬了。

被侮辱、被损害者并没有感到不合理，不觉得可悲，也不觉得可笑，这种悲剧，这种悲喜剧，是不是更加令人沉痛？荒谬而野蛮的观念，成为天经地义的前提，成为神圣的观念，成为思维的习惯——所谓习惯，就是麻木。

更严重的是，这种观念不仅被统治阶级广泛接受，不仅大家有，而且被侮辱、被损害最甚的祥林嫂也有。当柳妈告诉她要被劈成两半时，祥林嫂对这种荒谬完全没有反诘，没有怀疑，她只有恐怖：生而不能做一个平等敬神的人，死而不能做个完整的鬼，这太恐怖了。这完全是黑暗的迷信嘛。这点我们今天看得很清楚。如果祥林嫂和我们一样，也有这份觉悟，那就啥事都没有了。可她非常虔诚地相信了，毫不怀疑地去“捐门槛”。我算了一下，她大概花了一年以上将近两年的工资。她以为拿这样高的代价赎了罪，就可以摆脱躯体一分为二的恐怖下场，就可以成为平等的敬神者了。可是，当她端起福礼的时候，却遭到了打击——鲁四奶奶觉得再嫁的寡妇，不管怎样赎罪，也不能端福礼。她跟祥林嫂非常有礼貌地讲：“你放着罢，祥林嫂！”她没有说你没有资格端福礼，或者你端就不吉利。她很给祥林嫂留面子。——福礼是什么我最初不知道，看了夏衍改编的电影《祝福》后才知道，是在一个漆成红色的木盘上面，放上一条大鲤鱼。端福礼，就是把这个盘子捧到神柜上去。但是，鲁四奶奶不让她端福礼，祥林嫂却像被炮烙似的——像个滚烫的铜柱子烫了她一下，从此以后脸色发灰了。她的精神受到了致命的打击，记忆力衰退，刚叫她做的事就忘掉了。接着，体力也不行了。鲁迅这样描述道：

> 这一回她的变化非常大，第二天，不但眼睛窈陷下去，连精神也更不济了。而且很胆怯，不独怕暗夜，怕黑影，即使看见人，虽是自己的主人，也总惴惴的，有如在白天出穴游行的小鼠；否则呆坐着，直是一个木偶人。

祥林嫂精神恐怖的后果如此严重，精神崩溃到如此程度，无疑导致了她走向死亡。可是，恐怖的原因是什么？杀人的凶手在哪儿？没有人提出这样的问题。

鲁迅对祥林嫂，一方面，看到她的苦难是客观原因造成的，叫“哀其不幸”；另一方面，祥林嫂又很麻木，叫“怒其不争”。人家不让你端福礼就不要端了，不端福礼去睡大觉，身体不是更好，记忆力不是更强吗？鲁迅提示了，这个观念就是这样野蛮，可是，中毒就是这么深，中毒到了自我折磨、自我摧残，自己把自己搞得不能活的程度。这是鲁迅的深邃之处。祥林嫂不仅死在别人脑袋里的封建礼教观念，而且死在她自己脑袋里的封建礼教观念。所以，尽管祥林嫂对外部暴力的反抗是很强的，在抢亲的时候她拼命反抗，脑袋都被打破了，但是从内心来说，她还是有些怀疑，直到临死的时候，遇到作品当中的“我”——我们可以把他理解为鲁迅，也可以理解为一个人物——问：“一个人死了之后，究竟有没有魂灵的？”在她这句问话以前，“我”看到祥林嫂，40岁左右，头发就花白了，脸上不但没有悲哀，而且也没有欢乐，脸部肌肉不能动，像木头一样，只有眼睛偶尔一转，证明她还没死。就是在问“一个人死了之后，究竟有没有魂灵”的时候，鲁迅写了一句话：“她那没有精采的眼睛忽然发光了”。就是说，她残余的生命集中起来，还有点希望。希望什么？希望人死了以后没有灵魂。没有灵魂，家人不能见面，就不会打官司，阎王就不会把她一劈两半。她还在怀疑，这样一个有一点反抗性的人，最后还是被荒谬观念压倒了，或者用《狂人日记》中的话语来说，就是“吃掉”了。

鲁迅的深邃，就深邃在多层次：

第一个层次，是封建礼教本身的野蛮和荒谬。

第二个层次，是祥林嫂周围的人和她自己都迷信野蛮。光是压迫者，一部分人有这种观念，可恶，但是没有多大杀伤力，当观念被周围大多数人奉为神圣不可侵犯时，就具有能杀人的力量。鲁迅自己说过，妇女的节烈观，只要坚持这种观念，“中国便得救了”，“是多数国民的意思”。[①]

第三个层次，就是写这个凶手的“凶”。其特点，第一，后果极其惨，但前因似乎不恶。比如鲁四奶奶不让祥林嫂端福礼，也说得很有礼貌，“你放着吧”，并没有骂她呀。但是，这却要了她的命。这就是软刀子杀人不见血；或者用《狂人日记》中的话来说，就是“吃人”不吐骨头，没有罪恶的痕迹。本来这是极其恐怖的，然而并没有一点恐怖感，很平常，很平静，可是就在这种平静中，人却活不下去了。第二，人死了，后果这么严重，但人们还是很平静。鲁迅所提示的是：没有恐怖感的恐怖，才是最大的恐怖。第三，这些心安理得的人，脑袋里有“吃人”的观念，曾经参与“吃人”，然而却没有感到任何歉疚，心安理得。

第四个层次，这里有一条线索，是所有研究鲁迅艺术的人都忽略了的：为什么作品中冒出一个“我”来？这个“我”和故事情节一点关系都

---

① 《鲁迅全集》第一卷，人民文学出版社2005年版，第122～123页。

没有，但占了全文将近五分之一的篇幅。鲁迅不是说写完之后至少要看两遍，尽量把可有可无的去掉吗？把“我”拿掉并不影响祥林嫂的命运呀。

但是作为小说，不能。这个“我”有深意。从哪儿讲起？从祥林嫂死了以后的反应讲起。

茶房认为祥林嫂“还不是穷死的”，他的看法和故事有什么关系？没有。能够删节吗？不能。鲁迅在说明，在茶房看来，穷了就要死是很自然的，没什么不正常的，没有什么悲惨的，没有什么值得思考的。可是鲁迅以全部文本显示的却不是这样，如果她是穷死的，那她的悲剧就是经济贫困的悲剧。但是，《祝福》所突出的祥林嫂的死因，是受了极其野蛮荒谬的迷信观念的打击。这种打击不仅是外来的，同时也是她自己的。这不是经济贫困导致的悲剧，而是精神焦虑的恐怖造成的。可是，人们却普遍看不到这种恐怖，因而麻木不仁。

这个“我”特别选了什么时刻去写祥林嫂的死亡呢？旧历年关，一年中最为隆重的节日。为什么这篇小说题目叫“祝福”呢？所有的人过年都敬神，祈求来年更大的幸福。祥林嫂死了，在鲁迅看来，其特别悲惨在于，表面上没有刽子手，实际上刽子手就在每一个人的脑袋里。因而，鲁迅特别写了鲁镇人把她的悲剧当作谈资，当作笑料，当作自己优越的显示，没有一个人意识到这是对祥林嫂生命的摧残。从这个意义上来说，每一个人对于她的死都有责任。可是整个鲁镇没有一个人感到痛苦，大家都沉浸在过年祝福的欢乐之中。鲁迅特别写道：女人忙着在水里洗东西，手都浸泡红了；还可以闻到放炮仗的火药的清香，但是听来这炮仗的声音是“钝响”。既然是火药的清香，又是欢乐的氛围，如果“我”和大家一样欢乐，听节日的炮仗，应该是“脆响”啊，怎么是“钝响”呢？这说明“我”内心很沉重、沉闷，节日的炮仗声听起来才会觉得是“闷”的，所以天上的云是“铅色”的。《祝福》开头这一段是很有匠心的，许多论者分析祥林嫂的命运已经捉襟见肘了，对于“我”和开头、结尾的大段文章占了将近五分之一的篇幅，却视而不见。这里的艺术感觉是多么精深：一方面是非常欢乐的祝福的氛围，一方面又是非常沉重的悲痛。我这里举一段：

我乘她不再紧接的问，迈开步便走，匆匆的逃回四叔的家中，心里很觉得不安逸。自己想，我这答话（按：灵魂的有无？也许有也许没有，“我”说不清）怕于她有些危险。她大约因为在别人的祝福时候，感到自身的寂寞了，然而会不会含有别的什么意思的呢？——或者是有了什么豫感了？倘有别的意思，又因此发生别的事，则我的答话委实该负若干的责任……

所有的人都不感到悲痛，只有这个和祥林嫂悲剧毫不相干的人，内心怀着不可排解的负疚感。要知道，鲁迅的深邃就在这里，祥林嫂的死亡，如果有一个具体的凶手，那就比较好办，比较容易解气了，像《白毛女》中有一个黄世仁，可以把他毙掉。但是，人们脑子里的封建观念是不能枪毙的，思想观念是不会这么轻易地消亡的。鲁迅的艺术，是要启示读者反思，对寡妇的成见，看不见，摸不着，但是可以“吃人”的。这种观念每个人都有，当然每个人又可能深受其害，然而当看着他人受害的时候，却又怡然自得。因而鲁迅对于祥林嫂的诸多情节，采取幕后虚写的办法，却把主要篇幅用来描写祥林嫂所遭遇的冷嘲，那么痛苦，可得不到一丝同情，相反，却招来毫无例外的摧残。鲁迅花了那么大的篇幅，写她反复讲述阿毛被狼吃掉的自我谴责。她的期待是很卑微的，哪怕是一点同情，只要有人愿意听一下她的悲痛，她的精神焦虑就减轻了。她反复陈说，引来的却是上上下下普遍的冷漠和以她的痛苦取乐。

这里我想到了俄国作家契诃夫的《苦恼》，五四时期由胡适从英文翻译成中文，登在《新青年》上。小说写一个马车夫姚纳，人老了，希望儿子来接班，可是他儿子却突然死了。小说开头，夜幕下，马车夫姚纳在彼得堡的街上，一任雪花落在肩头，他在等待客人。他内心最迫切的需求不是得到车资，而是希望有客人听他诉说失去儿子的痛苦。来了一个客人，他就开始诉说，可是客人没有兴趣，不听。又来了一些客人，他又开始诉说，他们不但不听，反而兴高采烈，打他的脖儿拐。但是，他并不感到太痛苦，只要有人听他诉说，他的痛苦就减轻了。一旦这些人消失了，他反而感到痛苦就像大海一样把他淹没。他只好回到车店。看到一个人从床上爬起来，他以为又可以找到一个倾诉的对象了，可是那人喝了一点水，倒头便睡。他的痛苦实在无法解脱，只好到马圈里去，把自己的痛苦讲给小马听，小马安静地听着，还用舌头舔着他的手。契诃夫这篇小说的艺术震撼力在于：其一，人与人之间的隔膜一旦至于此，连马都不如；其二，小人物的心灵需求很卑微，仅仅是倾听，这对他人并无损失，但是，就是这一点点同情，人间也极其匮乏。鲁迅显然受到这种美学原则的启发，他在《祝福》中强调的是，祥林嫂在精神上的孤立已经到了没法活的程度。当然，鲁迅把原因归结为封建礼教，而契诃夫却并不在乎社会文化的原因，而在于人性本身。人与人之间，竟有这样的隔膜，这样的自私，这样的悲哀，这样的恐怖，我甚至感到，有一点黑色幽默的性质，是不是呢？可能我是对的。只要把被杀死却又找不到凶手这种麻木而不恐怖理解清楚了，就不能不说，与黑色幽默有点息息相通的意味了。

鲁迅的艺术匠心就在于，人们对于这样的惨剧，不但没有感到恐怖，相反，整个鲁镇都浸沉在欢乐的氛围之中，连众神都在享受牲醴和香烟后醉醺醺地在空中蹒跚——这一点也是许多论者忽略了的。为了把问题说得比较清楚，我不得不作些引述：

> 我给那些因为在近旁而极响的爆竹声惊醒，看见豆一般大的黄色的灯火光，接着又听得毕毕剥剥的鞭炮，是四叔家正在“祝福”了；知道已是五更将近时候。我在蒙胧中，又隐约听到远处的爆竹声联绵不断，似乎合成一天音响的浓云，夹着团团飞舞的雪花，拥抱了全市镇。我在这繁响的拥抱中，也懒散而且舒适，从白天以至初夜的疑虑，全给祝福的空气一扫而空了，只觉得天地圣众歆享了牲醴和香烟，都醉醺醺的在空中蹒跚，豫备给鲁镇的人们以无限的幸福。

作品中的“我”，可以算是鲁迅，那意思是，在某种意义上，又不完全是鲁迅。什么地方不是鲁迅呢？这里，“在这繁响的拥抱中，也懒散而且舒适”，“我”是真的懒散而舒适地不再苦恼自己，摆脱了沉重的、不可解脱的负疚感了吗？当然不是，这是反话。这说明，他的愤激倒是很悲观。更明显的则是，连天地众圣也在享受了福礼之后，一个个“醉醺醺的在空中蹒跚，豫备给鲁镇的人们以无限的幸福”。这当然也是反语，恰好说明这个唯一的清醒者有点绝望的、无可奈何的情绪。这正是对整个鲁镇没有一个人感觉到悲痛的一个反拨。

鲁迅的深刻之处，就在于他批判的不是一个鲁四老爷。像鲁四老爷这种人，1949年以后“镇压反革命”或者“清理阶级队伍”，都弄不到他头上。因为鲁四老爷对祥林嫂皱了皱眉头，这不算罪；最后祥林嫂死了，他说，死在过年祝福期间，不是时候，可见是个“谬种”，这是意识形态问题，谈不上人身侵犯。就是“无产阶级专政的铁拳头”，也拿他无可奈何。他写的是一种可怖的观念，习以为常，没有人感到的悲剧，才是最大的悲剧。

鲁迅写死亡的悲剧，最重要的成就不在于写死亡本身，而在于死亡的原因和死亡在人们心目中引起的感受。所以，祥林嫂的故事中有好多环节，如逃出来的情节，被抢亲的情节，孩子、丈夫死的情节，“捐门槛”的情节，等等，鲁迅都放到幕后去了，只让人物间接叙述。鲁迅重点写的是这些情节的后果，尤其是在人们心目中引起思绪的错位，这是关键。鲁迅的艺术原则，是不是可以这样讲，事情不重要，情节链可以打碎，可以省略，可以留下空白，可以一笔带过，重要的是周围的人们怎样感觉，或者用叙事学的、结构主义的话来说，关键在于人物怎么“看”，感觉如何“错位”。

“我”的故事与祥林嫂的故事

◎ 钱理群

与《故乡》一样，《祝福》里也有两个故事：“我”的回乡故事与“我”讲述的他人——祥林嫂的故事。如果说《故乡》里闰土的故事不具有独立的意义，他人的故事包容在“我”的故事之中，《祝福》里的祥林嫂的故事却相对独立，构成了小说结构中重要的一极。

因此，我们先从祥林嫂的故事谈起。一位外国研究者曾经用结构主义的方法来探求《祝福》，认为祥林嫂故事的文本结构是“她的死（主语）乃由……造成”，但这是一个“不完全的句子的文本”，也就是说隐在的不参与故事的旁观叙述者“我”仅仅提供了许多部分真实的谓语——例如，“造成”祥林嫂的死的原因（事件）有：她的贫穷；两次婚姻；儿子的死；对地狱的恐惧；在捐门槛后，仍被禁止参与祭祀；精神的最后崩溃；被解雇，成为乞丐；等等。但这些“部分真实谓语”的总和绝不等于“完全的、真正的谓语”，真正的“凶手”就隐藏在这些部分真实的谓语的总和的背后，要读者自己去进一步追寻，这表明，祥林嫂的故事是向读者的阐释开放的文本。[①] 这样，对祥林嫂的故事背后的意义，出现种种不同的解释，就是必然的，只要是真正从文本本身出发的解释就都具有一定的真实性，而且这些不同解释（或解释的重点）是可以互相补充的。过去有不少分析文章与教学参考资料，常常引用毛泽东关于“政权、族权、神权、夫权，代表了全部封建宗法的思想和制度，是束缚中国人民特别是农民的四条极大的绳索”[②] 的论断，来说明祥林嫂的悲剧，这确实可以部分地阐明“原因”，“族权、神权、夫权”在祥林嫂悲剧命运中的作用本是十分明显的，但过分强调“政权”的作用，特别是将鲁四老爷作为“杀死”祥林嫂的主要元凶，则让人多少感到有些从理论原则出发，而脱离了本文描写实际。近来有的研究者注意到鲁迅的《祝福》、《明天》、《风波》及其他小说所提供（创造）的鲁镇世界（在《阿Q正传》等作品里又称未庄世界，在《长明灯》里则称吉光屯世界），认为“鲁迅有意以鲁镇显示传统中国社会、历史、文化的几乎全部内容：从风俗到制度，从思想到宗教，从日常生活到行为准则”；在《祝福》里，无论是鲁四老爷书房里理学入门书（《近思录》）与传说中道教始祖陈抟老祖的朱拓“寿”联并存，还是岁末的祝福习俗与寡妇再嫁在阴间要遭分尸酷刑的传说，以及土地庙捐门槛寻

① 段鼎：《作为一个不完全句子的文本——〈祝福〉的叙述奥秘分析》，祁人译，载《鲁迅研究月刊》，1990年第7期。

② 毛泽东：《湖南农民运动考察报告》。

替身的庙规等等，无不“赋予鲁镇一种带有原始多神教意味且杂糅着儒、释、道多种成分的混沌性质”，正是这有形无形的鲁镇社会扼杀了祥林嫂的一切生机，或者说是渗透于鲁镇社会的儒、释、道文化最后吞噬了祥林嫂的生命。研究者因此而把《祝福》（及鲁迅全部小说）概括为“儒、释、道吃人的寓言”[①]，自然是很有道理的。而我则想强调在祥林嫂的故事里所内含着的“看/被看”二元对立模式。这本也是鲁迅小说的一个基本模式，鲁迅不仅写有《示众》，正面展示“看/被看”的二元对立图景，而且在《狂人日记》、《孔乙己》、《头发的故事》、《药》、《阿Q正传》、《祝福》、《长明灯》，以及《铸剑》、《理水》、《采薇》等作品中一再出现类似的场景；在“示众”图景中，“看客”都是不觉悟的“庸众”（鲁迅说：“群众——尤其是中国的，——永远是戏剧的看客”），而“被看”的牺牲者则分为“独异的个人”（先驱者）与“庸众中的一员”两类，前者如狂人（《狂人日记》）、夏瑜（《药》），后者则有祥林嫂（《祝福》）。在小说第一部分，“我”就这样介绍祥林嫂，说她是“百无聊赖”的，“被人们弃在尘芥堆中的，看得厌倦了的陈旧的玩物”，并且说她“将形骸露在尘芥里，从活得有趣的人们看来，恐怕要怪讶她何以还要存在”——这里，再沉重不过地揭示了祥林嫂这类处于封建等级制度（“人肉的筵席”）最底层的妇女，在鲁镇社会（中国传统社会）唯一的存在价值，就是充当“玩物”，而一旦“看得厌倦”，变得“陈旧”，就被剥夺存在的权利——这正是祥林嫂真正不幸之所在。因此，在我看来，《祝福》中最惊心动魄的场面，无疑是村里的男人女人们从四面八方“寻来”听（看）祥林嫂讲述她的阿毛被狼吃了的悲惨故事，“直到她说到呜咽，她们也就一齐流下了那停在眼角上的眼泪，叹息一番，满足的去了，一面还纷纷的评论着”（按：着重号为笔者所加）。在这里，人们已经不只是麻木、迟钝，而恰恰表现了对于不幸的兴趣和对痛苦的敏感，“自身以外的任何痛苦和灾难都能成为一种赏心悦目的对象和体验”，一方面是把他人的痛苦、不幸审美化；另一方面又通过“鉴赏”别人的痛苦，来使自身的痛苦得到排泄、转移，以至

---

① 高远东：《〈祝福〉：儒释道“吃人”的寓言》，载《鲁迅研究月刊》，1989年第2期。

最后遗忘，甚至于从这种“鉴赏”（以及“鉴赏”中的种种表演，如叹息、流泪之类）中达到自我的“满足”（自我的崇高化），而在别人的痛苦、悲哀“咀嚼赏鉴”殆尽，成为“渣滓”以后，就立即“烦厌和唾弃”，施以“又冷又尖”的“笑”。这类情感与行为方式表面上麻木、混沌，实际是显示了一种人性的残忍。[①] 可是，在《祝福》里，当村民们尽情地“鉴赏”（“看”）祥林嫂的痛苦时，读者又分明感到，在这背后，还有叙述者“我”（以及隐合作者）在“看”：用悲悯的眼光观照祥林嫂被“鉴赏”的屈辱与不幸，更冷眼嘲讽着“看客”的麻木与残酷。读者也许还会联想起鲁迅在《我之节烈观》中所说的，“这一类无主名无意识的杀人团里，古来不晓得死了多少人物”，祥林嫂正是这“无主名无意识的杀人团”的祭坛上的牺牲品。

我们已经说到了“我”，不妨再来看一看小说的另一个重点：“我”的故事。如果说在他人的故事中，占据中心位置的祥林嫂与作为中国传统社会象征的鲁镇社会关系是一个“被吃”与“吃”的关系；在“我”的故事里，“我”在与鲁镇社会的关系中，始终是一个“异己者”。“我”当年离去，自是对家乡的背弃，如今“我”归来，故乡“已没有家”，不再存有《故乡》里的“我”那样“寻梦”的奢望，“我”四处漂泊，在家乡暂作停留，因此，不需经过《故乡》中的“我”那样的精神幻灭，“我”就敏锐地发现在“我”“离去”与“归来”之间，故乡的一切都没有变：祝福的祭祀活动，“年年如此，家家如此”，“今年自然也如此”；鲁四老爷这位“讲理学的老监生”依然在骂早已成为保守派的康有为为“新党”；几个本家和朋友“也都没有什么大改变，单是老了些”。“我”注定与这停滞不变的鲁镇社会格格不入，“我”“明天决计要走”，本是意料中的事。到这里为止，《祝福》中“我”的“离去—归来—再离去”模式，只是表明了现代知识分子与传统中国社会的不相容性，他（他们）注定要扮演永远的“游子（漂泊者）”的角色。

但作者却要把他对知识分子心灵与命运的开掘深入一步。小说接着告

① 高远东：《〈祝福〉：儒释道“吃人”的寓言》，载《鲁迅研究月刊》，1989年第2期。

诉我们，我“决计要走”，还另有深因：“一想到昨天遇见祥林嫂的事，也就使我不能安住”。这样，作者就十分巧妙地将“我”的故事与祥林嫂的故事联结起来，正是在两个故事的关系（关联）中，寄托着鲁迅的深意。于是，在鲁迅笔下出现了“我”与祥林嫂最后相遇的场面（这可以说是小说的核心部分），描写了祥林嫂最后的形象以及她对“我”的追问，提出了人的死亡以及死亡的命运问题，这可以说是关于“人”的“生存”的最尖锐、也最深刻的问题。但鲁迅却将自认为是现代知识分子的“我”置于困境：“我”既对这类形而上意味的深层问题缺乏关注与思考，面对祥林嫂的追问，又落入“说出真实”与“说谎”的两难境地，“我”终于以“说不清”即中国传统的中庸之道回避了对追问的明确回答。在这个令“我”感到极端“惶急”不安的场面里，祥林嫂无意中扮演了一个“灵魂审问者”的角色，“我”则成了一个“犯人”，在一再追问下，招供出了灵魂深处的浅薄与软弱，并且发现了自认为与鲁镇社会（传统）绝对对立的“自我”与传统精神的内在联系。正因为如此，当“我”匆匆“逃回”四叔的家以后，就不但因为自己的逃避而“觉得不安逸”，而且开始思考起自己对于祥林嫂的最终悲剧性的结局应负的“责任”问题。尽管“我”找出种种理由来为自己排解，却始终未能摆脱内心的“不安”与“不祥的预感”。正是在这种心境下，“我”再次“决计要走”，这再度离去就多少含有了对家乡现实所提出的生存困境的逃避性质。这是对“离去—归来—再离去”模式中“再离去”的负面意义的深刻揭示，比之《故乡》中“我”的最后离去的开掘显然更深了一步。而当最后祥林嫂的“死”成为事实，“我”终于陷入了“负疚”的深责之中——这样，“我”对于现实与自我的双重“绝望”就达到了一个顶点。而这种“绝望”又是与从“绝望”中挣扎出来的“轻松”与“舒畅”交织为一体的——“我”终于在雪花落地的“沉寂”中与现实拉开了距离，开始回忆，并且讲述祥林嫂的故事。而当故事讲完，“我在这繁响的拥抱中，也懒散而且舒适，从白天以至初夜的疑虑，全给祝福的空气一扫而空了，只觉得天地圣众歆享了牲醴和香烟，都醉醺醺的在空中蹒跚，豫备给鲁镇的人们以无限的幸福”——在“反讽的距离”中结束了祥林嫂的人生故事与“我”的心灵历程。

鲁迅：《阿Q正传》

杂文成分对小说构成干扰吗？

◎ 孙绍振

在鲁迅心中有小说艺术和杂文艺术两根弦，这两根弦有的时候非常和谐，有的时候就不那么和谐。

《阿Q正传》的伟大，我跟所有研究《阿Q正传》的人没有分歧。但是《阿Q正传》里面有没有“太逼促”的东西，如漫画的、杂文的成分，这是可以讨论的。有些人认为伟大的、经典的作品就是没有缺点的。其实，这个世界上所有伟大的作品都是有缺点的。

为了预防误解，我概括一下《阿Q正传》的成就。

阿Q处在社会的下层，也就是精神等级的下层，这是严峻的现实。但是如果安于现实，就没有阿Q了。阿Q不安于现实，但是追求现实的改变，哪怕是鸡毛蒜皮的，他只有失败，头破血流。于是就另寻门路，争取精神上的优越。精神优越在现实中也不能实现，就在幻想中，也就是在“变异的感知”中，达到“假定的优越”。在“假定”中从弱势变成强势，把失败从感知中排除，在受辱中享受荣誉，在排斥异端中自慰，在欺凌弱者中自我陶醉。在惨败中追求精神的胜利，当然是虚幻的胜利。这是因为，和任何一个小人物（如孔乙己）一样，他有最后的自尊。所以，他的

“精神胜利法”，以虚幻的自尊来摆脱屈辱、麻痹自己，有意识地“变异感知”、歪曲现实，成为他精神存活的条件。

这是鲁迅所发现的中国国民性的劣根性，是很深刻的，我就不细说了。我要特别说的是，在写这个现实中的悲剧的时候，鲁迅是用喜剧的手法来写的，夸张其荒谬性、不和谐、不统一。用喜剧的手法来写悲剧，其间有深邃的思想批判，鲁迅杂文家的才能就不由自主地入侵到了小说当中。有时，两种文体并不总是达到水乳交融的和谐。为什么呢？因为杂文是可以直接讲出深邃思想的，而且可以相当夸张地讲，以导致荒谬的逻辑，讲得痛快淋漓。但是，小说，特别是鲁迅的小说，则是从人物感知世界的错位中展开，结论是不能直接表述的。稍稍超越人物的感知系统，就变成了作者的思想表达，两种文体就可能分裂了，变得不统一、不和谐了。比如，在写阿Q精神胜利了以后，鲁迅这样写：“他永远是得意的。这或许是中国文明冠于全球的一个证据。”这是清朝末期普遍存在于官僚、文人中的精神自我麻醉。这样反讽的概括，不是阿Q的感知范围所能及的，而是鲁迅的杂文句式。但有时候容易引起争议：这在杂文中是深刻而警策的，在艺术上却冲击了感知错位，就像在《狂人日记》里讲整个中国历史上写的都是“吃人”一样。五四时期就产生了两种意见，不像现在只有一种意见。其中一种意见是，在《狂人日记》发表八个月之后有人说：“唐俟君的《狂人日记》用写实笔法，达寄托的（Symbolism）旨趣，诚然是中国第一篇好小说。”[①] 另一种意见认为他行文“过火”，就是说直接发表言论。第一个提出他行文过火的人是谁呢？不是评论家，而是诗人朱湘，一个非常有才华但后来自杀了的诗人[②]。后来有一个评论家叫张定璜，他对鲁迅无限崇拜，认为鲁迅写得“不过火”。[③] 这就形成了两种不同的意见。张定璜说鲁迅的特点是三个方面：第一冷静，第二冷静，第三还是冷静。

那么，鲁迅写得到底过火不过火呢？是非自有公论。阿Q受了许多侮

① 《书报介绍》，载《新青年》，1919年2月1日。

② 朱湘：《呐喊——桌话之六》，转引自张梦阳的《中国鲁迅学通史》上，广东教育出版社2002年版，第53页。

③ 张定璜：《鲁迅先生》，载《现代评论》，1925年1卷7期。

辱后碰到小尼姑，不由自主地去把人家的脸摸一下，被小尼姑骂了一顿。阿Q就说：“和尚动得，我动不得?”他是完全没有根据的，怎么知道和尚动了她？尼姑就骂他：“断子绝孙的阿Q!”阿Q想，不错，应该有个女人。断子绝孙是个问题呀！我想这是阿Q感知系统之内的，断子绝孙有什么坏处呢？这是鲁迅的原文：

断子绝孙便没有人供一碗饭，……应该有一个女人。夫“不孝有三无后为大”。

我认为“不孝有三无后为大”是很有文化的人才知道的经典语录，鲁迅用来讽刺阿Q，是鲁迅式的反语，不是变异，不是错位，而是脱位，脱离了阿Q的感觉。阿Q没有这么文雅。接下来就更严重了，鲁迅用了《左传》的一个典故，这句话念起来很困难：

若敖之鬼馁而，也是一件人生的大哀，所以他那思想，其实是样样合于圣经贤传的，只可惜后来有些“不能收其放心”了。

“若敖之鬼馁而”是《左传》里的典故，就是说，人死了，没有人供饭，就像若敖一样做鬼也饿死了。这句今天连我要彻底弄懂都要查注释。“‘若敖之鬼馁而’，也是一件人生的大哀”，阿Q会有这样文雅的语言吗？至于“样样合于圣经贤传的”，“不能收其放心”，这绝对是在阿Q想象之外的。这种杂文的反语，要对中国古典文献相当熟悉才能说得出。而且由此，鲁迅还代阿Q想下去，“即此一端，我们便可以知道女人是害人的东西”。接着的原文是：

中国的男人，本来大半都可以做圣贤，可惜全被女人毁掉了。

商是妲己闹亡的；周是褒姒弄坏的；秦……虽然史无明文，我们也假定他因为女人，大约未必十分错；而董卓可是的确给貂蝉害死了。

这是杂文，不是小说！阿 Q 的感觉，再变异，再错位，也不至于错到这种程度，这就是过火地放纵了杂文的议论，破坏了人物的感知结构。

从阿 Q 之死来讲，鲁迅写阿 Q 的画押，画了个圆圈，因为他不会写字，那是用喜剧的手法来写悲剧。

> 阿 Q 要画圆圈了，那手捏着笔却只是抖。于是那人替他将纸铺在地上，阿 Q 伏下去，使尽了平生的力气画圆圈。他生怕被人笑话，立志要画得圆，但这可恶的笔不但很沉重，并且不听话，刚刚一抖一抖的几乎要合缝，却又向外一耸，画成瓜子模样了。

阿 Q 不知道这画了圆圈就算招供，招供了就被定罪，就要被枪毙的“干活”。而阿 Q 却为画不圆而羞愧，这种感知变异，有错位，没有直接用鲁迅思想的风格来代替人物，的的确确是小说。接着，阿 Q 发现人家并不计较他画得圆不圆，把他推进了监牢的栏杆里边。到此为止，鲁迅用喜剧性的写法（其中带着一种杂文的讽刺和幽默）来写阿 Q 的麻木，小说与杂文还是和谐的，不算过火。下面的你们再看看，就知道怎么样了。阿 Q 进了监牢，他的感觉是：

> 倒也并不十分懊恼。他以为人生天地之间，大约本来有时要抓进抓出，有时要在纸上画圆圈的。

这写得是不是有点过火了？什么过火？讽刺、夸张过火，杂文风格过火。因为杂文的作者是鲁迅，而画圆圈的感觉，却只能是阿 Q：

> 惟有圈而不圆，却是他“行状”上的一个污点。

即使麻木，即使变异、错位，也不能错到这么有文化的程度，对自己的人生有这样的反思能力，就没有阿 Q 的麻木了。下面就写阿 Q 感觉到要杀头了：

他突然觉到了：这岂不是去杀头么？他一急，两眼发黑，耳朵里喤的一声，似乎发昏了。然而他又没有全发昏，有时虽然着急，有时却也泰然。

这是阿 Q 的感觉，但是：

他意思之间，似乎觉得人生天地间，大约本来有时也未免要杀头的。

这是明显的过火，一个人到了这个时候，知道自己要杀头，居然能有"人生天地间，大约本来有时也未免要杀头的"这样的感觉，对于死亡，这么无所谓呀！怎么可能？我说杂文家的反讽和小说家心理探索的矛盾，就在这里。杂文家的才能一贯强大，而小说家的才能时强时弱，一不小心就失去平衡。看来鲁迅非常喜欢这个"人生天地间"，第二次写了还不过瘾，过不久又来了：

他不知道这是在游街，在示众。但即使知道也一样，他不过便以为人生天地间，大约本来有时也未免要游街要示众罢了。

鲁迅作为一个伟大的艺术家，完全有自由写悲剧命运而用喜剧的荒谬来展示人的麻木、民众的劣根性，但是作为小说，其人物的可信度是要受到质疑的。第一个质疑这点的不是我，而是何其芳先生。1956 年他写过一篇《论阿 Q》，在当时情况下他真有勇气，表示了他的怀疑，不过没怎么展开，只点了一句：在阿 Q 上刑场时，鲁迅写他的麻木，把"文人的玩世不恭、游戏人间"写到了阿 Q 的头上。他说，自己读来感到"不安"。[①]这几句话大概被许多人都忽略了，我这个醉心于艺术的人却把它死死地记住了。1956 年到现在已经五十多年了，这句话让我受益匪浅。真正有艺术

① 何其芳：《论阿 Q》，载《人民日报》，1956 年 10 月 16 日。又见《何其芳文集》第 5 卷，人民文学出版社 1982 年版，第 181～182 页。

感的评论家，一句话够你享用一辈子。当然，我不属于那一类。

这里是不是可以作这样一个假定，那就是《阿Q正传》不受鲁迅特别青睐，原因可能是有些局部写得太游戏化、太杂文化了。至于是否可能与《阿Q正传》在报纸副刊的“开心话”栏目中连载有关，可以讨论。我前面说了，鲁迅强调的不是事情本身，不是情节本身，重要的不是阿Q的死，而是阿Q死了以后人们的感觉、各不相通的错位的感觉。可是鲁迅写阿Q的死亡是比较讨巧的，说得不客气一点，是比较滑头的。阿Q死的时候是什么感觉？他写，“耳朵里嗡的一声，觉得全身仿佛微尘似的迸散了”。本来灰尘就很小，“微尘”就更轻飘了，还要加上“迸散”，这太轻松了，是不是？不过反正是“死无对证”，不知道他写的是真的还是假的，但是，毕竟是死到临头。鲁迅也写了阿Q的恐惧——四年前记忆中饿狼的眼睛：

> 又凶又怯，闪闪的像两颗鬼火，似乎远远的来穿透了他的皮肉。而这回他又看见从来没有见过的更可怕的眼睛了，又钝又锋利，不但已经咀嚼了他的话，并且还要咀嚼他皮肉以外的东西，永是不远不近的跟他走。
>
> 这些眼睛们似乎连成一气，已经在那里咬他的灵魂。
>
> “救命，……”

饿狼眼睛的感觉，就是对死亡恐怖的感觉。应该说，这样写有一定水平，但是在世界文学史上，不一定是高水平。托尔斯泰在《塞瓦斯托波尔故事》中写死亡，一个叫布拉斯辛库的军官在走路，前面一颗炸弹的引信正在燃烧，发出紫色的光，炸弹在旋转，他听到“嘣”的一声，慢慢又有了感觉，“谢天谢地，我还没有死”。他的感觉变异是什么样的？首先是导火线燃烧的紫色，然后联想到与他相好的女人帽子上紫色的羽毛，然后想到遗憾，他大概是要死了，可是，赌钱的时候还输了一笔钱，这笔钱还没还，真是件很糟糕的事情。然后就感觉到身体很沉重，许多士兵从他身旁走过来，好像那些士兵把墙推倒了往他身上压，压得他好沉重，以至于他听到了自己呻吟的声音，一直到停止为止。这是托尔斯泰写死亡时的系统错位感觉，很丰富的，是不是？他不是写痛苦、疼痛，而是写一连串的联想，写变异了的感知。就是疼痛，也变成了一堵墙往他身上压。自己呻吟的声音，当然也是疼痛的效果，但又好像不是自己发出的——虽然声音大得他自己都听到了，但还没有感觉到疼痛。

和托尔斯泰的天才相比起来，鲁迅写得很讨巧，“仿佛微尘似的迸散了”。但是鲁迅也有写得比较精彩的，如阿Q死了之后人们的反应。孔乙己死了之后没人哭，祥林嫂死了之后也没人哭，但阿Q死了之后有人哭了，当然不是吴妈哭，是举人老爷全家号啕大哭，但不是为阿Q。为什么呢？因为他们家被偷了，把阿Q枪毙了，没处追赃，金钱损失无法弥补呀！赵府上也全家号啕大哭，为什么呢？秀才因为上城去报官，被革命党剪了辫子，又破费了二十千的赏钱。阿Q被枪毙了，辫子并不能因而长出来，赏钱也不能赚回来呀！

这是小说人物感知变异的错位和杂文笔法的统一。

更精彩的是未庄的舆论。阿Q死了之后人们怎么评论的？鲁迅写道：

> 至于舆论，在未庄是无异议，自然都说阿Q坏，被枪毙便是他的坏的证据；不坏又何至于被枪毙呢？而城里的舆论却不佳，他们多半不满足，以为枪毙并无杀头这般好看；而且那是怎样的一个可笑的死囚呵，游了那么久的街，竟没有唱一句戏：他们白跟一趟了。

这是具有荒谬的喜剧性的，带有杂文的讽刺性，但又是多元错位的感知变异。这是鲁迅伟大的杂文才能和伟大的小说才能的结合，表现的是悲剧性的可笑与喜剧性的悲凉。我们说契诃夫写小人物的悲剧是含泪的微笑，而鲁迅的阿Q，是叫你痛苦地笑，笑得好痛苦。

说不尽的阿 Q

◎ 钱理群

一切伟大的作家，一切不朽的文学作品、文学典型，几乎都是一个属于全人类的无限开放的体系，不同时代、不同国家（民族）、不同层次的读者、研究者，都按照各自所处时代、国家与个人的历史哲学、思想感情、人生体验、心理气质、审美要求，从不同的角度、侧面去接近它，有着自己的发现、阐释发挥、再创造，从而构成一部文学作品（典型）的接受史，这是一个不断接近作品本体，又不断丰富其内涵，却永远也没有终结的过程。

当《阿 Q 正传》开始在《晨报》副刊上连载时，沈雁冰（茅盾）即在《小说月报》上发表文章说："我读这篇小说的时候，总觉得阿 Q 这人很是面熟，是呵，他是中国人品性的结晶呀。"后来，沈雁冰又在《读〈呐喊〉》中发展了自己的观点："我又觉得'阿 Q 相'未必全然是中国民族所特具，似乎这也是人类的普通弱点的一种。"以后，鲁迅自己也写了好几篇文章，谈《阿 Q 正传》的成因。据说，他心目中的阿 Q，"有农民式的质朴、愚蠢，但也很沾了些游手之徒的狡猾，在上海，从洋车夫和小车夫里面，恐怕可以找出他的影子来的"[①]，而他之所以要写《阿 Q 正传》，是因为要"画出这样沉默的国民的魂灵来"，"作为在我的眼里所经过的中国的人生"，[②] 在谈到阿 Q 的"革命"时，他又说："据我的意思，中国倘

① 鲁迅：《寄〈戏〉周刊编者信》。

② 鲁迅：《俄文译本〈阿 Q 正传〉序》。

不革命，阿Q便不做，既然革命，就会做的。我的阿Q的运命，也只能如此，人格也恐怕并不是两个。”① 鲁迅对于阿Q的形象塑造还发表了这样的意见：“我也很愿意如人们所说，我只写出了现在以前的或一时期，但我还恐怕我所看见的并非现代的前身，而是其后，或者竟是二三十年之后。”② ——以上材料说明，在《阿Q正传》出世以后的二三十年代，人们都注目于“阿Q”这一形象所具有的普遍意义，尽管也有人注意到阿Q身上的“人类的弱点”，但占主导地位的意见，却是将阿Q作为一个“国民性弱点”的典型，这也是大体符合鲁迅启蒙主义的原初创作意图的。而在20世纪40年代抗日民族解放战争的热潮中，这一接受倾向又得到了进一步的加强。在一篇很有代表性的文章里，就再三强调阿Q“是中国精神文明的化身”，“这是一个失败民族的好笑的自解，一个衰落的古国的可哀的自满”，在对阿Q形象意义的阐释里，人们很容易地就听出了要求“民族自省自救”的时代呼声。③ 而作家张天翼在同样写于40年代的《论〈阿Q正传〉》里，更是急切地呼吁：“我们民族中的这每一个分子，都把自身检验一下，看你还带有阿Q灵魂原子没有”，“一定要勇于正视我们自身上的缺点和毛病，一定要洗涤我们的灵魂”，如果听任每一个人身上的“阿Q气”任意发展，就“多多少少总会使我们民族在进展中受到拖累，甚至或是受阻碍的”。——这样，我们就进一步发现：无论是20年代的启蒙主义思潮，还是三四十年代的民族救亡思潮，都提出了“民族自我批判”的时代课题，阿Q也就自然成为“反省国民性弱点”的一面镜子。

当新中国成立以后，胜利了的中国革命要求在文学上也得到充分的反映与肯定，并且按照这一要求对以往的文学进行重新阐释与评价。在这样的时代背景下，出现对鲁迅著作的全新接受视野与阐释体系，几乎是不可避免的。陈涌写于50年代中期的《论鲁迅小说的现实主义》即这样应运而生。在这篇文章里，陈涌断定鲁迅的《呐喊》与《彷徨》“深刻地反映了中国的革命，反映了中国革命的性质和动力”，“和毛泽东同志的结论是

① 鲁迅：《〈阿Q正传〉的成因》。

② 同上。

③ 立波：《论阿Q》。

完全一致的”。在这样的认识下，陈涌对《阿Q正传》的阐释发生了两个重大倾斜：一是强调“鲁迅是现代中国在文学上第一个深刻地提出农民和其他被压迫群众的状况和他们的出路问题的作家，农民问题成了鲁迅注意的中心”，阿Q“是一个被压迫被剥削，到了后来甚至连生活也难以为继的雇农”，鲁迅不仅写出了他的不幸与落后，更表现了他必然走向革命。因此，陈涌认为阿Q土谷祠里的梦“是鲁迅对于刚刚觉醒的农民的心理的典型的表现”，“它虽然混杂着农民的原始的报复性，但他终究认识了革命是暴力”，“毫不犹豫地要把地主阶级的私有财产变为农民的私有财产”，并且“破坏了统治了农民几千年的地主阶级的秩序和‘尊严’”，这都是表现了“本质上是农民革命的思想”。陈涌同时又强调了《阿Q正传》“从被压迫的农民的观点”对于资产阶级及其领导的辛亥革命所作的批判，“鲁迅清楚地表明了，地主阶级或地主阶级里的资产阶级化的知识分子如何伪装革命，如何向革命投机，如何排斥真正的革命力量”。陈涌的上述观点几乎支配了五六十年代对于鲁迅及《阿Q正传》的接受。后来，毛泽东在多次讲话中也反复强调阿Q是一个“不觉悟的落后农民”的典型，要人们吸取辛亥革命假洋鬼子“不许革命”的教训，影响更为深远。前些年中学语文教材里这篇课文前面的“预习提示”及注释里强调：“小说塑造了一个在辛亥革命前后尚未觉悟的贫苦农民形象阿Q，描写了封建势力在革命前残酷剥削、压迫农民，在革命到来后又混进‘革命党’，镇压革命”，“从而深刻揭露封建势力凶残狡猾的反动本质，批判资产阶级旧民主主义革命的妥协性和不彻底性”。这基本上是沿袭以毛泽东与陈涌为代表的《阿Q正传》观。

新时期的“思想解放运动”自然引发了对于传统鲁迅观、阿Q观的更新审视。王富仁在《中国反封建思想革命的一面镜子——〈呐喊〉〈彷徨〉综论》一书的“引论”里，先是肯定了前述研究体系“帮助我们从中国社会政治革命的角度观察和分析了《呐喊》、《彷徨》的政治意义”，接着就尖锐地指出：“它所描摹出来的《呐喊》和《彷徨》的思想结构图式与我们在原作中实际看到的在构架上发生了变形，在比重上有了变化。例如，在《阿Q正传》的艺术描写中处于次要地位的关于阿Q要求参加革命的描写，在我们的研究文章中被大大强化了，成了《阿Q正传》之所以成为伟大现实主义作品的主要标志，而在原作中用大量篇幅和主要笔墨加以表现的阿Q精神弱点的艺术描写，则无形中被降到了一个较次要的位置上来。并且常常被认为是鲁迅较多地看到人民的弱点的例证，作为鲁迅当时思想局限性之所在。与此同时，在对阿Q革命的分析中，其积极意义得到了片面的夸大，其消极意义只剩下了轻描淡写的几笔附赘之词。”而王富仁自己则从他的“中国反封建思想革命的一面镜子”的“呐喊”观、“彷徨”观出发，对《阿Q正传》作出了新的阐释。他认为，“辛亥革命的领导者无视农民的革命要求，不注意发动群众，向封建势力妥协，而阿Q也始终处于愚昧落后状态”，这两者互为因果，“造成了辛亥革命的失败”，而“《阿Q正传》的深刻之处恰恰在于，它是把阿Q视作辛亥革命之所以失败的最关键的因素的。由于阿Q的不觉悟，‘假洋鬼子’才得以以一点外形的新攫取了未庄‘革命’的领导权，赵太爷才得以保持着自己的固有的社会地位”，“即使阿Q成了‘革命’政权的领导者，辛亥革命依然毫无胜利的希望，他将以自己为核心重新组织起一个新的未庄封建等级制度”。王富仁认为，阿Q的根本精神弱点在于“缺乏自我意识和个性的自觉，在外部表现上便是对传统封建制度和封建思想现状的消极适应性”，并表现为两种不同的形式：“精神胜利法”是一种被动适应方式，即“在无法改变自身实际社会地位的时候，以被动忍耐的方式适应被压迫、被蹂躏的悲惨处境”；阿Q的“革命”则是另一种主动适应方式，“即在现实的封建等级制度的阶梯上，爬到更高的等级阶梯上，由被压迫者转化为压迫者”。在王富仁的阐释中，显然要强调阿Q的“革命”与其“精神胜利法”在本质上的相通，而辛亥革命的最大教训正是在于其“政治革命行动脱离思想革命运动”，忽略了农民（国民）的精神改造——而这正是曲折地传达了新时期的时代呼声：在全面推进经济、政治的现代化时，不要忽略了“人”的现代化。这一呼声里内含着的“新启蒙主义”特质，自然是与鲁迅时代的“五四启蒙主义”相联系的。

正因为如此，新时期对《阿Q正传》的观照，又不约而同地回到鲁迅创作原初意图与20世纪二三十年代的阐释那里，集中于阿Q的“精神胜利法”，把它看作是一种“国民性的弱点”，以后又逐渐转向对“阿Q性格（精神）”的人类学内涵的探讨上。林兴宅的一篇很有影响的文章《论阿

Q的性格系统》认为："阿Q性格充满着矛盾，各种性格元素分别组成一组一组对立统一的联系，它们又构成复杂的性格系列。这个性格系列的突出特征就是两重性，即两重人格，自我幻想中的阿Q与实际存在的阿Q似乎是两个人，是不相容的两种人格，但它们却奇妙地统一起来。"林兴宅具体地归纳了阿Q多种二重性格特征，即"质朴愚昧与狡黠圆滑"，"率真任性与正统卫道"，"自尊自大与自轻自贱"，"争强好胜与忍辱屈从"，"狭隘保守与盲目超时"，"排斥异端与向往革命"，"憎恶权势与趋炎附势"，"蛮横霸道与懦弱卑怯"，"敏感禁忌与麻木健忘"。在林兴宅看来，这种"二重性格"正是来自人的本性，即属于人类共通的精神现象。也有文章认为，阿Q的"精神胜利法"是"人"不敢正视自己落后不幸状态的精神的瞒与骗，因此"不仅东方落后民族中会产生阿Q的精神胜利法，处在一定的生产关系、社会关系中的人类在历史发展过程中，只要还有个人和集团处于落后地位，就有产生粉饰落后的精神胜利法的可能"[①]。而另一些文章则认为，阿Q的遭遇以及他的"精神胜利法"实质上是表现人的个体生存的"双重绝望"。首先是"个体生命与人类基本生存环境的冲突"的"绝望"性质。阿Q作为一个"个体生命"的存在，几乎面临着"人"的生存困境：基本生存欲求不能满足的"生的困恼"[②]、"无家可归的惶惑"[③]、"面对死亡的恐惧"[④] 等等；而他的一切努力、挣扎[⑤]（包括投奔"革命"），都不免"是一次绝望的轮回"[⑥]。面对着挣扎无望的生存困境，人只能"无可奈何地返回自身"，如恩格斯所说，"他们既然对物质的解放感到绝望，就去追寻精神上的解放来代替，就去追寻思想上的安慰，以摆脱完全绝望的处境"[⑦]。也就是说，"精神胜利法"是处于无奈之中的"人"的一种几乎是无可非议的选择："人"正是通过"把想象中的世界当作现

① 钱理群、温儒敏、吴福辉：《中国现代文学三十年》第三章，北京大学出版社1998年版。

② 鲁迅：《生计问题》。

③ 鲁迅：《恋爱的悲剧》。

④ 鲁迅：《大团圆》。

⑤ 鲁迅：《从中兴到没落》。

⑥ 鲁迅：《革命》、《不准革命》。

⑦ 恩格斯：《布鲁诺·鲍威尔和早期基督教》，见《马克思恩格斯全集》第19卷。

实世界的精神幻觉”，完成了“从现实物质的失败”到“想象的精神胜利”的心理转换，“保持自我内心的平衡，借以协调自我与外在环境的关系”，以“维持自己的正常生存”。但另一方面，这种选择不但丝毫没有改变人的绝望的失败的生存状态，而且只会使人因为有了虚幻的“精神胜利”的“补偿”而“心满意足”于现状，进而屈服于现实，成为现实生存环境的“奴隶”。这样，为摆脱“绝望”的生存环境而作出的“精神胜利法”的选择，却使“人”堕入了更加“绝望”的深渊，于是，“人”的生存困境就是永远也不可能摆脱的。[①] 鲁迅的《阿Q正传》正是以对“人”的这一生存困境的正视而揭示了人类精神现象的一个重要侧面，从而使自己具有了超越时代、民族的意义与价值。

① 以上分析参见汪晖：《“反抗绝望”的人生哲学与鲁迅小说的精神特征》；谢伟民：《悲剧？喜剧？悲喜剧？——重读〈阿Q正传〉》；张梦阳：《阿Q与世界文学中的精神典型问题》。

鲁迅:《铸剑》

诡奇、荒诞的背后:鲁迅的另一类小说

◎ 钱理群

还是从一件小事情说起:1999 年 12 月,我曾和一些中学生就鲁迅作品的阅读做过一次网上讨论。一位学生发来了这样一个帖子:“当我念初一时还喜欢些轻松一点的东西,我接触了《故事新编》,第一次发现鲁迅大师除了怒骂,还会嬉笑。第一遍哈哈一笑就过去了,而后渐渐明白了一些。这些故事为什么要‘新编’?因为这些新编的荒谬故事正是当时社会的写照。比如《采薇》,大约是讽刺那些‘遗老’们,不周山里唯一不‘搞笑’的大禹,才是中国真正的希望。可是《铸剑》我始终看不懂,请老师指点。”我于是做了这样的回应:“你关注到鲁迅的《故事新编》,我很高兴。人们对鲁迅作品的认识,有一个过程。有很长一段时间,大家都关注鲁迅的《呐喊》、《彷徨》和他的杂文,对鲁迅的《野草》、《故事新编》都觉得难懂,也不太重视。到了 20 世纪 80 年代以后,人们对鲁迅的《野草》产生了浓厚的兴趣;到了 90 年代,学术界越来越重视《故事新编》了。这样的读者接受重心的变化,是很有意思的。而在我看来,1936 年 1 月出版的《故事新编》是鲁迅留给我们的最后一部重要的作品,很值得注意。”

因为是网上的现场讨论，很多问题都不可能展开。现在，我就继续往下说吧。

这位中学生首先注意到《故事新编》的题意，这确实是阅读与理解这部小说集的一个关键。鲁迅在《故事新编·序言》中说得很清楚：其目的是要从古代采择题材来作短篇小说，所“拾取”的多是“古代的传说之类”。鲁迅在《自选集·自序》里更是明确地指出，《故事新编》是“神话，传说及史实的演义”。也就是说，要将古代神话、传说及史实加以点染、虚构（“演”），以传达某种历史和现实精神（“义”）。如果说“故事”（神话、传说、史实）是我们民族历史早期对外部世界及自身的一种认识，“新编”就是身处20世纪二三十年代的作者对这种认识的再认识，一次重写，一次古人与今人的精神相遇与对话，其间自然要渗透新的时代精神，以及作者个人的某些内心体验。——我们今天读《故事新编》，所要注意的正是鲁迅怎样把握古今的相通，在古老的故事中注入了怎样的时代与个人的气息。

那么，我们就从那位中学生读不懂的《铸剑》读起。

鲁迅曾说自己写《故事新编》是“只取一点因由，随意点染，铺成一篇”，“叙事有时也有一点旧书上的根据，有时却不免信口开河”。但谈到《铸剑》时却说自有出典，而且“我是只给铺排，没有改动的”。鲁迅自己回忆说“是取材于幼时读过的书”，“也许是在《吴越春秋》或《越绝书》里面”。据查，在《吴越春秋·阖闾内传》与《越绝书·越绝外传记宝剑》里均有《铸剑》故事的记载，而在鲁迅辑《古小说钩沉》中所收录的相传为魏晋时曹丕所著的《列异传》中也有记载：

干将莫邪为楚王作剑，三年而成。剑有雄雌，天下名器也，乃以雌剑献君，藏其雄者。谓其妻曰：“吾藏剑在南山之阴，北山之阳；松生石上，剑在其中矣。君若觉，杀我；尔生男，以告之。”及至君觉，杀干将。妻后生男，名赤鼻，告之。赤鼻斫南山之松，不得剑；忽于屋柱中得之。楚王梦一人，眉广三寸，辞欲报仇，购求甚急，乃逃朱兴山中。遇客，欲为之报；乃刎首，将以奉楚王。客令镬煮之，头三日三夜跳不烂。王往观之，客以雄剑倚拟王，王头堕镬中；客又自刎。三头悉烂，不可分别，共葬之，名曰三王冢。

晋代干宝《搜神记》卷十一也有内容大致相同的记载，而叙述更为细致，这里就不多引了。对照鲁迅的重写，可以看出，故事情节与原本大体上没有多大出入，鲁迅说他的《铸剑》“写得较为认真”，就是指的这一点。

但鲁迅有自己的理解与创造。或许我们可以从一个细节说起：小说最初于1927年4月、5月发表于《莽原》2卷8、9期时，题为《眉间尺》；1932年编入《自选集》时又改题为《铸剑》。这一改动，正是要凸显“剑”的形象，以及“铸剑”的意义。

于是，我们就注意到小说关于“铸剑”的场面描写——那也是一段鲁迅式的文字：

“当最末次开炉的那一日，是怎样地骇人的景象呵！哗拉拉地腾上一道白气的时候，地面也觉得动摇。那白气到天半便变成白云，罩住了这处所，渐渐现出绯红颜色，映得一切都如桃花。我家的漆黑的炉子里，是躺着通红的两把剑。你父亲用井华水慢慢地滴下去，那剑嘶嘶地吼着，慢慢转成青色了。这样地七日七夜，就看不见了剑，仔细看时，却还在炉底里，纯青的，透明的，正像两条冰。”

……待到指尖一冷，有如触着冰雪的时候，那纯青透明的剑也出现了。……

窗外的星月和屋里的松明似乎都骤然失了光辉，惟有青光充塞宇内。那剑便溶在这青光中，看去好像一无所有。

我们触摸着鲁迅的创造物：这把剑——“铁”化后的透明的“冰”。

我们看见了鲁迅式的颜色：白、红、黑，还有青，而且是“通红”后的“纯青”。

我们又感受到了鲁迅式的情感："极热"后的"极冷"。

我们更领悟着鲁迅的哲学："无"中的"有"。

这是一种性格，一种精神。

而在小说中，真正体现了这性格、这精神的，正是那个"黑色人"。

当善良、单纯的眉间尺陷入了"路旁的人"的包围中，他就这样突然出现了——

> 前面的人圈子动摇了，挤进一个黑色的人来，黑须黑眼睛，瘦得如铁。他并不言语，只向眉间尺冷冷地一笑……

第二次，当眉间尺再度陷入危机时，他又出现了——

> "走罢，眉间尺！国王在捉你了！"他说，声音好像鸱鸮。
>
> 眉间尺浑身一颤，中了魔似的，立即跟着他走；后来是飞奔。他站定了喘息许多时，才明白已经到了杉树林边。后面远处有银白的条纹，是月亮已经从那边出现；前面却仅有两点磷火一般的那黑色人的眼光。

这"冷冷地一笑"，这令人毛骨悚然的鸱鸮般的声音，这磷火似的眼睛，都给人以"冷"的感觉。再听他与眉间尺的对话：

> "你么？你肯给我报仇么，义士？"
>
> "阿，你不要用这称呼来冤枉我。"
>
> "那么，你同情于我们孤儿寡妇？……"
>
> "唉，孩子，你再不要提这些受了污辱的名称。"他严冷地说，"仗义，同情，那些东西，先前曾经干净过，现在却都成了放鬼债的资本。我的心里全没有你所谓的那些。我只不过要给你报仇！"

面对这冰冷的思维与语言，真有"触着冰雪"的感觉。

当他向那孩子索取活泼泼的年轻的生命时，竟然也是那样的无动于衷，而他“提起眉间尺的头来，对着那热的死掉的嘴唇，接吻两次，并且冷冷地尖利地笑”，更使人感到他的心也冰冻了。

“我只不过要给你报仇！”“你还不知道么，我怎么地善于报仇。”——这正是一把冰也似的无情的复仇之剑。

但你听见他心灵的呻吟了么？——

> 我的魂灵上是有这么多的，人我所加的伤，我已经憎恶了我自己！

原来，这也是一个受伤的灵魂！——我们立刻想起了《孤独者》里的魏连殳。他们何尝没有过火热的生命和热烈的爱，只是在一次次仿佛永远没有止境的打击、迫害、凌辱、损伤之下，感情结冰了，心变硬了，一切纠缠却不免软弱的柔情善意都被自觉排除，于是只剩下一种情感——憎恨，只剩下一个欲望——复仇：这确实是生命的深刻化，但未尝不是生命的扭曲与单一化。当听到“我已经憎恶了我自己”的自我审问和拷打时，我们再一次听到了魏连殳的声音。

而且我们更不能不想到鲁迅，并且终于懂得鲁迅用自己的笔名“宴之敖者”来给这位“黑色人”命名——而“宴之敖者”又包含着“被家里的日本女人逐出”的隐痛——的深意。这把由铁的极热化为冰的极冷的剑，正是鲁迅精神的外化与象征。

于是我们又注意到鲁迅作品里实际上存在着一个“黑色的家族”，这位“宴之敖者”与魏连殳，以及《理水》里的夏禹、《非攻》里的墨子、《奔月》里的后羿、《过客》里的过客，都是其中的成员。在他们的血脉里，都注入了更为鲜明的鲁迅的主体精神。在中国的传统中，墨家自称是直接师承大禹的，而“墨子之徒为侠”，而“宴之敖者”正是古之侠者。我们正可以从这一侧面看到鲁迅与古代“禹—墨—侠”传统的精神联系，而且这一精神联系是贯穿了整本《故事新编》的——这是很有意思的。

我们再回到《铸剑》上来。作为“干将剑—黑色人”的形象的补充，眉间尺的性格有一个发展的过程。小说一开始就通过一个精心设计的细节

——眉间尺与老鼠的争斗（这是原传说故事里所没有的），竭力渲染少年眉间尺“不冷不热”的优柔性情，以致引起母亲“看来，你的父亲的仇是没有人报的了”的忧虑与叹息。但是，当母亲向他转述“铸剑”的故事，传达了父亲的遗旨之后，“眉间尺忽然全身都如烧着猛火，自己觉得每一枝毛发上都仿佛闪出火星来。他的双拳，在暗中捏得格格地作响”。显然，是神圣的仇恨渗入了他的每一根毛发以至灵魂，父辈的复仇精神将他重新铸造，他坦然宣布：

我已经改变了我的优柔的性情，要用这剑报仇去！

于是，我们看见了另一个眉间尺：他“从容地去寻他不共戴天的仇雠”；当黑色人向他索取剑与头时，他竟毫不犹豫地献出了自己的生命。小说《铸剑》的题旨也正实现在眉间尺的成长之中。

于是，就有了小说的高潮，这是一场惊心动魄的生命的搏斗：

……炭火也正旺，映着那黑色人变成红黑，如铁的烧到微红。……他也已经伸起两手向天，眼光向着无物，舞蹈着，忽地发出尖利的声音唱起歌来：

哈哈爱兮爱乎爱乎！
爱兮血兮兮谁乎独无。
民萌冥行兮一夫壶卢。
彼用百头颅，千头颅兮用万头颅！
我用一头颅兮而无万夫。
爱一头颅兮血乎呜呼！
血乎呜呼兮呜呼阿呼，
阿呼呜呼兮呜呼呜呼！

鲁迅在写给日本朋友的信中谈到《铸剑》，特意提醒说：“要注意的，是那里面的歌，意思都不明显，因为是奇怪的人和头颅唱出来的歌，我们这种普通人是难以理解的。”或许我们不必从这些似可解似不可解的字句里去吃力地解读它的意义，更应该着力于感受歌唱者的情感与心绪，如一位研究者所说，它“形成了一种怪异而森然的气氛”，“在一唱三叹的反复吟诵中，我们不仅能体会宴之敖者内心的激越、慷慨和悲凉，而且可以发现隐蔽在‘哈哈爱兮爱乎爱乎’背后的对于复仇行为本身的超脱调侃和虚无感”。——鲁迅就这样通过这“奇怪的人”唱的奇怪的歌，为黑色人的形象又画上了重重的一笔：从“如铁的烧到微红”的外形，到激越而虚无的内心世界。

随着歌声，水就从鼎口涌起，上尖下广，像一座小山，但自水尖至鼎底，不住地回旋运动。那头即随水上上下下，转着圈子，一面又滴溜溜自己翻筋斗，人们还可以隐约看见他玩得高兴的笑容。过了些时，突然变了逆水的游泳，打旋子夹着穿梭，激得水花向四面飞溅，满庭洒下一阵热雨来。……

黑色人的歌声才停，那头也就在水中央停住，面向王殿，颜色转成端庄。这样的有十余瞬息之久，才慢慢地上下抖动；从抖动加速而为起伏的游泳，但不很快，态度很雍容。绕着水边一高一低地游了三匝，忽然睁大眼睛，漆黑的眼珠显得格外精采，同时也开口唱起歌来：

王泽流兮浩洋洋；
克服怨敌，怨敌克服兮，赫兮强！
宇宙有穷止兮万寿无疆。
幸我来也兮青其光！
青其光兮永不相忘。
异处异处兮堂哉皇！
堂哉皇哉兮嗳嗳唷，
嗟来归来，嗟来陪来兮青其光！

在仇敌面前，眉间尺居然“玩”得如此潇洒，他那“高兴的笑容”是动人的，他那“端庄”的风姿、“雍容”的“态度”更是迷人，“漆黑的眼珠”也“格外精采”；而他的歌声，如鲁迅在前引信中所说，“确是伟丽雄壮，但‘堂哉皇哉兮嗳嗳唷’中的‘嗳嗳唷’，是在用猥亵小调的声音”，那么，也是内含着嘲讽的意味的。——这一切，都显示出一种精神上的伪超越，真个是“幸我来也兮青其光”，较量尚未开始，眉间尺已经占据了气势上的高位：他确乎成熟了。

于是就有了和楚王四目相视时眉间尺的那“嫣然一笑”，以及“鼎水即刻沸涌，澎湃有声”，两个人头在水中的“死战”；于是就有了青剑蓦地从后面劈下，“剑到头落”，三个头的拼死厮杀。这有声有色、惊心动魄的相搏是以下面的这段描写结束的：

黑色人和眉间尺的头也慢慢地住了嘴，离开王头，沿鼎壁游了一匝，看他可是装死还是真死。待到知道了王头确已断气，便四目相视，微微一笑，随即合上眼睛，仰面向天，沉到水底里去了。

可以说，就在这“四目相视，微微一笑”中，黑色人和眉间尺的人格和精神都得到了完成，或者说，鲁迅用他那诡奇而绚丽的笔触，将复仇精神充分地诗化了。

但鲁迅没有止于这种完成与诗化。他把自己思想的触角进一步深入到“复仇完成以后”。——“以后”，这才是鲁迅思维的真正起点。“娜拉走后”，“死后”，“黄金世界以后”……这些都是鲁迅式的命题：他要把一切追问到底。在这个意义上，我们可以说，《铸剑》这篇小说真正鲁迅式的展开，对“复仇”主题鲁迅式的思考与开掘，是从小说第四节即“复仇完成以后”开始的。也就是说，在此之前，关于复仇故事的种种描写，尽管极其精彩，可以说把想象力发挥到了极致，但却是别的同样有才情的作家可能做到的；唯独“复仇完成以后”的思考与描写，才是非鲁迅做不到，是真正属于鲁迅的。

对此，人们首先注意到的是叙述语调的变化：

当夜便开了一个王公大臣会议，想决定那一个是王的头，但结果还同白天一样。并且连须发也发生了问题。白的自然是王的，然而因为花白，所以黑的也很难处置。讨论了小半夜，只将几根红色的胡子选出；接着因为第九个王妃抗议，说她确曾看见王有几根通黄的胡子，现在怎么能知道决没有一根红的呢。于是也只好重行归并，作为疑案了。

到后半夜，还是毫无结果。大家却居然一面打呵欠，一面继续讨论，直到第二次鸡鸣，这才决定了一个最慎重妥善的办法，是：只能将三个头骨都和王的身体放在金棺里落葬。

这是人们所熟悉的鲁迅式的嘲讽的笔调。“以头相搏”的复仇的悲剧变成了“辨头”的闹剧，而且悲剧的意义和价值要由闹剧来确认。于是，出现了“三头并葬”的局面。从国王这一边说，至尊者与“大逆不道的逆贼”混为一体，自是荒诞不经；从黑色人和眉间尺这面看，与自己的死敌共享祭拜，也是透着滑稽。这双重的荒谬，使复仇与被复仇者同时陷入了尴尬，也使复仇自身的价值变得可疑。于是，原先的崇高感、悲壮感此时全化作了一声笑，却不知该笑谁，连读者也一起落入困境。

这样，仿佛出现了两个调子：悲壮的与嘲讽的，崇高的与荒谬的。这时人们才发现，后者早已存在，至少作为一种时隐时现的不和谐的旋律存在于悲壮而崇高的复仇之歌里——前述无论是黑色人还是眉间尺唱的“奇怪的歌”里庄谐杂糅所形成的内在的紧张其实是一个象征和暗示。于是，一段曾被我们忽视的描写引起了注意：小说第二节，当眉间尺“头也不回的跨出门外”，走上复仇之路时，他却意外地遇到了障碍：

转出北方，离王宫不远，人们就挤得密密层层，都伸着脖子。人丛中还有女人和孩子哭嚷的声音。他怕那看不见的雄剑伤了人，不敢挤进去；然而人们却又在背后拥上来。他只得宛转地退避；面前只看见人们的背脊和伸长的脖子。

这是我们从鲁迅作品中早已熟知的“看客”：眉间尺遇到“无主名无意识的杀人团”了。而且很快就陷入其中：干瘪脸的少年扭住了眉间尺的衣领，不肯放手，说被压坏了贵重的丹田，“闲人们又即刻围上来，呆看着，但谁也不开口；后来有人从旁笑骂了几句，却全是附和干瘪脸少年的。眉间尺遇到了这样的敌人，真是怒不得，笑不得，只觉得无聊，却又脱身不得”，而且，如果不是黑色人及时出来解围，眉间尺的复仇差点儿要败坏在这看客的纠缠之中。看来，这些看客并不是偶然地出现在复仇者（黑色人、眉间尺）与被复仇者（国王）之间的。

在小说的最后，当复仇者与被复仇者同归于尽时，他们（永远是复数存在）终于作为主角出场。不知是否有意的嘲弄，神圣的“复仇”最后变成了“大出丧”。而群众（我们还记得鲁迅说他们“永远是戏剧的看客”）则把这“大出丧”变成“狂欢节”：“城里的人民，远处的人民”都一起“奔来”，“天一亮，道上已经挤满了男男女女”，名说“瞻仰”，实为看“热闹”。当“三个头”装在灵车里，在万头攒动中招摇过市时，复仇的悲剧（喜剧?）就达到了顶点：当年魏连殳尚可以“在不妥帖的衣冠中，安静地躺着”，“冷笑着这可笑的死尸”；而现在，黑色人与眉间尺不但身首异处（眉间尺的骨肉早已为狼咀嚼，“血痕也顷刻舔尽”），连仅余的头颅也要与敌人的头并置，被公开展览，成为众人的谈资、笑料，连魏连殳似的自我嘲笑也不可能。

这是小说的结尾：

> 此后是王后和许多王妃的车。百姓看她们，她们也看百姓，但哭着。此后是大臣，太监，侏儒等辈，都装着哀戚的颜色。只是百姓已经不看他们，连行列也挤得乱七八糟，不成样子了。

这又是“看/被看”，这回是男人（百姓）追着看女人（王后、王妃），女人（王后、王妃）忙着看男人（百姓），全民族从上到下都演起戏来。这时候，“三个头”——复仇者与被复仇者，连同复仇本身，也就同时被遗忘和遗弃。这才真正走到了头：小说前三节复仇的神圣、崇高与诗意，此时已被消解为无，真正是“血痕也顷刻舔净”。只有“看客”仍然占据着画面：他们是唯一的、永远的胜利者。

读到这里，我突然感到窒息，心堵得难受，放下键盘，呆坐许久，说不出话来。想来鲁迅写到此处也不会轻松，对于他或许还有更深刻的意义。“复仇”也是鲁迅的一个基本命题，他在感情上无疑是倾心于复仇的：

在他看来，复仇者尽管失败，但其生命的自我牺牲要比苟活者的偷生有价值得多。但即使如此，鲁迅仍然以他犀利的怀疑的眼光，将复仇面对看客必然的失败、无效、无意义揭示给人们看：任何时候他都要正视真相，绝不自欺欺人，而决然不顾这样的正视将给人（包括自己）带来怎样的尴尬与痛苦。

鲁迅一直在紧张地思考"复仇"问题。除了《女吊》、《死》以外，还有《杂忆》（收《坟》）、《偶成》（收《南腔北调集》）等。在《野草集》的《复仇》、《复仇（其二）》里，他甚至鼓吹对看客复仇。他以"拒绝表演"来报复那些无聊的看客，并且反过来"看"看客们的无聊，"以死人的眼光"赏鉴他们的"干枯，无血的大戮"，而沉浸于复仇的"生命的飞扬的极致的大欢喜中"。

这自然是痛快淋漓的，但似乎也仍然没有解决问题，只要有新的对象，看客们也还要看下去。但鲁迅本也没有试图为人们提供完满的结局与答案。他的任务仅仅是以彻底的怀疑精神，将人的生存困境揭示给人们看。——在《铸剑》这个古老的传说里，鲁迅所要注入的时代精神与个人的生命体验，恐怕也正是这样的现代怀疑精神。

荒诞而庄严的颂歌

◎ 孙绍振

鲁迅曾说自己写《故事新编》是"只取一点因由，随意点染，铺成一篇"，"叙事有时也有一点旧书上的根据，有时却不过信口开河"。但谈到《铸剑》时却说自有出典，而且认真说明是"只给铺排，没有改动的"。也许是出自《吴越春秋》或《越绝书》。钱理群先生在《鲁迅作品十五讲》

中说，鲁迅所说的“古书”是《吴越春秋·阖闾内传》与《越绝书·越绝外传记宝剑》。二者均有《铸剑》故事。故事原来是这样的：干将莫邪为楚王铸剑，三年而成，雄雌剑各一，以雌剑献君，藏其雄者。告妻曰：“楚若知，定杀我。你若生男孩，告之为父复仇。”楚王果杀干将。妻生男，名赤鼻，母具实以告，并得剑。其时，楚王梦一人，两眉间尺，称欲报仇，下令通缉。赤鼻亡去。遇陌生人，欲代报仇。眉间尺乃将己头并剑和奉之。此人将头献楚王。以锅煮三日三夜，仍跳荡不已。楚王近察。乃以剑拟杀断王头并己头并落锅中。三头俱烂。无以分辨，乃合葬，名曰三王冢。

要研究一个文本，作者的自述当然是重要的，不能不尊重。但作者的说法往往有特殊的考虑，不一定十分符合事实，也不一定符合教学要求。鲁迅所说的“只给铺排，没有改动”，似乎并不是这样。很明显，小说的第一个部分就是原来故事里所没有的。为什么要加上这样一个帽子呢？

抓住这点不放，即抓住矛盾，是深入分析的前提。

小说里的主人公眉间尺，最后要完成的任务是需要英勇无畏的气概的。在开头这一部分里，最初出现的眉间尺是不是这样的呢？不是。

鲁迅用了不少的篇幅来表现当时的眉间尺，这个孩子胆子不大，优柔寡断，性格软弱。杀死一只老鼠对于一个后来视死如归的人物来说，本该是小菜一碟，但是，鲁迅却非常细致地描述了眉间尺犹豫的心理过程：

1. 发现老鼠落水，“很觉得畅快”，对老鼠“发生了憎恨”。

2. 看到老鼠咻咻地喘气，“忽然觉得它可怜了”。用芦柴让老鼠爬上来，看到老鼠全身湿淋淋的毛，“又觉得可恨可憎得很”，又让老鼠落水。

3. 看到老鼠奄奄一息，又觉得“很可怜”。

4. 等到老鼠复苏，似有逃走的样子，又“大吃一惊”，一脚把它踩死，但又觉得老鼠“很可怜”，“仿佛自己作了大恶似的”。

5. 他感到“非常难受”，“呆看着，站不起来”。

这么细致的描绘，意在表明眉间尺心理软弱。鲁迅借眉间尺母亲的嘴巴说他“性情不冷不热”，指出他这样的个性是不能担当复仇重任的。（“看来，你的父亲的仇是没有人报的了。”）

这就引出了父亲的故事。讲故事的目的是为了人物，为了让人物的心理发生变化。听了故事以后，眉间尺表示为了母亲所说的“大事”，他要“改过”。第一部分的最后，有两句话是很重要的：

> “你从此要改变你的优柔的性情，用这剑报仇去！”他的母亲说。
>
> “我已经改变了我的优柔的性情，要用这剑报仇去！”

在《铸剑》中，鲁迅显然要把眉间尺最后当成大无畏的义士，甚至可以说，是当作一个英雄来刻画的。但从这个开头来看，鲁迅并不认为有什么天生的勇士，大无畏的勇士也是从优柔寡断的普通孩子成长起来的。

在小说的开头，鲁迅显然是把眉间尺写成一个小人物。

而小人物在鲁迅的小说中，不管是阿Q还是闰土，不管是祥林嫂还是爱姑，大抵都是被讽喻的对象，鲁迅批判其麻木、愚昧、保守、落伍。但在这里，鲁迅却让这个本来具有小人物性情的眉间尺一下子变成了义无反顾的“大人物”。这是不是表明鲁迅在中国人的心灵中探索着另一种世界、另一种色彩呢？

当然，这种小人物转化为“大人物”，不是在现实世界中寻找得到的，而是在超越现实的神话传说和历史的环境中，在想象中塑造的。

但是，小说的第一部分却是非常写实的。从老鼠的溺水到被踩死，到以松明燃烧来说明时间，都是十分写实的。这种写实的语言，更加突出了眉间尺的现实性。

而到了第二部分，鲁迅的意图很明显，他要把眉间尺转化为英雄。这种转化，如果以写实的观念来看，是难以置信的。一个性情优柔寡断的人，怎么可能在听了一席话之后就改变了呢？而且在第一段的最后，还特别点明眉间尺第二天是“毫不改变常态，从容地去寻他不共戴天的仇雠”。这里的“毫不改变”很值得推敲。“毫不改变”，难道是一如既往地优柔吗？这里的转化显然有两个难度：第一，优柔寡断到大无畏，突如其来的心理转化，要从现实的描绘中获得可信性；第二，这种大无畏还要达到毫不改变，也就是不改变其平常小人物的风格，临危不惧，平静如常。从艺术上来说，这几乎是不可能的。

到了第二部分，鲁迅仍然用写实的笔法展开环境的描写。

1. 从城墙到小贩，特别是楚王的仪仗队经过的声势，其细节都是十分精细的。

2. 对于平民百姓，也就是没有名字的小人物，作为背景，笔墨中明显带着漫画色彩，其中含着深邃的讽刺。例如，所有在场的百姓一概都是看客的心态，麻木而愚昧。那“伸着脖子”看热闹的样子，很像是《示众》中的群众。大王仪仗队经过时百姓纷纷下跪后的效果，漫画式的笔法中更是流露出鲁迅式的尖锐：

> 这时满城都议论着国王的游山，仪仗，威严，自己得见国王的荣耀，以及俯伏得有怎么低，应该采作国民的模范等等，很像蜜蜂的排衙。

至于那个干瘪脸少年的无聊和恶劣敲诈，更是显出鲁迅式杂文笔法：

> 干瘪脸的少年还扭住了眉间尺的衣领，不肯放手，说被他压坏了贵重的丹田，必须保险，倘若不到八十岁便死掉了，就得抵命。闲人们又即刻围上来，呆看着，但谁也不开口……

从文风上看，这样的写法和第一部分有很大的不同，第一部分用的是写实的正剧的笔法，而这里却是夸张的、漫画的、喜剧的笔法。这种笔法的特点主要是，字里行间充满了显而易见的矛盾，或者说不一致、不和谐，以一种冠冕堂皇的语言，表述着极端荒谬的主张。干瘪脸少年的振振有词中，有着绝对无理的逻辑。压坏了丹田，尚可称古人的话语，但保险则是当代的事，活不到八十岁便死掉，更是不成话，就是到唐朝也是“人生七十古来稀”。鲁迅常常以荒谬的道理来揭露无理的现实，完全没有道理，但又振振有词。如果在杂文中，则是反语；而在小说中，作为人物语言则为讽刺。或者说，在这里我们感到了鲁迅小说中的杂文风格。这一点在《故事新编》中是屡见不鲜的。

这样，我们似乎可以得出一个粗浅的结论：作为小说，《铸剑》的语言有时流露出杂文的尖锐讽刺笔法。这种杂文式的讽刺笔法，比之第一部分的写实性描绘，最大的不同就是突出某种荒谬感。荒谬感就是超现实感。

从这里我们感到，鲁迅正在从写实性向着超越现实性的境界转移，从心理描写向国民性的解剖转化。但是，《铸剑》在《故事新编》中并不完全是讽刺风格的作品，其主调是带着一定的英雄气概的。在这样的背景下，出现了主要人物——黑色人。在这个人物和眉间尺关系的演进中，我们是不是发现其中的写法又发生了变化？是正剧的写法吗？

正剧的原则是写实。按写实的原则，眉间尺的作为是不可信的。

第一，昨天还是优柔寡断的，今天就变得这样果断，听了一个陌生人的话，就一点怀疑都没有，一下子就信任了他，就干净利落地把报仇的任务交给了他，特别是把宝剑和自己的头交给了他。

第二，砍了自己的头，应该流血啊，应该有血腥的描写啊，但一点都没有。

这是怎么回事？

这是另一种笔法——传说的笔法。神话、传说是超越现实的。欣赏这种写法的准则和写实的、讽喻的笔法是不一样的。如果拘泥于写实和讽喻，则不可解，也不真实。神话、传说的写法，是不讲究现实的真实，而讲究超越现实的想象。当然，这种想象不是随意的，并不是任何疯子的呓语都可能成为艺术。这里说的神话性的、传说性的想象，主要不在细节的现实的逻辑性上，而在于精神的逻辑性上，也就是只要能把对暴君的无畏和对英雄的无私表现出来，就是艺术的。

正是在这种想象的境界中，鲁迅把这两个为复仇而献身的人写得非常理想化，但又不是一般的浪漫的乐观，而是写得相当阴冷。眉间尺以为他是出于对孤儿寡母的“同情”，于是拒绝了这样的“赞扬”，他的衣着和表情都表明他外在和内在的气质都是阴鸷的。这样的英雄的内心，并非通常想象的那样，充满了慷慨献身的豪情，相反，却是充满了创伤。他说：

> 我的魂灵上是有这么多的，人我所加的伤，我已经憎恶了我自己！

这样的自我剖析，似乎并不完全是古代侠士精神，同时还具有现代早期的启蒙主义者的孤独感，带着精神的创伤。这可能表现了鲁迅对于英雄人物浪漫化、理想化的警惕。这种警惕不但在英雄本身，而且在英雄与英雄之间，他们之间虽然相互信任，但是相互并不理解。虽然并不理解，但是并不妨碍他们合作。值得注意的是，鲁迅把这种合作写得令人毛骨悚然。在眉间尺把自己的头割下来，和剑一起交给黑色人以后，这个黑色人：

> 他一手接剑，一手捏着头发，提起眉间尺的头来，对着那热的死掉的嘴唇，接吻两次，并且冷冷地尖利地笑。

鲁迅淡化了血腥，可能是为了强化这种精神的孤独。如果连为他人献出生命这样的壮举都谈不上同情，把同情的观念当成不干净的，人与人之间当然也就很难有精神的相通了。孤独感、创伤感不但在壮士之间存在，而且在壮士与环境之间也存在：

> 笑声即刻散布在杉树林中，深处随着有一群磷火似的眼光闪动，倏忽临近，听到咻咻的饿狼的喘息。第一口撕尽了眉间尺的青衣，第二口便身体全都不见了，血痕也顷刻舔尽，只微微听得咀嚼骨头的声音。

这显然是很惨烈的，在惨烈中显得分外孤独。但面对这样的惨烈和凶险，义士却丝毫没有孤独之感，相反，心情却显得异常的宁静、冷峻：

> 最先头的一匹大狼就向黑色人扑过来。他用青剑一挥，狼头便坠在地面的青苔上。别的狼们第一口撕尽了它的皮，第二口便身体全都不见了，血痕也顷刻舔尽，只微微听得咀嚼骨头的声音。

义士所处的这个世界，是连狼都没有同伴，也没有同情的。这不由得使我想起曾经影响过鲁迅的“安德烈夫式的阴冷”。也就怪不得黑色人要把他人的“同情”当作不干净的“放鬼债的资本”了。但义士仍然是可歌可泣的，因为他明明知道世界上没有人与人之间的同情和理解，但他仍然为他人的仇怨付出自己的生命。这就是说，不但不需要物质的回报，也不期求精神的回报。用黑色人的话来说，就是：

我的心里全没有你所谓的那些。我只不过要给你报仇！

这一笔显然是象征。鲁迅也许是用侠客精神来反衬中国国民的看客心态极其麻木和自私。真正的孤身奋战的武人即使没有朋友，没有志同道合者，仍然要奋然前行。《铸剑》主人公精神底蕴的全部注解，他付出生命的缘由，从主观一面来说就在这里。

但是，这种主观的缘由是不是任意的呢？也不是。因为他所复仇的对象虽然不曾残害过他或者他的家人，但全文显示这是一个十足的暴君。先是从眉间尺的父亲口中得知，“大王向来善于猜忌，又极残忍”。眉间尺的父亲，就是因为拥有盖世绝技才被残害的。小说文本中暴君的行径比比皆是。故从客观上来说，复仇精神的无畏，其社会价值，或者反对专制独裁的意蕴，就在这里。纯粹从侠义精神上去理解，也许并不太全面。

但在鲁迅当年，在当时的政治环境下，要在现实中实现复仇是不可能的。鲁迅之所以对眉间尺的传说尤其感兴趣，可能就是看中了其中幻想性的复仇。单纯地把《铸剑》当成侠义小说，可能不太全面，但一味把它当成“革命的复仇的”历史小说，则显然机械而教条。

严家炎先生认为《铸剑》是一出“荒诞又庄严的复仇正剧”，这是有一定道理的。这既是严肃的，有着鲁迅个人的人格追求，又是在荒诞的想象中展开的。其情节和环境都是在荒诞的情境中展开。最核心的就是：第一，人头杀了下来，不但没有死亡腐烂，而且仍然按着复仇的逻辑活动。如，黑色人把眉间尺的头举着给王看的时候，“那头是秀眉长眼，皓齿红唇；脸带笑容；头发蓬松，正如青烟一阵”。第二，三个人杀下来的头，就是到了油锅里，还能进行搏斗，还能唱歌。第三，等到王的头“确已断气”，复仇的两个头居然“四目相视，微微一笑，随即合上眼睛，仰面向天，沉到水底里去了”。

这种复仇的胜利，是荒谬的胜利。正因为荒谬，不是现实的胜利，才显示出精神力量的强大。这种强大只有在幻想的境界中才能表现出来，在现实境界中，则是以弱势的状况呈现出来。

正因为这是虚拟的胜利，人格和信念的胜利，孤独者的胜利，所以只能是在荒诞的境界中呈现。故荒诞的矛头，并不完全是针对暴君，同时也是指向麻木的、愚昧的看客心态的。严家炎先生对此有过精警的分析：

经过沸水中的长久撕咬，国王和黑色人、眉间尺的头颅终于尽烂，只剩下三具颅骨和一堆毛发。王后、众妃、武士、老臣、侏儒、太监们为辨寻王头，绞尽了脑汁，仍然徒劳无功……只能将三个头骨和王的身体放在金棺里落葬……至尊者终究难逃和反抗者同样埋葬的命运。小说的末尾两段以不动声色的语调描述了出殡的场面并暗加嘲讽道：

百姓都跪下去，祭桌便一列一列地在人丛中出现。几个义民很忠愤，咽着泪，怕那两个大逆不道的逆贼的魂灵，此时也和王一同享受祭礼，然而也无法可施。

此后是王后和许多王妃的车。百姓看她们，她们也看百姓，但哭着。此后是大臣，太监，侏儒等辈，都装着哀戚的颜色。只是百姓已经不看他们，连行列也挤得乱七八糟，不成样子了。

这个结尾真是鲁迅式的，充满了深长的调侃意味，既是对专制暴君的进一步的鞭笞和嘲弄，同时又包含着对宴之敖者乃至作者自身的清醒的自嘲。残害百姓的专制暴君尽管已经在一场正义的复仇行动中丧命，但百姓们依旧木然地对着暴君的棺木跪拜不已；几个“义民”更是“很忠愤，咽着泪，怕（黑色人、眉间尺）那两个大逆不道的逆贼的魂灵，此时也和王一同享受祭礼”。有了这一笔，读者才能真正懂得鲁迅为什么要说“群众，——尤其是中国的——永远是戏剧的看客”（《娜拉走后怎样》）。有了这一笔，读者才能真正理解黑色人为什么不赞成乃至反感于眉间尺称他为“义士”，才能真正理解黑色人何以要冷然、傲然地称“仗义、同情”这些“先前曾经干净过”的东西，“现在都成了放鬼债的资本”。这里划分了站立的人和跪着的奴隶、献媚的奴才的界限。

从严先生的分析，读者不难看出，鲁迅的文笔又从荒诞回复到写实和反讽。综观《铸剑》全文，从思想上看，当然是一种孤独的、坚持前行的复仇；但从艺术上来看，则是多种艺术成分的综合运用。首先是现实主义小说的笔法，表现眉间尺从优柔寡断的孩子变成复仇的壮士。其次是杂文笔法、喜剧风格，反讽小人物的麻木愚昧。再次是荒诞情节，表现精神力量的博大。从这一点看，严先生所说的“荒诞又庄严的复仇正剧”是很有道理的。但是，如此多元的艺术成分，属于不同流派、不同风格，将之融为一体，并且达到艺术和谐，是很不容易的。就《铸剑》而言，似乎尚未达到水乳交融的统一。这是因为鲁迅在作艺术风格突破的探险，一时未能达到成熟。这并不难理解，若回避其艺术上的缺陷，则是幼稚的。

鲁迅：《记念刘和珍君》

由文字到电影场景的转换

◎ 钱理群

像鲁迅这样的文学家、艺术家，在他那里，存在着两个转化过程：首先是将历史事件转化成个人心理事件，然后又将个人心理转化为文学艺术（意象、画面、色彩、声音等等）。

长期以来，我们都把文学作品，包括鲁迅的作品，看作是对历史事件的简单摹写，于是就出现了简单化、表面化的解读，在我看来是非文学的解读。就拿中学语文教材里的《记念刘和珍君》来说，多数老师都是根据教学参考书的说法，大讲鲁迅的这篇文章“反映了封建军阀的残忍，御用文人的无耻，表现了爱国青年大无畏的牺牲精神”等等。这样一说，就和新闻报道、评论没有什么区别了。我们不禁要问：这还是文学作品吗？文学之所以是文学，或者说我们之所以需要文学，就因为它关注的始终是人，是人的心灵。鲁迅写《记念刘和珍君》，并不是要记录、再现历史事实，而是要抒写“三一八”惨案对他心灵的冲击，即他的心理反应。因此，文章是围绕着面对血腥的屠杀，“说”还是“不说”的矛盾、困惑展开的：

"先生可曾为刘和珍写了一点没有?"
"没有。"
"先生还是写一点罢。"
我也早觉得有写一点东西的必要了……
可是我实在无话可说。……那里还能有什么言语?
我正有一点写东西的必要了。
我还有什么话可说呢?
沉默呵,沉默呵!不在沉默中爆发,就在沉默中灭亡。
但是,我还有要说的话。
呜呼,我说不出话……

在"说(写)"还是"不说(不写)"之间徘徊,往返起伏,构成了整篇文章内在的心理线索,也形成了"文气"的跌宕。我们读《记念刘和珍君》,就应该抓住这样跌宕起伏的"文气",其实也就是节奏,心理的节奏,文字的节奏——这篇文章,就其本质而言,是一首心灵的诗。

但作为一个有强烈艺术感的文学家,鲁迅还要把这"心灵的诗"外化为画面、色彩、声音。《记念刘和珍君》正是由许多的画面、色彩和声音组合的,全篇的文字可以转化为这样的一个个场景:

(追悼会场外)
鲁迅独自徘徊。
后景中可以看见刘和珍的灵堂。
女学生程君:"先生可曾为刘和珍君写了一点什么没有?"
鲁迅:"没有。"
程君:"先生还是写一点罢;刘和珍生前就很爱看先生的文章。"

(深夜,鲁迅的"老虎尾巴"里)
鲁迅独坐,手里拿着一支烟。
画外音:"可是我实在无话可说。我只觉得所住的并非人间。"
鲁迅凝视着烟,突然产生幻觉:四十多个青年的血,洋溢周围,将他淹没，使之艰于呼吸视听……

画外音：“真的猛士，敢于直面惨淡的人生，敢于正视淋漓的鲜血。这是怎样的哀痛者和幸福者?”

鲁迅伸手拿笔。

画外音：“忘却的救主快要降临了罢，我正有写一点东西的必要了。”

(幻景一)

刘和珍在宗帽胡同听鲁迅讲课，“微笑着，态度很温和”……

刘和珍君在读鲁迅主编的《莽原》，依然“微笑着”……

刘和珍在鲁迅和其他师长面前，“黯然至于泣下”……

(幻景二：三月十八日，“老虎尾巴”里)

鲁迅在埋头写作。

一女学生冲进门来，报告消息。

鲁迅惊愕地站起：“我不信竟会下劣凶残到这地步!”

(幻景三：执政府前)

刘和珍和她的同伴们“欣然前往”。

枪声。

刘和珍突然倒下——子弹“从背部入，斜穿心肺”。

张静淑想扶起她，“中了四弹”，“立仆”。

杨德群又想去扶起她，“也被击”，“也立仆”。

特写：刘和珍的尸骸。杨德群的尸骸。张静淑在医院呻吟。

(幻景四)

杀人者“昂起头”，“个个脸上有着血污”……

正人君子在散布流言……

饭店、茶馆里，“闲人”们起劲地将刘和珍们的牺牲作为“饭后的谈资”……

画外音："惨象，已使我目不忍视了；流言，尤使我耳不忍闻。我还有什么话可说呢？我懂得衰亡民族之所以默无声息的缘由了。沉默呵，沉默呵！不在沉默中爆发，就在沉默中灭亡。"

（重又回到鲁迅"老虎尾巴"的小屋里）

烟雾缭绕中显出鲁迅的身影。

画外音："然而既然有了血痕了，当然不觉要扩大。至少，也当浸渍了亲族，师友，爱人的心……"

（闪回）刘和珍"微笑的和蔼的旧影"。

画外音："这一回在弹雨中互相救助，虽殒身不恤的事实，则更足为中国女子的勇毅，虽遭阴谋秘计，压抑至数千年，而终于没有消亡的明证。"

（闪回）刘和珍、杨德群、张静淑在弹雨中互相救助。

特写：鲁迅手持烟卷的侧影。

画外音："苟活者在淡红的血色中，会依稀看见微茫的希望；真的猛士，将更奋然而前行。"

"呜呼，我说不出话，但以此记念刘和珍君！"

（闪回）刘和珍的灵堂，遗像逐渐拉近，她微笑着，向着我们每一个人。

其实，鲁迅的许多作品都可以做这样由文字到电影场景的转换。这说明，"电影性"是内在于鲁迅作品中的。

杂文式抒情：在曲折的逻辑中深化

◎ 孙绍振

收入鲁迅杂文集的散文，犀利的讽刺占大多数，抒情之作在比例上是比较低的。当然，收入《朝花夕拾》的文章，有相当多温暖的抒情，表现鲁迅对童年时代周围小人物的宽容甚至热爱。这样的温情除了在怀旧文章中经常出现，在杂文中却很少见。鲁迅的杂文多为社会文明的批判，以冷峻为主。然而，《记念刘和珍君》和《为了忘却的记念》在鲁迅散文中无疑是抒情的双璧，从 20 世纪 50 年代以来不断入选中学语文课本。有关的解读文章也不胜枚举，但是质量普遍较低。究其原因，诚如钱理群先生所指出的，就是过分把文章当作社会历史的反映（见本书钱理群的《从文字到电影场景的转换》）。我想与此有关，不过还有一点，就是对文本的抒情特点缺乏直接的分析。在此类解读文章中，抒情就是抒情，这还有什么可分析的！其实，真正要把《记念刘和珍君》这篇文章的特点弄清楚，非得从它抒情的特点来分析不可。关键是不要以为抒情文章都是一样的，鲁迅这篇文章的抒情有不同于其他抒情文章之处，即它的抒情是杂文式的抒情。

抒情，顾名思义，就是把感情抒发出来。在诗歌里，当时的诗坛崇尚“强烈的感情自然流泻”（这是英国浪漫主义诗人华兹华斯的主张，原文是：For all good poetry is the spontaneous overflow of powerful feelings. 故五四诗人常把感情强化、极化）。但是，在鲁迅这篇文章的开头，似乎并不把感情作强化宣泄，而是某种程度的弱化，尽可能地收敛。

鲁迅对刘和珍的死是很悲愤的，为文就是要纪念刘和珍，故思绪滔滔。但是，这篇文章的抒情不同于《朝花夕拾》。在《朝花夕拾》中，由于时间和空间的距离，就是不善的行为举止，也可成为带着诙谐的亲切回忆。而本文是针对现实的批判和赞颂，战斗性就不能不渗透到抒情性之中。但是，作为杂文，鲁迅追求的是深邃、犀利，而作为艺术，又不能径情直遂、一览无余，因此，藏匿锋芒，深化思绪于曲折的层次中，思绪在曲折的逻辑中出奇制胜地推演，就成了鲁迅杂文的一大创造。《记念刘和珍君》的抒情就这样带上了杂文式抒情的特点。

文章一开头，鲁迅明显避免直接流泻自己的感情，没把自己一腔的悲愤倾泻出来，而是尽量抑制。鲁迅不屑于浪漫主义新诗那种感情倾泻之美，而是倾向于散文的情感抑制之美，因抑制而深沉之美。当有人建议写一点东西纪念死者的时候，他并没有说“这正合我意”，而是感觉似乎没有多大意义，死者并无在天之灵，并不能因而得多少安慰，写了也“于死者毫不相干”。对死者无补，对生者该有些价值吧，然而鲁迅却说，就是对生者也“只能如此而已”。这里正面表现的似乎并不是愤怒，而是无奈、于事无补，似乎很消极的样子。这显然不是感情的全部，仅仅是感情的表层，或者说是与内在感情相反的一种外部效果，显示内部悲愤如此强烈，以至一般的抒写不足以显其志。

鲁迅反反复复抒写的感情，从性质上来说，是悲痛、悲愤、悲凉和悲哀的郁积。从表现形式来说，力避径情直遂，而是让情思在曲折中展现。这种曲折还是多重的，写得沉郁顿挫、回肠荡气。文章开头这一段只是情思的序曲，极尽欲扬先抑之能事。

其一，感情本来是十分深厚的，但是，鲁迅却不惜用近似无情的字眼来形容：“无话可说”、“沉默”。“无话可说”的原因是什么呢？是因为太黑暗、太凶残，令人难以相信，以至无从表达；又因为心情的郁闷、情感的压抑，以至无以言表。

其二，鲁迅反复强调痛苦不单纯，而是很复杂的。首先是对反动军阀政府令人难以置信的凶残，其次是对反动文人谣言的卑劣，再次是感到自己在“苟活”“偷生”。从而用自己沉重的惭愧来代替对烈士的赞颂。

其三，期待着“忘却的救主”。这是鲁迅式的反语。不正面写回忆清醒的痛苦，而写忘却的轻松。“忘却”而成为“救主”，说明不忘却将如何之痛楚。这里的“忘却”，到后来写《为了忘却的记念》时又成为立意的关键，从反面显示了回忆之痛，不堪承受其沉重。内在的悲愤越是感到深沉，表层的知觉越是追求解脱。

其四，这种悲愤情感的复杂、丰富，以极其矛盾为特点。先是写与不写，有话与无话，忘却是最轻松的了，可是又很惭愧，然而惭愧又很沉重，因为沉重而无以言说，沉默，然而沉默者又正在为文。哀痛为文是庄重的，而作为献祭却是“菲薄”的。在“忘却的救主”到来之时，为文纪念也就成为想忘却又不能忘却的理由。这样的悲愤，不但矛盾，而且在逻辑上非常曲折。这样丰富曲折的感情，如果用直接流泻的办法来表现，只能单纯地强化，只能把情感简单化。

如果孤立地看鲁迅的这篇文章，其情感特点还不够清晰的话，不妨把周作人同样纪念“三一八”惨案的文章拿来比较一下。周作人的《关于三月十八日的死者》，在立场上，和鲁迅并没有太大的分歧；在情感的抒写上，也相当节制。同样是哀悼自己学生的周作人，比之鲁迅更加回避激情，也是在散文中追求情感的节制和凝重。他一直提醒自己要“冷静”，要理性。特别值得一提的是，他感到哀悼是“无用”的，甚至说，这些烈士是“白死”。“切责段祺瑞贾德耀，期望国民军的话都已说尽，且已觉得都是无用的了，这倒使我能够把心思收束一下，认定这五十多个被害的人都是白死，交涉结果一定要比沪案坏得多……所以我可以把彻底查办这句梦话抛开……在首都大残杀的后五日，能够说这样平心静气的话了，可见我的冷静也还有一点哩。”当代读者可能会觉得周作人这里说的“白死”太无情了。但是，一来，他和鲁迅一样，是反对学生游行的，都认为游行的风险甚至牺牲的代价太大；二来，所谓“白死”还有另外一层意思，就是对和军阀政府的谈判感到绝望。正面写死者入殓，也只是看见死者的面容“很安闲而庄严地沉睡着”，“不禁觉得十分可哀”，封棺的时候，在女同学出声哭泣之中，“陡然觉得空气非常沉重，使大家呼吸有点困难”。周作人的散文以苦涩为特点，甜蜜的抒情与他的风格是绝对不相容的。一般的情感，他都要抑制，何况是激情。两个散文大师，似乎在抑制激情方面有一种默契。

但是，周作人的节制情感，有矛盾，却不及鲁迅的深沉。历来论者多以为周作人的文风“苦涩”，属于五四散文的另类风格，与鲁迅并列，不分轩轾。但是，后世的读者中，欣赏鲁迅的更多，而对周作人的文风相当隔膜，这也是不争的事实。我想其中原因，可能是他的情绪不及鲁迅丰富、矛盾和曲折。

鲁迅的丰富就在于，思绪总是处于矛盾之中，一方面是强调忘却的轻松，不忘却的沉重；另一方面又强调不忘却，正视现实的惨烈，不但是哀痛的，而且是幸福的。

> 真的猛士，敢于直面惨淡的人生，敢于正视淋漓的鲜血。这是怎样的哀痛者和幸福者？

两篇文章相比，鲁迅的文章优于周作人的，除了在于情感曲折深沉方面，还有一个重要方面，那就是“正视淋漓的鲜血”。周作人的文风苦涩，并不是偶然地回避淋漓的鲜血，而鲁迅在正视，展示了他抒情的另一个空间，那就是感情渗入叙事之中。以叙事的惨烈，隐含情感的强烈。鲁迅并不赞成游行的方式，连许广平去游行他都并不是很支持的，但血案发生后，他的感情一再抑制，虽没有身临其境，却以描绘的现场感把节制的情感释放出来：

> 自然，请愿而已，稍有人心者，谁也不会料到有这样的罗网。但竟在执政府前中弹了，从背部入，斜穿心肺，已是致命的创伤，只是没有便死。同去的张静淑君想扶起她，中了四弹，其一是手枪，立仆；同去的杨德群君又想去扶起她，也被击，弹从左肩入，穿胸偏右出，也立仆。但她还能坐起来，一个兵在她头部及胸部猛击两棍，于是死掉了。

表面上是简略的叙述，带着新闻报道的客观姿态，但是，鲁迅选择的细节是很具有雄辩性的，寥寥几个，就表现了反动军阀的野蛮凶残。“从背部入”，说明并不是向前冲击，而是后退，可见射击并不是为了保卫执政府衙门。“中了四弹”，而且是“手枪”，说明后面的三弹是近距离对已经受伤者的虐杀。特别是对施援者的射击，对尚未死亡的女性“头部及胸部猛击两棍”，终于导致死亡。这就把新闻报道的摘录变成了中国历史学家所强调的“实录”，变成了春秋笔法的“寓褒贬”，没有直接的判断，义愤尽在叙述之中。在此基础上，鲁迅开始了难得的直接抒情：

> 始终微笑的和蔼的刘和珍君确是死掉了，这是真的，有她自己的尸骸为证；沉勇而友爱的杨德群君也死掉了，有她自己的尸骸为证；只有一样沉勇而友爱的张静淑君还在医院里呻吟。当三个女子从容地转辗于文明人所发明的枪弹的攒射中的时候，这是怎样的一个惊心动魄的伟大呵！中国军人的屠戮妇婴的伟绩，八国联军的惩创学生的武功，不幸全被这几缕血痕抹杀了。
>
> 但是中外的杀人者却居然昂起头来，不知道个个脸上有着血污……。

就是在直接抒情之中，也表现出鲁迅情感的深邃。“这是真的”，“有尸骸为证”，好像是多余的，既然已经引用了，还要加上这一句，说明自己难以置信，又不能不相信。这里，不但有正面的揭露，而且有反讽，如“文明人所发明的枪弹”，“怎样的一个惊心动魄的伟大呵”，“中国军人的屠戮妇婴的伟绩”。鲁迅的深邃不但由于抒情，而且在抒情基础上提炼象征的形象：“中外的杀人者却居然昂起头来，不知道个个脸上有着血污……。”前面的细节毕竟只是细节，只是个别的场景，而到这里，就变成了普遍现实和历史的象征。所谓象征，首先是形象的总体代表。不但把前面的细节统一起来，而且把具体场景以外相关联的事象，不但是此时的，而且是异时的，不但是中国的，而且是外国的，都凝聚到这个统一的形象中——一方面是“脸上有着血污”，另一方面是自得地“昂起头来”——超越了具体的时间和空间，而显得有很强的概括力度。其次，象征不但是情感的，而且是思想的载体，是思想的升华。

从这里我们大致可以看出鲁迅情思脉络的曲折进程：（1）情感的压抑，无以言表。（2）感到自己是“苟活”“偷生”，用自己沉重的惭愧来代替对烈士的赞颂。（3）期待“忘却”成为“救主”，提示不忘却将如何之痛楚。(4)在肯定“忘却”为“救主”之时，却为文纪念，表明想忘却又不能忘却。全文的核心思想就是不能忘却。这时正面进入文章的主题。(5)不忘却就正视现实的淋漓的鲜血，这当然是哀痛的，但是更是“幸福”的。(6)转入直接抒情，然而却用了叙事的手法，悲歌与颂歌交织。(7)再转入抒情，又有反讽，把描述转化为象征。(8)最后又回归到抒情，然而抒情却变成了哲理的格言。也就是在情感脉络最后的转折，把情感与理性结合起来：

惨象，已使我目不忍视了；流言，尤使我耳不忍闻。我还有什么话可说呢？我懂得衰亡民族之所以默无声息的缘由了。

这可以说是鲁迅的直接抒情。这种正面的抒情，其中又有某种理性，那就是从中理解了民族衰亡之根源在于惨象总是被流言所掩盖，也就是麻木总是窒息了清醒。这里是感情的高涨，还不是感情的高潮。

沉默呵，沉默呵！不在沉默中爆发，就在沉默中灭亡。

这就不完全是感情了，其中包含有哲理。这里的哲理，不是一般的哲理。一般的哲理是单纯的，而这里的哲理是双重的。一方面是沉默和爆发的矛盾和转化，另一方面是爆发和灭亡的矛盾和转化。从全文来说，这里的关键词发生了重大的转化。如果说前面文章的主关键词是“沉默”的话，到这里变成了“爆发”。以“爆发”为中心，向消极一方是“沉默”、“灭亡”，向积极一方则是“灭亡”的反面。这是思想的转化，同时又是文章脉络的转折。这种转折的过程，正是全文的意脉流贯，在曲折中显深邃，在曲折中显示艺术手段的丰富。然而到了这里，转折还不是最高潮。文章的最后，还有进一步升华：

苟活者在淡红的血色中，会依稀看见微茫的希望；真的猛士，将更奋然而前行。

这显然又是抒情了。这种抒情有一点浪漫，有一点夸张，甚至有一点鼓动性。这在鲁迅的文章里可以说是凤毛麟角。但是，这种鼓动性并不像左翼文学中的标语口号那样粗暴，鲁迅的悲歌与颂歌水乳交融，在转折之后还有转折，在曲折之后还有曲折。

呜呼，我说不出话，但以此记念刘和珍君！

明明说了这么多话，却又回到文章开头，“说不出话”还要“呜呼”，这是抒情，抒发了一腔悲愤，仍然意犹未尽，无可诉说，所说出来的不过是为了纪念烈士。而文章开头说过：所写“于死者毫不相干”，就是对生者也“只能如此而已”。悲痛实在太沉重了，文章并不能减轻其万一。正是在这种多层次的曲折和转化中，在激情和理性的曲折交融中，鲁迅的情感在紧缩中张扬，时而引而不发，时而张扬蹈厉，张弛有度，游刃有余。这正是鲁迅杂文成熟的风格，可以用杜甫形容自己诗作的“沉郁顿挫”来形容他在本文中的抒情。由此可知，这样的抒情与鲁迅在《朝花夕拾》中的抒情有多么大的不同。《朝花夕拾》中的抒情是带着亲切的幽默的，而这篇文章的抒情却是冷峻讽刺的。原因可能是《朝花夕拾》中的抒情，拉开了时间和空间的距离，比较容易超越，就是对于不善的行为举止，也可能在回忆中转化为亲切的怀恋；而这里，敌对者近在眼前，也就只能是横眉冷对了。这就是鲁迅杂文式的散文具有超越时空的艺术感染力的奥秘。不从文本去分析内在情志的曲折、矛盾，单纯从社会现实方面去评价，只能看到时代背景的普遍性，而不能洞察鲁迅杂文式散文曲折深沉的美学。

萧红：《回忆鲁迅先生》

《回忆鲁迅先生》的文图并读

◎ 钱理群

萧红的《回忆鲁迅先生》诚然是零星的“琐记”，文章写得很散，由一个个看来并无联系的片段组成，也可以说是“随便谈谈”。但仔细读，却会发现还是有一个也许是无意形成的结构。大体说来，有两大块，以“1936 年 3 月里鲁迅先生生病了”一句为界，之前是散点的描写，以鲁迅这个人为中心，写他的形象、生活和精神，之后就是一个按时间顺序的叙述，写鲁迅的病与死，聚焦点又在鲁迅和许广平、鲁迅与海婴及最后的死亡。

萧红是以一个女性的敏感和细心，以一个小说家的眼光，去体察、感受和描写鲁迅的。因此，她的关注点始终在细节，以及细节背后的生命象征意义，她的描写、叙述都有极强的可观性、可感性。——这些都接近于绘画。在这个意义上，我们也可以说，她的整篇回忆，就是一幅幅鲁迅素描图、人物速写。

我正是由此得到启发：或许我们可以引入有关鲁迅的摄影作品和美术作品，在文图并读中，感受萧红眼里的鲁迅。

一、鲁迅的形象

笑　声

描写鲁迅的形象，从哪里入手？这是一个饶有兴味的问题。

萧红几乎是毫不犹豫地从她的直观感受出发，写出了她最强烈的印象："鲁迅先生的笑声是明朗的，是从心里的欢喜。"这样的记忆实在太深刻了，在写到重病中的鲁迅时，萧红再次重笔涂抹："鲁迅先生又在说玩笑话了。""鲁迅先生听了这话就笑了，笑声是明朗的。"

而这样一个笑着的鲁迅在鲁迅形象史上是别开生面的。记得周作人写过一篇《鲁迅的笑》，就是感慨有关鲁迅的摄影、美术作品中，鲁迅的形象"全是他战斗的愤怒相，有如佛教上所显现的降魔的佛像"，而少见"对于友人，特别是青年和儿童那和善的笑容"。这是确实的：我几乎翻遍了鲁迅留下的所有照片，也只找到1933年所摄的这张含笑的慈祥的鲁迅像（图1）。而萧红记忆里的这个"笑得连烟卷都拿不住了，常常是笑得咳嗽起来"的鲁迅，大概只能借助萧红的描述，在我们读者的想象中完成了。

图1　鲁迅

周作人对鲁迅的照相、画像少有笑容有一个解释：一是因为鲁迅"摄影时的矜持，显得紧张一点"，另一则是"画家不曾和他亲近过，凭了他的文字印象，得到的是战斗气氛为多，这也可以说是难怪的事"。其实，鲁迅自己也写过一篇文章，题目叫《从孩子的照相说起》，说"孩子被摆在照相机的镜头之下，表情总是在变化的，时而活泼，时而顽皮，时而驯良，时而拘谨"，选择哪一个瞬间，拍下来的是什么"相"，完全取决于照相师的眼光。我们也可以这样来看鲁迅的相片和画像：照出、画出什么"相"，其所显示的是对鲁迅的一种理解，是一种“鲁迅观”。

因此，萧红记忆中的“从心里的欢喜”的鲁迅“明朗”的“笑声”，是她对鲁迅的直觉把握：这是一个卸下了盔甲、毫无机心、拥有一颗赤子之心的真诚的人。或许这是直抵鲁迅本质、本色的。

走　路

这也是属于萧红的永恒的瞬间记忆，而且也包含了她的理解。因此，萧红的描述也是由具象到抽象：“抓起……一扣，同时……就……”寥寥几笔就画出了鲁迅行动的“轻捷”；而“仿佛不顾一切地走出”，则是一个思想的提升，赋予鲁迅的“走路”以象征的意味。

同样，这样的“走路”在文章里也出现了两次：重病中的鲁迅，病情“好了一点”，“戴起帽子来，出门就走”，“说不要不要，坚决地就走了”。一样的句式（“……就……”），一样的动作，一样的“不顾一切”，而这回却是在和死神竞走。

鲁迅一生中，就留下了这一张行走中的照片（图 2）：他正赶着去一所大学演讲，去和年轻人见面。他永远这样步履匆匆，走在我们前面。

图 2　行走中的鲁迅

眼　光

鲁迅关于女性穿衣色彩的一番议论，因为萧红的回忆而引起了许多人的兴趣。但却很少有人注意到萧红对鲁迅眼神的描述：先是“从上往下看了一眼”，说“不大漂亮”——那是一双多么苛刻的审美的眼光；然后“就在躺椅上看着我”，这才说出了那一番色彩学、美学的高论；但因为许广平的一个不当的玩笑，“他就生气了”，“他的眼皮往下一放，向我们这边看着”。

据说“鲁迅先生在北平教书时，从不发脾气，但常常好用这种眼光看人”，“一生气就用眼睛往下一掠”。萧红提示说：“这种眼光鲁迅先生在记范爱农先生的文字里曾自己述说过。”经查找，果然看到这样的描写：“眼球白多黑少，看人总像是在藐视”。在鲁迅小说里，还有这么两个人物：《孤独者》里的魏连殳和《在酒楼上》里的吕纬甫。许多学者都认为，鲁迅是把自己的某些方面投射于其中的，有意思的是，鲁迅描写的一个着力点，就是人物的眼神。这是魏连殳：“他是一个短小瘦削的人，长方脸，蓬松的头发和浓黑的须眉占了一小半，只见两眼在黑气里发光。”——这几乎是鲁迅的自画像了。而吕纬甫呢，“精神很沉静，或者却是颓唐；又浓又黑的眉毛底下的眼睛也失去了精采，但当他缓缓的四顾的时候，却对废园忽地闪出……射人的光来”。——这“黑气里”的“射人的光”，和那“白多黑少”的“藐视”的目光，都如萧红所说，“谁曾接触过这种眼光的人就会感到一个旷代的全智者的催逼”。

经四处搜寻，我也只找到这两张青年鲁迅（图 3）和晚年鲁迅的照片（图 4），或许可以让我们感受一点鲁迅眼神里的威力吧。

图 3　青年鲁迅

图 4　晚年鲁迅

吸　　烟

萧红专门写到了鲁迅的吸烟，介绍了鲁迅常备的“两种纸烟”，写到他无论是陪客，还是独自写作，都在吸烟；后面写重病中的鲁迅，就说“差不多一刻也不停地吸烟，而今几乎完全放弃了”。

讲鲁迅，是不能不讲吸烟的。许广平有一篇回忆文章，题目就是《鲁迅先生的香烟》，一开头就说：“凡是和鲁迅先生见面比较多的人，大约第一个印象就是他手里面总是有枚烟拿着，每每和客人谈笑，必定是烟雾弥漫……我头一次到他北京寓所访问之后，深刻的印象，也是他对烟的时刻不停，一支完了又一支，不大用着洋火的，那不到半寸的余烟就可以继续引火……满地狼藉着烟灰，烟尾巴。”

图5　鲁迅吸烟图

于是，就有了这幅最为传神的《鲁迅吸烟图》（图5），这是鲁迅逝世前十一天（1936年10月8日）和青年木刻家见面时所摄，是鲁迅生前留下的最后一张影像：他点着烟，倾听，交谈，是那样怡然自得……

二、鲁迅的生活

真要感谢萧红为我们提供了鲁迅一天的生活缩影。

鲁迅的生活有两部分，其中一部分从下午两三点到夜里十二点。鲁迅的生命都是属于他人的，萧红连用了六个“陪”字，既是纪实，也是象征。鲁迅自己早就说过，他一生为他人特别是为年轻人“打杂”，“耗去生命不少”，“出于自愿，在生活的路上，将血一滴滴地滴过去，以饲别人，虽自觉渐渐瘦弱，也以为快活”。①

只有十二时以后的夜，才属于鲁迅自己。鲁迅写过《夜颂》，并称自己为一个“爱夜的人”，说“爱夜的人要有听夜的耳朵和看夜的眼睛，自在暗中，看一切暗”。

因此，萧红对鲁迅夜间写作的描述，所提供的“爱夜者”、“守夜者”

---

① 鲁迅：《两地书》第二集，文七三、九五。

的鲁迅形象，是直逼鲁迅生命的。

我们的关注点，还有“怎样描述”。

先看木刻家赵延年的这幅《鲁迅夜间写作图》（图6）。他显然受到了萧红这篇回忆文章的启发，但他是正面构图，在煤油灯的光照下，鲁迅凝神疾书，身后是浓重的夜色，形成鲜明的黑白对比。而萧红的描述重心，却在鲁迅的背影：“先生的背影是灰黑色的，仍旧坐在那里”。也是寥寥一笔，却重在写意，因而让我们肃然、悚然而深思。

为了使这意境更为深远，萧红又着意渲染了鲁迅睡下以后的情景：

图6　鲁迅夜间写作图

> 鲁迅先生刚一睡下，太阳就高起来了。太阳照着隔院子的人家，明亮亮的；照着鲁迅先生花园的夹竹桃，明亮亮的。
>
> 鲁迅先生的书桌整整齐齐的，写好的文章压在书下边，毛笔在烧瓷的小龟背上站着。
>
> 一双拖鞋停在床下，鲁迅先生在枕头上边睡着了。

这是典型的萧红文笔。人们很自然地要联想起萧红在《呼兰河传》里的那段著名描写：“太阳在园子里是特大的，天空是特别高的，太阳光芒四射，亮得使人睁不开眼睛……凡是在太阳下的，都是健康的，漂亮的……”可以说，正是对太阳的特殊情感与感受，使得萧红的文字也有一股“阳光味”：明亮、单纯、透剔，具有不加修饰的本色美。现在，她把这样的“太阳”和“阳光味”引来描述鲁迅，不仅和前面的“夜色”与“背影”形成色彩的对照，而且驱散了夜的凝重，显出生命的亮色：萧红用她的生命感受将鲁迅的生活诗意化了。

最后一组电影蒙太奇镜头，更是余味无穷。其中的用词也颇耐寻味：毛笔“站着”，拖鞋也是“停”在床下，是否暗示着它们的主人只是暂时“打一个盹”，翻个身醒了，就又会“抓起帽子来往头上一扣，同时左腿就伸出去”，继续行走？

三、鲁迅的精神

萧红所记叙的鲁迅讲“踢鬼的故事”，人们也都熟悉了，其中的意思也是显豁的：不怕鬼，不被人扮演的“鬼”欺骗，“鬼也是怕踢的，踢他一脚就立刻变成人了”，踢，是为了给“他一个做人的机会”。我们甚至可以说，鲁迅一生的写作，就是“打鬼”：外在的黑暗的“鬼”，以及人们心中的“鬼”，目的是让我们“做人”，也就是“立人”。

我们还注意到，这样的“踢鬼的故事”，鲁迅不仅对萧红说过，在逝世前两天，也就是 1936 年 10 月 17 日，他特意来到日本友人鹿地亘夫妇在上海的寓所，送去了他刚发表的《女吊》一文，并在闲谈中再次谈到了这个“踢鬼的故事”。① 那么，在鲁迅生命的最后历程里，“鬼”的记忆占据了一个重要地位——这本身就很有意味。

而且，这最后的交谈还提醒我们，鲁迅与“鬼”的关系，或者说鲁迅有关“鬼”的记忆，不只是“踢鬼”，还有更丰富的内容。这就是鲁迅在 1926 年和 1936 年所写的《无常》和《女吊》中所描写的民间戏剧中的“鬼”，无论是“鬼而人，理而情，可怖而可爱的无常”，还是“带复仇性的，比别的一切鬼魂更美，更强的”女吊，其实都蕴含着民间伦理、民间想象与民间智慧，也就是说，鲁迅有关“鬼”的记忆是和他的民间记忆、童年记忆胶合为一体的，鲁迅最后将自己的生命回归于此，当然是意味深长

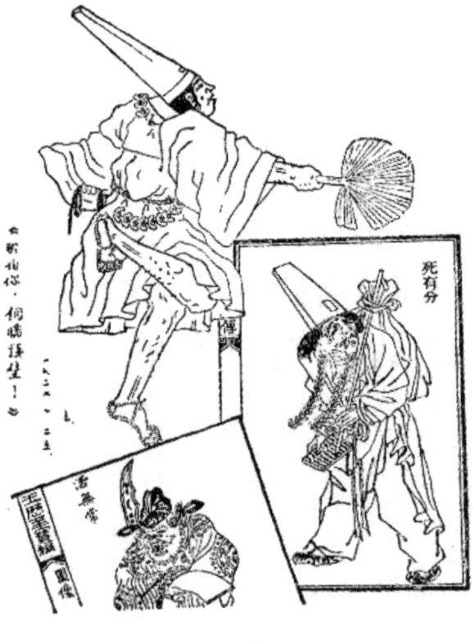

图 7　无常图

① 池田幸子：《最后一天的鲁迅》。

的。——不过，这都已经是题外话。[①] 我们还是来欣赏鲁迅自己手绘的《无常图》（图 7）吧。

四、鲁迅与海婴

在萧红关于“鲁迅的病与死”的回忆里，海婴占据了一个特别的位置，这是自然的。

我们先来看这幅《父子图》（图 8）。请注意下面鲁迅的题字：“海婴与鲁迅，一岁与五十”。这不仅有中国民间所说的“五十得子”的喜悦，更隐含着一种生命意识。我们也因此想起鲁迅《答客诮》中的诗句：“无情未必真豪杰，怜子如何不丈夫。知否兴风狂啸者，回眸时看小於菟。”

图 8　父子图

萧红的回忆，正是充满了这样的生命意识。如果说，“鱼丸子的故事”表现了鲁迅对幼小生命的理解与尊重，反对成年人“不加查看就抹杀”的平等意识，那么，海婴出现在鲁迅病重、一个生命即将结束的沉重中，就显示了另一种生命状态。他全然感觉不到这样的沉重，而是把爸爸的药瓶当作玩具，并且“骄傲地呼叫”：“这是爸爸打药针的药瓶，你们有吗？”

或许旁边的成年人会因此感到辛酸：孩子的天真反衬出鲁迅死的残酷。但萧红的着眼点却在强调：这是另一个光亮的生命。于是，“太阳”的意象再度出现：“向着阳光照是金色的，平放着是咖啡色的。”这阴沉中的鲜亮多彩，正暗示着一个生命即将结束，另一个新的生命就已经成长起来，这生命的生生不息，是令人感动的。

① 钱理群：《鲁迅笔下的两个鬼》，见《鲁迅作品十五讲》，北京大学出版社 2004 年版。

因此，海婴“明朝会”的连串呼唤，和鲁迅伴随着咳嗽的勉力回答，自然是具有象征性的：这父与子生命的呼叫与回应，是具有震撼力的。[①]

五、鲁迅与许广平

这是鲁迅五十岁生辰时拍的“全家照”（图 9）：海婴、许广平和鲁迅。儿子是幼稚的，母亲是满足的，而父亲是平和的。

这家庭的宁静祥和来之不易。正是许广平给鲁迅带来了他一生难得的安居生活。鲁迅因此在《赠许广平》诗中云：“十年携手共艰危，以沫相濡亦可哀。”

图 9　全家照

而鲁迅的病重，千斤重担就压在许广平的肩上。作为一个女性，萧红自然深知其苦，因而有了许多细致的观察与描述。

但我们现在在教材里读到的部分，却是经过删节的。主要凸显了两个部分，一是许广平精心为鲁迅挑选饮食：“用筷子来回地翻着饭桌上菜碗里的东西，菜拣嫩的，不要茎，只要叶，鱼肉之类，拣烧得软的，没有骨头没有刺的。”无论是当事人的许广平，还是作为观察者、描述者的萧红，都如此细心、精心，这无言的关切，是令人感动的。萧红说，这里“存着无限的期望，无限的要求”，并凝结着“比祈祷更虔诚的目光”——这既是在写许广平，也是在抒写着萧红自己。

但鲁迅似乎已经无力承受，饭菜“原样一动也没有动又端下来了”。下面还有一段描写，可惜被编者删去了：“这时候许先生的眉头微微的皱

① 钱理群：《作为人之子与人之父的鲁迅》，见《鲁迅九讲》，福建教育出版社 2007 年版。

了一点。旁边若有什么朋友许先生就说：‘周先生的热度高，什么也吃不落，连茶也不愿吃，人很苦，很吃力。’”这是一个很细心的心理观察：眉头微皱，以及“人很苦，很吃力”的话，都隐含了许广平内心的焦虑、不安，她的心其实是更苦的。

教材里凸显的另一个部分是，最后诊断鲁迅肺病已经到了后期以后，“许先生哭了”。下面紧接着“鲁迅先生在无欲望状态中……”这一段，还有一大段描写，也被删去了，这似有不妥。现在补录如下：

天气热起来了，客厅里的门窗都打开着，阳光跳跃在门外的花园里。麻雀来了停在夹竹桃上叫了两三声就又飞去，院子里的小孩子们唧唧喳喳的玩耍着，风吹进来好像带着热气，扑到人的身上，天气从刚刚发芽的春天，变为夏天了。

楼上老中医和鲁迅先生谈话的声音隐约可以听到。

楼下又来了客人。来的人总要问：

“周先生好一点吗？”

许先生照常说：“还是那样子。”

但今天说了眼泪就又流了满脸。一边拿起杯子来给客人倒茶，一边用左手拿着手帕按着鼻子。

客人问：

“周先生又不大好吗？”

许先生说：

“没有的，是我心窄。”

过了一会，鲁迅先生要找什么东西，喊许先生上楼去，许先生连忙搽着眼睛，想说她不上楼的，但左右看了一眼，没有人能替代了她，于是带着她那团没有缠完的毛线球上楼去了。

楼上坐着老医生，还有两位探望鲁迅先生的客人，许先生一看了他们就自己低了头不好意思地笑了，她不敢到鲁迅先生的面前去，背转着身问鲁迅先生要什么呢，而后又是慌忙的把毛线搂挂在手上缠了起来。

一直到送老医生下楼，许先生都是把背向着鲁迅先生而站着的。

在鲁迅病危时，插入“阳光跳跃在门外的花园里”的描写，看似闲笔，却依然是萧红所要强调和注入的生命的亮色，自不可忽视。而对许广平竭力在客人尤其在鲁迅面前掩饰自己内心痛苦的细致描述，“缠绕的毛线团”这一细节的一再出现，都大大深化了对许广平情感世界的开掘，具有极其感人的力量。

六、最后的形象

在萧红的记忆里，鲁迅最后的形象，是和他病中“放在床边上不断看着的”一幅苏联画家的木刻画融为一体的：

> 一个穿大长裙子飞散着头发的女人在大风里边跑，在她旁边的地面上还有小小的红玫瑰花的花朵。

现在，我找到了这幅画的复印件（图10）。或许会感到些许的失望，因为画本身似乎没有萧红的描述那么吸引人。这恰恰说明萧红是用自己的心去看画的——鲁迅也一样。因此，我们也一样要用自己的想象去完成这幅画：“……长裙子……飞散着头发……风……奔跑……小小的红玫瑰花……”这些都是美的象征、爱的象征、健全的活的生命的象征，都是鲁迅生命最深处、最令他怀念的东西。他在生命的最后时刻，“不断看着”，是在寻找一条心灵的回归之路。

图10　苏联画家毕珂夫木刻作品

七、"他休息了"

"天将发白时，鲁迅先生就像他平日一样，工作完了，他休息了。"文章以对前文的呼应结束，极其简洁，似乎也极其平静，但我们却感受到了简洁中的丰富，平静里的沉重。

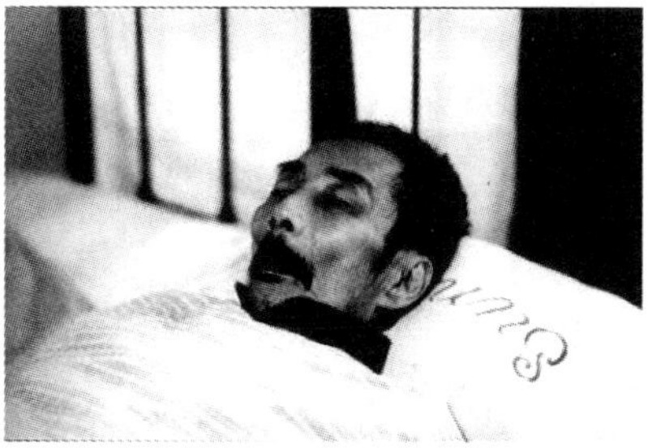

图 11 鲁迅遗容

我们也看到了他最后的遗容（图 11）。我们真正被震撼了：鲁迅就是以这样瘦削的身躯，为我们民族，也为我们每一个人，"掮住了黑暗的闸门"。

现在，"他休息了"。

我们怎么办？

精神光彩在琐事中闪烁

◎ 孙绍振

这篇文章的写法有些特别，似乎随意写来，全文好比是流水账，犯了写文章的大忌。但是在回忆鲁迅的文章中，这篇文章又属经典之作。原因可能有以下两点。

第一，鲁迅是伟大的公众人物，一般的读者只能通过他的作品了解他，这种了解是不全面的。他的日常琐事，尤其是萧红所记鲁迅最后的日子的一切，对于了解鲁迅这个人有相当重要的意义。从这里，可以看到他作品里没有的东西，一切细节都有某种文献价值。故本文的写法很特殊，似乎不追求篇章结构，信笔所至，事无巨细，散散写来，不求中心突出，亦不讲究剪裁，无统贯之事，有散漫之嫌。

第二，从文章的内涵来看，似乎又并不散漫。全文集中写鲁迅忘我工作，牺牲休息，疏于保健，积劳成疾，生命不息，战斗不止，克己待人、待客、待亲。鲁迅先生大事严谨不苟，琐事亲切和蔼，谈鬼神幽默风趣，说化妆竟愤然作色。伟大人物，化为活生生的存在，伟大的思想家不再是抽象的遥远的偶像，而是有血有肉的、有自己的感觉和情绪的人。从这个意义上来说，这篇文章并不琐碎，借用一句老套的话来说就是，形虽散而神不散。这属于"琐记"一类，并非萧红独创，鲁迅自己也写过这样的文章，如《病中琐记》。妙在散中见奇特，奇特中见平淡，无雕琢之痕，有自然之趣。当然，并不是每一个人物、事物都可以用这样的风格来"琐记"一番，没有一定的重要性的人物，滥用这种琐记的办法，可能真的会成为流水账。而且这种风格的分寸比较难把握，稍有不慎，可能造成散乱芜杂。

归纳起来，本文大体从以下几个方面表现了鲁迅的为人。

第一，正面之笔。比较重要的有下面这几点。

1. 对于萧红火红的上衣，发表了那么认真的见解。这里有个背景不可忽略。当年的革命者以天下为己任，一般是羞于讲究生活享受的，尤其像鲁迅这样把生命奉献给民族解放的伟大事业的人物，在通常人的理解中，应该是不修边幅、不拘小节的。但是，他居然对女性的衣着有那么系统的见解，而且不是一般的、即兴的看法，而是很认真的，连许广平不理解，他都要"生气"的。这里，一方面表现他的生活情趣似稍微过于偏执，另一方面又表明这种生活情趣不是一般的趣味，而是有美学理论基础的。就连这样的生活小节也有思想家的特色。这一方面，写得比较有趣。

2. 鲁迅把白天大量的时间用来陪客人，便只能彻夜工作。这一方面很动人，简直可以说，令人震撼。作者除了用白描的手法描述鲁迅的生活状况以外，还刻意把描述转化为反衬：

> 全楼都寂静下去，窗外也是一点声音没有了，鲁迅先生站起来，坐到书桌边，在那绿色的台灯下开始写文章了。
>
> 许先生说鸡鸣的时候，鲁迅先生还是坐着，街上的汽车嘟嘟的叫

起来了，鲁迅先生还是坐着。

有时许先生醒了，看着玻璃窗白萨萨的了，灯光也不显得怎样亮了，鲁迅先生的背影不像夜里那样黑大了。

鲁迅先生的背影是灰黑色的，仍旧坐在那里。

大家都起来了，鲁迅先生才睡下。

这些基本上还是描写，用了些反衬的手法，如以汽车的有声衬托夜晚的宁静，以窗户和灯泡的光衬托鲁迅的身姿。这里强调突出了鲁迅背影的颜色是黑的，反复强调黑，是不是为了突出一种在黑暗中沉稳的感觉呢？

接下去，又是一系列的反衬。首先是人们的动衬托鲁迅的安睡，特别是保姆嘱咐海婴“轻一点走”。其次是明亮的太阳照着夹竹桃。与此成为反衬的是：

鲁迅先生的书桌整整齐齐的，写好的文章压在书下边，毛笔在烧瓷的小龟背上站着。

一双拖鞋停在床下，鲁迅先生在枕头上边睡着了。

为什么要用这么多笔墨来衬托鲁迅的安静呢？除了强调他忘我的奋斗以外，是不是还有某种象征的意味呢？这要联系到文章是鲁迅逝世以后写的，有悼念的意思。文中的“黑夜”、“白日”、“睡着了”等等，应该具有双重内涵。一方面是字面上的意义，一方面是隐含的意义。正是因为有悼念的潜在内涵，所以作者才充分强调鲁迅安睡的静态和笔、纸、拖鞋所暗示的为文的动态的反衬。这样白描式的文字，具有震撼的力量，怀念之深全在其中。

3. 在如此严肃的段落之后，萧红来了一段鲁迅谈鬼的故事，则又是另一种趣味，似乎与情趣有一点小小的区别。鲁迅说：

鬼也是怕踢的，踢他一脚就立刻变成人了。

这表明鲁迅虽然面临着死亡，生活情趣却依然很活跃，对于可能造成迷信的事，不用科学的眼光看待，而是用幽默的眼光评述。萧红想：

> 倘若是鬼常常让鲁迅先生踢踢倒是好的，因为给了他一个做人的机会。

这都是将错就错（或者将谬就谬）的说法，明知其荒谬，却把荒谬推向极端，造成诙谐的趣味，或者说是幽默感。这种谐趣和前面的情趣结合起来，文章的趣味就丰富了。

4. 文章写到病中的鲁迅和海婴的关系也是相当动人的，特别是鲁迅病重，海婴无知，反以父亲多种多样的药瓶骄人。这里完全是平静的叙述，悲剧色彩溢于言表，但其中没有一个“悲”字。而鲁迅病笃，不能回答海婴的问候，海婴坚持：

> 他的保姆在前边往楼上拖他，说是爸爸睡了，不要喊了。可是他怎么能够听呢，仍旧喊。
>
> 这时鲁迅先生说“明朝会”，还没有说出来喉咙里边就像有东西在那里堵塞着，声音无论如何放不大。到后来，鲁迅先生挣扎着把头抬起来才很大声的说出：
>
> “明朝会，明朝会。”
>
> 说完了就咳嗽起来。
>
> 许先生被惊动得从楼下跑来了，不住地训斥着海婴。
>
> 海婴一边笑着一边上楼去了，嘴里唠叨着：
>
> “爸爸是个聋人哪！”
>
> 鲁迅先生没有听到海婴的话，还在那里咳嗽着。

这可能是文章中最动人的片段了。之所以动人，就是因为鲁迅以超病理的语言回答孩子的问候，孩子却对父亲的病情毫无感觉，而且还“笑着”说“爸爸是个聋人哪”。从这里可以看出，鲁迅不仅是一个伟大的人物，还是一个普通的父亲。他的精神是丰富的，并不是只有伟大的思想。这不禁令人想起他的著名诗句：

无情未必真豪杰，怜子如何不丈夫。

知否兴风狂啸者，回眸时看小於菟。

第二，侧面之笔。其实，有关海婴的这些描写，已经不仅仅是直接表现鲁迅的笔墨，而且也是间接的描述。侧面的、间接的表现，涉及的面比较大，主要是许广平的外部表现和内在感受。例如，她在鲁迅病危时，“心里存着无限的期望，无限的要求，用了比祈祷更虔诚的目光”面对鲁迅。她“很镇静，没有紊乱的神色”，虽然也曾“当着人哭过一次”。最深邃的是，许广平对鲁迅精神的评价：

周先生的做人，真是我们学不了的，哪怕一点点小事。

这些间接的轻描淡写，同时有很重的思想含量，可以说是画龙点睛之笔，以鲜明和警策见长。和鲜明警策相对的，是含意隽永的笔墨。文章最后，作者强调，鲁迅临终前不断地看着一幅画：

……小得和纸烟包里抽出来的那画片差不多。那上边画着一个穿大长裙子飞散着头发的女人在大风里边跑，在她旁边的地面上还有小小的红玫瑰花的花朵。

记得是一张苏联某画家着色的木刻。

鲁迅先生有很多画，为什么只选了这张放在枕边？

许先生告诉我的，她也不知道鲁迅先生为什么常常看这小画。

这明显是一幅生命赞美图，女人和飞散的头发，再加上小红花，完全是鲜活的生命。其中的意义，想来以萧红的智商和艺术修养，是不难猜度一二的，但是她却花了这么多篇幅来留下一个疑问，而且还把许广平拉来作证，其用心也许是，与其把文章做尽，什么都告诉读者，不如把不难索解的答案留给读者去掩卷沉吟。一般文章到了最后，往往会把主题说得更为明显（“卒章显志”），或者提升到一个新的高度，而这里却留下了空白，显得运思从容，游刃有余。

朱自清：《荷塘月色》

超出平常的自己和伦理的自由

◎ 孙绍振

一、伦理的“自由”还是政治的自由？

过去很长一段时间，一讲到《荷塘月色》，就只有一种主流的思路，即社会学的政治功利价值——该文写于1927年7月，正好是“四一二”大屠杀之后，朱自清的苦闷，肯定反映了当时既不能投靠国民党又不能奔向井冈山的小资产阶级知识分子的彷徨。赖瑞云先生在他的专著《混沌阅读》中说，对《荷塘月色》，在20世纪90年代以前，有六种解读，其中四种说法都把朱自清在文章中表现出来的不宁静，直接和当时的政治现实联系起来：对当时白色恐怖的严酷现实不满，表现孤独的苦闷彷徨，寻求在一个清冷幽静的环境中解脱而又不能。90年代以后，看法没有多大改变，只是论述的时候，引用了朱自清当时的《那里走》和《一封信》①，还有朱自清夫人的回忆，旨在说明朱先生当时也知道“只有参加革命或者反革

① 《清华周刊·清华文艺副刊》第2期，1927年10月14日。

命，才能解决自己的惶惶然”。但他“只是在行为上主张一种日常生活的中和主义”，“妻子儿女一大家，都指着我活”，“还是别提超然为好”。可又不安心于超然，证据就是《一封信》中经常被人引用的这句话：“最终的选择还是‘暂时逃避’。”当然，这种逃避是不轻松的：“这几天似乎有些异样。像一叶扁舟在无边的大海上，像一个猎人在无尽的森林里……是一团乱麻，也可以说是一团火。似乎挣扎着，要明白些什么，但似乎什么也没有明白。”钱理群先生在1993年第11期《语文学习》上作了更为细致的阐释：朱自清被南方“四一二”大屠杀弄得目瞪口呆，深感性格与时代的矛盾，既反感于国民党，又对共产党心存疑惧，产生了不知“那里走”的“惶惶然”，认为一切政治暴力都“毁掉了我们最好的东西——文化”。作为五四启蒙知识分子，朱自清有一种负罪感。钱理群先生认为《荷塘月色》中宁静的境界恰是作者“精神的避难所”。

上述种种说法，说来说去，从价值观念来说，都仍然是一元的——社会功利的价值范畴，按照多元价值的原则，似乎还有另辟蹊径的空间。从理论上说，至少有两点值得深究。第一，光用小资产阶级知识分子普遍性的苦闷作为大前提，并不能揭示出朱自清的个性来。因为普遍性的内涵小于特殊性，正如水果的内涵小于苹果一样。反过来说，特殊性的内涵大于普遍性，正等于吃了苹果就知道水果是怎么一回事，而如果光知道普遍性的（水果）定义，却仍然不知道苹果的味道。第二，就算知道了朱自清的一般个性，也不足以彻底分析《荷塘月色》的特点。因为个性和瞬息万变的心情并不是一回事。个性是多方面的，有其矛盾的各个侧面；个性又是立体的，有其深层次和浅层次。一时的心情充其量只是个性的一个侧面，矛盾的一个方面，心理的某一个层次。《荷塘月色》写的是作者离开家、妻子、孩子短暂时间之后的心情。人的心情是不断变化的，在不同的时间、地点和条件下，是千变万化的。而文章的要害是这个时间段的心情在特定空间的特殊表现，而不是他在任何时间、任何地点、任何条件下都比较稳定的个性。在《荷塘月色》中，作者明明说了：有两个自我，一个是“平常的自己”，一个是“超出了平常的自己”。而文章写的恰恰是“超出了平常的自己”。不管是20世纪80年代的教学参考书，还是权威的分析，都局限于“平常的自己”，而文章的生命恰恰在于“超出了平常的自己”。

文章一开头就说“这几天心里颇不宁静”，如果是指“四一二”大屠杀以后的政治苦闷，则从四月到写作时间，有三个月，应该说“这几个月心里颇不宁静”。政治形势，对于所有小资产阶级知识分子来说是同样的，朱自清的特点在哪里呢？还有，人的心灵是很丰富的，政治苦闷只是一个方面，如果断定在所有的文章中都要作同样的表达，那又如何解释根本不涉及政治情怀的《背影》呢？一些和政治没有直接关系的个人的、家庭的矛盾，就不能在文章中有所表现吗？如果表达得好，有深度，也没有任何审美价值吗？

从思想方法上来说，什么叫做分析？分析就是把本来似乎是统一的东西将其深层的内在矛盾揭示出来，分析的对象就是矛盾。满足于把政治社会的形势和作者心灵之间的统一作为最终目标，这并没有涉及矛盾，而是停留在表现对象和文学作品的统一性上，只限于在表面现象上滑行。说了一大车子话，连矛盾的皮都没有沾边，谈何分析呢？从操作方法上说，不应该只是追求作品与现实的一致，而是相反，要从作品与现实的矛盾、不统一的方面入手。这本来是辩证法的题中之意，但是，要将之落实到具体的文本上来，却不是很容易的，没有一定的智慧是不行的。恩格斯说过，就是在一个事例上作历史唯物主义的阐释也是很艰难的。

《名作欣赏》2003 年第 4 期姚敏勇先生的文章《荷塘——一代知识分子的“桃花源”》，我以为是这几年研究《荷塘月色》的突破之作。姚先生提出，朱自清所写的荷塘不是平常的荷塘，而是一个虚拟的、理想的荷塘。这在思想方法上已经摆脱了机械反映论的俗套，在方法论上，也比较坚决地运用了辩证法，着眼于内在的和外部的矛盾，而不是拘泥于作品和表现对象的一致。其条分缕析的细致足以代表这几年广大中学教师在整体素质上的提高。但遗憾的是，姚先生没有把他的辩证法贯彻到底，没有把矛盾分析深入到作者的主体精神世界中去，因而只看到平常的荷塘和朱先生笔下的荷塘的矛盾，而忽略了朱先生“平常的自己”和“超出了平常的自己”的矛盾。

《荷塘月色》一开头就说，夜深了，人静了，想起日日经过的荷塘，“总该另有一番样子吧”。许多同仁把这句忽略过去，觉得这句很平淡，没有什么可讲的。但是，这句话挺重要。因为这里有矛盾可分析。平时的荷塘是一个样子，并不值得写，而今天“另有一番样子”，才值得写。抓住这一句，不仅有利于分析文章，而且便于从中分析出为文之道。要写一处风景，一般的情况是不值得写的，只有与平常不同的样子才值得写。平时的荷塘边是一条小煤屑路，路边的树也不知名。“白天也少人走，夜晚有点寂寞”，一点诗意也没有。值得写一写的是，“今晚却很好”，一个人来到这里，好像来到“另一世界里”，作者也好像“超出了平常的自己”。许多同仁读到这里，又滑过去了。要知道，这里的矛盾更明显了，是双重的。从客观世界来说，本来清华园就是一个世界，哪来“另一世界”？这个矛盾（两个世界）不能放过，另外一个矛盾更不能放过。那就是“平常的自己”和“超出了平常的自己”。“平常的自己”是什么样子呢？文章中说了，“爱热闹，也爱冷静；爱群居，也爱独处”，而现在却只爱“独处的妙处”。

为什么一些语文教师在课堂上没有东西可讲呢？因为没有抓住矛盾，无法往深刻的内涵突进，就只好从表面到表面，在字、词、句、段、篇上折腾了。而抓住了矛盾，就可以分析到深层去。朱先生说，“一个人”“背着手踱着”，“什么都可以想，什么都可以不想”，“白天里一定要做的事，一定要说的话，现在都可不理”，“便觉是个自由的人”。因为觉得“自由”，便感到一种“独处的妙处”，妙在何处呢？妙在“什么都可以想，什么都可以不想”。我以为这两句话非常重要。为什么重要？因为这是后面的矛盾的线索。平时并不怎么起眼的荷塘，此时此刻变得美好起来。所以，这一段的最后一句话是：“我且受用这无边的荷香月色好了”。要真正在艺术上读懂经典文本，并不是很容易的。20 世纪 70 年代，余光中先生在《论朱自清的散文》中发表过一点非常有意思的议论，说朱自清很奇怪，晚上一个人出去居然不带太太。[①] 余先生明显没有读懂“自由”这两个字。人家要写的就是离开了太太和孩子的一种特殊的、自由的心情，这种心情和跟太太在一起是不一样的。正因为不一样，“独处的妙处”才值得写一下。

---

① 《余光中散文选集》第 3 辑，时代文艺出版社 1997 年版。

发现了矛盾的深层是“自由”，就有可能深入分析了，就不用在什么段落大意上纠缠不清了。

由于摆脱了白天的烦闷，心情变得解放了，平淡的荷塘就显得有诗意了。

以下两三段朱自清就用非常浓重的笔法来写荷塘之美，一连用了十几个比喻（余光中先生统计过一共是14个比喻）。风是轻轻的，花香是微微的，云是薄薄的，雾是淡淡的，光是朦胧的，所有的意象不但在性质上是相当的，而且在程度上是相近的。尤其是形容花香的那一句，“微风过处”，“仿佛远处高楼上渺茫的歌声似的”。还有形容月光的那句，“光与影有着和谐的旋律，如梵婀玲上奏着的名曲”。关于这两个比喻为什么最好，由于钱锺书先生20世纪60年代初的《论通感》影响巨大，大家都以通感来阐释，应该说是比较贴切的。但是，事物的不平衡是绝对的，14个比喻，不可能全是很精彩的，如把荷花说成是“如碧天里的星星”、“刚出浴的美人”，荷叶如“亭亭的舞女的裙”之类，孤立起来看，比较平庸。余光中先生在批评朱自清的文章中说：比喻都不高明，那么多明喻，不好。这是因为余光中先生从美国新批评出发，认定明喻不如暗喻。但是，他又认为，这14个比喻中，最好的是形容月光从“高处丛生的灌木，落下参差斑驳的黑影，峭楞楞如鬼一般”。显然，这是个明喻，余光中先生有点自相矛盾了。其实，把比喻分别加以研究，是一种方法，但这种方法并不十分完善，因为就文章而言，首先应看整体效果，一般不宜拆开来分析。局部是整体的一个有机部分，整体功能大于局部各要素之和。整体效果好了，就能构成一种互相渗透的和谐，没有什么地方的语言在程度上或者在性质上是互相冲突、互相抵消的；也就是朱自清自己在文章中所说的“恰到好处”。哪怕局部比较差，由于互相支持、互相补充、互相渗透，总体上也能比较完善。这篇文章属于抒情散文，所动人者，情绪也，情绪、感觉和语言达到和谐统一，给人的印象就比较强烈。但是，在阐释这一段文章的时候，几乎没有一个论者涉及这一番风景描写的风格问题。余光中先生对此评价不高，因为他认为，朱先生所用比喻都是“女性拟人格”。殊不知，也有人认为所有这一切都是一种女性的暗喻，或者是借喻——“那些关涉女性的爱欲形象却可能是真正的本体”[1]。这个问题是很值得思考的。但是，这些评价似乎并不到位，因为都离开了自由和独处的自我欣赏之妙。文章中外在的美好都是为了表现内在的、自由的、无声的、一个人静静的、不受干扰的甚至孤独的情怀。从心理上来说，外部的寂静和内部的安宁达到了和谐，也就是“恰到好处”，而这就使散文构成了诗化的意境。这种诗化的宁静的境界，是自由的，因而是美好的。

问题在于：这种自由是什么性质呢？通常，自由是属于政治范畴的，是相对于专制而言的。但是，自由并不只有这样一种含义，自由还属于哲学的、伦理的、实用的范畴。哲学的自由是相对于必然而言的，从斯宾诺莎开始就有了“自由是对于必然的认识”的命题。朱自清在这里追求的并不是哲学上的自由，这种内涵可以排除。实用的自由是相对于纪律而言的，例如一个学生老是上课迟到，你可以批评他自由散漫，这个自由，与政治不搭界，和朱自清先生的心情也没有什么关系。伦理学上的自由是相对于责任而言的，作为父亲、儿子、教师、丈夫的朱自清，因为肩负着重重责任，“妻子儿女一大家，都指着我活”[2]，因而是不太自由的。把这几种自由的范畴拿来比较一下，哪一种更符合文章实际呢？我倾向于，文章强调的是离开了妻子和孩子时获得了一种心灵的解脱。这一点下面还要仔细地分析。

二、为什么对蝉声和蛙声充耳不闻，却想到了“风流的季节”？

文章接下来有几句话几乎被所有的教师和研究者忽略了：“这时候最热闹的，要数树上的蝉声与水里的蛙声；但热闹是他们的，我什么也没有。”

① 高远东：《〈荷塘月色〉：一个精神分析的文本》，载《中国现代文学研究丛书》，2001年第1期。

② 朱自清：《那里走》。

这不是又有矛盾了吗？朱自清用最明确的语言告诉我们：原来清华园的一角，并不是如文章中所写的那样宁静，那样幽僻，还有喧闹的一面。朱先生不过是选择了幽僻的一面，排斥了喧闹的一面。因为幽僻的一面和他的内心相通，所以他用相当华丽的语言、排比的句法，营造了一种宁静的诗意的境界。这种诗意来自一种“独处的妙处”——“便觉是个自由的人”。这种“自由”的性质是什么呢？批评朱自清夜游不带太太，看似笑话，但是，也有启发性。他离开了太太（和儿子）享受着宁静，连蝉声和蛙声都听不到，可是接下来，却引用了梁元帝的诗《采莲赋》，他内心想到南朝宫廷男女嬉戏的场面上去了。还说“那是一个热闹的季节，也是一个风流的季节”，“可惜我们现在早已无福消受了”。这不是太矛盾了吗？

不难看出，有两个清华园：一个是平常的，一个是当时的。他写的自己，也有两个：一个是平常的，另一个是当天的。这个“超出了平常的自己”和“平常的自己”最大的不同，就是感到“是个自由的人”。“自由”在什么地方呢？就是“什么都可以想，什么都可以不想”。那么，他想了些什么呢？这是很值得追究一下的。

高远东的论文《〈荷塘月色〉：一个精神分析的文本》说，《荷塘月色》中有一种“心理骚动的性质”，或者如俞平伯所说的“没来由的盲动”[①]，用朱自清自己的话来说，就是“随顺我生活里每段落的情意的猝发的要求，求每段落的满足”。如果我们拿《荷塘月色》和他的《桨声灯影里的秦淮河》相对照，就不难看出朱先生内心的苦闷性质了。在《桨声灯影里的秦淮河》中，朱先生很诚实地写出他本想听一听歌妓的歌喉，但囿于知识分子的矜持，他拒绝了，可是内心又矛盾又失落。

我的学生邢娜妍查阅了朱自清的传记，更为雄辩地说明了《荷塘月色》所表现的苦闷并不是政治性的，而是伦理性的。

朱自清于1920年北大毕业以后，到杭州一师教书，月薪70元。虽然已经寄给家里一半，但还是不能满足父母的要求。妻子儿女生活在家中，受着折磨。从《背影》中可知，1920年以后朱自清的家境已经非常惨淡。因为贫穷，与父亲失和，为了减少矛盾，节约开支，朱自清回到家乡任扬

① 俞平伯：《读〈毁灭〉》，载《小说月报》，第14卷8期。

州八中的教务主任。由于庶母的挑拨，其父借着和校长的私交，朱自清的薪水被直接送到家里，本人不得领取。迫于此，朱自清不得不接出妻儿，在杭州另组小家庭。1922年，朱自清带妻儿回扬州，打算与父母和解，结果不仅没有解决矛盾，反而加深了精神上的痛苦。作者给其好友俞平伯的信中就写道："暑假在家中，和种种铁颜的事实接触之后，更觉颓废下去，于是便决定了我的刹那主义。"① （所谓刹那主义，就是从生命每一刹那间均获得意趣，使得每刹那均有价值。）后来，朱自清的父亲因为考虑到孙子的教育问题，从朱自清处把两个孩子接回扬州。朱先生的生母，也随之一同回去。但是，父子关系一直没有缓和。朱自清每月寄钱回家，往往得不到回信。他在《背影》中提到："家中光景是一日不如一日……他触目伤怀……家庭琐屑，便往往触他之怒。他待我渐渐不同往日。"暑假中（也就是写作《荷塘月色》的7月份），朱自清想回扬州，但是又怕难以和父亲和解，犹豫不定。因而有"这几天心里颇不宁静"之语。这一切都证明朱自清在漫步荷塘时感到的自由，在性质上是一种伦理的"自由"，是摆脱了作为丈夫、父亲、儿子潜意识里的伦理负担，向往自由的流露，和政治性的自由是没有直接关系的。这样的解释，如果不是更加切近朱先生的本意，至少也算比较深层，提供了心理的和艺术的奥秘。当然，伦理的自由与政治的自由也不是没有一点联系，前面所引用朱自清先生自己的话，就表明他也因为考虑到老婆孩子的责任问题，而不能绝对自由地作政治的抉择。但是，我以为那是比较间接的，是次要的。

我曾经对大学中文系一年级的学生如此分析《荷塘月色》，反反复复讲了四堂课，到最后还是有一些同学转不过弯来。有一个女同学课后对我说："老师您怎么能这样讲？我读这一课，头脑本来是很清楚的。您这么一讲，把我的思想都搞乱了。"我说："搞乱了，好啊。不是要搞活思想吗？搞活的第一个阶段，就是搞乱，我这里所做的，就是要把你原来'社会功利是唯一的价值'的心理定势打破。"

当然，作品一旦公开，每个读者都可以有自己的解释，甚至可以有与

① 亚东图书馆1924年版《我们的七月》一书中收了朱自清致俞平伯的三封残信，信中提到了这样的思想。

作者不同的理解。但是，这样的解读，从作者心理方面，而不是单纯从社会政治反映方面，提出了一种新思路，至少可以增加学生的思考空间。这种阐释的理论基础不是社会学的，而是心理学、伦理学的，涉及意识和潜意识的问题。这就要求教师对弗洛伊德的学说要有一点涉猎，光有一点粗浅的社会学、反映论的哲学常识，对于一个合格的中学教师来说，是不够的。

有了比较丰富的学理基础，对人的心灵的理解就能比较自由了。但这还仅仅是一种可能而已，要真正把文本解读得深刻，还要下苦工夫。美国新批评强调对文本的细读（close reading），并且在20世纪50年代达到高潮。而我们在20世纪80年代引进西方文论的时候，虽然引进了一些理论主张，却并没有把人家的方法用到我们的阅读过程中去，因而这种理论还没来得及在中国生根，就被认为是过时的东西而被搁置了。当然，新批评也不是十全十美，它最大的局限是：第一，常常限于对诗歌的解读；第二，它的解读方法比较狭隘，常常限于修辞方面；第三，它的操作性也比较差。20世纪90年代以后，我们又引进了西方最新潮的文论，如福柯、德里达的理论，但也只是偏重于他们的宏观意识形态，而忽略了人家为了达到这样的宏观意识形态所使用的微观分析的方法。因而，我们至今还不能成熟地使用一种西方文论到可以活学活用的程度。

在与学生“对话”而不是灌输的课堂上，教师面临的挑战是空前的，人文精神是一个全新的课题。人文精神不是简单的教条，而是一种渗透在字里行间的精神。比如说，在讲解鲁迅作品时，许多教师都讲到鲁迅对劳苦大众的悲惨命运常常是“哀其不幸，怒其不争”。但到作品分析时，就不再提起了。真正的人文精神，是在作品之中的，不是在文本之外的。把文本当中潜在的人文精神分析出来，是语文教师的艰巨任务。这并不容易，因为越是伟大的作家，越是深刻的倾向，往往越是隐蔽，有时就潜藏在似乎平淡并不见得精彩的字句中。一般读者常常视而不见，解读的功夫就在这些地方，所谓于细微处见精神。

其实，真正深入到文本中去，不难看出，《荷塘月色》在开头不过说感到责任深重，“平常的自己”感到不自由，便离开孩子太太去散散心，“超出”一下“平常的自己”，享受一下短暂的“自由”。文章结尾说，回到家里看孩子太太，意识到又恢复了“平常的自己”。如此而已。

关于朱自清的“不平静”

◎ 钱理群

《荷塘月色》是朱自清独处时的“独语”——与其说在观赏景物，不如说在逼视自己的灵魂深处；与其说写下的是他看到、感觉到的一切，不如说他在构造一个他心中渴望的、“超出了平常的自己”的、与现实对立的陌生的艺术世界。在现实中，人被命定扮演某个角色，做一定要做的事，说一定要说的话；而在这里，“什么都可以想，什么都可以不想”，什么都可以做，什么都可以不做，这是真正属于自己的、自由的世界。因此，在《荷塘月色》里，显然有两个世界：朱自清生活于其中的现实世界与自我心灵升华的超越世界。在某种意义上，可以说这是朱自清的一个梦。在文章开头写到妻子“迷迷糊糊地哼着眠歌”，结尾回到家里，“妻已睡熟好久了”，行文中又不断以“笼着轻纱的梦”、“小睡”、“酣眠”、“渴睡人的眼”作比，整个荷塘月色的画面似有烟雾弥漫，渺茫、隐约而朦胧，这都是在刻意营造一个梦的氛围与意境。正是这现实世界与梦的世界的对立、纠缠，显示着作家灵魂挣扎的凄苦。两个世界中，梦的世界在文章里是直接呈现的，现实世界只是偶尔露峥嵘。而我们的阅读、欣赏，却恰恰应抓住这偶尔的显露（暗示），并从这里切入。因此，中学语文教材里这篇课文的“预习提示”强调，“阅读时，要重点抓住‘这几天心里颇不宁静’、‘这令我到底惦着江南了’等语句的深刻含义”，以此作为理解文章主旨的钥匙。应该说，这是抓住了“牛鼻子”的。

但“预习提示”中引用朱自清《一封信》里的陈述，将朱自清的“不平静”仅仅归之于“蒋介石叛变革命”的黑暗现实，却是不全面的。近年学术界在考察这一时期朱自清的心路历程时，于《一封信》之外，又不约而同地注意到写于1928年2月（写作《荷塘月色》7个月以后）的《那里走》一文。也许将《一封信》与《那里走》合起来，就可以较全面地把握这一时期朱自清所面临的社会现实与内心反应。①

朱自清前述对“属于自己的，自由的世界”的向往本身，即已说明了他在现代中国的自由主义知识分子的立场与历史位置。而像他这样的自由主义知识分子在1927年国共分裂后两大政治力量尖锐对立的形势下，就不能不陷于进退失据的困境之中——《一封信》与《那里走》所表露的正是这选择的困惑。正像教材“预习提示”里所引述的，他“心里是一团乱麻，也可说是一团火。似乎在挣扎着，要明白些什么，但似乎什么也没有明白”，他被“南方这一年的变动”，即国共分裂，蒋介石对共产党人与革命青年的血腥屠杀，弄得目瞪口呆，觉得所发生的这一切是“人的意想所赶不上的”。② 但朱自清（以及与他同类的自由主义知识分子）没有如另外一些激进知识分子那样，因此而走上中国共产党所领导的以“以暴易暴”的武装斗争为中心的社会革命与政治革命的道路。面对这样一条道路，他陷入极大的困惑之中。正像他在《那里走》里所说的，他和他的朋友明确地意识到，发现与重视个人价值的时代已经结束，在社会政治革命中，“一切的价值都归于实际的行动”与“理智的权威”，而“党便是这种理智的权威之具体化。党所要求于个人的是牺牲，是无条件的牺牲，一个人得按照党的方式而生活，想出自心裁，是不行的”。由此而产生了朱自清所说的“性格与时代的矛盾”：一方面，他看到这是一种时代的、历史的发展趋向，“是创造一个新世界的必要的历程”，不仅势所必至，而且势不可挡；另一方面，他却要固守知识分子的自我追求（即本文所说做想做的事、说想说的话，不做不想做的事、不说不想说的话的自由），不愿“革自己的命”，即改变（改造）自己，因而产生了被毁灭的恐惧——“那些

① 参看陈孝全《朱自清传》第8章及拙作《丰富的痛苦——堂吉诃德与哈姆雷特的东移》第11章的有关分析。

② 以上均引自朱自清的《一封信》。

人都是暴徒，他们毁掉了我们最好的东西——文化”。这样，朱自清这类自由主义知识分子既反感国民党的反革命，又对共产党的革命心怀疑惧，就不能不陷入不知“那里走”的“惶惶然”中——朱自清的不平静实源于此。作为无可选择中的选择，朱自清们“只有暂时逃避的一法”：“做些自己爱做的事业；就是将来轮着灭亡，也总算有过称心的日子，不白活了一生。”这就是说，他们试图“躲到学术研究中”，既是避难，又是在与政治保持距离中维护知识分子的相对独立。在某种意义上，《荷塘月色》中的梦也正是朱自清们的精神避难所。但对于五四启蒙精神所哺育的这一代人，完全脱离（超然于）时代是不可想象的。正如朱自清在《荷塘月色》中所说：“我爱热闹，也爱冷静；爱群居，也爱独处。”尽管他们现在不无被动地选择了“冷静”、“独处”的学者生涯，但他们仍不能摆脱处于时代中心的“热闹”的“群居”生活的蛊惑。在《一封信》的开头，他就表达了对于“有的只是自己，自己的家”的生活的不安：“我想着我的渺小，有些战栗起来；清福究竟也不容易享的。”这种“战栗”既来自对放弃了社会责任的负罪感，又来自过于狭窄的个人天地将导致生命枯竭的危机感。既神往于个人的自由世界，又为此感到不安与自谴，这内在的矛盾构成了朱自清内心“不平静”的另一个侧面。在《荷塘月色》里，就外化为“荷塘月色”与“江南采莲图”两幅画图，在“冷”与“热”、“静”与“动”的强烈对比、相互颠覆中，写尽了这一代自由主义知识分子的内心矛盾与冲突。不过，我们在注意到朱自清这类知识分子的内心矛盾时，还必须看到，这是一批与中国士大夫中庸主义传统有着深刻联系的知识分子，因此，他们的内心矛盾及其外在表现形态都不可能如鲁迅的大爱与大憎那样激烈与极端，而是具有平和的特点：《荷塘月色》里的景色，总是“淡淡的”，“恰是到了好处”的，“香”是“仿佛远处高楼上渺茫的歌声似的”“清香”，“色”“仿佛在牛乳中洗过一样”，“山”也是“远山”，而且“只有些大意”，如朱自清自己所说，写的不是“酣眠”，而是“别有风味”的“小睡”。这里所显示的有节制的含蓄的美，不仅与朱自清式的自由主义知识分子中庸主义的世界观、人生哲学、思维与情感方式相适应，而且也与哀而不伤的传统美学风格有着内在的和谐。

朱自清：《春》

“用 笔 如 舌”

◎ 钱理群

你若问我怎么欣赏朱自清先生的这篇《春》，告诉你一个简单的方法：朗读——读出散文语言的味儿来。

这可不是我的创造，原是朱先生自己教给我们的。说玄乎点，这么一个简单的“读”字，几乎能够概括朱先生（以至五四时期大多数小品文作者）对散文艺术的追求。首先是朱先生和他同代散文艺术家对于语言的重视。叶圣陶先生在悼念朱先生的文章里说：“不要以为语言文字只是枝节，要知道离开了这些枝节就没有另外的大事。”[①] 五四文学革命就是把语言当作突破口的，散文创作在五四文学革命中又是打头阵的。有人称赞鲁迅为“体裁家”，赞扬他在文学语言方面的贡献，鲁迅以为得到了真正的知音[②]；叶圣陶、杨振声、李广田这一批文学前辈谈到朱自清先生在中国现代散文史上的贡献时，都首先郑重其事地肯定朱先生“勇于在语文方面作种种实验”[③]，以为这是一个极高的评价。这里面大概总有点道理，值得玩味。再

① 叶圣陶：《朱佩弦先生》。

② 鲁迅：《我怎么做起小说来》。

③ 李广田：《朱自清先生的道路》。

进一步问：朱先生在语言上追求什么，做了什么试验呢？朱先生自己也有个说法，叫作“用笔如舌”，认为“文章有能到这样境界的，简直当以说话论，不再是文章了，但这是怎样一个不易到的境界”①。朱先生追求的就是这种“谈话风”②：语言“既能悦目，又可赏心，兼耳底、心底音乐而有之”③，作品呢，就像“寻常说话一般，读了亲切有味”④。其实，五四时期倾心于“谈话风”的，岂止朱先生一人？鲁迅翻译厨川白村的《出了象牙之塔》，介绍英国的随笔（essay）：“如果是冬天，便坐在暖炉旁边的安乐椅子上，倘在夏天，便披浴衣，啜苦茗，随随便便，和好友任心闲话，将这些话照样地移在纸上的东西，就是 essay。”五四时期另一位散文大家周作人在他的《雨天的书·自序》里，也这样描述自己心目中的散文小品的创作境界：“在江村小屋里，靠玻璃窗，烘着白炭火钵，喝清茶，同友人谈闲话。”周氏兄弟的说明显然具有代表性和权威性，那么，我们说五四时期的散文小品是“说闲话”的产物，大概不会太离谱。借用《文心雕龙》“体性”这个词，作为形式的文体也是有“性”的，它对作品的内容、风格有一定的制约作用。可以这样说，五四散文小品的“体性”要求着：自由不拘的内容，亲切、直率的风格，以及相应的“谈话风”的语言。再扩大一点看，五四时期的小说、诗歌创作不也在呼吁“话怎么说，就怎么写”吗？五四时期是追求“谈话风”的文学语言的时代，因为那个时代，人们要求文学从少数人圈子里解放出来，就必然追求语言的通俗化、口语化，要求人的个性解放，渴望人与人之间的相互理解，就自然追求语言交流中具有亲切感：特定时代的特定内容就这样蕴含在特定的形式——语言风格之中。

“谈话风”的散文小品，既然在创作过程中以“用笔如舌”为理想境界，那么在欣赏过程中自然要还其听觉功能，以读为主，这应该是不言而喻的。五四时期的散文家叶圣陶、夏丏尊先生在 20 世纪 30 年代写了《文心》一书，指导中学生读、写现代白话文，专门辟章论文的朗读。朱自清

---

① 朱自清：《说话》。

② 朱自清：《内地描写》。

③ 见朱自清给俞平伯的信。

④ 朱自清：《内地描写》。

先生在该书的序里，对此给予很高评价，认为读是不可或缺的基本的训练，这大概不是偶然的吧？

现在，我们终于可以回到正题上来：该怎样读《春》，而且读出语言的味儿？按叶、夏二老《文心》中的观点（朱先生显然是同意的），语言的味儿应该有好几层意思。首先是语感：每个词语于意义之外还有情味，这需要从字面的推敲、声音的吟味中去细心领略，以磨炼自己对于词语敏锐的感觉力。你试读这个句子：“‘吹面不寒杨柳风’，不错的，像母亲的手抚摸着你。”不用单音词“摸”，而用双音词“抚摸”，不仅因为中国文字的特质宜于偶数结合，单一个“摸”字读起来不顺口，而且平声字“摸”加上一个仄声字“抚”，无疑增加了词语的柔感。再读“鸟儿……高兴起来了，呼朋引伴地卖弄清脆的喉咙，唱出宛转的曲子”这一句。用“卖弄”而不用“夸耀”，似乎含有贬义，有点微讽的意思，但如果与前面“呼朋引伴”这个修饰语连起来品味，你就会感受到鸟儿们一个个像好胜的孩子一般争先卖弄的天真劲儿，并且不由自主地发出欣赏的微笑。“卖弄”这个词放在这样的语言环境里，所要传达的就是这样一种幽默感。你如果意兴正浓，还想品赏一番，那就读读这一句：“一切都像刚睡醒的样子，欣欣然张开了眼。”试把“欣欣然”按课文的注释换成“欢欢喜喜地”重读一遍，意思一点没有变，但直观感觉中却似乎少了点神韵。琢磨琢磨其中的道理：“欢欢喜喜”用两个叠声字组成，就造成了一个跳跃感，本来用以表现喜悦的心情是很合适的；但在这个句子里，大自然的一切此时此刻的心态却不只是喜悦，还有“刚睡醒”的几分舒畅劲儿，又有几分懒散的劲儿，就必得用“欣、欣——然”这样拖长的调子来表达，才恰恰对劲儿。这里，我们实际上已经谈到了另一个层次：语调。按《文心》的分析及我的体会，所谓语调主要是音节、词序、句式的选择问题。在《春》这篇文章里，音节选择中，用得最多的是叠字。试读这一句：“城里乡下，家家户户，老老小小，也赶趟儿似的，一个个都出来了。舒活舒活筋骨，抖擞抖擞精神，各做各的一份儿事去。”一开头“家家户户，老老小小”连用四个叠字，与“城里乡下”两个对偶词组结合在一起，造成有规律的三组六顿，读起来自然形成欢快的调子；在两个散句之后，再次出现两个重叠词（构词法有变化，由 AABB 式转化为 ABAB 式），顿时产生了一种运动的力感：这“舒活舒活”、“抖擞抖擞”背后，不正可以听见人们的筋骨（连同精神儿）嘎嘎作响的声音？至于词序的变动，更有一种奇妙的艺术力量。再读读这句：“小草偷偷地从土里钻出来，嫩嫩的，绿绿的。”按常规句式的词序应该是“嫩嫩的、绿绿的小草，偷偷地从土里钻出来”，修饰语的后置，改变了观察视点，原先只是一种客观的叙述，现在一切都是读者主观的观察（更确切地说，是心的感受与发现）：先看见（发现）小草偷偷“钻出来”的神态，再注意（感受）到小草“嫩嫩的”质感（甚至产生了“拧得出水来”的感觉），最后才注目（倾心）于“绿绿的”色彩（连声音、心都变绿了）。不论是眼的观察，还是心的感受，都是一个过程，形成一种动态。句式的变化也会产生新的语调。如：“山朗润起来了，水涨起来了，太阳的脸红起来了。”这是重复的句式，本来“起来了”在意义上就表示一种向上的发展运动，在音韵上又有“抑而扬”的效果，现在一再地叠用，并且与“山”、“水”、“太阳”这样的形象联结在一起，就显出了一种明朗的调子和壮阔的气势。有时候把长句化为短句，长、短句交错起来说，更会形成一种错落有致的自然的节奏，产生抑扬顿挫的音乐美。试读这一串句子：

> 桃树、杏树、梨树，你不让我，我不让你，都开满了花赶趟儿。红的像火，粉的像霞，白的像雪。花里带着甜味儿；闭了眼，树上仿佛已经满是桃儿、杏儿、梨儿。

是不是有一种“大珠小珠落玉盘”的乐感？这是音乐，也是诗。这里的语言确实做到了“既能悦目，又可赏心，兼耳底、心底音乐而有之”。

实际上，以上所有这些语言现象的分析，都嫌太冷静，也许还有点儿琐碎。对于散文艺术的欣赏来说，更重要的，是在忘情的吟诵中，自己去心领神会，从整体上把握每一篇散文特有的魂儿（或者叫调子、味儿、神韵等）。陶渊明在《五柳先生传》中说：“好读书，不求甚解；每有会意，便欣然忘食。”他算是懂得欣赏之道的。

在反复吟诵中，你自然会觉得《春》的语言形象、音韵都太繁复，使人有点儿应接不暇，色彩也过于浓艳，令人眼花缭乱，而这一切与中国某些传统散文又有些相合之点。应该说，你的感觉是准确的，并且接触到了这篇散文语言风格的个性：它是漂亮、缜密甚至华丽的。这确实是一种刻意的追求（你都可以感觉到作者的用力），根底上又是在执行时代的“命令”，正像鲁迅所说，“这是为了对于旧文学的示威，在表示旧文学之自以为特长者，白话文学也并非做不到”。在尽到了历史责任后，就必然要求新的突破。朱先生以后在《欧游杂记》、《伦敦杂记》里，就走上了朴实、自然的路，依然坚持语言的口语化，但去掉了做作，不再过于注重修辞，转入平淡质朴，“读下去真个像跟他面对面坐着，听他亲亲切切的谈话”——这是朱先生“谈话风”散文的成熟境界。但那已经是中年人的散文，《春》这样的“少年气盛”之作，自有一种特殊的、不可代替的艺术魅力与价值，你说呢？

从儿童天真的眼睛看春天的诗意

◎ 孙绍振

朱自清先生的《春》，文学性很强。从表面上看，这篇文章先写春天的一般景色，接着分别从几个方面去描写：第一，是春天的草；第二，是春天的树；第三，是春天的风；第四，是春天的雨；最后，综合起来赞美春天的美好。

一般来说，这种分门别类的写法，平铺直叙，罗列现象，有写成流水账的危险，不容易讨好。但是，朱自清这篇文章却并没有平铺直叙的感觉。原因是什么呢？原来，表面上他是在分门别类地写春天的景象，实际上这里面渗透着一种属于他的对春天的美好感情。而这种感情，不是直接讲出来的，而是包含在他对春天景色（草、树、风、雨）的感受中。

他写的是一般人的感受吗？好像不是，一般人对春天没有这么丰富的感受。

他写的是他自己的感情。不错，肯定是他自己的感情。但并不是日常的感情，而是经过提升的感情。平常的感情，没有这么精致，也没有这么美好。这种感情和平常的感情最大的区别就是，刻意诗化了。

其主要表现就是对春天带来的一切变化，即使是看来习以为常的、不起眼的，他都寄托着一种美好的情感。草绿了，花开了，风吹着，雨下着，平时由于习惯，视而不觉，感而不知，知而不新。但是，朱先生却把这些表现得新鲜、可爱、美好，叫人欢欣，令人惊喜。

就说草绿了吧。通常，谁没有见过呢？也许还感到过喜悦。有了这样一闪而过且是真真实实的感觉，能不能写成文章呢？不能。因为这种感觉不够美好，不够精彩，也不够有特点。而朱先生在我们感觉不到精彩的地方，却体验到了一种精彩。文章开头就和我们的感觉不太一样：

> 盼望着，盼望着，东风来了，春天的脚步近了。
>
> ……
>
> 小草偷偷地从土里钻出来，嫩嫩的，绿绿的。

这里的精彩在于，字里行间流露出对春天急迫期待的感情。为什么期待？因为在他看来，春天的一切都分外的美。他这种美的感觉，又不是直接说出来的，而是通过他的微妙感觉传达出来的。在我们眼里，草很快长起来了，但是在他笔下，草是“偷偷地”从土里“钻”出来的。这个“偷偷地”是一个关键词，表现的不仅仅是草一下子冒出来，而且是一种突然的发现：没有注意，一下子就长出来了。这三个字里透露出一种无言的喜悦，为春天来了感到喜悦，同时也为自己的喜悦而感到喜悦。

朱先生的这种感情，当然是他自己的，但是，值得注意的是，并不一定是他写文章当时的。文章写在 1933 年，他已经 30 岁左右了，但是，有些话似乎并不像而立之年的人说的。文章写到望着满眼的绿草，其喜悦的心态是这样的：

坐着，躺着，打两个滚，踢几脚球，赛几趟跑，捉几回迷藏。风轻悄悄的，草软绵绵的。

有许多活动不像是步入中年的人的，有点像是儿童的，如打两个滚儿，捉几回迷藏，都是孩子们的事。这里的喜悦，是调皮的、活泼的、天真的、淘气的、顽皮的。

不是说为文成功之道在于贴近自我吗？朱先生这样不是远离自我了吗？但是，读着这样的文字时，我们并不觉得虚伪，恰恰相反，会觉得这些地方写得比较精彩。这里有儿童的趣味，虽然不是朱先生当时的趣味，但却是朱先生想象中孩子的激动，孩子气的欢欣。这里，也许有朱先生儿童时代的记忆，甚至包括他阅读儿童文学作品时激起的童心的向往。

贴近自我，不一定是贴近现时的自我，也可以是贴近儿童时代的自我；不一定是已形成的自我，也可以是想象中应该是这样的自我。

自我是丰富、复杂、立体、深邃的，一篇文章，并不能贴近其全部。所谓“文如其人”的说法，可能是把问题简单化了。一篇文章只能表现自我的一个方面、一个局部，或者是当时的，或者是记忆中的，或者是现实的追求，或者是理想的怀念，这些都是一种探索，一种尝试性的表达。

朱自清先生在《春》里面表现的自我，和在《背影》里表现的自我相比，显然不尽相同。在《背影》里那个先自以为是后来又真诚忏悔的儿子是年轻的，但在这里变得幼小、天真了。这显然是朱先生的虚拟，他用自己想象中纯洁的儿童的眼睛、天真的感觉来感觉春天。

对童心、童真、童趣的怀念和想象，也是朱先生自我的一部分。

这个部分，不在朱先生日常的自我表面，而在他的心灵深处。只有在必要的时候，才被调动出来。文章对春天的树的描写，有许多动人的话语，都表现着这种特别的感觉：桃树、杏树、梨树“你不让我，我不让你”，开花像“赶趟儿”似的，花下蜜蜂嗡嗡地“闹”着。这些话语，都有一种孩子气的感觉渗透其间。为什么呢？这其中有一种热闹的感觉、开心的感觉，这种感觉成人也有，但是成人没有这么单纯。成人关于春天的经验也有很多，但不像孩子那么“少见多喜”，不太可能为这么简单的事情而激动；而朱先生在表达这种单纯的欢欣时，连句子结构都是简单平行的，不太讲究句法和语气的错综。在许多地方流露出孩子气的语调：

野花遍地是：杂样儿，有名字的，没名字的，散在草丛里像眼睛，像星星，还眨呀眨的。

在形容野花的时候，他不追求丰富的形容词，而是尽可能简单，“有名字的，没名字的”，是词汇不够吗？不是，朱先生在必要的时候，很会用排比来形容（如《荷塘月色》），这里只是为了表现儿童的知识和经验有限。“像眼睛，像星星”，不是太俗套了吗？显然他是不想超越儿童感觉的限度，特别是“还眨呀眨的”，完全是儿童口气的模仿。

下面写到春天的风、春天的雨，仍然以美化、诗化为目标。

写到春天的风，突然来了一句古典诗歌“吹面不寒杨柳风”，又把春风比喻为母亲的手，这些也还和孩子的感觉和经验有密切的联系。但是到了下面：

风里带来些新翻的泥土的气息，混着青草味儿，还有各种花的香，都在微微润湿的空气里酝酿。

花香“在微微润湿的空气里酝酿”，这明显超出了儿童的感觉和口气，露出朱先生作为文学家的感觉和趣味来了。类似的还有：“鸟儿将巢安在繁花嫩叶当中”，“呼朋引伴地卖弄清脆的喉咙”。朱先生很有分寸感，把带有成人文化趣味的话语和儿童话语不着痕迹地结合起来了。文章里还有好些句子，两种趣味水乳交融，分不清是成人的，还是儿童的。如“牛背上牧童的短笛，这时候也成天在嘹亮地响着”，这是很诗意的，可能出自“牧童遥指杏花村”，也可能出自“短笛无腔信口吹”，这都是古典诗意，但相当浅白，和儿童的感觉是有可能交融的。

事实上，朱先生在这里用了一些技巧，用得读者根本感觉不到，这可能是最好的技巧。例如，朱先生在这一段先用了一些表示触觉的字眼，春风“像母亲的手抚摸着你”；后来又转化为味觉，“新翻的泥土的气息，混着青草味儿”，“花的香”在“空气里酝酿”；再接着转向了听觉，鸟儿的歌唱，流水“应和”，牧笛“嘹亮”。这一切综合起来，构成了多种感觉的交响。

不过，这种技巧，朱先生似乎并不留恋，只是点到为止。他最拿手的还是视觉意象，到了下面一段，他就又回到视觉世界中来了。写到雨时，儿童的视觉趣味仍然很活跃：“像牛毛，像花针，像细丝”。在儿童式的短句中，成人话语、古典诗情画意悄悄地渗透进来：“（雨）密密地斜织着，人家屋顶上全笼着一层薄烟”。这明显是古典的诗情画意，但是，从文字到意境，并不太古奥，完全在儿童的认知“格局”（scheme）可以“同化”（assimilation）的边缘上。因而，他创造了一种老少咸宜的境界：

> 树叶儿却绿得发亮，小草儿也青得逼你的眼。

这个“逼”字肯定是苦心经营的结果，不是孩子能自然流露出来的，但是，这个字又很口语，用在这里，没有一点刻画的痕迹。

接下去写到了傍晚，特别是上灯以后，出现了“一片安静而和平的夜”，并且为之提供了一幅静默的图景：

> 傍晚时候，上灯了，一点点黄晕的光，烘托出一片安静而和平的夜。在乡下，小路上，石桥边，有撑起伞慢慢走着的人，地里还有工作的农民，披着蓑戴着笠。他们的房屋，稀稀疏疏的，在雨里静默着。

读到这里，可能绝大多数读者觉得很自然，没有什么可说的。但细心体会一下，可能会发现，这是一幅诗意图景，和前面春天的图景有所不同，前面是眼花缭乱、热闹的景象，而这里却刻意强调它的静默。这是生活本身如此，还是作者别有匠心？

我以为，这是朱先生刻意为之。

在本文开头我说过，《春》的章法有一点危险性：分门别类的写法是不容易讨好的，有平铺直叙、罗列现象、写成流水账的危险。而平铺直叙、罗列现象、流水账，在艺术上的危险就是单调，缺乏内在的丰富和变化。如果真是这样，朱先生这篇散文就不可能经得起历史的考验。

可能是意识到了单调的危险性，朱先生在行文中，一方面以一种孩子气的单纯贯穿全文，另一方面又在努力寻求内在的变化。除了前面已经说过的从视觉意象到触觉、味觉和听觉的转换，另外又在大幅度动态的、热闹的景象之后，提供一幅静默的图画，与之形成对比，预防可能产生的单调之感。应该说，这一笔是比较到家的。

到了文章的最后几个小节，朱先生似乎又恢复到开头的境界中，又热闹起来了。天上的风筝，地上的孩子，城里乡下，家家户户，老老小小，都写到了，用的都是蜻蜓点水式的句子，这是为什么？可能是作者觉得，这是一篇为他编撰的中学语文课本而写的文章，不能太长，应该结束了。在结束的时候，应该点一下主题。这个主题不应该停留在文人的诗情画意中，而应该有一点积极的、健康的精神。于是，不管大人孩子，都一个个精神抖擞，充满了希望。但是，把主题这样说出来，毕竟是概念，缺乏感觉。于是朱先生就用形象把全文概括起来：

> 春天像小姑娘，花枝招展的，笑着，走着。

应该说，这是符合全文整体形象的，也符合朱先生许多写风景、写季节的散文的风格。上世纪70年代，身在香港中文大学的余光中先生曾经指出，朱先生好用“女性拟人格”的修辞。应该说，这是中肯的。

本来文章到这里应该结束了，可是，朱先生又加了一句：

> 春天像健壮的青年，有铁一般的胳膊和腰脚，领着我们上前去。

这很明显，是为了给孩子们以更积极、更昂扬的精神诱导。这种苦心是完全可以理解的，但是作为文章的点题句，却可能脱离了文章整体。因为在这篇文章中，读者感受最深刻的，大都是优雅的、天真的、孩子气的单纯，而不是什么“健壮的青年”“铁一般的胳膊和腰脚”。

这是我个人的感觉，并不想强加给任何人。对这最后一句，应该如何评价，可以讨论。这也许有助于把学生从被动的接受状态中解放出来。

事实上，朱自清先生这篇散文的局限性不仅仅在这一点，还有更多，我们一下子感觉不到，可以通过和林斤澜的《春风》等同题材文章进行比较阅读，或许会有更深的体会。

朱自清：《绿》、《背影》

把视角之美集中在绿色上

◎ 孙绍振

写赏析文章，最忌讳的就是不着边际地赞叹，而不进入分析的层次。网上有这样一篇文章，叫做《重读朱自清的〈绿〉》：

> 今天重读《绿》，我再次体会到了那种被大自然所包围、所吸引、所感动的情怀。不过我是俗人一个。朱自清看到了那醉人的绿，会想到用漂亮的词句去赞美它，用华丽的比拟去装饰它。可是我想的却是一湾天露泻于潭中，在深邃的绿中击起如刨冰一样令人一见就感到清爽的浪花；潭水一定非常的诱人，让人想去拥抱它。最文雅的方法就是在潭边浣纱洗绢，想一下西施当年浣纱的样子；粗鲁一点的可以脱下鞋子，卷起裤腿，在潭中奔跑，让潭水抚摸你的双脚，水滴溅上你的脸颊；而准备充足的人则可以下潭游泳，在潭水中充分地享受。
>
> 梅雨潭是我向往的地方，不过或许我去了会破坏它的宁静吧。然而我发现现在像我一样的似乎比比皆是，可能快让朱自清这样的学者再也找不到出尘脱俗的景致来描写、来抒发了吧。不过这样是不是也促使他们不断发现新的景致呢？这也说不定呢！

这可以说是最为平庸的文风，什么见解也没有，偏偏要说这么多空话。为什么空呢？就是因为没有分析，连起码的比较都没有。谈朱自清的文章，不要孤立地谈，而是要把它和于坚的《黄果树瀑布》等同类题材的文章相比。

朱文和于文一样，也是写瀑布的，也是和瀑布走得很近，有时还达到“瀑布在襟袖之间”的程度。但是很显然，二者有很大的不同。朱自清欣赏的瀑布，主要是用眼睛来观看的，听觉和触觉只是视觉的陪衬，即使是近在咫尺，也只是当作美妙的风景来观赏，用美妙的词语来描绘，为瀑布之美而感动、沉醉、浮想联翩。而于坚所欣赏的瀑布，不完全是看的，他的发现不是视觉之美，而是听觉中、触觉中的瀑布之美。

和于文相比，就不难看出，瀑布本有很多东西可写，于坚着重写的是听觉和触觉的粗犷，而朱自清似乎不十分在意，他在意的是可看的。可看的本来有许多属性，例如色彩、形状、质感、量感之类，但朱自清集中到一点上，以颜色为中心，在颜色中，又集中到一个焦点上——绿。

这样的高度集中，从方法上来说，有点像诗。诗的构思常常是把客观对象和自我的情感集中在单纯的意象上。但是，这毕竟是一篇散文，不能完全按诗的方法从头到尾都通过想象加以变幻，凝聚在“绿”这一点上。散文，毕竟以写实为主。所以一开头，就写梅雨潭水的声音（花花花花的）、颜色（白而发亮的），还交代了观察点——梅雨亭，并把这个亭子形容了一下（仿佛一只苍鹰展着翼翅浮在天宇中一般）。这一笔文字相当精致，特别是写到瀑布水流飞溅的情景：

> 那瀑布从上面冲下，仿佛已被扯成大小的几绺；不复是一幅整齐而平滑的布。岩上有许多棱角；瀑流经过时，作急剧的撞击，便飞花碎玉般乱溅着了。那溅着的水花，晶莹而多芒；远望去，像一朵朵小小的白梅，微雨似的纷纷落着。据说，这就是梅雨潭之所以得名了。但我觉得像杨花，格外确切些。轻风起来时，点点随风飘散，那更是杨花了。——这时偶然有几点送入我们温暖的怀里，便倏的钻了进去，再也寻它不着。

这种写法的最大特点是：追求逼真，工笔细描，不吝笔墨。是瀑布，然而不像布，被岩上的棱角分成了几绺。这“绺”字用得很到家，有丝织品或女孩子头发之类的联想。朱自清和于坚的个性显然不同，于坚强调的是瀑布的“粗暴”、“狂野”，水的冲击，把他弄得“全身湿透”，“像落汤鸡一样里里外外彻底湿透”，充分强调瀑布抚摸、拍打、亲近、刺激，营造一种把“粗暴”、“狂野”变成痛快淋漓之感。这种痛快淋漓之感，有激动和欢乐，但是又结合着“惊恐”、“疼痛”、“魂飞魄散”，从情感激动写到观念的深刻改变：黄果树大瀑布作为干瘪的概念已灰飞烟灭，另一个鲜活的瀑布在生命里复活。于坚笔下的瀑布，越狂野粗暴，越过瘾。而朱自清感觉中的瀑布之美，却不在它的狂野粗暴，而在它的精微，他不厌其烦地玩味的是瀑布的水花之美，如“飞花碎玉”，“晶莹而多芒”，像小白梅，像微雨，像杨花，点点随风飘散，送入怀里，倏地钻进，再寻不着。这就是说，美在精致、微妙、不可捉摸。

这样精细的意象，当然和梅雨潭不同于黄果树瀑布有关，但是也与作者的审美感知追求有关。在丰富的特征中抓住什么，对什么津津乐道，对什么熟视无睹，是作者的艺术修养和趣味所决定的。梅雨潭有水花，黄果树瀑布也有，但是朱自清觉得如飞花碎玉，于坚觉得如碎玻璃粉末。梅雨潭既称瀑布，当然也有其狂野的一面，也许，忠厚的朱自清并不是视觉遗漏，而是自己的诗学修养无法同化，按他的审美模式难以诗化。只有那些不强烈的、若有若无的、带一点缥缈特点的，最容易引起古典诗歌中婉约的诗意联想的，才是朱自清美化起来得心应手的。从这里，我们不但受到了梅雨潭缥缈的感染，而且受到了朱自清精致感觉的熏陶。朱自清用了那么多的比喻，但似乎没有过分地渲染，应该说，一切都以刻画为主，比喻也不是太夸张。

然而这样的描写，用中国传统的绘画理论来说，似乎还不是主，而是客，是陪衬。直到写出瀑布的绿，才点题，才是主干。到了主干，作者的情感激动起来了，这时，作者开始了正面的感受：

> 梅雨潭闪闪的绿色招引着我们；我们开始追捉她那离合的神光了。揪着草，攀着乱石，小心探身下去，又鞠躬过了一个石穹门，便

到了汪汪一碧的潭边了。

题目是梅雨潭的“绿”，为这个“绿”字，花了那么多笔墨，终于写到主干上，应该有更多的正面刻画才是，但是，就“闪闪的绿色”、“神光”、“汪汪一碧”这么几个词语，不是太平淡了吗？和前面陪衬性的文字相比，是太简洁了，会不会造成喧宾夺主之感呢？也许，作者并非没有意识到这种可能；也许，作者这样做是有意的。

从下面的文字来看，作者采取了另一种手法，不是正面刻画，而是从心理效果上加以渲染，展开想象，用比较夸张的语言来美化梅雨潭之绿：

瀑布在襟袖之间；但我的心中已没有瀑布了。我的心随潭水的绿而摇荡。

先是从远处看瀑布，把瀑布写得很美；到了瀑布面前，瀑布却消失了。这是为什么呢？这是从心理效果上来写瀑布美的关键。这种写法和于坚的很不相同。于坚是到了瀑布之前，和瀑布接触，正面写自己沉浸在瀑布狂暴、淋漓的刺激之中；而朱自清却超越了瀑布的具体形态的正面刻画，只抓住一个“绿”字，进入了抒情境界，展开了自己的遐想：

那醉人的绿呀！仿佛一张极大的荷叶铺着，满是奇异的绿呀。我想张开两臂抱住她；但这是怎样一个妄想呀。

如果是正面的描写，就该把绿的特色写透，像前面写水花的“晶莹而多芒”，“微雨似的纷纷落着”。但是这里，最突出的不是绿色的特点，而是作者的激动——“醉人”，陶醉到想把她抱住。不陶醉，是不可能激发出这样的想象的。这就是从心理效果上写梅雨潭的绿色之美。这是一种间接的写法，不是刻画，而是抒情。刻画至少要追求客体的特点，而抒情则侧重主体的情感特征。且看他如何激动：

这平铺着、厚积着的绿，着实可爱。

“平铺着”、“厚积着”，倒有点正面刻画的样子，但只是点到为止。

下面可能是作者的得意之笔：

> 她松松的皱缬着，像少妇拖着的裙幅；她轻轻的摆弄着，像跳动的初恋的处女的心；她滑滑的明亮着，像涂了“明油”一般，有鸡蛋清那样软，那样嫩；她又不杂些儿尘滓，宛然一块温润的碧玉，只清清的一色——但你却看不透她！

这是朱自清先生早年常用的笔法，遇到一种美景，就用一系列的比喻来强化其效果。这里的比喻，固然是从绿色出发，从四个方面美化：先是少妇的裙，是外部的装饰美。再是少女的心，就是内心的美了。这个比喻有些特色，本来一般的比喻是用可视来比喻抽象的，而这里却用不可视的少女的心来比喻可视的绿色。接着是如鸡蛋清一样的嫩。这个比喻是可视的，但是和前面的不太一样，就是生发出质感的嫩。最后才是像一块碧玉。这个比喻本来是最为平淡的，也许正是因为这样，作者把它放在了最后，但是加上了“看不透”，深不可测，在这一点上，有些深度。四个比喻下来，从外到内，从质感到深度，都有了。这可以说很充分了吧，但是，作者意犹未尽，还要渲染，如果再来排比，就单调了，于是作者用了另外一种方法，即比较：

> 我曾见过北京什刹海拂地的绿杨，脱不了鹅黄的底子，似乎太淡了。我又曾见过杭州虎跑寺近旁高峻而深密的“绿壁”，丛叠着无穷的碧草与绿叶的，那又似乎太浓了。其余呢，西湖的波太明了，秦淮河的也太暗了。

抒情常用的方法，就是极化，往极端里写。任何地方的绿色和这里比，都有不足；只有这里，才是最为完美的。这当然是不客观的。客观了，就是理性了；理性了，一分为二了，就没有情感了。情感是主观的，极端化、片面性、不求全面，是情绪化的特点，也是抒情的法门。只要把话说得极端、片面，就有抒情的味道。朱自清在这里奉行的不是一般的极端，而是极端了还要极端。已经是天下无双了，还要怎么渲染？他还有办法——展开想象，推向假定的境界：

我若能裁你以为带，我将赠给那轻盈的舞女；她必能临风飘举了。

舞女本来就是轻盈的、美的，有了绿色的带，就能临风飘举，本来美的就更美了。

接下来则是：

我若能挹你为眼，我将赠给那善歌的盲妹；她必明眸善睐了。

善歌的女孩，本来是美的，但有目盲缺陷；有了梅雨潭的绿色，就能弥补不足了。这已经是达到极境了，但是朱先生还在写下去，先是拍打，后是抚摩，接着比作小姑娘，最后则是掬之入口，说是吻着了，于是引出“女儿绿”来。其实，前面关于女性的联想已经很饱和了，最后又把文章的最强音放在“女儿绿”上，是不是有点压不住阵脚的感觉？这也许不是我瞎猜。当时作者还比较年轻，二十几岁，文字上极尽夸饰之乐，缺乏节制，这是不足为怪的。至于余光中说朱自清在散文中充满了女性的拟人格，处处都以女性的暗示为美，我想这可能不无道理。但是，余光中先生自己也说了这是一个历史现象：“这种肤浅的而天真的‘女性拟人格’笔法，在20年代中国作家之间曾经流行一时，甚至到70年代的台湾和香港，也还有一些后知后觉的作者在效颦。”问题在于为什么会有这样的历史现象？我想这是因为，以女性的衣着、歌声、柔弱为美，在我国古典诗歌中是有传统的，这是一种古典美。在五四时期，敢于把这种古典美加以当代的转化，也是有勇气的表现。郭沫若在《女神》的题词上，就公然宣言：“永恒的女性领导我们前进。”这里有一种新的时代精神。朱自清此文，在古典的红巾翠袖的美之上，又增添了女性的躯体、生理的属性，应该是当时的文化氛围使然。我们不能脱离了历史环境，苛求于前人。

《背影》背后的美学与方法问题

◎ 孙绍振

一、《背影》背后的美学

2003年底，一家晚报披露，朱自清的名作《背影》在中学生民意测验中得分相当低，被某中学语文教科书排除在外。中学生不满的理由是“父亲违反交通规则，形象又很不潇洒”。这一消息引起了据说是百分之九十以上的家长的义愤。教科书的编者连忙出来“辟谣”，说该新闻失实，《背影》已经决定列入下一册语文课本。

一场新闻风波就告平息。

但是，我倒觉得这很可能是在强大的反对声中的一种补救措施。将《背影》这篇文章放在哪一册并没有多大的重要性，重要的是：虽然入选了，但对于“违反交通规则”和“不够潇洒”，并没有从理论上来回答中学生的质疑。

事实上，这里有一个很严肃的美学问题。遵守交通规则与否属于实用价值，遵守的是善，不遵守的是恶。道德的善恶是一种理性，而审美价值则是以情感为核心的，情感丰富独特的叫做美。情感往往超越实用理性，从实用价值来说，是不善的，但是从审美情感来说，可能是很美的。一般情况下，合乎情的不一定合乎理。二者之间的关系，既不是完全统一的，也不是分裂的，而是错位的。

在《背影》里，父亲为儿子买橘子，从实用价值来说，完全是多余的。让儿子自己去，又快，又安全，又不会违反交通规则。父亲去买，比儿子费劲多了。就橘子的实用价值来说，并没有提高。但是，父亲执意自己去，越是不顾交通规则，越不考虑自己的安全，就越显示出对儿子的深厚情感。如果不是这样，左顾右盼地考虑上下月台的安全，就太理性了，没有感情可言，甚至煞风景了。朱先生这篇文章是抒情散文，以情动人。越是没有实用价值，和情感的审美价值反差越大，越是动人。杜十娘怒沉百宝箱，完全不讲实用理性，但是，越发显现出她把情感看得比财富甚至比生命更重要，这才越显得动人，审美价值也更高。

至于“不够潇洒”的问题，也一样。父亲越是感觉不到自己的费劲、自己的笨拙，越是忘却了自己不雅观的姿态，就越是流露出自己心里只有儿子，没有自己。这就是诗意。如果不是这样，父亲很轻松地、很潇洒地、很轻快地把橘子买来了，就光剩下了实用性，一点诗意也没有了。

学生不理解，与他们在美学上缺乏修养有关。如果能成功地对《背影》进行教学，对于青少年进行审美启蒙是很有冲击性的。这正说明了《背影》应该入选语文课本。

在“不够潇洒”与“违反交通规则”面前打退堂鼓，暴露了我们的编者对于经典文本在理论上缺乏系统的理解，因而也就不可能有原则的坚定性。

当前语文教改课堂上最为突出的现象是：由过去的满堂灌，变成了满堂问，问来问去，平面滑行。一千个读者，就有一千个哈姆雷特。但是，赖瑞云先生在他的《混沌阅读》中说过：一千个哈姆雷特还是哈姆雷特，不可能成为李尔王。并不是一切的可能性都具有同样的深刻性。在相同的历史语境中，总有一个能够代表学术前沿的观念和阐释。我们以审美价值论质疑了《背影》的父亲“不够潇洒”的问题，虽然审美价值论并不是唯一的学理基础，但是有这学理基础总比没有一点学理基础更有深度。把当前流行的相对主义倾向绝对化，发展到极端，就是“一切由学生说了算”。事实上是，一千个学生说了都算，就没有人说了能算，这就完全放弃了教师的职责。

其实，就是接受美学，也还有一个“共同视域”范畴。在一定的历史语境当中，还要看你是不是达到学科前沿，有一个相对而言哪一个比较深刻和正确的问题。鲁迅说过：一部《红楼梦》，经学家看见《易》，道学家看见淫，才子看见缠绵，革命家看见排满，流言家看见宫闱秘事。似乎也可以说，一千个读者有一千部《红楼梦》。但鲁迅又说，各人推见、设想的作品人物是不尽相同的，读者心目中的林黛玉不会是一个样，但“那性格、言动，一定有些类似，大致不差，恰如将法文翻译成了俄文。要不然，文学这东西便没有普遍性了”。何况并不是每一个读者都是对的，就是对，也达不到同样深度。教师还有一个如何把学生向当代学术水准的高度引导的任务。当学生把《背影》的精华当成糟粕的时候，语文课本的编者的理论水平和具体分析能力就面临着严峻的挑战。

这不仅是对美学观念的考验，而且还有思想方法的考验。对于《背影》，不但要用共时的方法进行分析，还要用历史的方法进行分析。《背影》的语言，和朱自清前期的许多作品相比，有一个显著的不同，那就是在最关键的地方，不像《春》、《绿》、《匆匆》和《荷塘月色》那样采用华彩的语言、排比的句式，不作大幅度的渲染，直接抒情的语句都被压缩到文章的结尾去。在作者情感发生震撼的地方，却用比较朴素的语言，几乎全是叙述。这是很见功力的。

朱先生早期常用的抒情和渲染的办法，其实并不是文章成熟的表现，留下了比较稚嫩的痕迹。到了20世纪三四十年代，朱先生的文风一洗铅华，回归朴素，达到了更高的层次，这是叶圣陶、唐弢、董桥早已指出过的。这说明《背影》中的“不够潇洒”，正是朱先生散文中最可珍贵的因子，正是在这个基础上，朱先生向艺术的成熟高度挺进。

从20世纪80年代以来，我们引进了那么多的西方文论，理论家们是否意识到自己有一份责任将前沿的理论成就在中学语文教学中普及呢？理论家们可能都比较鄙薄普及，殊不知，回避在文本中作具体的微观的分析，恰恰不是高水平而是怯懦的表现。看着语文课本编者急急忙忙放弃《背影》，又匆匆忙忙选择《背影》，有责任感的理论家没有发笑的权利，只有反思的内疚。

二、《背影》分析

《背影》细读

注意不写什么，弱化什么，省略什么，割舍什么，强调、强化了什么。

比如，为什么不写人的正面而写背影？如果回答因为背影最突出，背影最为感人，这是同语反复。我们要问的是为什么背影最为感人，而你说因为它很感人，所以它就感人，这不但等于什么也没有说，而且还把对于思考的要求降低了。

从现象到现象的滑行，而且还很满足，就造成了麻木。我们往往就被这种表面的思想习惯所蒙蔽。这是一种自我蒙蔽，舒舒服服地把自己思考的自由给剥夺了。

用德国当代哲学家、美学家伽达默尔的话来说，就是现成的话语像一座山，障蔽着我们创造性的思维。这种话语有一种权力的性质，让你在无意识里受它的统治。所谓素质的提高，就是要有意识地打破它的统治，恢复思想的创造力。用西方文论家的语言来说，就是"去蔽"。

就《背影》而言，至少有两方面可讲、可细读。

第一，《背影》没有写主人公的面容，没有强调言语和表情。光是有了这一点，还不够深刻，还要比较。关键在于寻求矛盾、差异。矛盾差异不是自然地突出在你面前的，芜杂和混乱的现象把它掩盖了。为什么纷乱芜杂？因为没有联系，或者叫做无序。为什么没有联系？因为各自独立，没有在一点上统一起来。

没有联系的东西，如果在一点上统一了，就可以比较了。

可比性有两类：

一是同类之比。往往有现成的可比性，难度是比较小的。但是，可比性很少有现成的，写父亲的经典几乎没有。如果硬要比一比的话，可以拿罗中立的油画《父亲》来比。那是一张脸，布满了沧桑。这是两个完全不同的父亲，作者对父亲的感情也是不一样的。这种不一样就是个性，就是时代烙印，就是艺术品的生命。

二是异类之比。不同类的事物，只要提高一个层次就可以比较了。如《荔枝蜜》，好像和《背影》是没有可比性的，但是把抽象的层次提高，把具体性的成分排除掉，就可以和《背影》相比。二者都是写无条件的奉献精神的。有了这一点相通，就可以进入比较深层的分析：一个是写对社会无条件的奉献，一个是写对儿子无条件的奉献。不管多么不同，只要在一点上求得相通就可以比较了。

世界上很少有现成可比的东西，也没有绝对不可比的东西。有鉴于此，我们在编中学语文课本时就应注意进行比较。

第二，科学的抽象。要跨越的第一个障碍是事物和感性的差异，感性是具体的，但又是表面的、肤浅的，因而要进入抽象的层次。抽象是看不见、摸不着的，但它是深刻的。要从肤浅的层次进入深刻的层次，就要把不同的、感性的东西舍弃掉，把共同的、抽象的东西概括出来。科学抽象最起码的要求是从感性之异中求得理性的抽象之同。

比如西瓜、飞机、书本，从感性上来说是不同的，但从理性上来说是相同的，它们都是商品。就文学作品来说，没有和《背影》现成相同的作品，这就要从理性上提出共同的东西，也就是采取异中求同的办法。比如，《背影》的具体内容不同于其他写母爱、写“父母之心”的文章，但在亲情上，在人与人之爱上，是相通的。

不过，这样异中求同的层次是比较低的。光指出文章之间的相同之处，并没有解决什么问题，还要在这个切入点上深入下去。这就进入到更为高级的同中求异的层次。比如，同样是对人的美化，从正面、从面容是比较容易美化的，而背影却不容易美化。又如，写母爱的文章多如牛毛，而写父爱的却比较少见。因而，朱先生的文章难度较大，他取得成功的程度、经典性的程度也就可能超过了其他篇章。

情感有无特征?

父亲和儿子的深厚情感不是一下子就显露出来的，而是在过程中表现出来的。文章开头写的是被许多论者称赞不已的“如母爱一样的父爱”，把大学生当成小孩子来照顾的父爱，不仅得不到理解，反而引起儿子反感，觉得他土、迂、可笑，给自己丢脸，所以儿子并没有领情。这在章法上叫做欲扬先抑。但这并没有什么特别的创造，杨朔的《荔枝蜜》就是这样的写法。

朱先生的功夫在于写得很从容，不做作，没有过分的强调和夸张。

后来儿子被感动了，这就有了反衬。儿子被感动，不是因为父亲有多么崇高伟大，文章也没有刻意营造强烈的诗意。虽然文章在总体上也是抒情的、诗意的，但是导致儿子感动并自我谴责的关键动作，即父亲艰难地爬月台、买橘子的姿态，并不那么诗意，也不怎么美妙。这些动作很是笨拙，甚至并不是很有必要，因为儿子去买橘子会更利索。

《背影》所用的语言和手法，并不是诗意的描绘。我们可以轻易地发现，它不像《荷塘月色》、《绿》那样，用那么多的排比句法，那么多的美丽的比喻，以及很复杂的诗意的技巧，比如：通感（光和影的旋律，像小提琴上奏出的名曲，花香像远处高楼上渺茫的歌声似的）。在引起儿子感情转折的高潮时，并没有作感情上的渲染，相反，写得有节制、很从容，基本上是叙述，也许可以称之为“白描”。父亲那些“不够潇洒”的动作，却使作者和读者感动了——没有诗意的，变成了很有诗意的；没有实用的价值，却有情感（审美）的价值。这从美学理论上说，就是审美价值和实用价值之间的错位。这说明，要有较高的审美价值（即艺术性），就要让情感超越实用理性。

更加重要的是，当作者被感动得流下了眼泪，父亲却没有感到自己有什么了不得之处。特别是作者对父亲的关爱公然不领情，而被父亲感动得流下了眼泪后，却赶紧擦干，不让父亲看到。这一点很重要。因为这里有人性的秘密。爱和被爱往往有隔膜，情感是错位的。不仅亲子之爱如此，男女情爱又何尝不是如此？这就是深刻之处！可能这点也是《背影》这篇文章成为经典，经得起八十多年时间考验的原因吧。[①]

还原方法的具体运用

从《背影》中也可以看出作者的省略、作者的回避。文章中写到父亲

---

① 关于“爱的隔膜”，钱理群先生已猜到朱自清父子间的“隔膜”。其实，父子二人有难言之隐。父亲在江西任上已娶一妾，种下了家庭不和的种子。到徐州任上又娶一妾，致使江西任上所娶之妾大怒，前往徐州大闹，使父亲失去了职位。而赔偿给徐州之妾的金额不菲，不得已求祖母变卖首饰，祖母在郁郁中辞世。《背影》开头所说“奔去”即指此事。当时朱自清还在念大学一年级，顺道往徐州与父亲同回扬州，父亲对自己的关爱自然引起相当复杂的情感，对父亲的迂不领情，可能是淡化的表述，而对父亲爬月台自己被感动得流泪，当为某种反省，然而未能表白。此后父子之间的矛盾亦相当曲折，直到多年后父亲言及“大去之期不远”，才触发了作者当年的回忆，乃将忏悔之心诉诸文字。

与他的矛盾，“触他之怒”，“待我不如往日”，是“我的不好”，都含含糊糊，被省略、被淡化了。

从这里可以得到一种启示，文章的好坏不仅在于强调了什么，还在于省略了什么。这一点对于欣赏有好处，对于写作更有好处。只有知道要省略什么，不写什么，才能有自己的个性，才能找到自己；有了自己的特殊感觉和情感，才会知道应该写什么，应该强化什么和淡化什么。

“做”与“不做”之间

——读《绿》、《背影》、《春》

◎ 钱理群

朱自清先生的这三篇散文，可以称得上是中学语文课本里的经典篇目。因此，对其文字本身的分析，已经十分精细，很难再多说什么。只能变换一个角度，由朱先生的散文成为语文经典，而联想到朱先生的散文写作和中学语文教学的关系，以及对语文教学的启示，或许还有些话可说。

一、“我是个国文教师”

朱自清先生有一篇《写作杂谈》，对他自己的散文写作作了一个总结性的回顾。文章一开头就说：“我是个国文教师，我的国文教师的生活的开始可以说也就是我的写作生活的开始。这就决定了我的作风，若是我也可以说是有作风的话。我的写作大体上属于朴实清新一路。一方面自己的才力只能做到这一步，一方面也是国文教师的环境教我走这一路。我是个偏于理智的人……我的写作大部分是理智的活动，情感和想象的成分都不多。”

这对我们理解朱先生其人其文都是一个重要的提示：他的写作和他所从事的语文教师工作有着密不可分的联系。我们甚至可以说，朱自清先生的散文就是语文教师所写的散文。他写作的对象、写法、风格，都受到语文教师的环境、素养、眼光、职业习惯等的制约与影响。

朱自清先生在他的散文集《欧游杂记》的序里曾有过这样的申明："本书绝无胜义"，"用意是在写些游记给中学生看"。在某种意义上，可以说，朱先生的散文都是写给中学生看的，中学生至少是他的隐性读者。这就有点像今天语文教师的"下水作文"，写作是有着明确的教学目的的：既是亲身体验学生作文的甘苦，更是对学生作文的指导，这是一种"示范性写作"。这样看来，朱自清先生的散文成为中学语文的经典篇目不是偶然的：这正是他的自觉追求。

由此，就决定了朱自清散文的两大特点："有意的尝试"和"不放松文字"。

二、"有意的尝试"

朱自清先生曾把他的散文分为两类。一类是"情感的自然流露"。举出的例子是《背影》和《给亡妇》，都是在感情喷发时，"不曾怎么费力写出"的："《背影》里引了父亲来信中的一句话。那封信曾使我流泪不止。亡妇一生受了多少委屈，想起来总觉得对不起她。写《给亡妇》那篇是在一个晚上，中间还停笔挥泪一回。"另一类"却是费了力琢磨成的"，是"一个有意的尝试"。举出的例子，有《儿女》、《笑的历史》。我觉得我们这里所讨论的《绿》、《春》都是这样的"有意的尝试"。而据朱先生说，即使是《给亡妇》这样的"自然流露"，或许还有《背影》，也都有所"尝试"。[①] 就

① 朱自清：《写作杂谈》。

总体而言，朱自清先生的散文，都是程度不同的“有意的尝试”之作。

所谓“有意的尝试”，主要是进行文体、语言、写法、风格的试验。就拿我们讨论的这三篇来说，《背影》是在尝试“写人、记事”，《春》是典型的“写景”之作，而《绿》则显然是在试验“写景与抒情的结合”。在语言试验上，我们已经说过，《春》是自觉地追求口语化，即所谓“用笔如舌”；那么，《绿》则显然更多地糅进了文言的成分；《背影》更是兼容口语与古语，是一次自觉的现代白话文的试验。就文字风格而言，《绿》艳丽，《春》漂亮，《背影》平实，都是有意为之的。

这自然有语文教学试验的意义。比如，朱自清先生曾写过好几篇文章，提倡语文教学中的“朗读”，如收入《国文教学》一书的《论朗读》，《标准与尺度》里的《论诵读》、《诵读教学》、《诵读教学与“文学的国语”》等。他的《春》一文的写作，显然是要为这样的朗读教学提供范本。

这样的试验更有文学史的意义。朱自清先生在《〈背影〉序》里讲五四散文的成就时，就特意谈到文字表现上的多种试验：“或描写，或讽刺，或委屈，或缜密，或劲健，或绮丽，或洗练，或流动，或含蓄”。鲁迅则指出：这写法的“漂亮和缜密”，“是为了对于旧文学的示威，在表示旧文学之自以为特长者，白话文学也并非做不到”。[①] 在我看来，鲁迅的这一评价，是特别适用于朱自清的散文的：他正是五四散文“漂亮和缜密”这一路的一个代表。像《绿》这样具有“古典美”的散文，或有可议之处（我们在下文会有讨论），但其在现代散文史和现代文学语言发展史上的历史贡献，却是不可否认和忽视的。

三、“不放松文字”

这也是朱自清先生一再强调的：“我做到的一件事，就是不放松文字。我的情感和想象虽然贫弱，却总尽力教文字将它们尽量表达，不留遗憾。

① 鲁迅：《小品文的危机》。

我注意每一个词的意义，每一句的安排和音节，每一段的长短和衔接处，想多少可以补救一些自己的贫弱的地方。已故的刘大白先生曾对人说我的小诗太费力，实在是确切的评语。但这正是一个国文教师的本来面目。”①“（我）写作散文，很注意文字的修饰。语句的层次和词义、句式，我都用心较量，特别是句式。”②

“不放松文字”，这是一个极其重要的概括，它集中体现了朱自清先生对语文教师的工作，作家的工作，以及语文教学、散文写作的深刻理解和把握。

这首先是朱先生的“语文教育观”。他说自己在中学教过五年国文，最感困难的，就是在阅读教学中，“往往只注重思想的获得而忽略语汇的扩展，字句的修饰，篇章的组织，声调的变化等”。在他看来，“只注重思想而忽略训练，所获得的思想必是浮光掠影。因为思想也就存在语汇、字句、篇章、声调里；中学生读书而只取其思想，那便是将书里的话用他们自己原有的语汇等等重记下来，一定是相去很远的变形”③。这就是说，在语文教学中，如果“放松了文字”，就不但不能丰富、发展学生的语文能力，而且以学生“原有的语汇”去理解课文的思想，也只是“浮光掠影”，甚至会形成歪曲、变形。因此，他强调，语文阅读教学最重要的，是要下“咬文嚼字”的工夫，对学生进行“咬文嚼字”的训练：“不止于要了解大意，还要领会那话中的话，字里行间的话——也便是言外之意。”④“从词汇和比喻的选择，章句和全篇的组织，以及作者着意和用力的地方，找出那创新的或变古的、独特的东西，去体会，去领略，才是切实的受用。”⑤

这也是朱先生的“语文教师观”。在他看来，“不放松文字”，对语言文字的特殊敏感，“咬文嚼字”的能力与习惯，这应该是语文教师的基本素养、“本来面目”。而传授汉语言文字，捍卫祖国语言的纯洁和健康，做“汉语家园”的守护者，更是语文教师的天职。语文教师个人或有这样那

① 朱自清：《写作杂谈》。

② 朱自清：《关于写作答问》。

③ 朱自清：《〈文心〉序》。

④ 朱自清：《〈国文教学〉序》。

⑤ 朱自清：《再论中学生的国文程度》。

样的局限，如朱先生自谦地说自己情感、想象的贫弱，但只要“不放松文字”，就尽职尽责了。

这更是朱先生的“散文写作观”。散文写作也必须“不放松文字”：这不仅是因为作家就其本质而言，就应该是一个语言艺术家；而且如前所说，中国现代散文家，尤其是朱自清先生这一代诞生于五四新文化运动的作家，他们的散文写作更担负着一个特殊的历史使命，即创造现代汉语文学语言，成为现代汉语的范本，通过中小学语文教学，将现代汉语扎根于民族下一代心灵。朱自清先生的写作，始终“不放松文字”，不放松现代汉语文学语言的创造试验，正显示了一种历史责任感。

在我们懂得了朱先生散文的“现代汉语范本”意义以后，我们也就清楚应该如何欣赏他的散文以及如何教学了，即我们也必须“不放松文字”。具体地说，就是要抓住朱先生自己所强调，他自觉追求、特别注意的那几个方面：“每个词的意义，每一句的安排和音节，每一段的长短和衔接处”，即文章的用词法、用句法、章法，以及“作者着意和用力的地方，找出那创新的或变古的、独特的东西，去体会，去领略”。

就以《绿》为例。这一篇作者“着意和用力的地方”，显然是这一个“绿”字。因此，首先要注意的，自然是有关“绿”的词：“油油的绿意”，“闪闪的绿色”，“醉人的绿”，“满是奇异的绿”，“女儿绿”。这些都是全文的关键词。这里，自然有可琢磨之处。比如，声调的选择：“油（顿）、油——（拖长，扬）的绿（顿）意（顿）”，“闪（顿）、闪——（拖长，扬）的绿（顿）色（顿）”。又如，词语的配搭：以“醉人”与“绿”、“奇异”与“绿”相连，都出人意料，引起疑问与好奇。

而这样的词语又都存在于一个句子里，就更可寻味。比如这一句：“微微的云在我们顶上流着；岩面与草丛都从润湿中透出几分油油的绿意。”前文已经交代，作者是坐在梅雨亭观看的，而“三面都是山”，“人如在井底”。这样，这一句里就有了两个视角：先是抬头看，但见“微微的云”；然后低头看，只见“油油的绿意”。这样的蒙太奇镜头组合就营造了一种浓厚的诗意。

而句子是存在于段落之中的，段落的安排，又另有讲究。“油油的绿意”出现在文章的第二段，是整体渲染梅雨潭周围的环境，是一个远眺，因此，突出的只是一种“绿意”。第三段，才具体写到潭水之绿，这才有“闪闪的绿色”和“汪汪一碧”。而写绿水，也有两个层次：“闪闪的绿色”，是写直接的、感官的客观观察；到“醉人的绿”、“奇异的绿”，就变成内心的主观感受了。而主观感受又有两个层次：先是主观的联想（“少妇”、“处女”、“碧玉”等等）和比较（“太淡”、“太浓”、“太明”、“太暗”等等），然后进一步发展为“可爱的……你……”的对话，不知不觉发生了人称变换，以至“舍不得你”、“手拍着你”、“抚摩着你”、“掬你入口”，又突然改换成“吻着她”，最后是“我送你一个名字，我从此叫你‘女儿绿’，好么”。把全文的文气推到了高潮，但又十分自然。这是因为前文“少妇”、“处女”及“舞女”、“盲妹”这一系列的比喻已经作了铺垫，“女儿绿”早已呼之欲出了。然后，到了第四段，戛然而止：“我第二次到仙岩的时候，我不禁惊诧于梅雨潭的绿了。”这是对第一段的重复，仿佛一个回环，“不禁”一词的加入，又显然加重了语气：经过第二、三段的反复渲染，读者也已经有了“惊诧”之感。

如此苦心、费力地经营词、句、段、章，确实是“不放松文字”了。

四、“情感的自然流露，但也不尽然”

同样是“不放松文字”，但不同的文章，会有不同的特点与不同的处理。

关于《背影》的写作，朱先生有这样的说明：“似乎只有《背影》是‘情感的自然流露’，但也不尽然”，尽管并不费力经营，但因为有“平日的训练”，也就自然有章法，仍然有对文字的“控制”。朱先生又说：“控制文字是一种愉快，也是一种本领”，有了这种本领，不有意为之，也自会表现出来。总之一句话：“我不大信任‘自然流露’，因为我究竟是个国文教师。”[①]

这是一个非常重要的提示：应该从这“情感的自然流露”与“不尽

① 朱自清：《写作杂谈》。

然”两者的张力中去解读《背影》这篇文章。

前文已经介绍过，朱先生是因为父亲的信深受感动，以至泪流满面，这才触发了《背影》的写作。但在文章里，却把这封信引在最后一段；而我们要理解《背影》里“自然流露”的是一种什么样的“感情”，就需要从最后一段读起。

我们首先注意到的，自然是父亲信中所流露的老年心境的“颓唐”，其中“大约大去之期不远矣”一句，确实催人泪下。问题是，父亲并无大病，只是“膀子疼痛”，为什么竟如此感伤？于是，我们又注意到这一段开头的交代：原来父亲是因为“少年出外谋生，独立支持”，创下了家业，到晚年却“光景一日不如一日”，“触目伤怀”，这才如此颓唐的。尤可注意的是，在作了这样的交代以后，朱先生又特意写了一笔：“他触目伤怀，自然情不能自已。情郁于中，自然要发之于外；家庭琐屑便往往触他之怒。他待我渐渐不同往日。”这是全文的一个关节点，需要细加体察。首先，它告诉我们，父亲原来并不是这样“什么事都替儿子办妥帖，呵护有加，心细得甚至超过母亲”的；相反，他因心境不好，经常为家庭琐屑而“怒”，并“待我渐渐不同往日”，大概父亲的“怒”也经常发泄于“我”吧。于是，我们又注意到了前面一句交代：原来“我”近几年来，也和父亲一样“东奔西走”，大概也不会有什么好心境吧。朱先生只把话说到这里，就不往深处说了。但我们读者却不难想象出，或者不难理解，由于家道中落，造成彼此心境不佳，父子之间一定发生过许多冲突，以至形成了深刻的隔膜。这正是理解《背影》“自然流露”的“情感”的关键。

抓住了这一点，前面的许多文字就容易懂了。父亲的种种看来似乎有些过分的呵护（“再三嘱咐”、“甚是仔细”、“不放心”、“怕”、“颇踌躇”、“忙着照看”等等），固然是父亲的爱的天性使然，却也显然有对曾有过的感情伤害略作弥补之意。而“我”的种种“聪明过分”的不理解（“总觉他说话不大漂亮”，“心里暗笑他的迂”，等等），其实也都是隔膜未解的表现。这样，在琐细的叙述中，就隐含着一种紧张。这是需要我们在阅读、讲解时细加体会的。

而父子之间隔膜的打破、紧张的消解，就发生在“我看见他的背影”的那个瞬间。“我的泪很快地流下来了”，不仅是为父亲的爱所感动，更为自己曾有过的对父亲的误解，为父子间的隔膜而悔恨、悲哀！

情感的冰块一旦消融，就露出了真情。“我”“赶紧”拭干了眼泪，“怕”父亲看见，也“怕”别人看见，“我”“赶紧”去搀扶——这“赶紧”，这“怕”，都把儿子急于回报又竭力掩饰自己情感的心理，写得惟妙惟肖，又恰到好处。而并不知道儿子情感、心理的这一变化的父亲，依然一往情深（“一股脑儿”放下，“走了几步”又“回过头看”），却有了几分“轻松”——其实，我们读者也有了几分轻松，为父子间隔膜的终于消除而欣慰。

最后，是一个长长的镜头：儿子在远望……父亲的背影逐渐“混入来来往往的人里”……儿子泪流如柱……

这又是一个永恒的瞬间。这里所传达的，是天地间最真挚的父子之爱；但又不是一般的父子之爱，而是在人世艰难的年代，父子间曾有过深刻的隔膜，而终于被天性的爱的力量所消解、融化以后，所显示出的父子之爱的伟大与永恒。——这就是《背影》一文“自然流露的情感”，这情感因其丰厚与深刻而具有极大的震撼力。

而且这情感是超越时空的，也就是说，它是能够引起生活在另一个时空中的我们以及今天的中学生们的共鸣的：因为“父与子”的关系与感情，是一个具有永恒性的生命命题，但却是容易被忽略的，人们一谈到血缘之爱，更容易想起的是母亲；而对于正在成长中的中学生，特别是高中学生，在他们要告别童年时，更容易和父母，特别是和父亲发生某种冲突，这样的父与子之间的隔膜，是一个深深困扰着中学生的生命命题。我们正应该抓住朱先生的生命体验和当代中学生的生命困惑之间的联结点，通过本文的阅读，引导中学生重新审视、思考“父与子”的关系和情感，并因势利导，让他们也来写写《我和父亲》，“自然流露”他们的“情感”。——或许这正是将《背影》引向中学生心灵之路，这大概也是我们教学的目的所在吧。

但“也不尽然”，因为无论是朱自清先生的作文，还是我们的语文教学，关注的不仅是“写什么”，也还有“如何写”的问题。其实，从我们前面的分析中，已经不难看出，朱先生在自然流露其情感的同时，对于词句的选择、文章的布局，还是大有考究的，尽管如他自己所说，这都是出于写作习惯。比如，“怕”字的重复运用（先是父亲“怕茶房不妥帖”，后是儿子“怕”父亲和别人看见自己流泪），“赶紧”一词的连用（“赶紧”拭干眼泪，“赶紧”去搀他），近义词的一再使用（“嘱咐”、“嘱”、“嘱托”），等等。而将触发自己写作的父亲的信，以及相关背景的交代，置于文章最后，从而给前面的叙述留下一些悬念，这更显然是精心的布置。

因此，我们在教学中，就应该引导学生注意琢磨作者如何选择与“控制”文字。记得叶圣陶先生在所编《开明新编国文读本（甲种）》里选了《背影》，就有这样的提示：“当时作者与父亲同行，到南京站上分别，彼此说的当然不只那几句话，而写在文字里的只有那几句。这就叫做‘取舍’的功夫。”并因此提出要求：“篇中的对话，看来很平常，可是都带着感情。试逐一体会，哪一句带着哪种感情。”这样的“提示”，就把“自然流露的情感”和“不尽”自然的对情感表达方式的着意经营统一起来了。

类似的提示，还可以有许多。总之，要找到“自然”流露与“不尽”自然的刻意追求之间的契合点。

五、“费力太过，繁了却也腻人”

朱先生说：“我只是一个老实人。”因此，他在坚持自己的追求的同时，也老老实实地承认自己可能有的局限。比如，他一面说“我还是费力”，如前所说，在他看来，“费力”经营文字是“国文教师的本来面目”；但他另一面又说“费力太过”，就可能有问题。他还有“繁了却也腻人”的自我警戒。①

这就说到了余光中先生对朱先生的散文的批评。余先生可能对朱自清散文写作的历史情境体察不够，对其历史贡献估计不足；但他作为一个散文艺术家，对朱先生散文可能有的局限的观察，还是敏锐的。比如说他“交代过分清楚，太认真了”，“他的比喻大半是明喻，一五一十，明来明去，交代得过分负责”，“好用女性意象”，有时就不免“俗烂，得来似太

① 朱自清：《写作杂谈》。

轻易”，这都不无道理。我们读《绿》，就有这样的感觉：费力太过，意象过于繁复，反而有空泛之感，一再用女性比喻，也确实有点“俗烂”。如果把《绿》和《春》、《背影》三篇合起来看，更不难发现，每一篇都是一开头就点题，结尾处又回到文题上，这样的章法过于严整，就成了一个“公式”了。

这大概是反映了朱先生自己所说的“国文教师”作文的弱点的，生活与情感、想象相对贫弱，专在文字上下功夫，有时就会给人以拘谨之感。

当然，朱自清先生散文的得失，是可以讨论的；也不妨让中学生参与这样的讨论，这对他们学习写作是有好处的。

六、“做”与“不做”之间

于是，我们又注意到朱先生在《鲁迅先生的中国语文观》一文里，对鲁迅《做文章》里的观点表示认同：

> 因为要推倒旧东西，就要着力，太着力，就要“做”，太“做”，便不但“生涩”，有时简直是“格格不吐”了。……太做不行，但不做，却又不行。……高尔基说，大众语是毛坯，加了工的是文学。我想，这该是很中肯的指示了。

朱先生的认同，大概是因为这是和他自己的经验一致的：“不做”与“做”，和前面引述的朱先生说的“感情的自然流露”和“也不尽然”，意思是差不多的。

不过，我们又注意到，朱先生反复强调，“国文教师”要更“费力”，也就是更要注重“做”的这一面。这可能和朱先生对语文教育的认识有关。在他看来，语文教育里的阅读与写作，和一般的自学和业余写作的不同之处，就在于它是一种自觉的训练，因此，要有目的地进行阅读和写作试验，尝试学习各种阅读方法和写作方法。这就要有意识地“做”，以培养调动和控制文字的能力。但写作又不是一个纯技术的“活儿”，不是文字游戏，它是人的心灵里流淌出来的，必须有真情实感，因此，又要强调感情的“自然流露”，不能太“做”。所以，中学里的写作教学的关键，也就是如何引导学生在“做”与“不做”之间寻求某种平衡。

朱自清先生关于“初学写作”，还有一个重要提示：要“先把话写清楚了，写通顺了，再注重表情，注重文艺性的发展，这样基础稳固些，否则容易浮滑，不切实”①。也就在这篇答编者问中，朱先生还特别谈到了他的《背影》的特点就在“只是写实”。作为写作基础训练，恐怕是更应该引导学生练习写《背影》这样的记人、写事的“写实”文章，这样基础会更稳固些。记得当年梁启超先生就提出中学生学习写作应“以学叙事文为最重要”，并写了《为什么要注重叙事文学》的专文。而我们现在的问题，恰恰是忽略了这样基本的纪实叙事训练，不注意朴实、准确的基本表达要求，而一味地要求学生写“抒情散文”，模仿滥用修辞手法的所谓“诗化语言”，过分追求文字的华丽，这就容易走到朱先生所担忧的“浮滑，不切实”那一路去。这是应该引起警觉的。

① 朱自清：《关于散文写作答〈文艺知识〉编者问》。

郁达夫：《故都的秋》

品一品“故都”的“秋味”

◎ 钱理群

“秋味”无疑是郁达夫这篇《故都的秋》里的关键词，从开章第一段即提出“故都的秋味”，以后各段里不断地重复（强调）：“秋的味”，秋雨“下得有味”，文人写得“有味”，“秋的深味”，秋的“回味”……一气贯到底，确实让人回味无穷。

这本身即是郁达夫的发现与独特体验：古今中外文人多有写“秋声”、“秋色”的，写“秋味”即使不是“绝无”也是“少见”的。而“味”是需要“品”的，或者如郁达夫在文章开头所点明：“秋味”是要“饱尝”、“赏玩”的。对生活、大自然这样有滋有味地品尝、欣赏，正是北京（故都）文化的特色。研究者早已指出：“典型的北京人是知味者，如北京人那样对待味，则是文化，出于教养。人人都在生活；不但生活着，而且在生活中咀嚼、品味这生活的，或是更有自觉意识的人。”[①] 如果说北京市民的这种将生活（自然）艺术化的鉴赏态度，是一种文化积淀的不自觉流露，那么，郁达夫作为一个曾居住于北京且深知其“味”的文化人，他以北京人

① 赵园：《北京：城与人》。

的眼光看（体验）北京的秋天，自觉地从中寻求审美满足，并诉诸文字，他就成了真正的北京文化（在他的笔下，北京人对自然、生活的品尝已经成为一种文化）的欣赏者与表现者。——这篇《故都的秋》的意义正在于此。

该从哪里去发现、欣赏、描述这“故都的秋”？现成的答案是到故都丰富的历史文物古迹中去寻找——郁达夫也真的写到了“陶然亭的芦花，钓鱼台的柳影，西山的虫唱，玉泉的夜月，潭柘寺的钟声”，但却只是一笔带过；这是因为，这些旅游胜地仅是历史留下的外在印痕、象征，恰恰是“外来人”最易注目与把握的，而渗透于骨髓里的传统神韵，却存在于北京普通老百姓的日常生活中。在世俗生活中寻求享用“美”（美的人生、美的文化），这才是真正的北京人的眼光。

于是，郁达夫引导我们“租人家一椽破屋来住着，早晨起来，泡一碗浓茶，向院子一坐”——仅这“破屋”、“清晨”、“浓茶”、“深院”，就足以把你带入北京所特有的悠闲、自如，而又有一点落寞的意境、姿态与氛围之中。然后，指点你看“很高很高的碧绿的天色”，听“青天下驯鸽的飞声”，“细数”从槐树片“一丝一丝漏下来的日光”，“静对”“破壁腰中”“像喇叭似的牵牛花（朝荣）的蓝朵”。然后，再和你一起絮絮地闲扯：牵牛花以哪种色彩最好？蓝色、白色、紫黑还是淡红？又想象如果在牵牛花底再“长着几根疏疏落落的尖细且长的秋草，使作陪衬”，那该是怎样一番情景（与情意）？——如此精细的审美眼光，又是这般幽静的审美心理，自然、生活连同人自身，都充分地美化、艺术化了。你大概咂摸出一点“秋味”，“感觉到十分的秋意”了吧？

再欣赏一回“北国的槐树”这“秋来的点缀”，怎么样？郁达夫又带着我们开始新的也是更深的审美体验：面对满地落蕊，视觉似乎已经无力（“像花而不是花”），听觉、嗅觉也无从把握（“声音也没有，气味也没有”），只能通过“一点点极微细极柔软的触觉”，来感受其中的美，让你感到十分满足，又有些朦胧，却说不清楚，是不是？有着极其敏锐的审美力的郁达夫又指引你注意那“扫街的在树影下一阵扫后，灰土上留下来的一条条扫帚的丝纹”，你凝神默对，许久才恍然领悟到一种“既觉得细腻，又觉得清闲，潜意识下并且还觉得有点儿落寞”的“味儿”。郁达夫这才告诉你：“古人所说的梧桐一叶而天下知秋的遥想，大约也就在这些深沉的地方”，这正是点题之笔：所谓“秋味”，所谓“故都”的“秋味”，就是这细腻、清闲与落寞、深沉的互为显、隐与表、里。

接着，郁达夫又指引你听“秋蝉的衰弱的残声”的“啼唱”，告诉你秋蝉之在北平，就和蟋蟀、耗子一样，像是“家家户户都养在家里的家虫”。一个“养”字，道尽了其中的闲适、亲切，却又隐隐有着说不出的凄寂。说起“秋雨”，而且是“北方的秋雨”，郁达夫又似乎别有感受，一说它“下得奇”，二说它“下得有味”，三说它“下得像样”，仿佛人似的从容、洒脱。于是，在一阵秋雨过去，云散、天青、太阳露脸之时，北京人终于款款而出。请注意，在此之前，只有秋景，或者说人隐没于、渗透于秋景之中，现在人从景中走了出来，更会有一番光景。且看郁达夫怎样描述、鉴赏故都的秋味的真正品尝者北京人。他首先着力渲染一个“闲”字：身份的“闲”，是十足的“都市闲人”，“著着很厚的青布单衣或夹袄”，一副闲散的模样；“咬着烟管，在雨后的斜桥影里，上桥头树底去一立”——姿态、神情，是这般闲适、潇洒、帅气。然后又抓住北京人特有的“说话的艺术”大做文章，一如研究者所说，“‘说’这种行为曾经是包括王公贵族和里巷小民在内的北京人的重要消闲方式，以至聊天（海聊、神聊、神吹海哨、侃大山等等）的北京人，与提笼架鸟的北京人一样，竟也成为北京人的典型姿态，易于识辨的特殊标记”①。郁达夫抓住这一点，正表明他对北京文化的深切理解。而他对北京人说话艺术的具体把握也是十分准确的，并抓住了要点：他强调北京人说话的声调、“平平仄仄”的音乐性，以及其间的韵味（那“念得很高，拖得很长”的一声“了”字是何等的“有味儿”!），并由这说话的“腔调儿”推知（感知）其情态心境的悠闲，又从那“熟人”间“微叹着互答着”的说话神态里体味北京人人际关系的和谐、随意、谦恭，以至于在这种有腔有调的“闲聊”（“唉，天可真凉了——”，“可不是吗？一层秋雨一层凉啦!”）中，突出的是一种情感、心绪的交流，言语的语义功能反而不那么重要。也就是说，人们说话的目的在于沟通心灵，甚至什么目的也没有，仅在于一种语言的享受：自我陶醉于那说话的腔调、韵味之中。而这腔调、韵味，如前所说，是能

① 赵园：《北京：城与人》。

够唤起并沉醉于一种既悠闲（清闲）又落寞的感觉的——这时候，大自然季节、景物（“秋”）的“味儿”，人的主观心绪的“味儿”，以及这说话腔调的“味儿”，已经融为一体了。

文章到此已经把故都的秋味写足，以后再叙北京的果树，以至与世界文人笔下的秋的同与异、与“南国之秋”相比之下的特异等等，都只是余墨，一种境界的扩展，我们也无须多说了吧。还是再回到命题上来。我们已经知道，所谓故都的秋味实际上是一种客体（北京这个特定城市里的大自然的秋天）与主体（北京人以及有着北京人的眼光的作者）的交融；我们并且从中既品出了清闲（悠闲、闲适、从容、洒脱……），又品出了落寞（凄寂……），这种情与理的互相依存、制约，就形成了北京文化的特殊神韵，同时也是东方文化的神韵所在。我们从故都的秋味里所品尝到的，也正是北京文化（以及东方文化）的真味，读郁达夫的《故都的秋》是一次真正的文化享受。

我们的品味真该结束了，但似乎意犹未尽，还有余文。当我们经过自己独立的审美体验，从郁达夫的《故都的秋》里品出了他笔下的故都的秋味包括着“淡淡的喜悦”与“淡淡的忧郁”两个侧面并且互为表里时，我们有一种重新发现的惊喜。因为在此之前，众多的“阅读指导”都告诉我们，郁达夫笔下的秋味充满了“深远的忧虑和孤独者冷落之感”。也就是说，我们自己在郁达夫的文章里读出来的秋味是“一剂复药”，传统（几乎成了定论）的分析，却开出“一服单方”。这里确实存在着审美误差。我们还想问：误差是怎样产生的？除了某种传统观念造成的思维定式（如写秋必悲之类）之外，我们又注意到了如下分析（逻辑推理）：“1933 年 4 月，由于国民党白色恐怖的威胁等原因，郁达夫从上海移居杭州，撤退到隐逸恬适的山水之间，思想苦闷，创作枯淡”，“由于作者身处的时代，在作家的内心投下了深远的忧虑和孤独者冷落之感的阴影，因此，作者笔下的秋味、秋色和秋的意境与姿态，自然也就笼上一层主观感情色彩”。不可否认，一个时代、社会的“大气候”（即我们通常所说的时代精神、氛围）对生活在时代、社会中的作家的思想、感情与创作的影响。但同时要看到，作家的思想、感情是复杂的，影响作家思想、感情的因素也是多元的；时代、社会对作家思想、感情的影响更是复杂曲折的，作家思想、感情在具体作品中的体现同样复杂，甚至是微妙曲折的。如果满足于线性思维的简单推理，“时代是苦闷的──→作家必定时时、处处陷入单一的绝对苦闷中──→他写出的每一篇作品必定是充满了单一的绝对的苦闷感”，由此得出的结论，其偏离于作品描写的实际，就几乎是难于避免的。我想，我们分析一篇作品的起点不应该是某些既定的观念，还是老老实实地从文本开始吧——一字一句地阅读、体验、琢磨、品味。这本身就是一种绝妙的审美享受，因而要珍惜自己从作品实际中得出的审美体验，它正是一切分析与研究的基础与起点。

追求大雅和大俗的交融

◎ 孙绍振

钱理群先生在《品一品“故都”的“秋味”》中批评过一种分析作品的线性思维模式：“时代是苦闷的──→作家必定时时、处处陷入单一的绝对苦闷中──→他写出的每一篇作品必定是充满了单一的绝对的苦闷感”。[①] 在分析郁达夫的这篇文章时，这样的模式曾经风行一时，产生过大同小异的赏析文章。诸如：“1933 年 4 月，由于国民党白色恐怖的威胁等原因，郁达夫从上海移居杭州，撤退到隐逸恬适的山水之间，思想苦闷，创作枯淡”，“由于作者身处的时代，在作家的内心投下了深远的忧虑和孤独者冷落之感的阴影，因此，作者笔下的秋味、秋色和秋的意境与姿态，自然也就笼上一层主观感情色彩”。[②] 这样的分析是很离谱的。在一篇艺术性的散

① 钱理群：《名作重读》，上海教育出版社 2006 年版，第 238 页。

② 同上书，第 237 页。

文中，投上“一层主观感情色彩”居然成了问题。言下之意，不带主观感情色彩的散文才是正宗。从这里可以看出，困扰了我们近一个世纪的机械唯物论真是“百足之虫，死而不僵”，至今仍然蒙蔽着一些并不缺乏写作能力的论者的眼睛。

艺术性散文并不是科学小品，它的生命就是审美的，而审美的特点就是作者主观的感情，一种特有的、与众不同的感情。如果在这一点上含混不清，就失去了欣赏的前提。

分析郁达夫的《故都的秋》的困难还在于：文章中的趣味和中学生的情感经验有很大的距离。对刚刚毕业的中学生的调查结果表明，虽然有相当一部分凭直觉就能感到文章“挺好”，但是多数说不清好在何处，许多学生读后的感觉是“很一般”，也有人觉得“不太好”，仅仅是出于对郁达夫大名的景仰而不敢贸然直言。多数学生感到十分茫然，不甚明白为什么要把这样的文章选到课本中来。

问题之所以产生，最根本的原因是缺乏审美修养，分不清审美价值和实用功利价值。

许多问题孤立起来是看不清楚的，只有还原到丰富、复杂的背景中去，才能有所发现。“万绿丛中一点红”，有了绿色作背景，红色哪怕只有一点，也有足够鲜明的视觉冲击力。

比较有两种，一是同类比较，二是异类比较。同类比较要容易一些，异类比较需要的抽象力度要高得多。这是因为，比较不同类的作品，要在相似点上进行，就需要撇开各自丰富的属性，仅仅抓住一个共同点，这是需要抽象的魄力的。同类比较，相似点是现成的，比较就相当容易。《故都的秋》，孤立起来看，特点并不很容易看出来。找一个同类作品来比较，例如老舍的《济南的秋天》，就不难抓住分析矛盾的契机了。

在《济南的秋天》中，老舍称赞了秋天的“清”，秋天的“静”，以此为主线构成了秋天的“诗意”：

> 济南的秋天是诗境的。设若你的幻想中有个中古的老城，有睡着了的大城楼，有狭窄的古石路，有宽厚的石城墙，环城流着，一道清溪，倒映着山影，岸上蹲着个红袍绿裤的小妞儿，你的幻想中要是这

么个境界，那便是济南。设若你幻想不出——许多人是不会幻想的——请到济南来看看吧。

而郁达夫，显然也是表现秋天的诗意的，他在开头这样说：

秋天，无论在什么地方的秋天，总是好的；可是啊，北国的秋，却特别地来得清，来得静，来得悲凉。

秋天的“静”，秋天的“清”，双方都有，但是，郁达夫所欣赏的秋天的“悲凉”，在老舍那里是没有的。老舍的秋天，从全文来看，给人一种活泼、清新、明静、愉快、开朗的感觉。这种感觉，正是中学生能体会得到的，把它作为美来表现没有什么障碍，因而也没有什么特出之处。而郁达夫不一样，他把“悲凉”当作美。这是中学生的生活经验和阅读经验中很少有的。如果这种“悲凉”只是一笔带过，可能还不算是关键词语，但这“悲凉”，在全文中恰恰是以一连串的语词链加以强调来表现的，可见这是文章的纲领。郁达夫显然有意把秋的悲凉作为美来系统地欣赏。

这就引出了一个问题：秋天的悲凉为什么是美的？接着的问题是，如何让学生理解秋天的“悲凉”也可以成为美的情感？

我们来看看在郁达夫笔下秋的悲凉是怎么个美法：

不逢北国之秋，已将近十余年了。在南方每年到了秋天，总要想起陶然亭的芦花，钓鱼台的柳影，西山的虫唱，玉泉的夜月，潭柘寺的钟声。

审美是一种情感和感觉，一般化的情感是很难感染读者的。文学的审美，关键在于要具备有特点的情感和感觉。郁达夫这一段文字，有没有特点呢？表面上看不出来，若用“还原法”，就不难看出来了。当时的北平是一座大都市，是政治、经济、文化、教育的中心。一般知识分子，久违了这个大城市时，会怀念些什么呢？是千年古都的名胜古迹吗？是那里的繁华商场吗？是大学校园的文化氛围吗？怀念这些东西，不是很能表现郁达夫知识分子的情趣吗？如果他怀念的就是这些五光十色、热热闹闹的场景，就和老舍差不多了，就没有他的文化修养和与众不同的个性了。郁达夫所怀念的，恰恰是老舍忽略了的东西。他个人特别关爱的是“陶然亭的芦花，钓鱼台的柳影，西山的虫唱，玉泉的夜月，潭柘寺的钟声”。其特点是，没有大城市的商业繁华，也没有政治生活的喧闹。他特别念念不忘的，并不像老舍笔下的秋景那样有鲜明的色彩（“清溪，倒映着山影，岸上蹲着个红袍绿裤的小妞儿”），相反，他选中的芦花非常朴素，从形状到色彩几乎没有什么花的特点。是不是北平就没有比芦花更鲜明的花呢？当然不是。西山的红叶、中山公园的菊花都是鲜艳夺目的，但都被郁达夫的记忆筛选掉了。他选中的公园，不是游人如织的胜地，而是比较幽静的陶然亭，就是在这比较幽静的公园中，他所钟情的，恰恰又平淡得只剩下了柳条的影子。西山的虫唱，有的是野趣，与其说是大都市的，不如说是乡村的。潭柘寺的钟声，给人的联想是古老、宁静而悠远，在大城市的喧嚣中，没有宁静的心情是感而不觉的。从这里可以感到，郁达夫所营造的故都之美在于超越了大都市的喧嚣，更具乡野的宁静和自然的境界。

这样的风景，如果换一个人，会觉得它美吗？很值得怀疑。但是，正是这些多数人可能会觉得索然无味的地方，郁达夫感到是最值得玩味的，比之北京闻名遐迩的景观还要经得起欣赏：

> 在皇城人海之中，租人家一椽破屋来住着，早晨起来，泡一碗浓茶，向院子一坐，你也能看得到很高很高的碧绿的天色，听得到青天下驯鸽的飞声。从槐树叶底，朝东细数着一丝一丝漏下来的日光，或在破壁腰中，静对着像喇叭似的牵牛花（朝荣）的蓝朵，自然而然地也能感觉到十分的秋意。说到了牵牛花，我以为以蓝色或白色者为佳，紫黑色次之，淡红色最下。最好，还要在牵牛花底，叫长着几根疏疏落落的尖细且长的秋草，使作陪衬。

细心的读者可能感觉到，郁达夫对于色彩的欣赏，和老舍在《济南的秋天》中表现出来的爱好很不相同。老舍在开头第一段已经亮出了红袍绿裤，到了后来，写到济南的秋水：“那份儿绿色”，“终年在那儿吻着水皮，做绿色的香梦。淘气的鸭子，用黄金的脚掌碰它们一两下。浣女的影儿，吻它们的绿叶一两下”。同样是写北方的文化大都市，老舍对于色彩的欣赏显然偏重于鲜艳。而郁达夫恰恰相反，是逃避鲜艳的：牵牛花，他以为蓝色或者白色者为佳，紫黑色次之，淡红色最下。显然，郁达夫是在竭力追求一种“淡雅”。因为“淡”而“雅”，其中蕴含着一种趣味，这种“淡雅”，是超越了日常世俗趣味的。日常的趣味，可能是浓艳的，这“艳”，在趣味上，可能是比较“俗”的。“雅”和“俗”是相对立的。“俗”是平民百姓的，缺乏文化熏陶的；“雅”是比较有文化修养的文人才有的，故“淡雅”中往往含着“高雅”的意味。

郁达夫所追求的趣味就是这种文化水平较高的人士的“雅趣”。

雅趣的特点是，不像俗趣那样偏重于外在的色彩和形状，而侧重于内在的意味。这种趣味不能自发生成，是与古典文化修养联系在一起的。没有一定的文化修养，没有高雅的心灵，可能就会视而不见、感而不觉。故郁达夫要欣赏出雅趣来，就得有一份超脱世俗的、恬淡的心情。超脱世俗表现在哪里？“租人家一椽破屋”。欣赏风景，为什么要破屋？漂亮的新屋不是更舒适吗？但是，太舒适了，就只有实用价值，而没有多少历史的回味了。破屋才有沧桑感。因为这是故都，历史漫长，文化积淀不在表面上，是要慢慢体会的。郁达夫的个性在于，他觉得这种积淀，不一定在众所周知的名胜古迹中，或许只有在破旧的民居中才能体悟出来。没有文化趣味的人，是不能胜任这样的欣赏的。为什么要泡一壶浓茶？浓茶是苦的，但是有回味之甘。这就是说，要慢慢体会才有味道，越体会越有味道。

悠闲，这就是雅趣的姿态。

更关键的是，雅趣的内涵。

郁达夫和老舍不同，他不像一般市民那样去欣赏欣欣向荣的自然景观，相反，他欣赏的是残败的生命。牵牛花的色调已经十分淡了，他还要再强调一下：“最好，还要在牵牛花底，叫长着几根疏疏落落的尖细且长的秋草，使作陪衬。”色彩已经够雅致了，但毕竟是外部的，也许是太表面了，郁达夫觉得不过瘾，还要加上疏疏落落的枯草。枯草有什么美？有什么诗意呢？青草还差不多。但这正是郁达夫的趣味所在。青草显示生命的蓬勃，要欣赏，不难；枯草表现生命的衰败，难道不值得欣赏吗？凡是属于生命的景象都有感悟生命的价值。生命的蓬勃，自然可以激起内心欢愉的体验。这是一种美的感受。直面生命衰败的感觉，沉思生命的周期，逗起悲凉之感，也是一种生命的感受。谁说悲凉就不是美的呢？在我国古典诗歌中，不是有那么多表现悲凉之美的杰作吗？当现代作家一窝蜂地挤在秋天的欢乐境界中的时候，郁达夫却着意表现秋天的悲凉美，难道不是一种审美情感的开拓吗？从审美教育来说，不是对心灵境界的一种丰富吗？

但是，把秋的悲凉当作美来欣赏是有难度的，郁达夫意识到了这一点，所以他在开头第二段就说，“秋并不是名花，也并不是美酒”。他警告读者：以通常那种“半开半醉的”精神状态，是欣赏不了秋天的悲凉之美的。他强调，欣赏秋天的悲凉之美要有一种喝浓茶的悠闲心情和姿态。悠闲地坐在庭院中，“从槐树叶底，朝东细数着一丝一丝漏下来的日光”，才能体会到“秋的味，秋的色，秋的意境与姿态”。

让中学生学会欣赏郁达夫的《故都的秋》，一直是个难题。除了经典文本和当代青少年读者的经验之间的历史距离以外，还有审美价值和实用价值的距离。生命的欣欣向荣，很容易得到自发的欣赏，而要欣赏生命的衰败，则需要超越世俗的实用价值观念。因为情感只有超越了实用的束缚，才能有比较大的自由。生命的衰败，在世俗生活中是负价值，但是，在艺术表现中却可能是正价值。

审美熏陶，就是让情感体验获得解放和自由。

接下来写到北平秋天的树和花。本来可供选择的不计其数，但郁达夫却只选中了槐树的花。这在北方可能是很不起眼的一种花了。可郁达夫所欣赏的，又偏偏不是长在树上的生气勃勃的花，而是快要死亡了的“像花而又不是花的一种落蕊”。这就把前面对于秋草的朴素的雅趣引向更为深刻的境界。生命衰亡的迹象，虽然从世俗观念上看，并不美丽，但也是很动人的。这种动人之处，不在一般的感觉中，只有在非常细致、非常文雅的心灵感觉中才会有。早晨起来，发现满地槐树的落蕊，一般人是没有感觉的，不但视觉如此（颜色形状不起眼），听觉也如此（声音也没有），嗅觉也一样（气味也没有），本来在一般人而言触觉也是没有的，但是，作者把“脚踩上去”（当然是穿着鞋的），如果不是感觉极其精致的艺术家，谁会有“极微细极柔软的触觉”呢？有了这种感觉，对于生命的消亡就有了深邃的感觉。

美学意义上的美，正是生命的感觉和情致的深邃。

作者在这里显然是对读者的感觉进行一种精致的熏陶。

正是因为这样，这种感觉不能轻轻放过，要抓住不放。

在“落蕊”被扫去以后，他审视着“灰土上留下来的一条条扫帚的丝纹，看起来既觉得细腻，又觉得清闲，潜意识下并且还觉得有点儿落寞”。这就从意识写到了潜意识，他在下面的句子中把这定性为“深沉”。这也就是文章的深度，郁达夫的功力，就在这里表现出来。如此生动的自我深化，又如此不着痕迹，正是郁达夫文章风格成熟的表现。从这里，我们看到郁达夫的胜利，不是反映了北平悠闲的生活特点（因为北平还有非常喧嚣的一面），也不是像一些教条理论家所说的“贴近生活”，他的妙诀是贴近自我——不单单是贴近自我，而且是深化自我，从感觉深化到潜意识，从潜意识深化到思绪。

发现自己的感觉，深化自己的感觉，表达自己的感觉，把感觉独特地语词化，这就是郁达夫告诉我们的为文之道。

一些教条式的阅读理论虽然也随大流喊叫以人为本，可是却绝口不谈人的感觉，不把人的感觉当一回事，根本不懂得人的感觉是人的一切心理的基础，人和客观世界的唯一通道就是感觉，人的死亡，就是感觉渠道的断绝。因而，感觉是珍贵的，不管什么样的感觉，只要是人的，都是和人的情感联系在一起的，是人的生命的表现。以人为本，就不但要以人的思想为本，同时也要以人的独特感觉和情感为本。感觉和情感表现得越深邃，文章就越精彩。教条主义阅读理论的以人为本之所以是空谈，就是因为它实际上只是一个抽象的人，充其量不过是一个实用的、理性的人。这也许合乎笛卡儿的“我思故我在”。但是，这样的人是片面的。人的思想是离不开感觉和情感的。感觉和情感，特别是比较独特的、个性化的感觉和情感，往往埋藏在潜意识中，一般情况下，人是意识不到自己深层的、内在的感觉、知觉和感情的，不加唤醒，就会被遗忘。审美教育，就是从“审感”和“审情”开始的。作为人，全面发展的人，要让感知、情感和意志得到全面发展，就不能让生命的任何一种感觉流失到潜意识的忘川之中。从审美意义上讲，不仅是“我思故我在”，而且是“我感故美在，我不感故美不在”。艺术的功能之一，就是把时时刻刻在流失的感觉唤醒，从而把感情唤醒。只有把全部属于人的感觉都唤醒了，使之复活在文字语言中，人才能从实用的（亦即片面的）功利中解放出来，成为全面发展的、完整的人。

当然，在文学作品中，作家不可能表现作为人的全部，但是，有才华的作家能把他生命的一部分、一个侧面，以完整的形态表现出来。

从《故都的秋》来看，郁达夫表现的是一个什么样的侧面呢？

《故都的秋》写到潜意识中的“落寞”，读者可以感觉到郁达夫最为深邃的艺术的追求。

把悲凉、落寞乃至死亡当作美来表现，是不是令人想到“颓废”这个词呢？

是的，有一点。在五四作家中，郁达夫的颓废倾向还是有一点名气的。

他在文章倒数第三段，还不无自辩地说：“有些批评家说，中国的文人学士，尤其是诗人，都带着很浓厚的颓废色彩，所以中国的诗文里，颂赞秋的文字特别的多。但外国的诗人，又何尝不然？”其实，他的辩解是十分无力的。他只是罗列了西方诗文中有许多秋的题材，并没有证明西方颂秋的诗人均有颓废色彩。他提出不论是中国诗人还是外国诗人，在悲秋上是一样的：“足见有感觉的动物，有情趣的人类，对于秋，总是一样的能特别引起深沉，幽远，严厉，萧索的感触来的。”他自然是以中国文人悲秋的传统为后盾的。但是，我们在《故都的秋》中所感觉到的，郁达夫式的悲秋，固然有中国文人传统的血脉，但是，却也可以隐约感到一些区别。中国文人从宋玉开始就定了调子：“悲哉！秋之为气也，萧瑟兮，草木摇落而变衰。”历代秋的主题，从杜甫的《秋兴》“听猿实下三声泪”到马致远的《天净沙》“断肠人在天涯”，乃至《红楼梦》的“已觉秋窗秋不尽，那堪秋雨助凄凉”，都是把秋愁当作一种人生的悲苦来抒写的。诗人沉浸在悲愁之中，在读者看来，诗人以愁为美，但诗人本身却并不以为是痛苦的。在郁达夫的《故都的秋》中，传统的悲秋主题有了一点小小的变化，那就是秋天的悲凉、秋天带来的死亡本身就是美好的，诗人沉浸在其中，并没有什么悲苦，而是一种人生的享受——感受秋的衰败和死亡，是人生的一种高雅境界。

这就不但颓废，而且有点唯美。

在这里，我们看到的，不仅是中国的传统审美情趣，还有西方的唯美主义，以恶为美，以丑为美，以死亡为美。更突出的，还有日本文学传统中的“幽玄美”、“物哀美”。所谓“幽玄美”就是：“在人的种种感情中，只有苦闷、忧郁、悲哀——也就是一切不如意的事，才是使人感受最深的。”[①] 日本传统美学中有个非常重要的概念：物哀（あわれ）。什么是“物哀”呢？《日本国语大辞典》这样解释：

> 1. 事物引发的内心感动，大多与“雅美”、“有趣”等理性化的、有华彩的情趣不同，是一种低沉悲愁的情感、情绪。
>
> 2. 把外在的“物”和感情之本的“哀”相契合而生成的协调的情趣世界理念化。由自然人生百态触发、引生的关于优美、纤细、哀愁的理念。[②]

川端康成在1952年写成的《不灭的美》中说：“平安朝的物哀成为日本美的源流。”“悲哀这个词同美是相通的。”[③] 从这里，我们可以看到郁达夫的特色，他并不把植物的死亡当作是痛苦的事，反而把文章带进优美的、雅趣的极致。

如果把郁达夫的师承看得太绝对，也可能把他当作一个日本古典情调的模仿者，一个绝对的唯美骸骨迷恋者，作为现代作家，郁达夫的世俗关怀可能因此被遮蔽。幸而，他笔锋一转，把他的趣味向故都的外部世界展开。他写到了故都的秋蝉，这好像是在向客观生活贴近。但是，恰恰相反，他贴近的仍然是自我，因为他抒写的是“秋蝉衰弱的残声”。和“落

---

① 川端康成：《川端康成小说选·译文序》，叶谓渠译，人民文学出版社1985年版，第7页。

② 《日本国语大辞典》，小学馆出版社1933年版，第19卷。

③ 转引自卫岭：《从唯美到颓废》，载《文艺争鸣》，2005年第2期。

蕊”一样，这仍然是对生命衰亡的情趣的体味。抒写衰弱的临近死亡的蝉声，是充分高雅的，但是，他并没有把雅趣和俗趣绝对地对立，相反，他非常有意识地让雅趣带上世俗的色彩。他说这样的秋蝉，很平凡，很世俗，是和“耗子”一样，像家家户户养在家里的。“耗子”携带着的信息和联想，使得古典高雅的诗意中透露出现实的、平民的色彩。这一笔并不孤立，也不突兀，前面的“一椽破屋”早就留下了伏笔。

这种与雅趣相辅相成的平民色彩，也就是俗趣，在写到“都市闲人”的时候，就更加鲜明了。

首先，这些人虽然是在都市里，却穿着传统的服饰，“很厚的青布单衣或夹袄”。不但样式是传统的，从其厚度也可看出是手工布机的产品。都市闲人的“闲”字，是很有特点的。一般来说，都市生活的节奏是紧张的，身在都市而“闲”的人，就显出了一种情调。这样的“闲人”，内涵很丰富。一方面他们是俗人，不一定有多少高雅的文化修养；另一方面，他们也有高雅的文化人的悠闲情调，为高雅的文化人所欣赏。和泡一碗浓茶的文人一样，“都市闲人”的生活从情趣到节奏是有机统一的。连说话都用“缓慢悠闲的声调”，很值得仔细玩味。文人情调表现在世俗之人的生活节奏上，世俗之人体现文人情调，这就达到了俗而不俗，大雅和大俗相交融。这里面的美，其欣赏难度是很大的，那种漫不经心地欣赏名花美酒的态度，是很难品味出来的。

这种大雅大俗的结合，是郁达夫式趣味的一个创造。

这是郁达夫写得最经得起分析的地方，也是最成功的地方。

但从全文来看，并非处处都成功。

在文章的后部，他突兀地发起议论来，对秋的悲凉之美加以总结：不管是中国文人还是外国文人，笔下的秋天，“总以关于秋的部分，写得最出色而最有味。足见有感觉的动物，有情趣的人类，对于秋，总是一样的能特别引起深沉，幽远，严厉，萧索的感触来的”。这是有缺点的：第一，这并不是雅趣和俗趣的交融，有点太偏向于雅趣，单纯的雅趣并不完全是郁达夫的创造；第二，在逻辑上，这样的概括也不够全面，不论是中国还是西方，古典诗文中秋天的情调并不总是深沉、幽远、严厉、萧索的。这样的总结，做得有点粗疏。英国湖畔诗人济慈的著名诗歌《秋颂》就充满了丰收的喜悦，一点也没有悲凉的感觉。

这样的断语与其说是秋天的特点，不如说是作家自我的表现，与其说是在欣赏故都的秋，还不如说是自我欣赏。从这一点来说，《故都的秋》着重表现的，不仅仅是对秋天的玩味，而且是对秋天的悲凉之美的文人体验和玩味。作家未能兼顾到雅趣和俗趣的交融，暴露出他内心雅趣和俗趣的不平衡，往往情不自禁地流露出让雅趣占上风的苗头。

全文生命力最强的部分还是雅俗趣味水乳交融的部分。正是这两种趣味的有机结合，使得《故都的秋》成为现代散文史上的丰碑。因为，北平百姓生活节奏的安闲、自在，是没有悲秋的意味的。把悲与不悲统一起来，就是生命的自然和自如。这样，本来相当俗的平民趣味就提升到一个新的层次，被郁达夫的雅趣同化了。虽然郁达夫的总结不无瑕疵，但是，他的语言却多多少少弥补了或者说掩盖了这样的疏漏。尤其是在文章倒数第二段，他的语言既有古典诗文的典雅，又有现代白话文的通俗：

> 南国之秋，当然是也有它的特异的地方的……可是色彩不浓，回味不永。比起北国的秋来，正像是黄酒之与白干，稀饭之与馍馍，鲈鱼之与大蟹，黄犬之与骆驼。

这就不但在情调上，而且在语言上，把雅趣和俗趣统一起来了。

郁达夫把秋天写得这么有诗意，赋予它一系列诗意的、高雅的话语，然而不时又穿插一些平民的俗语进去。前面就有茅房、耗子，这里又有稀饭、馍馍、黄犬、大蟹等等。这些话语本来是缺乏诗意的，用在这充满古典的、高雅趣味的文章中，是要冒不和谐的风险的。但是，郁达夫却在这里构成了和谐的统一情调。这是因为他的情感特点，本身就是把大雅和大俗融为一体的。

曹禺：《雷雨》

《雷雨》是“社会问题剧”吗？

◎ 钱理群

中学语文课本节选了曹禺《雷雨》第二幕，并在注释中对《雷雨》的主题作了如下概括：“这个剧本通过一个封建、资产阶级的家庭内错综复杂的矛盾，深刻地揭示了封建大家庭的罪恶和工人与资本家之间的矛盾，反映了正在酝酿着一场大变动的20年代中国社会现实。”

“揭示了封建大家庭的罪恶”这一说，是对《雷雨》主题的传统阐释，不但可以从剧本的实际描写中找到许多佐证，而且似乎也得到了剧作者本人的认可。曹禺在《雷雨·序》里，就曾表示，对于他的剧本主题的种种阐释，“有的我可以追认——譬如‘暴露大家庭的罪恶’”，他解释说：“也许写到末了，隐隐仿佛有一种情感的汹涌的流来推动我，我在发泄着被抑压的愤懑，毁谤着中国的家庭和社会。”细心的读者自会注意到，曹禺对“暴露大家庭的罪恶”主题的认可，是一种事后的“追认”，至少这是“写到末了”才“隐隐”感到的批判指向。由此而产生一个问题：曹禺在创作《雷雨》时，是否另有“初衷”？也就是说，他的原初写作意图是什么？其实，曹禺本人早有过明确的说明，但长期以来，却被人们有意无意地忽略了，于是今天就有了重提的必要。在《雷雨》于1935年4月由中国留日学生以“中华话剧同好会”的名义第一次在东京公演以后，曹禺在写给导演的一封信里，曾郑重说明：“我写的是一首诗，一首叙事诗，这诗不一定是美丽的，但是必须给读诗的一个不断的新的感觉。这固然有些实际的东西在内（如罢工等），但绝非一个社会问题剧。”① 曹禺在这里实际上是在强调，不能用要求剧本对某一重大社会问题作出明确的回答或价值判断的“社会问题剧”的主题模式，“削足适履”地去硬套他的剧作。他后来在《雷雨·序》里又更明确地指出，他在提笔写作《雷雨》时，“并没有显明地意识着我要匡正讽刺或攻击些什么”，他“写的是一首诗”。他创作的原初冲动，来自发泄自己情感的内在要求，来自对于不可知现象的莫名的困惑、恐惧、憧憬与诱惑，是一种生命的召唤。他说：“《雷雨》对我是个诱惑。与《雷雨》俱来的情绪蕴成我对宇宙间许多神秘的事物一种不可言喻的憧憬，《雷雨》可以说是我的‘蛮性的遗留’，我如原始的祖先们对那些不可理解的现象睁大了惊奇的眼。我不能断定《雷雨》的推动是由于神鬼，起于命运或源于哪种显明的力量。情感上《雷雨》所象征的对我是一种神秘的吸引，一种抓牢我心灵的魔。”

那么，在《雷雨》里，剧作者究竟表现了怎样的“蛮性的遗留”，对哪些“不可理解的现象睁大了惊奇的眼”，被什么样的“神秘”的“魔”所吸引并感到恐惧呢？并且他把这一切又外化为怎样的诗的情调、氛围、形象（意象）呢？于是，我们在《雷雨》里感到了一种“郁热”——不仅是戏剧发生的自然背景（剧本中一再出现的蝉鸣、蛙噪、雷响，无不在渲染“郁热”的“苦夏”氛围），同时暗示着一种情绪、心理、性格，以至生命的存在方式：在《雷雨》里，几乎每一个人都陷入一种“情热”——欲望与追求之中。周冲充满着“向着天边飞”的生命冲动，沉溺在永远也达不到的生命自由、健全发展的绝对理想境界的精神幻梦里。蘩漪、周萍、四凤，则充分表现了人的非理性的情欲的渴求，尤其是作者倾心刻画的蘩漪，她有更原始的一点野性：“在她的心里，她的胆量里，她的狂热的思想里，在她的莫名其妙的决断忽然来的力量里”，她的全部可怕的魅力正在于她更充分地发展了人的“魔性”。鲁大海也同样满蓄着反抗的、

① 原信以“《雷雨》的写作”为题，载1935年7月出版的《杂文》月刊第2号。

破坏的、野性的“力”，是灼热的、亟待爆发的“火山”。即使是侍萍，以至周朴园，他们对充满痛苦的（侍萍是一种屈辱之苦，周朴园则是忏悔之苦）初恋的极其矛盾、复杂的情感反应，正表明了对于曾经有过的人的情爱的难以摆脱。但所有人物的这一切“情热”（欲望与追求），都被一种人自己所不能把握的强大的力量所压抑着，剧本中几乎每一个人一出场都嚷着“闷”，蘩漪更是高喊：“我简直有点喘不过气来。”这象征着生命热力的郁结，超常态的欲望和对欲望超常态的压抑，二者互相撞击，就形成了以蘩漪为代表的近乎疯狂的“雷雨”式的白热而又短促的情绪力量。于是，出现了生命的“挣扎”。作者说：“这堆在下面蠕动的生物，他们怎样盲目地争执着，泥鳅似的在情感的火坑里打着昏迷的滚，用尽心力来拯救自己。”但这又是怎样一种“争执”与“拯救”啊！周萍“抓住了四凤不放手，想由一个新的灵感来洗涤自己”；蘩漪又“抓住了周萍不放手，想重拾起一堆破碎的梦而救出自己”；侍萍（鲁妈）也抓住四凤，希望她不要重走自己当年走过的路，以使自己永远地摆脱发生在昨天、今天又被唤起的梦；周朴园又抓住侍萍，希望借助她的“明智”，既结束“梦”的重现，又维护周公馆的既成秩序；甚至天真的周冲也抓住四凤，想仰仗她的帮助，走入理想的境界……这样一个抓住一个，揪成一团，“正如一匹跌在泽沼里的羸马，愈挣扎，愈深沉地陷在死亡的泥沼里”。由此而产生了曹禺式的命题（观念）——残酷。他说：“在《雷雨》里，宇宙正像一口残酷的井，落在里面，怎样呼号也难逃脱这黑暗的坑。”这里，既包含了对人（特别是中国人）无论怎样挣扎终不免失败的生存状态的历史发现，同时又表明了，作者对宇宙间压抑着人的本性而人又不可能把握的某种不可知的力量的“无名的恐惧”。剧作家因此“祈望着看戏的人们也以一种悲悯的眼来俯视这群地上的人们”，于是，在戏剧“本事”之外，又精心设计了“序幕”与“尾声”（“序幕”与“尾声”在新中国成立后出版的《雷雨》各版本中均被删去，直到1988年中国戏剧出版社出版的《曹禺文集》第一卷里才恢复）：十年后，周公馆变成教会医院，楼上楼下分别住着两位疯了的老妇——蘩漪与侍萍，这一天，一位孤寂的老人（周朴园）来到医院看望她们，彼此却没有一句话。偶尔撞进医院的年幼的姐弟俩目击了这一切，又像听“古老的故事”一般听人们谈起了十年前的往事。有了这样的“序幕”与“尾声”的框架，“看戏的宾客”就升到“上帝的座”，不仅造成“欣赏的距离”，而且将戏剧“本事”中产生的郁热、愤懑、恐惧消解殆尽，而转化为一种“悲悯”，这类似于宗教的终极效果：在“悲悯”的眼光俯视中，剧中人之间的一切矛盾、冲突、争斗也都消解，无论是处于“情热”中的蘩漪、周萍、侍萍与四凤，还是“在梦想”的周冲，“在计算里”的周朴园、鲁贵，都同是在尘世中“煎熬”而找不到出路的“可怜虫”。“悲悯”，作为一种审美情感，自然是对充溢于剧作中的激情的净化、升华与超越；而这种站在更高的角度，远距离的理性审视，也是更高意义上的一种清醒，作者的真正追求大概也在于此。

那么，又应该怎样看待曹禺对“暴露大家庭的罪恶”的主题阐释的事后“追认”呢？剧作者本人其实已经交代清楚，他是“写到末了”，才“隐隐仿佛有一种情感的汹涌的流来推动我，我在发泄着被抑压的愤懑，毁谤着中国的家庭和社会”。这就是说，当曹禺铺开稿纸，奋笔直书时，在显意识里，他感到的是前述的对人的徒劳“挣扎”的悲悯，对宇宙间压抑着人的本性的不可知的力量的恐惧，以至“不可言喻的憧憬”；另一面，在潜意识里，他的愤懑又隐隐指向“中国的家庭和社会”。而当这一切外化为他的戏剧，进而成为一种社会生命存在，接受处于现实的社会关系中的“观众的筛选”时，他显意识的自觉追求因为与时代戏剧已成的“社会问题剧”规范相背离，而遭到拒绝，被推到“后景”中去；相反，潜意识里的不自觉指向，却又因为与时代意识形态的暗合，而被接受者强化，推到“前景”位置，显示出一种新的生命活力。因此，所谓接受者的“再创造”，在某种意义上是对于戏剧生命第一创造者剧作家潜意识追求的一种激发。在戏剧生命创造与接受（再创造）过程中，剧作家显意识与潜意识位置的互置，这也算是曹禺戏剧接受史上一个饶有兴味的现象吧。

至于中学语文课本中的注释对《雷雨》主题的另一面概括，即“深刻地揭示了……工人与资本家之间的矛盾”，则是另一种情况。应该说，这样的主题概括，既与作者自身创作追求（无论是显意识层面，还是潜意识层面）相背离——曹禺在前引写《雷雨》首演中的信中已经说得很清楚，他之所以写到“罢工”，仅仅是作为一个写“诗”的材料，并非要从中引出什么“社会问题”；而且也不符合剧本写作的实际——周朴园与鲁大海之间的冲突，在全剧中最多也只是众多“副线”之一，不可能构成剧作的主题。他们之间的戏剧冲突，也绝不是“工人与资本家的矛盾”所能概括的。曹禺的《雷雨》因此还受到了左翼批评家的尖锐指责：周扬在其影响很大的《论〈雷雨〉和〈日出〉》里，即批评曹禺将周朴园与鲁大海的矛盾归于“血统上的纠缠”，而未能表现出“两种社会势力”（显然指“工人与资本家”）的“相搏”。周扬的批评实际上是将“在戏剧舞台上正面表现历史舞台上互相冲突的两种主要的力量”作为唯一的价值尺度，并用人物的“阶级”特性作为人的唯一特性，要求文学作品的人物都成为某一阶级的典型代表——这些方面，都表现出一种“左”的文艺思潮的影响，这在今天是看得很清楚的。有趣的是，曹禺曾在新中国成立初期按照周扬的批评模式，对《雷雨》动了一次大手术。在1951年开明书局版的《曹禺选集》里收入改写后的《雷雨》，周朴园成了名副其实的帝国主义走狗、买办资产阶级的代表，公开声言“‘有奶便是娘’，英国人出的钱，不照办也行不通”，忠实地执行煤矿“英国顾问”的指示，残酷镇压工人罢工；鲁大海也被改写为一个具备“应有的工人阶级的品质”且“有团结有组织的”罢工领导者，他代表着“人民大众”的利益，当面揭露周朴园的煤矿背后有“帝国主义的资本”，怒斥周朴园为“不要脸的买办官僚”。在剧本的结尾，周朴园勾结反动军警围捕鲁大海，鲁大海开枪反抗，侍萍对周朴园庄严宣告“这件事是不可能了结的”之后，带着四凤，跟随鲁大海，“昂然而去”，走上了革命道路；最后，周朴园听到“工潮扩大，开枪也弹压不住”的报告，“颓然”倒下。在这一修改本的《雷雨》里，确实自始至终贯串、突出了“揭示工人与资本家（而且是带有封建性的买办资本家）的矛盾”这一主题，但却明显地打上了“在文学作品里演义抽象的政治概念”的“左”的印记，与曹禺的原作相比，自是“面目全非”。在这次连曹禺自己都承认的“失败”的“修改”以后，一些导演在“阶级斗争为纲”的极“左”思潮影响下，还继续对《雷雨》动“手术”。例如，在1959年的一次“新演出”里，导演明确提出，首先要“解决同情谁、憎恨谁的问题，也就是谁是罪人的问题”，回答也简单而明确：“鲁家和周家的矛盾，反映了当时的社会的阶级矛盾”，即“封建压迫与劳资矛盾（也即工人与资本家的矛盾）”的“交织”。为突出这根“阶级斗争”的主线，导演将周朴园定性为“一个血腥起家的买办资本家，对家庭问题，又带有封建家长制的习性”，并明确规定了重新处理侍萍形象的原则：突出她与周朴园之间的阶级对立，以及她的反抗性，“使命运的象征味道削弱或消失”。在这次“新演出”中，鲁大海成了敢于与资本家斗争的工人阶级英雄自不待言，连鲁贵也被“落实政策”，突出了他对资产阶级的周家的憎恨，被处理为“本质上是好的”、“应该同情的人物”。这样的《雷雨》，可以称得上是经过了“脱胎换骨”的改造，但改造的结果，与其说仍是曹禺的生命创造，不如说已经是另一部新的“时事戏”。今天，这一切都已经成为历史——曹禺戏剧接受史上的一段插曲。今天大概不会再出现根据某种既定的政治概念，任意曲解、“改造”剧作家作品的历史“悲剧”了吧，但在这方面曾经有过的沉痛教训，却是不应该忘记的。

蘩漪是坏人吗？

◎ 孙绍振

大自然是吝啬的，人是被迫遵循大自然的规律才勉强满足了自身迫切的生理需求的。人类征服物质世界，凭的是自身的理性，但却牺牲了情感。情感被抑制着，被压迫得处于沉睡状态，或者叫做潜意识状态。在人的小丘脑的下部，有一个机制，就是压抑人的自发性欲望的。在人的种种欲望中，最强烈的是性欲和食欲。光有小丘脑的控制是不够的。为了不使人们在满足欲望时发生暴力争夺，便又有了道德的戒律，让人自己分别善恶。为了最有效地获取生活资料，便有了科学，追求客观的真，排除虚假。一个人从懂事开始所接受的就是道德的善恶和科学的真伪的教育。

这自然是很重要的、不可缺少的。但是对一个艺术家来说，光有这一点是不够的，因为人的情感的美，是人的生命不可缺少的组成部分，其特点就是超越善与真。

小孩子看电影或电视时经常会问大人，某某人物是好人还是坏人。这类问题有时很好回答，有时不好回答。越是简单的形象越好回答，越是丰富的形象越不好回答。这是因为形象越简单，情感价值与道德的善和科学的真之间的错位越小；形象越是丰富，意味着情感越是复杂，与善和真之间的错位也越大。

为了说明这个问题，我们举曹禺《雷雨》中的蘩漪为例。她是周朴园的妻子，却与周朴园的大儿子周萍发生了感情，而且有了肉体关系。从某种意义上来说，这是乱伦。当周萍要结束这种关系，带着女佣四凤远走矿山时，她为了缠住周萍，不惜从中破坏，甚至利用自己儿子周冲对四凤的爱情，强迫他出来插入周萍和四凤之间。

单纯从道德的角度来看，她肯定是自私的、邪恶的、不善的，是一个道德上有污点的人物。但是在看完《雷雨》以后，观众和评论家却很难把她当作坏人看待。

这是因为她在精神上受着周朴园的禁锢（虽然她的物质生活很优裕），她炽热的情感在这种文明而野蛮的统治下变得病态了，这就造成了她恶的反抗。她绝不为现实的压力而委屈自己的情感。她寻找情感的寄托，而且不把情感寄托当成可有可无的，相反，她把她与周萍的关系当成生命。曹禺在她第一次出场时，对演员和导演作出如下的描绘和分析：

> 她的脸色苍白，面部轮廓很美。眉目间看出来她是忧郁的。郁积的火燃烧着她，眼光时常充满了一个年轻的妇人失望后的痛苦和怨望。她经常抑制着自己。……她的性格中有一股不可抑制的“蛮劲”，使她能够忽然做出不顾一切的决定。她爱起人来像一团火那样热烈；恨起人来也会像一团火，把人烧毁。

曹禺在这里所作的，并不是一种道德善恶的鉴定，而是对她情感世界的揭示。他不在乎她是好人还是坏人，甚至也不分辨她哪一部分行为是善哪一部分行为是恶。对这些，作者自然是有某种隐秘的倾向性的，但那是一种侧面效果。作者正面展示的是这个人物的“郁积的火”，亦即受压抑的火，这种潜在感情是矛盾的：她外表忧郁，甚至沉静，而内在状态，却是以“不可抑制的‘蛮劲’”能够激发出“不顾一切的决定”，“她爱起人来像一团火那样热烈；恨起人来也会像一团火，把人烧毁”。不管这种“火”是纯洁的火，还是邪恶的火，都是人的生命的一种状态，而这种状态，是一向为人们所视而不见的。曹禺对那些越出道德的善和认识的真的范围的情感并不采取排斥的态度，而是当作一种可贵的发现，让读者在体验这种感情的过程中，体验到生命的丰富和复杂。

而情感的丰富和复杂的发现，就是美的发现。

一个普通的有道德善恶观念的人和一个有强烈审美倾向的艺术家的区别就从这里开始。艺术家并不满足于作出道德的和科学的评价，这不是他的主要任务，他追求的是在此基础上作出审美的评价。在艺术家曹禺看来，这个感情压抑不住，窒息不死，没有顾忌，一爆发起来就不要命，甚至在儿子面前都不要脸的女人才表现了女人的内在的追求，才是一个充满了生命的女人。而那个害怕自己感情的周萍，则是软弱而空虚的，他总是在悔恨中谴责自己的错误，他缺乏意志和力量，“他痛苦了，他恨自己，他羡慕一切没有顾忌，敢做坏事的人”。

然而，这个不再敢做坏事的人，尽管在道德上并不是负面的，在情感上却是苍白的，在审美上是被否定的。他肯定不是《雷雨》中的正面人物。

要提高对经典文学作品的艺术的欣赏水准，在这一点上是绝不可含糊的——必须把艺术形象的情感价值放在最重要的位置，哪怕这种情感与理性的善和真拉开了错位的距离也不能手软。

美在情感。

古希腊人把关于人的学问分为两类：一类是理性的科学；另一类则是和理性相对的，包括情感和感觉的，翻译成英文叫做“aesthetics”。但是，关于科学理性的学问比较发达，关于情感和感觉的学问好像比较逊色。直到后来鲍姆嘉登才把这门学问定下来。汉语里没有一个相对应的词语。日本把它翻译成“美学”，也就是讲究情感（和感知）的学问。但是，这也带来了混淆，给人一种感觉，似乎美学就只涵盖诗意盎然的审美，跟丑没有关系，好像没有什么审丑似的。

这就造成了一种事实，大凡与美相对立的，往往就变成了恶。

其实美的反面是丑，而善的反面是恶。

美的不一定是善的，而恶的不一定是丑的。

真、善、美三者不是完全绝对统一的，而是错位的。所谓错位，是价值的交错，而不是绝对的对立或者分裂，因为其间有部分的重合。

许多学术论文几乎异口同声论断周朴园是个道德上十分虚伪的家伙。这样的理解可能太浮浅了。如果他仅仅是一个虚伪的人物，那只不过说明他恶而已。但文学作品的价值追求，不仅在于善恶，更重要的在于美丑。蘩漪有恶的一面，但从审美价值来说，她对情感不顾一切的执著，说明她还有审美的一面。说周朴园是恶的，并不一定比说他是丑的更深刻。

问题在于，周朴园自己倒是觉得自己是有恶行的，但那是过去年轻时的事，他为此而时刻忏悔着，家具的布置也一直保持着当年侍萍生孩子时的原样——大热天，连窗子都如当年一样关得紧紧的。这一切，并不是做样子给谁看的，而是他的一种心意。有些论者把他发现当年的侍萍就在眼前时给她开了一张支票，也说成是虚伪。这多多少少有点强词夺理。因为在他们心目中，只有道德善恶一种价值观念。其实，这张支票，并不是空头支票，而且是他主动开出来的。问题不在于虚假，而在于真诚。他真诚地认为，这张支票足够补偿三十年生命的、情感的痛苦。他的问题出在他诚实地认为，这些金钱（实用价值）大大高于侍萍所付出的情感价值。把情感价值放在实用价值之上，我们已经说过了，是美；而把实用价值放在情感价值之上，就是情感枯窘，从美学意义上说，就是丑。关于这一点，作者在情节的组织上是十分有匠心的。作者说过，周朴园的忏悔是“绝对真诚的”。在常规下，读者是可以认同的，如果后来什么事变也没有发生，人们是很难发现他有什么丑恶的。但作者却精心让鲁侍萍单独出现在他面前。这个一直在忏悔的周朴园却说了，你还是来了；而且把她的到来理解成是为了钱（实用价值），于是他“绝对真诚”地开出了那张支票，当然这还是因为他害怕她闹起来。鲁侍萍的出现把周朴园打出了常轨，他的心理也越出了表层的“第一心态”，暴露了深层的“第二心态”，这“第二心态”的实用功利就把“第一心态”的情感颠覆了。

这种丑，在他对待蘩漪的问题上，也同样得到充分的表现。他对蘩漪，从道德上来说，应该是善的，他请了德国医生（花了大价钱）为她看病。他逼迫蘩漪服药，是很“文明”的。最严重的，也不过是让大儿子下跪。在这方面，他并没有做任何缺德的事，所以称不上恶。但是，他所做的一切都是对情感的漠视。他看不到妻子在精神上遭到自己的压抑已经变态。他对任何人，包括自己的儿子和妻子，都没有感情的沟通。从这个意义上说，他是个感情的空壳，他是丑的，但是，并没有多少显著的恶。

自然，让审美价值和实用道德理性拉开错位的距离并不是无条件的，这个条件就是不可直接与道德的善对抗，亦即不可诲淫诲盗。拉开两种价值的距离是为了在错位中充分展示情感结构的奥秘，把作者自己的道德理性结论隐蔽起来，让读者自己在潜移默化中有所感受。

许多语文教师都希望文本分析有一个较高的起点。审美价值的相对超越就是高起点，如能在这一点上不含糊，就有了摆脱无效阐释的可能。

事实上，对艺术家来说，把握真、善与美之间既统一又矛盾的错位关系是十分重要的。完全否认其间的矛盾，可能导致公式化、概念化；而无限夸大其间的矛盾，则可能导致诲淫诲盗或胡编乱造。真正的艺术家，能游刃有余地控制真善美的互相错位，而又不让它们分裂。

刘亮程：《走向虫子》

说什么“理”？如何“说理”？

◎ 钱理群

要读懂、讲清楚这篇文章，关键在于弄清其文体：这是一篇说理的散文，而不是描写纪实的散文，更不是抒情的散文。

于是，就有了两个问题：说什么“理”？如何“说理”？

而要弄清楚说什么“理”，就先要弄清如何“说理”：在某种意义上，“如何说”比“说什么”重要。更准确地说，“说什么”体现在“如何说”里，“如何说”又受制于“说什么”，两者是交融为一体的。而我们阅读、理解、把握，又必须从“如何说”入手。

一、如何“说理”？

观察与描写

说理要从观察与描写开始，而不是从概念、观念出发。

于是，就有了四个场景的描写。我们的阅读，也从这里开始。

场景一：“小虫在手指上爬”。这里有一系列的动作：“……爬……走走停停……踩……抬起……望……还走……头一低……慢慢悠悠……爬去……”——观察十分细致，描写极为真切。

场景二：“蜣螂滚粪蛋”。这里又有不同的观察：先是“头抵着地，用两只后腿使劲往上滚，费了很大劲才滚动了一点点”，费力极了。后来，又是“滚……转……绕……推……”，四个动作，麻利极了。——为什么会有这样不同的观察？且看下文。

场景三：“蚂蚁背干虫”。观察、描写的重心是蚂蚁如何背“比它大二十倍”的干虫，于是就有了“……爬……咬……拉……钻……顶……”的动作，以及姿势的变换：又是头“顶”，又是腿“举”，等等。——观察依然细致，描写依然真切。

场景四：“两只蚂蚁的厮打”。先写过程，“……扑……打……翻……逃……”；再细写动作，“……(身)牵……(口)咬……(爪)扇……”。——同样干净利索，写得活灵活现。

这四个场景都具有可观赏性，也是最接近学生生活的：很多人童年时都有过这样的观察经验吧？其实，单就这些描写，也自有意义，特别是动词的运用，是可以引导学生品味、学习的。

心理分析

但作者的本意并不在场景描写本身。场景的背后有人，有人的眼睛在观察、分析。

而且不同的人会有不同的观察、观感、联想、分析。因此，不同的作者都会给这些场景以不同的意义。如孙绍振先生在其鉴赏文章里所介绍，马克·吐温的《辛劳的蚂蚁》一文里，就从蚂蚁“没有目的，没有成效，但是坚持搬运不止”的行动里，既看到了“愚蠢”，因而感到“可笑，可悲，可怜”，又看到了“执著”、“顽强”与“天真”，因而感到“可叹，可爱，可欣赏”。马克·吐温也写到了“两只蚂蚁的厮打”，也连用了“……跳……踢……揪……拉……扯……推”这一连串的动词，但据孙绍振先生分析，“这显然是超越了蚂蚁，而对某种傻里傻气的人的调侃了”①。

我们也不妨作这样的试验：让学生对作者描述的这四个场景，作出他们的解读，也一定会有不同角度的各种分析。这会是很有趣的。

现在，我们再来看作者“如何写”。

他抓住了“我”在观看这些场景时的心理活动及其变化，并作心理分析。——这真是别开生面。

而且着重写的，是“我”的观察、分析、判断的一次次“错误”。

看“小虫在手指上爬”，“我”先是嘲笑“小虫”的“短视和盲目”，后来才发现真应该“羞愧”的是“我”：“我竟没有看见指头底下还有路”。

看“蜣螂滚粪蛋”，“我”先是“看得着急，真想帮它一把”，因此，“我”眼里的“滚粪蛋”是费力极了的。但后来“我”才发现，蜣螂滚粪蛋是麻利极了的，“我”没搞清楚，是在多管、瞎管“闲事”。

看“蚂蚁背干虫”，“我”先“猜想”：蚂蚁急于把干虫搬回洞去，多少孤老寡小在等着；后来才发现这都是作为“人”的“我”的想法，“孤老寡小”只是“人”的世界里的概念，蚂蚁不过是“为背而背”而已。“我”因此还自作主张地又抓来一只“闲转的蚂蚁”，并且作了这样的设想：“先让两只蚂蚁见见面，商量商量，那只或许会求这只帮忙，这只先说忙，没时间。那只说，不白帮，过后给你一条虫腿。这只说不行，给两条。一条半，那只还价。”——这又是一个极有趣的“蚂蚁交易”的场景，写得生动、简练而传神。但这仍然是“我”的“人的想象”，“我”把人间的讨价还价强加给了蚂蚁世界。蚂蚁们却不理会这些，一见面就打起来了。

通篇文章就这样把“我”在观察过程中的心里的种种想法和虫子们的行动相对照，结果是“我又想错了”，“我又搞错了”，错，错，错，“我”真是狼狈极了。

文章也就这么结束了。

但我们却分明感到，在这样的心理分析、这样的“我”的狼狈处境的

① 孙绍振：《孙绍振如是解读作品》，福建教育出版社2007年版，第368页。

描写背后，还隐含着作者的某种醒悟和思考，也就是作者写作此文所要说的“理”。

二、说什么“理”？

“人”的自嘲和反省

从文章充满调侃的描写和心理分析里，我们当然感觉到了“对人的自嘲和反省”的意味。而且文章中也有这样的点题之笔，是我们在读、讲中应该特别注意的：

> 这下该我为自己的眼光羞愧了……
>
> 人的自以为是使人只能走到人这一步。
>
> 我这颗大脑袋，压根不知道蚂蚁那只小脑袋里的事情。

“人”从来自称“万物之灵”，“我”在文章一开始对小虫“短视和盲目”的嘲笑，那样一种居高临下的眼光和自以为是的心态，正是这样的“人”的自傲的表现。但小虫一个“慢慢悠悠向手心爬去”的动作，就把这一切自以为是与自傲轻而易举地颠覆了——“我”还幸灾乐祸地预言“它若悬崖勒不住马，肯定一头栽下去”呢（这一句成语活用，调侃意味十足，可谓“神来之笔”）。“短视”而“盲目”，“好笑”的究竟是谁呢？而作者看来，光是自嘲还不够，还该自愧，因此用了“羞愧”一词。——作者为什么用如此严重的词语呢？这本身就值得琢磨。

紧接着的一句，“人的自以为是使人只能走到人这一步”，就把对“人”的反省提高到一个新的高度和层次。——在通篇的调侃里，突然出现这样一个严肃、严重的断语，而且着意单独成行，这给人以突兀之感，却也增加了其分量，成为一个警句，也引我们深思：人的自傲其实是人的自我束缚，自己把眼光、视野和发展局限在人自身这样一个狭窄的范围内，而失去了在宇宙生命（也包括这些小虫）的相生相长中获得更自由广阔的发展空间的可能，是真的“井底之蛙”了。

值得注意的是，文章中的“我”尽管还有着“人”的自以为是的毛病，但对小虫们还是充满善意的。这已经不同于那些动不动就要消灭“害人虫”的大自然的“征服者”，可以称得上是人中之善类、有觉醒者。这一点，在第二、三、四个场景描写里表现得特别突出：可以说“我”是一心一意、诚心诚意要帮蜣螂、蚂蚁一把。但都事与愿违，弄得自己很是狼狈。这是另一种调侃。

于是又有了这样的反省：“我这颗大脑袋，压根不知道蚂蚁那只小脑袋里的事情。”而在获得这样的新的觉醒之前的“我”，是缺乏自知之明的：“压根不知道蚂蚁那只小脑袋里的事情”，却要一厢情愿地干涉蚂蚁的事情，哪怕是出于想帮助它们的好心，也是要适得其反，显出可笑的一面——当然，也有可爱的一面。如果如前文所说，马克·吐温在蚂蚁身上发现了“可笑”与“可爱”，多少还是有“人”的优越感，那么现在我们的作者刘亮程却在“我”和蚂蚁的关系中，发现了“人”的可笑与可爱。这样的对人的反省，而且是对大自然有善意的人的反省，思考显然是深入了一步的。

人和自然生命的相通与相隔

刘亮程的反省——“我这颗大脑袋，压根不知道蚂蚁那只小脑袋里的事情”，还蕴含着更深的意义与更深的反省。

这句话里有三层意思。首先，以“我”和“蚂蚁”相对举，这其实也是全文的一个基本特点，文章所要讨论的，就是“我”和“蚂蚁们”的关系，也就是“人”的生命和“小生物”的生命的关系。

其次，不但强调“我”（人）有“脑袋”，也承认“蚂蚁”（小生物）有“脑袋”，这里就有一个人的生命和大自然小生物生命平等的理念：他们都有一个属于自己的独立的世界。

其三，“压根不知道”则是强调，正因为这是各自独立的世界，人的生命和动物的生命就必然存在着不相通的一面。

这才是作者的独立发现。因为这些年人们在讨论“人”的世界和“生物”世界的关系时，总是在凸显人和动物之间生命的相通，而忽略了相隔的这一面。

说是独立发现，是因为这正是刘亮程散文的一个基本母题。他一再诘问："我们知道世上有如此多的虫子，给它们一一起名。而虫子知道我们吗？"[①] 他如此自省："我从草木中得到的只是一些人的道理，并不是草木的道理。我自以为弄懂了它们，其实我弄懂了自己。我不懂他们。"[②] 他还专门写过一篇文章，题目叫《孤独的声音》，说"有一种鸟喜欢亲近人，对人说鸟语"，"它曾经找到我，在我耳边说了那么多动听的鸟语。可我，只是个种地的农民，没在天上飞过，没在高高的树枝上站过。我怎会听懂鸟说的事情呢"。

"我"是怎样地渴望着"弄懂"这些可爱的小生物啊，可是，"我不懂"，"我怎会听懂"——这里充满了多少无奈和痛苦！人的生命和大自然中小生物的生命，是既相通又相隔的啊。它们是独立的，却又是孤独的。——这大概就是作者最想说给我们听的"理"。

明白此"理"，我们就懂得了，本文的调侃背后，其实是深藏着悲哀的。笼罩全篇的全是这样的无奈之语："我""没看见"，"不知道"，"没弄懂"，"不清楚"，"没看出"，"没搞清楚"，"没想到"，"压根不知道"——这些都是贯穿全文的关键词。

"走向虫子"：意味深长的标题

一个不可忽视的细节：本文收入作者的散文集《一个人的村庄》时，标题是《三只虫》，而教科书里的标题却是《走向虫子》。我们暂时无法考证标题是由谁改动的，但至少引起了我们对课文标题的注意。

"走向虫子"，就是说，"我"（"我们"）不仅视虫子为平等的生命，而且还要主动地接近它、了解它、理解它。

但，"我"（"我们"）能"走向虫子"，了解它、懂得它吗？

这是一个意味深长的问题。

---

① 刘亮程：《与虫共眠》。

② 刘亮程：《对一朵花微笑》。

对人类盲目自信的反省和调侃

◎ 孙绍振

刘亮程的这篇文章虽然不长，却写了好几种虫子，先是一种连名字也可以忽略的虫子，接着是一种叫做蜣螂的虫子，最后是蚂蚁。三种虫子，在人们看来，是不起眼的、微不足道的，相对于人来说，是渺小的。这有什么可写的呢？如果按照某些贴近生活也就是贴近虫子的作文指导原则，对于虫子的描写，就限于这些常规的观感，那么文章就很难写，甚至写不出什么名堂来。但是，作者之所以写得引人入胜，是因为他循着另一条思路，写自以为是的观感，一次又一次的碰壁。这是贴近虫子吗？不是，是贴近自我，贴近自我对虫子的观感的变化，也是一条成功的为文之道。

第一种虫子，很小，头只有针尖大，连名字都被忽略了。作者循着常规思维，"看得可笑"。眼见它在指甲盖上爬行，到了尽头，若是不停止，就要一头栽下去。作者由此产生了优越感，觉得这粒小虫面临危机，却毫无感觉，明明是"短视和盲目好笑"。但是，小虫却从手指底部慢慢地爬向了手心，并没有掉下去。这时，作者"为自己眼光（短浅）羞愧了"。他得出了一个结论：

人的自以为是使人只能走到人这一步。

这是作者表述自我的第一次错误。这里有两点值得一提：第一，写自己，并不一定要写多么光辉伟大的名堂，自己的错误也可以成为文章的核心内容；第二，并不是自己的任何错误都能写成好文章的，就是错误也有无聊的，这里的错误，本来可以说是无聊的，但是作者却把本来可能是无聊的错误深化了。他把它写成是优越感的错误、自以为是的错误，而这种由于优越感而造成的错误，并不是个别的，而是人类普遍的错误。这样写自己的错误的深刻，就在于是对人的优越感的嘲笑。人的局限性如此之明显，在某些方面连一只小虫子都不如，却常常盲目地为优越感所蒙蔽。这一点因为处于对比（手之大，虫之小；人之自以为聪明，虫之笨）之中，而显得鲜明强烈。在一些方面，人不如虫，是人的局限；人对此的不自知，是更大的局限。人的局限是宿命的，不能超越的，人的盲目优越感却是可以克服的，但是人缺乏自审，因而“人的自以为是使人只能走到人这一步”，人不能变成比人更为聪明的动物。这句话，虽然文字很浅白，道理却很深刻。自以为是的本性是人的自我封闭。从这么平淡的事情中体悟到这么深邃的哲理，这就不仅仅是贴近自我，而且是深化自我。文章的成功之道，就是关于从原始的感觉，深化为对人类局限的分析。

这种散文，有丰富的感性描写，而且相当生动，但不是引发情感的抒发，而是以智慧的思考为归结。然而，文章又不是以议论为主，而是以感性的、形象的描写为主体。

在形象的描写中，作者把小虫子写得很自如，旁若无人，可笑的不是虫子，而是自以为是的人。

接着写的是蜣螂，要对付一个比自己大好几倍的粪蛋，费尽九牛二虎之力，而“我”看得着急，要帮它一个忙，轻而易举，举手之劳而已，但不知道如何帮助才是有效，才不徒劳。作者越是强调蜣螂和粪蛋之卑微，就越显得人的智慧之有限。哪怕是出于很善良的愿望，哪怕是这么一桩小事，也是无从下手的。

作者第二次直陈自己错了：究竟蜣螂是要搬东西回家，还是一味游戏，“反正我没有搞清楚”。一再为自己的智慧有限而无可奈何，这是本文的特点。作者每次都以自发的优越感开始，以嘲笑自己的优越感告终。

文章写得更为精细的是蚂蚁，也是不辞辛苦地进行着一种沉重的劳动，“背着一条至少比它大二十倍的干虫”，用嘴巴咬，用头顶，失败了，跌了个仰面朝天，又重新来，“动作越来越快，也越来越没效果”。这当然是挺可笑的。但是，作者的立意并不仅仅在蚂蚁的可笑，而是人的更可笑。这个人，并不是因为坏心可笑，而是因为好心而可笑。他同情蚂蚁，想帮蚂蚁的忙，就把一只在近旁闲转的蚂蚁捉住，放在那只忙碌的蚂蚁前面，让它帮忙。但是，好心却没有好结果，这只蚂蚁不肯帮忙，跑了。作者以为这是因为自己“强迫它”，它“生气了”，就改了方式，把逃跑的蚂蚁捉回来，放在劳碌的蚂蚁前面：

先让两只蚂蚁见见面，商量商量，那只或许会求这只帮忙，这只先说忙，没时间。那只说，不白帮，过后给你一条虫腿。这只说不行，给两条。一条半，那只还价。

很明显，这个场面想象得很风趣，把蚂蚁平民化了，挺有人情味的，也挺好笑的。但是，越是想得美，越是错得厉害。作者第一次直陈：

我又想错了。

两只蚂蚁没有商量，没有合作，相反，打了起来：

二话没说，扑上去就打。这只被打翻在地，爬起来仓皇而逃。也没看清咋打的，好像两只牵在一起，先是用口咬，接着那只腾出一只前爪，抡开向这只脸上扇去，这只便倒地了。

这里的可笑，也就是幽默感，是由两个方面构成的，一是小虫子，没来由地厮打，越是没道理，越是互相伤害得厉害，越是可笑；二是对“我”的调侃，越是好心，越是办坏事，越是可笑。文章的诙谐，借助虫子厮打的后果来突出自以为是的人的无能为力。

文章写到这里，对自己的调侃或者自嘲，可以说相当酣畅了，但是作者意犹未尽，为蚂蚁“着急”，为它帮忙，以为它会“感激”，结果，却是蚂蚁“生气了”。

我又搞错了。

这是第四次犯错误了。这样写不是显得重复吗？不，这正是幽默感的层层加码。自以为是，帮倒忙，吃力不讨好，每重复一次，对自己的嘲笑就深入一个层次。到第四个层次，可谓是淋漓尽致，人终于在蚂蚁面前认输了：

我这颗大脑袋，压根不知道蚂蚁那只小脑袋里的事情。

这当然是自嘲，同时也是自贬，但并不是自卑、自轻、自贱，因为这是虚拟的，就这一点而言，人是不如蚂蚁的。但是，这是撇开了人的其他方面的优越性而言的，而这一点作者和读者是心照不宣的。正是因为这样，这里的自嘲、自贬只是一种幽默，一种故意留下漏洞的、片面的智慧，一种诙谐的情趣，而不是理性的结论。这里有着情和智的交融，同时也表现了作者胸怀的宽广。

读到这里是不是可以思考一下：这篇作品的成功，其思考的深度、趣味的丰富，是贴近了蚂蚁的生活，还是贴近了作家的心灵呢？写出这样的作品来，主要是靠对蚂蚁的观察，还是靠作者内心情感和智慧的独特和深邃呢？要写好文章是靠对生活的观察，还是靠心灵的活跃呢？

中国古代绘画有一种很深刻的理论：外师造化，中得心源。流行的教条主义的机械唯物论，总是片面地强调外部世界（造化）的反映，而忽略了文章的另一个源泉，就是心灵。其实，就是“外师造化，中得心源”，也是不够完善的。因为造化和心源，在文章中不是并列的，而是统一的。用胡风的话来说，就是主观要拥抱了客观，才能进入创作心态。用发生认识论的话来说，就是外部世界只有在被内部心灵同化了以后，才可能有文章可做。许多文章解读之所以不得要领，空话连篇，就是因为在这个出发点上弄错了。

《木兰诗》

《木兰诗》赏析及其文化学阐释

◎ 王富仁

刘大杰先生在所著《中国文学发展史》（上）对《木兰诗》的思想艺术成就有下列一段概括性论述：

> 在《木兰诗》里，出现了一个非常健康明朗的女性。她生命的充沛与情感的活跃，配合北方伟大的自然背景，组成了雄健刚强的交响乐，使我们听到了未曾听过的弦乐，体现祖国精神的无限高昂。在中国古典诗歌里，初次制造出一个典型的英雄性格的女性形象。通过这篇长诗，反映出人民要求劳动生活的强烈愿望，它表面是喜剧性的，但在反面仍然隐藏着悲剧的现实。从这首诗，我们可以体会到在那个时代里，广大人民苦于抽丁的压迫和连年不断的战争的苦痛生活。本诗的艺术特色是故事性强，布局谨严，描写生动，且富于音乐的美感，发扬了民歌的独特风格。

我之所以引述刘大杰先生的这段话，不是因为刘大杰先生这段话有完全属于刘大杰先生个人的独立见解，恰恰因为他的概括体现了我们现有的普遍认识。我们如果不作仔细的考察，是不会发现这段话有何可非议之处的。

但是，我认为，其中还是颇有些应该深入思考的地方的。

首先，我们一向把《木兰诗》中的木兰作为一个英雄形象来对待，刘大杰先生在这里也说她是一个“典型的英雄性格的女性形象”，这难道真的符合我们对《木兰诗》中的木兰这个人物的直观感受吗？

文学作品中的英雄形象，与我们平时所说的英雄模范人物是有根本区别的。二者的根本区别在于：我们平时理解的英雄模范人物更带有客观判断的性质，我们把那些曾经表现出与众不同的英雄模范行为并具有这种品质的人物一律称为英雄模范人物，但作为文学作品中的英雄人物的典型形象，却绝不能脱离开作者的主观创作意图和作品所塑造的人物形象所给予读者的实际审美感受。

从作者创作的角度，英雄人物的典型形象是作者以赞叹、惊异的心情，通过对人物的英雄行为和高尚品质的描写，塑造出的超凡脱俗的人物形象；从读者接受的角度，英雄人物唤起的是一种崇高感，没有崇高，便没有英雄形象，英雄是与崇高并生的。（孙悟空完成的英雄业绩要比岳飞多得多，但孙悟空不是英雄人物的典型，而岳飞则是，因为孙悟空不使人产生崇高感。）也就是说，文学作品中的英雄典型绝不仅仅是他做过什么的问题，还是一个从何种角度感受并表现他的问题。如果我们忠于作品给我们的实际感受，我们便会承认，木兰更使我们感到亲切，而不是使我们感到崇高；她可以被称为英雄，但作者却不是以英雄人物的形象来塑造她、描写她的。

其次，刘大杰先生说《木兰诗》反映出“人民要求劳动生活的强烈愿望”，其含义也是不那么明确的。任何概念的意义都是在与其他概念的区别中获得其确定性的。如果说它是相对于战争生活而言的，那么这里的劳动生活指的是和平生活；如果说它是相对于官宦生活而言的，那么它指的是平民百姓的生活。这里有两种对立的形式：

战争生活——和平生活

官宦生活——平民生活

事实上，第一种对立在《木兰诗》中几乎是不存在的，因为《木兰诗》的一个鲜明特点恰恰在于她没有把从军当作自己的痛苦和不幸，不论在战争生活中还是在和平生活中，她都表现着蓬勃的生命力和旺盛的生活热情。这是《木兰诗》与高适的《燕歌行》及杜甫的《兵车行》、《石壕吏》、《垂老别》等反战作品截然不同的一个特点。自然它并不以表现战争的残酷和它给人民生活带来的灾难和痛苦为描写对象，既然木兰乃至她的全家都没把木兰从军视为苦难，又怎能说该诗表现了要求和平的劳动生活的强烈愿望呢？木兰最后要求还乡表面上是要求和平的劳动生活，但须知那时战争已经结束，她的选择的意义已经不是在战争生活与和平生活的对立中，而是在官宦生活与平民生活的对立中表现出来的。在《木兰诗》中，官宦生活与平民生活的对立是存在的，但全诗的意义似乎又不全在此，因为不论在该诗本身的描写中还是在实际的现实生活中，不愿为官而甘愿为民是极易实现的愿望，是不需以诗歌的形式"强烈要求"的。

第三，刘大杰先生说《木兰诗》的表现是喜剧性的，但在反面仍然隐藏着悲剧的现实。在这里，刘大杰先生实际是以发掘作品"客观意义"的方式将自己与作者不同的把握方式带进了对《木兰诗》的评论中来。我可以毫不夸张地说，这里面实际包含着对《木兰诗》最危险的颠覆。

一个文学作品的主要价值不在于它描写了什么，而在于它怎样描写。如果一个文学作品把真正属于悲剧性的现实写成了一种喜剧性的、轻松愉快的、让人乐意接受的东西，这无疑是在粉饰现实。《木兰诗》的存在除了为后代人提供了一个可供重建的题材外，它自身就没有什么意义了。刘大杰先生说《木兰诗》隐藏着悲剧的现实，具体所指便是后面所说的可使我们体会到广大人民苦于抽丁的压迫和连年不断的战争的痛苦生活。

试想，我们若真的将这种价值判断带入作品本身，木兰这个人物的光彩便全然丧失了。只要我们把可汗点兵理解为一种统治者的压迫行为，木兰的从军便带上了屈服于这种压迫行为的性质，因为她是完全有理由以"阿爷无大儿，木兰无长兄"、父亲年迈多病来逃避这种为统治者卖命的命运的。这里只有两种解释：如果她意识到这是一种统治者的横征暴敛，她的从军就是一种屈于压迫的软弱行为；如果她意识不到这实际是统治者对人民的愚弄，她的从军便是一种愚昧。而这两种解释都会从根本上失去木兰这个人物形象的光彩照人之处。在这里，我们只有一条道路可走：不应以我们的理解代换《木兰诗》中的实际描写，因为它没有描写广大人民苦于抽丁的压迫和连年不断战争的痛苦生活。《木兰诗》的意义不能从这个方向上去探讨。

下面，我们在意识到以上三个问题的情况下，重新感受一下《木兰诗》的具体描写。

> 唧唧复唧唧，木兰当户织。不闻机杼声，惟闻女叹息。
>
> 问女何所思，问女何所忆。女亦无所思，女亦无所忆。昨夜见军帖，可汗大点兵，军书十二卷，卷卷有爷名。阿爷无大儿，木兰无长兄，愿为市鞍马，从此替爷征。

全诗一开始，就描画了一幅极平凡、朴素而又亲切、温馨的生活场面。作者将读者直接置于一个木兰邻里或乡亲的地位上，仿佛你从她的门前走过，首先听到了“唧唧”的织布声，又在一个开着的屋门里，一眼望见木兰正在当门放着的一架织布机上坐着织布。

至少从我这个北方农村出身的人来说，一读到这两句便会想到童年时所看到的种种类似的生活场面，使人感到格外亲切和温暖。在这里，我们需要强调的一点是：这个生活场景的平凡、朴素、亲切和温馨，也就是我们对木兰这个人物的感受，因为这里的场景和人物是浑然一体、没有明显区分的。使木兰从这样一个生活场景中独立出来的不是她的花容月貌，也不是她的飒爽英姿，而是她的叹息声。

“不闻机杼声”不是没有机杼声，而是听到木兰的叹息声后消失了对机杼声的明确感觉。在这时我们感到的是对木兰的疼爱和关切，她的叹息声立即唤起了我们内心的感应，想知道她为什么叹息，为什么发愁；想安慰她、体贴她，甚至实际地去帮助她。

“问女何所思，问女何所忆。”这两个相似的问句，使我们对木兰的关切带着绵长和温婉的色彩，如果只有一个问句，我们便会感到似乎硬了一点，淡了一点，冷了一点。

这两个问句把我们和木兰的关系变得更明确化、更确定化了：我们是以同情和关切的心情注视着木兰的现实处境和人生选择的。她是我们的姐妹或者后辈女性，而绝非素昧平生的路人和外乡人。这对整首诗的基调都是有重要作用的。正像你的一个参军归来的朋友还是你的朋友，他可能在别人眼里已是一个英雄，但你却不是把他作为一个英雄来感受他、对待他的。对于木兰，我们自始至终像注视着自己的一个姐妹或女儿一样注视着她的一切，使她始终不以一个崇高英雄的面目出现在我们的眼前。

紧接问句，作者陈述了事情的原委。在这里，笔调是客观的，但却含着许多属于感受方面的内容：

第一，木兰从军没有抽象的目的性，只是一种随机性的自然选择。在作者笔下，木兰从军不是她主动追求的结果，她既非为了报国仇、雪国耻、为国效劳、为君尽忠，也不是为了施展个人的才能与抱负、建功立业、立身扬名，而是由于具体的生活机遇决定的。木兰在这里的表现，与岳飞在《满江红》词中所抒发的雄心壮志恰成鲜明对照，如果说后者属于崇高的英雄行为，木兰的从军则是自然的生活选择，亲切而不崇高，朴素而不豪迈。

第二，木兰从军是一种不得已的选择，但绝不带有任何卑屈的性质。这里的关键是木兰所难为的只是父亲年迈和木兰无长兄，并非把“可汗大点兵”当作额外的负担，也不把“卷卷有爷名”视为对自己家庭的不公平待遇。在这种情况下，她才面临着让年迈父亲从军还是自己替父从军的单一抉择。因此，在这里我们无法引进统治者横征暴敛、抽丁拉夫的观念。否则，木兰的抉择便不再是合理的果敢抉择，而成了被迫无奈的懦弱服从了。

第三，这几句诗仍然呈现着气脉贯通的特点，它的直接思想效果是：它使我们感到木兰是一个思理爽然的女子，而绝非没有主见、犹疑不决的人，并且在她的抉择中，不包含对替父从军的畏惧和犹疑。她的“叹息”是在没有找到解决矛盾的方法之前的一种心情表现，不是她做出决定后的痛苦心情的表现。正是因为如此，一旦她做出了决定，便立即投入到忙碌的准备工作中去，心情也变得爽快了。

东市买骏马，西市买鞍鞯，南市买辔头，北市买长鞭。

骏马、鞍鞯、辔头、长鞭是从军所需用品，东市、西市、南市、北市将这时的准备工作分割成了一次次的连续性行为，“买”则把这所有的连续性行为构成了一个为统一目标服务的整体。这种表现方式所产生的艺术效果是：使人直感到木兰的准备工作是紧张忙碌的，但又是条理井然的。这同时也是木兰从军的一种态度：既无急于出征的焦急，也无不愿出征的倦怠。在这时，作者和读者都是以平静而又欣悦的心情注视着木兰的行为的。这里的叙述方式不会使你觉得木兰非常高大，也不会使你觉得她庸俗而又怯弱，一个果敏、爽利、亲切、可爱的女性形象在人们面前生气蓬勃地活动着，从事着出征的准备工作。

旦辞爷娘去，暮宿黄河边，不闻爷娘唤女声，但闻黄河流水鸣溅溅。旦辞黄河去，暮至黑山头，不闻爷娘唤女声，但闻燕山胡骑鸣啾啾。

万里赴戎机，关山度若飞。

这里是“万里赴戎机”的过程描写，但又是一个复调音乐。“旦辞爷娘去，暮宿黄河边”，“旦辞黄河去，暮至黑山头”，这些是“关山度若飞”的具体描述。在这种描述里，透露着木兰的雄健和飒爽，它使我们看到的是一个飞马疾驰的女战士的形象。但作者却将这统一过程分别阻抑了一下，使它的速度和节奏变得相对缓慢和柔和了。以“不闻爷娘唤女声”为首的两联，让我们在外部的刚健中透视到内部的柔情。正是这两种因素的交织，使这一过程的描写没有给木兰从军罩上惊世骇俗的英雄色彩，也不会让人感到木兰只是一个柔情蜜意的闺阁女子。

朔气传金柝，寒光照铁衣。

按照句式，我们应把上面的“万里赴戎机，关山度若飞”和下面的“将军百战死，壮士十年归”四句划归在这一段，但就其过程本身，实质上只有这两句写的是战场生活本身。我认为，我们把这一句单独标列出来是很有意义的：它使我们看到了作者的真正意图并不在于描写木兰的英雄行为，也不在于塑造木兰的英雄形象，因为正是在艰苦的战斗生活中，木兰的英雄形象才会以直感的形式出现在读者面前。在全诗中，战场生活描写与其说是全诗的高潮，不如说只是一个过渡段乃至过渡句，它连接的是木兰的两次生活抉择：在前的代父从军和在后的辞官还乡。从军时她没有痛苦和彷徨，还乡时也没有失落感。这才是作者创作《木兰诗》的真正意图，是他的核心意向。而木兰，也主要不是建立了多少丰功伟绩的英雄的木兰，而是怎样对待这两次生活转变的木兰。

> 将军百战死，壮士十年归。
>
> 归来见天子，天子坐明堂。策勋十二转，赏赐百千强。可汗问所欲，木兰不用尚书郎；愿驰千里足，送儿还故乡。

从这里，我们“知道”木兰在战斗中确实是立了累累战功的，但显而易见，在这里它起的作用不是让我们感到她的崇高和伟大，而是为了体验她的心灵的朴素和自然。她的累累战功使她有可能获得高官厚禄，但她不需要这些，重返故里是她的真正心愿。“木兰不用尚书郎；愿驰千里足，送儿还故乡。”这里句式的变化，实际上把木兰的内心情绪有效地传达了出来。它能使我们感到，高官厚禄根本没有给木兰的思想造成任何芥蒂，还乡是她的心流所注，畅然无阻。

> 爷娘闻女来，出郭相扶将；阿姊闻妹来，当户理红妆；小弟闻姊来，磨刀霍霍向猪羊。开我东阁门，坐我西阁床，脱我战时袍，著我旧衣裳，当窗理云鬓，对镜帖花黄。

这里是一个十分活跃的场面。它的外部的活跃是由情感的活跃发动起来的。爷娘由于对女儿的爱，彼此搀扶出村遥望；阿姊由于对妹妹的爱，打扮得十分艳丽，等待妹妹的到来；小弟更是欢喜得霍霍磨刀准备宰猪杀羊。木兰回到家里，也像鱼儿得水，东屋坐坐，西屋看看，赶快卸下男装，换上旧衣裳，着上女妆。他们内心的喜悦体现在他们的外部动作中。

在这里，我们应当注意到的是：作者没有宣扬木兰还乡时的庄严，更没有衣锦还乡时的荣耀，她仍是我们的一个亲人。在爷娘眼里，她仍是一个女儿；在阿姊眼里，她仍是一个妹妹；在小弟眼里，她仍是一个姐姐。而我们也是随着这些人的眼光感受着她的，“亲切”则是所有这些感受的总特点。木兰这时的表现恰恰也证明了她并不以英雄感受自己，并没有想到别人应当对她表现出异于原来的态度。她所乐意的便是周围人对她的这种亲人的态度。

出门看火伴，火伴皆惊忙：同行十二年，不知木兰是女郎。
雄兔脚扑朔，雌兔眼迷离；双兔傍地走，安能辨我是雄雌？

人们往往只注意这个比喻的实际意义，而不注意它的情味特征。作者没有用骏马、苍鹰这类雄健的动物作比，而用了雄兔和雌兔，分明是把木兰只当作一个活泼可爱的年轻女性对待的。在作者的心目中，木兰主要不是个像骏马、苍鹰一类的雄健有力的英雄人物。

我认为，通过全诗的赏析，读者会感到我所提出的几个问题不是没有根据的，但当离开对诗本身的实际感受返回对它的整体理性思考的时候，我们又会感到不能不按照原来的理解归纳《木兰诗》的思想意义：我们不能不把木兰视为一个英雄形象，不能不从保卫祖国的目的性上理解木兰代父从军的高尚行为，不能不承认它反映了当时连年战争所给人民带来的痛苦生活，不能不认为木兰的辞官还乡是她热爱和平劳动生活的结果。除此之外，我们似乎无法感受它的思想意义，无法说明我们对诗歌本身的整体感受。在这时，我们对《木兰诗》作进一步的文化阐释便有了必要：文化阐释的意义恰恰在于它解决的是在何种文化背景上、用何种文化价值标准来感受和理解作品的实际描写的问题，解决的是整个作品的文化语境的问题。

根据多数学者的观点，《木兰诗》是产生于魏晋南北朝时期的北方民歌，虽然经过了后代诗人的整理、修改或润饰，但其基本构架则是在北朝形成的。我们知道，魏晋南北朝时期，是汉文化与各少数民族文化大交汇的时代；特别是在北方，是汉文化与北方少数民族文化大交汇的时代，北方少数民族与汉民族通过战争等各种形式实现着广泛的文化交流。少数民族的入主中原带来了少数民族的文化，同时，他们也被汉文化所同化，形成了你中有我、我中有你的新的文化特征。

《木兰诗》便是汉文化与少数民族文化交汇产生的诗歌名篇。即使在它的外部特征上，我们也能明显地看到这种文化交汇的痕迹，我们甚至难以确证木兰到底是一个汉族女性还是少数民族的女性。她的从军是“可汗大点兵”的结果，而“可汗”则是少数民族首领的称号，但在后来，“可汗”又与“天子”通称，“天子”则是汉族人对皇帝的称谓。这种“可汗”与“天子”不加区分的现象，也正反映了少数民族文化与汉文化不加明确区分地融会于《木兰诗》中的特征，同时也使木兰的民族区分变得模糊起来。作者重视的不是木兰是哪一个民族的人，而是她是怎样的一个人。与此同时，“木兰当户织”所呈现的生活画面，是男耕女织式的汉民族文化的典型特征，而作为一个未出阁女子的善于骑射、能征善战，则更具有北方游牧民族文化的典型特征。这些都浑融地体现在木兰这同一个人物的身上，也是不同民族文化交汇产生的性格特征。……但是，对于我们理解《木兰诗》更为重要的，还不是这些有形的外在表现，而是不同民族的文化观念上的差别以及彼此的相互渗透。

魏晋南北朝时期的北方游牧民族，同中国更古时候的民族部落一样，还处于社会分工没有明确化、固定化的历史阶段。在这样一个历史阶段的人，不论在实际生活还是在观念意识上都更多地保留着原初人的本质特征。对于一个原初的人，我们现在所说的战争与和平还是不存在本质区别的，战争性的活动和生产性的活动都是他们赖以生存的根本条件，是浑然一体的东西。采集植物果实是为了自身的生存，狩猎或抵御猛兽鸷鸟的袭击也是为了自身的生存，掠夺或抵御其他一部分人，同样也是为了自身的生存，要在前二者和后者之间做出一种明确的划分不但是很困难的，而且也是不必要的。这种对生活的意识也决定了他们对自我的意识。在他们的自我意识中，自我是一个浑融的整体，自然生产性的活动和战争性活动都是自我生存的必要条件，我们现在所说的生产生活着的人与作为战士的人也是融为一体、浑然不分的。他们不会认为自己应该主要是一个生产生活着的人，也不会认为自己应该主要是一个战士，因而在生产生活与战斗之间也没有幸福与痛苦、高贵与低贱的差别。这一切都依他们的具体感受区分，而不会以他在从事什么区分。在生产生活中，有时困苦，有时愉快；在战争性活动中，也有时痛苦，有时愉悦。战争就是痛苦，和平就是幸福，这样的观念是后来产生的，而不是人类固有的。他们的生活是随机性的，在这一瞬间他们是生产者，下一瞬间就可能加入与其他人的战争，这种转换完全是由客观现实条件的变化所决定的，他们没有主动选择的可能，因而也没有你优他劣的区别。

在这种生活状态和人生观念的左右下，他们的生死观念也与我们现代人迥然不同。对于他们，并不存在重生轻死或重死轻生的问题。一般说来，贪生怕死更属于我们现代的人，而与原始人极少联系。他们的生死观念是神秘的，并不认为是可以由个人随意操纵的。正是因为如此，他们才能全身心投入现实情景所需要的生产、生活或战争中去。

魏晋南北朝时期的北方游牧民族，较之原始人有了进一步的发展，社会组织的性质加强了，社会文化的价值观念更明确了，形成了自己民族的伦理道德的标准，但他们的文化价值观念则更接近原始人的不自觉的文化价值观念自身。在他们那里，生产者和战士仍是浑然一体的存在，平时的劳动者就是战时的战士，在人们的自我意识中，也不存在二者的人为区分。自然劳动和战争是全部落人的共同职责，因而在他们的集体意识里，也不存在厌恶或喜爱仅仅作为一个和平的劳动者还是仅仅作为一个战士的问题。在战争中阵亡并不是一种不应该的、倒霉的事情，正像寿终正寝也并非是一个应该的、幸福的死亡一样。男女的差别已经存在，战争一般是男子的责任，但女性在劳动技能和军事技能的接受上并不与男性截然不同，把女性有意识地培养成柔弱无力的人是汉文化的特点，并不是北方游牧民族的特点。

在我们的文学评论中更重视的希望和平、反对战争或对外民族的反对妥协、主张迎战，表现战争给人民带来的痛苦和灾难或者歌颂主动求战、效忠王室、勇敢善战的英雄等等价值标准，并不是人类固有的价值观念和伦理道德标准，它是社会分裂的产物。当农业经济成了中华民族的主要经济形态，当社会分裂为两个或多个不同的阶级，当国家政权不但具有了对外的职能同时也具有了镇压本民族的反抗行为和职能，战争与和平的区分才逐渐明确化了起来，人的自身本质的分裂在人的自我意识中急遽发展起来。这种分裂首先发生在中国社会的统治阶层中。社会的一个重要原则应是：哪一个阶级和阶层在自己的民族中享受着更多的物质和精神的利益，哪一个阶级和阶层就应当在保卫自己民族的战争中付出更大的牺牲，这在从古希腊到后来的西方历史上，一直是一个重要的社会原则。古希腊的奴隶是没有参加对外民族战争的权利和义务的，因为他们不被视为希腊民族的人，人们也不认为他们有保卫自己民族的诚意。贵族和平民在这个民族中享有各种民主的权利，因而他们也理应参加对外民族的反侵略战争。正是这种明确意识到的社会原则，成功地防止了西方社会精神的萎靡化，相对减缓了民族战斗力衰退的进程。

而在中国的封建社会中，由于秦并六国后各贵族集团之间的矛盾，首先在贵族阶级中产生了生活着的人与战争中的人的人为分裂。他们把生活享受视为自我存在的最高价值，而逃避保卫民族的战争，避免在战争中牺牲，则成为他们追求的重要目标。这种意识迅速在可以逃避战争牺牲而驱使广大劳动人民去为整个民族的利益做出更大牺牲的统治阶层中蔓延开来。从宋代开始，整个统治阶级的精神萎靡便成了主导的倾向，他们丧失了旺盛的生命力和战斗力。陆游、辛弃疾、陈亮等爱国诗人所深恶痛绝的，正是在统治阶级中发展起来的这种腐化堕落、精神萎靡的现象。当在整个民族中享受着最大物质和精神利益的统治阶级从战争的牺牲中抽身出来，而把在这个民族中享有极少物质和精神利益的广大劳动人民推入更大的战争牺牲中去的时候，广大劳动群众的自我意识的分裂也成了不可避免的事情。

就其原本的意义而言，每一个民族的成员都同时是生活着的人、生产着的人和战斗中的人，但在这时，广大劳动群众开始主要以和平劳动者的身份意识到保卫这个民族并从事反侵略的战争是统治阶级自己不愿做而强加在他们头上的额外负担，特别是大量的内部争夺政权的战争更与他们没有任何关系，他们只是统治阶级争权夺利的工具和牺牲品。在他们眼里，战争便意味着灾难，意味着破坏，意味着无意义的死亡，而和平时期的劳动才是真正为自己而存在的。在生产者与战士这两重职能发生分裂后，中国广大劳动群众也不再把战士的品质和技能视为自己本性中应具有的因素，他们自身的战斗力也逐渐丧失，在整体上表现为苦难的被动应付者、战争的消极牺牲品。

在中国历史上，像高适、李白、杜甫等同情人民疾苦的诗人，写下了许多描写战争的残酷性、描写战争给人民带来深重的灾难、反对统治者穷兵黩武的诗篇，就是在这种情况下取得了自己的积极意义的。但显而易见，假若汉民族只有以上两种分裂了的人的价值观念，汉民族是一天也无法作为一个独立的民族存在下去的，但也正是由于以上两种观念的普遍流行，第三种人的价值观念也以整个社会利益的体现者的身份出现了。这种价值观念是游离于社会各阶级的实际生活之上的抽象的社会价值。正是因为人们意识到战争中的牺牲与个人的生活利益和家庭利益是对立的，它才格外强调自我的牺牲，强调忠君爱国、建功立业、为国捐躯，并把这种种表现作为人的最高品德。在这时，原初人作为自然素质而存在的战士的本质，开始上升为英雄的本质。勇敢善战、不怕牺牲、忠君爱国不但在观念上而且在实际上也成了英雄的行为，因为只有社会上极少数高尚的人、具有顽强意志的人、不甘于庸俗的人才能真正做得到。岳飞、文天祥、陆游、辛弃疾的爱国主义诗篇便是以此表现出自己的价值的。但这种诗篇也因之离开了朴素自然的风格，因为这种品质在社会上已不具有朴素性。崇高是这种诗篇存在的主要形式。

我们必须改变这样一种庸俗进化论的观念，认为任何社会的发展都意味着人的精神品质的进一步完美化。事实远不是如此。我们所说的三种精神类型都是在社会分裂的过程中形成的，它们都不是人性的全面发展的标志，而是人性分裂之后片面发展的结果，而在历史发展更低阶段的人的精神表现中，反倒表现着一种人性美的更高境界。

当我们重新回到《木兰诗》本身，我们便会看到，木兰的文化价值观念属于跟我们全然不同的另一种价值观念。不论她实际上属于哪一个民族的成员，也不论她的精神特质是属于中国更古时代的精神在北方僻远地区的遗留，还是实际受到了北方游牧民族精神的影响，作为一种文化形式，她的文化价值观念都不属于当时的汉文化。在她的观念中，生活者的自我、生产者的自我与战士的自我是浑然一体式的存在。她不像我们一样害怕战争，但也绝不像施展自己的才能与抱负、一展自己英雄本质的人一样在内在意识中渴望战争；她不重生轻死，便也不重死轻生；她并不愚昧，但也不斤斤计较自我的得失。她那蓬勃的生命力是在极朴素、自然的形式中表现着的，意志力和情感性保持着天然的均衡。在精神上，她是一个天然的晶体，而绝无人造的痕迹。不能不说，她是一个人性美的体现者，在精神上具有更高的境界。这就是为什么我反对用英雄的标准、用反映战争给人民带来的苦难的标准、用社会的悲剧或喜剧的标准来评价木兰和《木兰诗》的原因。这些都是人的自我意识发生严重分裂后才具有其实质意义的标准，对于木兰和《木兰诗》的评论不具有更严格的合理性。

到底是什么引起了作者的创作感兴呢？显而易见，不是木兰的英雄气概，不是战争给人民造成的痛苦，更不是田园牧歌式的和平生活的情趣，而是木兰对人生的态度和她独特的精神风貌，是在汉文化，特别是在汉族上层社会、文人阶层、女性群体中早已变得式微了的木兰的精神特质，是木兰那蓬勃而又自然的生命力表现。但在具体表现木兰的精神风貌的时候，作者又是将其放在汉文化的整体背景上来表现的，因为只有在这样的背景上，木兰的独特风貌才会得到更鲜明的表现，才具有与汉族成员进行比照的意义。《木兰诗》开始所描写的生活场景、结尾处所描写的其乐融融的家庭生活画面，都与汉族文化更相近。两种文化的这种结合方式，恰恰是为了突出表现木兰的独特精神风貌，起到了良好的思想艺术效果。

中华文化是多民族融合形成的文化，在汉文化内部，又有儒、道、法、墨、道教等各种文化传统。东汉以后，佛教传入中国，近代以来又受到西方文化的多种影响，所以中国文化较之西方文化具有更加复杂的性质，这也影响到中国文学的发展。严格讲来，用另一种文化体系中的价值标准直接评价和阐释此种文化体系中的具体文化现象，都是不完全合理也不完全有效的。因此我认为，对中国文学作品的文化学阐释仍然是中国文学研究工作者的重要任务。在西方文艺学更强调内部研究和形式批评的现在，中国文学研究工作者注意中国文学研究的这种特性是有好处的。本文仅作一例，至于它自身的合理性及其程度，当然还有待于古典文学研究界学者、专家们的指正。

花木兰是英勇善战的“英雄”吗？

◎ 孙绍振

语文教学脱离文本是一种顽症。自从有了多媒体以后，这种顽症又有了豪华的包装，喧宾夺主的倾向风靡全国。不可否认，不少第一线的教师，一方面重视文本，一方面弄一点多媒体，有把二者结合得比较好的，当然不可低估。但是在好多地方，有一种倾向，就是为多媒体而多媒体。有时技术出故障，声音不响，画面不来，像钱梦龙老师讲的那样：这哪是多媒体，是倒霉体！多媒体本是文本分析的附属，但是，许多时候，文本变成了多媒体的附属。我到一所中学去听课，教师讲《木兰诗》，先放美国的《花木兰》动画片，接着集体朗读了一番，然后讨论《木兰诗》的文本。但这和前面美国的《花木兰》有什么关系，他完全忘记了。他问花木兰怎么样？学生说是个英雄。这花木兰什么地方“英雄”啊？底下想来想去，花木兰很勇敢啊，花木兰会打仗啊……只有一个学生讲：“花木兰挺爱美的。”教师又问了，花木兰回来之后家里反应怎么样啊？学生说，爸爸妈妈出来迎接她。某同学你做个样子看看她爸爸妈妈是怎样迎接的。就这么样迎接（做搀扶状）……又问，弟弟怎么样？弟弟磨刀。某个同学你做个磨刀的样子。那同学就做磨刀状。完全是机械性僵化的动作，一点欢乐的情绪都没有，完全忘记了人物的心态。就在这嘻嘻哈哈之间，文本中的花木兰消失了，多媒体上的花木兰也遗忘了。

其实，美国人理解的花木兰和我们中国经典文本里的花木兰是不一样的。不是说要分析吗？分析对象就是要抓住差异，引出矛盾，没有矛盾便无法进入分析层次，有了矛盾，就应该揪住不放。美国花木兰是不守礼法的花木兰，是经常闹出笑话的花木兰。而中国的花木兰，说她是英雄。这个英雄的特点是什么？如果没有具体分析，就会造成一种印象：美国的花木兰和中国的花木兰是一样的。这样，多媒体就变成“遮蔽”了。

我后来总结说，其实在课堂对话中，许多同学讲了一些不着边际的话，但是，有一个同学讲了一句话，“花木兰挺爱美的”。这非常重要，比一般化地称赞她“英雄”深刻得多。为什么呢？它有一种“去蔽”的启示。花木兰的形象可能被“英雄”的概念“遮蔽”。英雄是什么呢？英雄就是保家卫国的，会打仗的，很勇敢的。我问他们，这首诗里面，写打仗的一共有几句？“旦辞黄河去，暮至黑山头，不闻爷娘唤女声，但闻燕山胡骑鸣啾啾。”这是不是打仗呢？不像，写的是行军。“万里赴戎机，关山度若飞。”是不是打仗呢？还是行军。“朔气传金柝，寒光照铁衣。”是不是打仗呢？还是不太像，是宿营。“将军百战死，壮士十年归。”这可以说是打仗了。但是，第一，从诗句来说，何其少也，只有两句，而且严格来说，只有一句。因为“壮士十年归”这一句写的不是打仗，而是凯旋。然而就是“将军百战死”这一句，也不是正面描写战争，而是概括性很强的叙述，打了十年，上百回战斗，将军都牺牲了，就这么区区一句，可以说是敷衍性的笔墨，几乎和花木兰没有什么关系。作者想不想写她浴血奋战？她在战争中的英勇是全诗的重点还是“轻点”？为什么作者把战争场面轻轻一笔带过就“归来见天子”了？战争真是太轻松了。这样写战争，是不是作者在追求一种惜墨如金的风格？好像不是。但是文本又不像敷衍了事随便写写的，该着重强调的地方，甚至不惜浓墨重彩。光写这个女孩子为父亲担心，决心出征，写了多少句呢？十六句：

> 唧唧复唧唧，木兰当户织。不闻机杼声，惟闻女叹息。
>
> 问女何所思，问女何所忆。女亦无所思，女亦无所忆。昨夜见军帖，可汗大点兵，军书十二卷，卷卷有爷名。阿爷无大儿，木兰无长兄，愿为市鞍马，从此替爷征。

然后写备马（从这里可以感到当时农民的负担是如何重，参军还要自己花钱去买装备），写了多少句呢？四句：

东市买骏马，西市买鞍鞯，南市买辔头，北市买长鞭。

接着写行军中对爹娘的思念，又是八句：

旦辞爷娘去，暮宿黄河边，不闻爷娘唤女声，但闻黄河流水鸣溅溅。旦辞黄河去，暮至黑山头，不闻爷娘唤女声，但闻燕山胡骑鸣啾啾。

这八句是对称的，意思是相同的，本来四句就够了，但作者冒着重复的风险，写得如此铺张，句法结构完全相同，和前面的四句相比，只改动了几个字，几乎没有提供任何新信息。奏凯归来以后，作者写家庭的欢乐，用了六句，写花木兰换衣服化妆，又是六句：

爷娘闻女来，出郭相扶将；阿姊闻妹来，当户理红妆；小弟闻姊来，磨刀霍霍向猪羊。开我东阁门，坐我西阁床，脱我战时袍，著我旧时裳，当窗理云鬓，对镜帖花黄。

如果作者的意图是要突出木兰作为战斗英雄的高大形象，这可真是有点本末倒置了。

问题的要害在于两个方面。

第一，花木兰参加战争，战斗的英勇却不是本文立意的重点。立意的重点在哪里？许多把精力放在多媒体上的教师忘记了，这个经典文本最起码的特点是：描写了一个女英雄。战争的责任本来并不在她。她之所以成为英雄，是因为她承担了“阿爷”、“长兄”这两个男性的职责。这个职责如果仅仅限于家庭，她不过是个一般意义上的假小子、铁姑娘，作为撑持家业的顶梁柱而已。但是，木兰主动承担的责任，不仅仅是家庭的，而且是国家的。她为国而战，立了大功（“策勋十二转”），作出了卓绝的贡献，但她对此并不在乎，甚至没有表现出成就感，这和一般以男性为主人公的作品中光宗耀祖、富贵还乡的炫耀恰恰相反。她拒绝了“尚书郎”的封赏，除了一匹快马以外，别无他求。她要回到故乡，享受平民家庭的欢乐。这个英雄的内涵，是从承担起“家”的重担开始，到为国立功，最后又回到家庭、享受亲情的欢乐。文本突出的是一种非英雄的姿态。这是个没有英雄感的平民英雄，是英雄与非英雄的统一。更为深刻的是，她不但恢复了平民百姓的身份，而且恢复了女性的身份。这个英雄的内涵不单纯是没有英雄感的平民英雄，更深邃的内涵是不忘女性本来面貌的女英雄。她唯一感到得意之处，就是成功地掩盖了女性性别：

出门看火伴，火伴皆惊忙：同行十二年，不知木兰是女郎。

这些“火伴”当时应该是男性。“惊忙”两字，不可轻易放过，这不但是自鸣得意，而且是对男性得意的调侃，显示了女性细腻的心理的优越。

这一点，不是以今拟古的妄测，是有历史还原根据的。这种女子英雄主义观念，在当时的民歌中，可能不是孤立的现象，我们在北方其他民歌中不难找到类似观念的表现，如《李波小妹歌》：

李波小妹字雍容，褰裳逐马如卷蓬。左射右射必叠双。妇女尚如此，男子安可逢？

不过多数女子英雄不像木兰这样与战争相联系，而是以大胆追求自由的爱情、忠于家庭与丈夫、不受利诱为主的，如《陌上桑》、《羽林郎》。

第二，本文在写作上，表现了某种矛盾的倾向。一方面，该简略的地方可以说是惜墨如金，连花木兰怎样打仗都不着一字，百战之苦、十年之艰一笔带过。另一方面，该铺张的时候，可谓不惜工本，极尽渲染之能事。这种渲染又不是常见的比喻形容，而是一种特殊的铺张：

东市买骏马，西市买鞍鞯，南市买辔头，北市买长鞭。

几乎没有一个读者发出疑问：马有这样买法的吗？这不是有点折腾？还有：

开我东阁门，坐我西阁床。

这不是有点文不对题吗？开了东边的门却坐到西边的床上去。更有甚者：

问女何所思，问女何所忆。女亦无所思，女亦无所忆。

本来一句话就可以讲清楚的，为什么要花上四句？但是，读者的确并没有感到拖沓，原因是这里有一种动人的情调。这是一种排比性的铺张，文人作品往往是回避这种平面式铺开的，文人的渲染更强调句法的错综变幻。而这种铺张能够唤起读者阅读经验中关于民间文学所特有的（可能与某种说唱的传统手法有关）情调。在这样的铺张中，有一种天真朴素的情趣，这情趣在南北朝民歌中是屡见不鲜的。如：

江南可采莲，莲叶何田田。鱼戏莲叶间，鱼戏莲叶东，鱼戏莲叶西，鱼戏莲叶南，鱼戏莲叶北。

又如《焦仲卿妻》（即《孔雀东南飞》）：

青雀白鹄舫，四角龙子幡，婀娜随风转。金车玉作轮，踯躅青骢马，流苏金缕鞍。

又如《陌上桑》：

青丝为笼系，桂枝为笼钩。头上倭堕髻，耳中明月珠。缃绮为下裙，紫绮为上襦。

这种渲染的特点还在于，全部是同样句法正面的描述，不用比喻，也没有直接的抒情，但是在这种铺张的叙述中，隐含着一种天真的、稚拙的、朴素的、赞赏的情趣。

但是，《木兰诗》与一般南北朝乐府民歌有所不同，这里的一些笔墨，和铺张是相反的，那就是语言的高度精练。如前面已经提到过的：

万里赴戎机，关山度若飞。朔气传金柝，寒光照铁衣。

前面两句运用句法结构的对称，提高了空间的概括力。万里关山，就这么轻松地带过去了。要不然不知要花多少笔墨才能从被动的交代中摆脱出来。但是，这两句，从形象的感性来说，毕竟还是薄弱了一些，后面两句则把对称结构提升到对仗的水准，连平仄都是交替相对的。作者大胆省略了万里关山的许多生活细节，只精选了四个名词（朔气、金柝、寒光、铁衣）和两个动词（传、照），紧密地结合成了一个有机的意象群体，就把北地边声、军旅苦寒的感受传达出来了，凭借其密度和张力，率领读者的想象长驱直入，进入视通万里的境界。这显然不是民歌朴素的话语方式，而是文人诗歌想象模式的运用，甚至令人想到这是唐诗的成熟句法和格律。这也可以说明，这首诗有一个从民歌到文人写定的过程。不同作者的改写，留下了风格上的微妙差异，当然也难免留下矛盾。例如：前面说“壮士十年归”，后面又说“同行十二年”。由于五言诗“三字尾”节奏的固定性，掩盖了这个矛盾。

中国古典诗歌有比兴的传统，但本诗却几乎不用比喻，当然这不是绝对的，到了最后，作者居然在故事结束以后突然一反常态。这很有点令人意外，本来全文几乎都是叙事，从出征到凯旋，几乎没有什么形容，更没有用过比喻。这在全文中是第一次使用比喻，可不用则已，一用就很惊人。这是一个很复杂的比喻，有两个喻体，写战争时惜墨如金的作者此时慷慨地写了四句：

雄兔脚扑朔，雌兔眼迷离；双兔傍地走，安能辨我是雄雌？

这个比喻内涵相当丰富，强调的是，男女在直接可感的外部形态方面本来有明显的区别，可是这种区别不重要，通过化装轻而易举地消除了以后，女性完全可以承担起男性对于家和国的重担。也许女性的自豪太重要了，因而经受住了近千年的历史考验。直到今天，“扑朔迷离”不但在书面上，而且在口头上，仍然具有很强的生命力。

这就叫文本分析。抓住文本，就是要“去蔽”，去掉一般化的、现成的、空洞的“英雄”的概念，像剥笋壳一样，把文本中间非常具体的、微妙的内涵揭示出来，原来这个经典之所以成为经典，就是因为它重构了一种“英雄”的概念，这是非常独特的，和我们心目中的概念是不一样的，要防止武松、岳飞等这些现成的概念把你“遮蔽”住了。

从文化学上来说，这个“英雄”的观念具有颠覆的性质。汉语里的“英雄”概念本来是指男性，英是花朵、杰出的意思，像花朵一样杰出的人物，只能是男性（雄）。把花木兰叫做英雄，词意内涵是有矛盾的。她是个女的，还要叫她“英雄”，不通，应该叫做“英雌”。把她叫做英雄，就是改变了（颠覆了）原本的“英雄”的观念。从文本出发，揭示出这个经典文本里“英雄”观念的特殊性，就是我们的任务。

我在《直谏中学语文教学》中说，分析的前提是揭示矛盾，而矛盾是潜在的，我提出用“还原法”来揭示矛盾，才有分析的对象。“还原”，就是把“英雄”原来的观念作为背景来分析。它是怎样的？写在经典文本中“英雄”的内涵是怎样的？二者不一样，才有分析的空间。这是一种硬功夫。

马克思说过，社会科学研究不能像自然科学那样，把物质放在“纯粹状态”中进行实验。社会科学研究通过科学的抽象，也就是从感性的个别性中概括出共通的普遍性来。这就要求：第一，从具体感性上升到抽象，把特殊的、个体中各不相同的感性的，也就是看得见、摸得着的属性排除掉，从无限多样的事物中抽象出共同的属性来；第二，把抽象的属性多角度地、多层次地组合起来，这就是马克思说的“从抽象上升为具体”。这样才能把隐秘的矛盾揪出来。

这很不容易。多少人视而不见，就是因为没有抽象能力，没有在抽象中进行具体分析的能力。没有这种能力，上课就只能从现象到现象，空话连篇。不会分析，就只能满足于“英雄”的概念到处都一样，而分析就要揪住不一样，这是一口深井，坚持不懈地挖下去，这篇经典深邃的特点，从思想到艺术，就会像泉水一样冒出来。

宋祁：《玉楼春》

为什么无声的红杏枝头能“闹”起来？

◎ 孙绍振

这是一首表现春天城市的游乐生活的词，有明显的商业市井色彩。这从“縠皱波纹迎客棹”的“客棹”中可以看出，船是租来在水上划着玩的。作者也很注意表现春光的美好，突出气候的特点：一方面晓寒还在，一方面绿杨已经笼烟。作者精心地把这种乍暖还寒的风物组织成一幅图画，把晓寒放在绿杨之外，加上一点雾气（烟），让画面有层次感。想来，这一句费了作者不少心力，但是并没有在后世读者心目中留下多么惊喜的印象，倒是下面一句“红杏枝头春意闹”轰动一时，作者也因此被称为“红杏尚书”。

其实，这句最精彩的也就是一个“闹”字。因为是红杏（花），所以用“闹”字，显得生动而贴切；如果是白杏，就“闹”不起来了。

但李渔不以为然，他在《窥词管见》中说：“若红杏之在枝头，忽然加一‘闹’字，此语殊难著解。争斗之声谓之闹。桃李争春则有之，红杏闹春，予实未见之也。‘闹’字可用，则‘吵’字、‘斗’字、‘打’字皆可用矣。……予谓‘闹’字极粗俗，且听不入耳。非但不可加于此句，并不当见之诗句。”[①]

---

① 李渔：《窥词管见》，引自王兆鹏编《唐宋词汇评》，浙江教育出版社2004年版，第180页。

这里，涉及一个相当深邃的理论。

俄国形式主义者提出，诗歌的语言不同于日常语言。日常语言的内涵，对于读者来说，是一种长期习惯了的，因而读者接受时是“自动化”的。这样的语言，读者可以轻易地了然于心，但不能留下深刻的印象。诗歌的语言，则要让读者延长其印象和感觉，就要“反自动化”，追求“陌生化”，把日常语言作一种新颖的、不熟悉的、陌生的处理，造成读者新颖的惊异，以加强语言的刺激，延长欣赏的时限。俄国诗歌多用暗喻和明喻。例如，普希金说大海是“自由的元素”，说“青春的欢乐像朝雾一样消亡”。宋祁这首词中，红色的杏花，却比暗喻和明喻更多一些层次的联想。不管多么曲折，仍然是属于与日常语义的自动化联想有紧密相似和相近的渠道的。

在汉语词语里，存在着一种潜在的、自动化的联想机制。“热”和“闹”、“冷”和“静”，天然地联系在一起，说“热”很容易想到“闹”，而说“冷”也很容易联想到“静”。红杏枝头的花朵，作为色彩本来是无声的，但在汉语里，“红”和“火”自然地联系在一起，如“红火”，“火”又和“热”联系在一起，如“火热”，“热”又和“闹”联系在一起，如“热闹”，所以红杏春意可以“闹”。这个“闹”，既是一种自由的、陌生的（新颖的）突破，又是对汉语潜在的“自动化”联想的发现。从这个意义上说，李渔的抬杠是没有什么道理的。同样的情况，我们还可以举出：“二月春风似剪刀”是精彩的，而“二月春风似菜刀”就不成。因为前面一句，有个“不知细叶谁裁出”的“裁”字。“裁剪”二字的自动化联想是汉语的特点，而“菜刀”的“菜”就不具备这样的自动化。从这个意义上来说，“红杏枝头春意闹”不仅仅是语义的陌生化，而且是潜在语义的自动化。语义表层的陌生化和语义深层的自动化统一起来，深层自动化是表层陌生化的基础。这一点，俄国人可能没有想得那么精细。

正是因为这样的语言艺术的巧妙运用，作者获得了“红杏尚书”的雅号。故王国维《人间词话》说：“‘红杏枝头春意闹’，著一‘闹’字，而境界全出。”

为什么不可以说“红杏枝头春意打”或者“红杏枝头春意斗”呢？“打”和“斗”虽然也是一种陌生的突破，但却不在汉语潜在的联想机制之内，“红”和“斗”、“打”没有现成联系，没有“热打”和“热斗”的现成词语为基础。

词语之间的联想机制是千百年来积累下来的潜意识，是非常稳定的，不是一下子能够改变的。虽然现代科学有了进展，有了“白热”的说法，但在汉语里，仍然没有“白闹”的固定联想。这是因为“白热”这一词语形成的时间太短了，还不足以影响民族共同语联想机制的稳定性。

这首词的下半阕，流露出商业娱乐场里的情绪：“浮生长恨欢娱少，肯爱千金轻一笑。”把生命当作“浮生”，意思是生命的价值是缥缈的，生命是短暂的，相比起来，欢乐总是不够，为了博得（女性）一笑，就是一千金，哪里会吝惜！这是从反面衬托生命短暂。最后两句：“为君持酒劝斜阳，且向花间留晚照。”为什么要劝酒斜阳？斜阳就是夕阳，晚照也是夕阳，可能有晚年的意思，年华瞬息即逝，还是及时行乐吧。

即使在美好的春天，红杏闹春的季节，也会产生这样的情绪。况且作者还是个官员，一个大知识分子，和欧阳修一起撰写过官史的人。一方面，我们可以感受到，这个官员不算是虚伪的；另一方面，他多多少少有一点浪荡吧。他居然可以这样浪荡而自得，而且将之诗化，这也许是要一点勇气（包括道德的和艺术的）的吧。

宋祁：红杏枝头春意闹

◎ 王富仁

如果说西方诗歌更重视诗与音乐的关系，那么中国古代诗歌则更重视诗与绘画的关系。诗中有画、画中有诗是评价诗画品位高低的一个重要标准。在画中，设色是一个重要方式。在中国古代诗歌中，也非常重视色彩的配置。我认为，西方近现代美学中发展起来的色彩理论，对我们解析中国古代诗歌将是十分有益的。它有可能使我们穿过单纯“娱目”的层次而进入到它的精神感受的意义层次中去，从而消泯形式和内容的人为界限。下面我在这方面做一些尝试，因为我对绘画及其理论的无知，这种探索可能会是极肤浅的甚或牵强的，其目的只是为了引起人们的注意，抛砖引玉而已。

就《玉楼春》这首词而言，它不是一首成功的词；但“红杏枝头春意闹”却成了名句。在当时，宋祁便被人称为“红杏尚书”，并且至今广为流传，为人称道。

“东城渐觉风光好”，像“问君能有几多愁”（李煜）、“江南好，风景旧曾谙”（白居易）、“这次第，怎一个愁字了得”（李清照）等词句一样，其本身是没有多少诗意的。它们的作用只是开拓出一个描述的空间或提示一个总体感觉的方向。“好”、“愁”这类字词都有一种笼统性和不可触摸性，在诗歌中，它们没有自我的完整性，亦即它们需要具体描写的充实。它们的生命是从别的诗句中获得的，别的诗句所产生的具体感觉则依靠它们明确化起来，被它们所整合、集中、储积。因而，它们的成败得失只能仰赖于其他具体描绘的效果。“縠皱波纹迎客棹”这一句太平淡，它没有把“东城渐觉风光好”一句充实起来。说它平淡，是就以下两个意义来说的：

第一，就其自身而言，这是一个太普通的景物，不给人以新鲜感，因而也不觉其好。“迎客棹”原本是叙述性的词语，与下文“为君持酒”前后照应，以示该词是为迎客而作。船行水面，激起涟漪，原本是极普通的景象，与东城风光的渐好与渐坏是没有多大关系的，所以它引不起读者的特殊感受，味感平淡，有形无神。

第二，就其个性特色而言，这类景物也是太普通、太平淡的。该词写的是初春景象，乍暖还寒，春意渐浓，而縠皱波纹则是春、夏、秋三季均可见的景象，不能体现作者所描写的季节的独有特点，因而也不具有此时此地景物的独有精神。“绿杨烟外晓寒轻”较“縠皱波纹迎客棹”更多一些诗意，也更多一些初春的特点，但给人的感觉却是模糊的、不明确的。这里有三个意象：“绿杨”、“烟”和“晓寒”。“绿杨”的色彩是鲜明的，给人的感觉是清新的。它与“晓寒”勉强可以搭配在一起，但“烟”的色彩则是不鲜明的、朦胧的，给人的感觉是微温的。它破坏了“绿杨”与“晓寒”给人的鲜明而微凉的感觉，而又与它们构不成鲜明的对照，这就使人们对这句词找不到一种统一的感觉，似此又若彼，相互干扰，极不舒适。因此这句诗分而言之处处可感，合而言之则疲弱无力，形俱在而神髓无。在上半阕的整个景物描写中，真正有精神的是“红杏枝头春意闹”一句，该句的具体分析在后，这里我们要说的是，只有这一句才有可能给“东城渐觉风光好”注入实际的感受，才使人不但知其好同时也感其好。但由于二、三句的疲弱无力，这一句无法与前两句构成一幅整体的鲜美画面，也造不成一种统一的精神感受，因而它显得有些突兀，有些形单影只，就整首词的上半阕而言，它已没有起死回生的力量。

“浮生长恨欢娱少，肯爱千金轻一笑。”上阕写景，下阕抒情，在词中并不罕见。但这里的抒情却有些不自然。因为在上阕的写景中找不到产生这种情绪的心理根据。“东城渐觉风光好”给人的应是风景宜人、生机盎然的感觉。在这个时候，人们体验到的是生的乐趣，是自身生命力的活跃。而“浮生长恨欢娱少，肯爱千金轻一笑”则是对人生的失望情绪。当然这里也说重视刹那的欢娱，但这种重视恰恰是由于在人生中体验不到欢娱，感受不到精神的愉悦，这刹那的欢娱只是外加的、有意寻求的，是对人生苦的暂时忘却。它与在初春美景前自然生成的精神愉悦是完全不同的两种情绪。“为君持酒劝斜阳，且向花间留晚照。”这两句词颇有诗意，缺点也是与全词在精神上失去了联系，且前为“晓寒”，后又说“斜阳”、“晚照”，使前后两阕在时空上失去了统一性。这种统一性的丧失，带来的实际是景与情的分离。上阕写景，下阕抒情，而情非景中情，景非情中景，时间上既不相同，情、景也就各自独立了。无景之情空，无情之景虚，各自分离实际是两败俱伤，使该诗难以造成完整的意境和统一的情绪，是一篇失败之作。

下面我们将“红杏枝头春意闹”独立出来加以分析。

“红杏枝头春意闹”关键在一“闹”字。正如王国维所说：“著一‘闹’字，而境界全出。”“闹”字首先显示了红杏之红，也就是钱锺书先生所说的“非一‘闹’字，不能形容其杏之红耳”。但我不同意钱锺书先生用“通感”来解释“闹”字的作用。他说：“用‘闹’字，是想把事物的无声的姿态描摹成好像有声音，表示在视觉里仿佛获得了听觉的感受。”实际上，这里的“闹”字给人的仍然主要是视觉的感受，只不过它把一个静态的画面动态化了。这里的“红”像在跳动，如一群孩童，活蹦乱跳，你碰我撞，成了一片无序的动态景象。（当然，你在这动态中也有可能产生一种声态感觉，但即使没有这种声态感觉，它的境界也出来了。）清人王士禛说宋祁的这句“实本《花间》‘暖觉杏梢红’”。红色是暖色，“暖觉杏梢红”将红的视觉感觉同身体的温暖感觉联系起来，属于通感性质，但宋祁的这句与之根本不同之处则在于它把动态感觉带给了红杏。这种动态感觉是怎样产生的呢？这里的红杏是很多的，朵朵红杏掩映于绿叶之中。红色是一种暖色，绿色则是一种冷色，而冷色在感觉上有一种向远处退缩的趋势，暖色在感觉上则有一种向我们眼前逼来的趋势，“波长较长的色彩（如红色），看上去好像是离观察者很近似的”。由密密的绿色杏叶组成的整个背景向远处退避，而红杏的红色则趋向前来，这就使人感到点点杏红像从树上跳起来一样。假若再考虑进吹起縠皱波纹的春风也在轻轻摇荡着杏树的枝条，那么，这点点红杏不仅在跳，也在晃，在向左向右向前向后地抖动，与别的红杏挤挤撞撞，时合时离，如相互戏谑，似彼此打闹。这一个“闹”字，写出了红杏之多，若不多，则不能乱成一片，没有闹的气势；写出了红之甚，若不红，则没有如此强烈的色彩，没有离开绿叶独自趋向前来的力量，因而也跳不起来、动不起来。同时它也写出了整个画面的生机与动态，“闹”是无拘束的、无规则的，是生趣盎然的。这是孩童闹学的闹，是正月里闹元宵的闹，既无序，又欢跃，蓬勃生机，蕴于其间。诗人正是在这样一幅景象中，感到了春的生机，感到了春的温暖，感到了春的艳丽，所以他不说是红杏在闹，而径说是“春意”在闹。不论从何种角度，“红杏枝头春意闹”这句都称得起是“神来之笔”。

但是，我们不能仅仅从“娱目”的角度来理解这阕词，这里面有一种情感，有一种色调，有一种情绪，它是一种精神状态的表现。“红色的无限温暖不具有黄色的那种轻狂的感染力，但它却表达了内在的坚定和有力的强度。它独自成熟地放射光芒，绝不盲目耗费自己的能量。”在红色中，“和谐性和尊严性是一致的”。也就是说，红色是一种热情的表现，但这种热情是严肃的、坚定的。它不是热狂，不是轻浮，而是一种真诚的感情。在“红杏枝头春意闹”的画面中，我们所感到的是真诚的热情，是对大自然、对生活、对春天跃动着的爱，是从心灵深处生发出来的生命欲望的萌动，是情感上的一种真正的、毫不夸张的温暖感觉。只要意识到这一点，下面“浮生长恨欢娱少，肯爱千金轻一笑”是如何严重地破坏了“红杏枝头春意闹”所给我们的精神感受，也就是不言而喻的了。因为下面两句表现的恰恰是对人生的一种不严肃的态度，是一种轻狂，一种生命力的耗费，是对人生、对生活严重失望后所产生的情绪。

马致远：《天净沙·秋思》

《天净沙·秋思》发微

◎ 王富仁

这首放在马致远名下的小令，在大量写游子心情的作品中几乎是最好的一首，它以独特的表现手段和给人产生的深刻印象而被广为传颂。但我觉得，我们普遍感觉得到它的好，但却难以说出它为什么会产生如此强烈的艺术效果，而对它的分析也还觉粗略，有很多细微的东西未必都已觉察到。故我想再一次细细品赏一下这首散曲。

首先说题目“秋思”。好的题目是文学作品不可分割的一部分，不能没有它。少了它，作品的结构及意蕴就变了。在该曲中，“秋思”是对文本的一个升华。散曲的文本写的是人的外部世界，是一幅艺术图画，甚至连“断肠人”也是这幅画的一部分，是秋天的一种景象；但“秋思”告诉我们，该曲写的不仅仅是外部世界，更有内部世界——暮秋时节的一段情思。没有这个题目，我们极容易用什么什么图一类的话来概括它。有了这个题目，我们就不能停留在该散曲的表面特征上了。用现代的两个术语来说就是：它是表现的，而不是再现的。

曲题“秋思”不但把散曲文本的外部世界的描写升华为内部世界的情绪表现，而且也把曲中的“断肠人”从全部画面中凸显了出来。就其画面的意义讲，他原本只是这整个画面的一部分，但“秋思”所提示的情感情绪表现的目的，把他上升到了整体性的地位上来了。他是全部画面中唯一的一个人物，唯一一个有情感情绪感受的人物，因而“秋思”就与他的感受等同起来。也就是说，他不但是全曲的一部分，也是全曲的感受主体。透视他的心灵，体验他的情绪，便成了读者自然而然的趋向。但在这里却存在着一个关键性的问题，即如何理解“断肠人”的问题。在现有的赏析文章中，大都把“断肠”当成了“秋思”的主体，亦即把该曲所表现的内容放在该游子的伤心之情上。实际上，这里的“断肠人”只是这个游子的代称，而不是说他现在才是“断肠人”，不是他在介入于该曲的特定画面之后才成为“断肠人”，因而“秋思”只是这样一个“断肠人”的“秋思”。“秋思”不完全等于“断肠”。

“断肠人在天涯”有两层紧密相关的意思：一、现实处境。这个游子已经多年漂泊在外，长期流浪他乡，现在已经远远地离开了故乡。二、他现在不是在向故乡的方向前进，不是在期待着故乡的临近，因而也绝无重返故乡的喜悦。他现在继续向远离故乡的方向走着，前路茫茫，不知所之，那将是更加遥远、更加荒凉的所在。了解这第二层的意思是非常重要的，否则，“断肠人在天涯”在心理的事实上便不复存在，因为一旦他正在满怀信心地返回故乡，尽管现在还离故乡很远，但在心灵上却已有了归宿，游子之情也就随之消失了。但在这里，也就产生了这样一个问题：他为什么如此长期地在外流浪而不返回故乡呢？他为什么还在继续向着更荒凉的远方浪游呢？显而易见，他之浪迹天涯、流离在外，不是在外求取什么，寻找什么，期待什么，实现什么预定的目的。倘若如此，他的精神就是振奋的，情绪就是紧张的，目标便是明确的，而现在他分明是无情无绪、毫无目的地在远方流浪着。这说明，他之不归故乡的原因不在外地，而恰恰在故乡。这时我们再思考一下“断肠人”几个字，便会感到他之不归故里，是因为在故乡时发生了使他肝肠寸断的伤心事。什么断肠之事对我们并不重要，但我们却知道这严重地伤害了他的心灵，致使他决绝地离开了故乡，并且矢志永远不再返回到那令他触目心伤的地方。他离开故乡，在心理上就是想把令自己伤心之事、令自己伤心之人远远地抛在身后，从而使自己从痛苦的困扰中挣脱出来。这促使着他越来越远地离开故乡。他是不是已经抛下了那一段伤心往事了呢？显然是没有，不但从作者直称之为“断肠人”可以知道，而且从他继续向更荒凉的远方流浪也可以感觉出来。正是这样一个人，在这暮秋时节，经过这荒凉的所在，产生了一种隐秘的情绪感受。该曲写的便是他这时的情思。现在我们更应感到，“秋思”不是“断肠人”的“断肠”，而是这“断肠人”的一种更特别的情感体验。

该曲在表现形式上最显著的特点，是人们一眼便可看到的：它是由一连串独立的意象构成的意象群体。“枯藤”、“老树”、“昏鸦”、“小桥”、“流水”、“人家”、“古道”、“西风”、“瘦马”，这九个意象各自独立，像九个大小相等的鹅卵石般分三组堆积在一起，彼此之间没有任何语言形式将其勾连在一起。

显而易见，仅用“简练”并不足以说明它的审美效果，因为像“感时花溅泪，恨别鸟惊心”（杜甫）这样的诗句也可以是极简练的。我们也不能仅用“独特性”来概括其全部意义，因为独特性若不与独特的审美效果和意蕴发生关系，语言形式的独特性便是空洞的，因而也便等同于文字游戏。我认为，在我们把它与全曲的审美效果联系起来的时候，至少有以下几点是值得注意的：

第一，杜甫的“感时花溅泪，恨别鸟惊心”表现的是自我的痛苦心情，但我们绝不感到痛苦中的杜甫是孤独的，这两句诗使我们产生不了孤独的感觉。为什么呢？它的语言效果中就不存在孤独的事物。每一个单词都与另外的单词有着紧密的联系，彼此构成的是完整的有机体，并且它们的结构异常紧密，紧密得能使人产生痛苦的揪心之感，但却并无孤立无援感。但在《秋思》中，我们却能从全曲中感到这个游子茕茕独立的那种极度的孤独感觉。这种语言形式起到了暗示作用。在该曲中，好像任何一个事物与另一个事物之间都是彼此分离、各自独处的，没有任何一种东西把它们粘连在一起，甚至当各个意象输入到你的脑海中的时候，也只能刺激起你脑海中的各个孤立的点的兴奋感，连接不成一种兴奋区。孤独的感觉是与这种独特的语言形式密切相连的。因此之故，我认为评论家也不应以这样的想象代替曲中的语言形式，好像枯藤缠绕着老树，老树上面立着一只乌鸦。若如此，“枯藤”、“老树”、“昏鸦”便有了一种相依为命的感觉，孤独的意味便淡薄了。

第二，杜甫的“感时花溅泪，恨别鸟惊心”是痛苦心情的表现，但我们同时又可感到，他痛苦但不寂寞。这种感觉是怎样产生的呢？也与它的语言形式有很大关系。在这两个诗句中有动词的介入，并且有极强烈的动作感。“溅”与“惊”，一是外部的动，一是内心的动，这动便暗示了心灵的并不寂寞。但在《秋思》中，这种各个独立意象的独立性，避免了大量动词的出现，使整体的画面更像一幅几个事物形象各自分离的静物画。这对于游子内心的寂寞有很明显的暗示作用。

第三，杜甫的“感时花溅泪，恨别鸟惊心”自然地由动词将主语与宾语联系在了一个整体之中，两句诗便是以两个完整的结构作用于读者的感受。而在《秋思》中，每个独立的意象都独立地投射出自己的信息，而这与“枯藤绕老树，昏鸦立干枝”的作用是极不相同的。

当然，中间的“小桥、流水、人家”在以上三点中所起的实际作用有些不同，但它并没有破坏这样一个整体的语言形式，因而也没有破坏由此带来的整体审美效果。

“枯藤老树昏鸦”作为首句的意义是很重要的。它作为首句，给我们的感受就是构成后来变化的基础，是全曲的情绪底色，因而也就是“断肠人”的整体心境。“枯藤”给人的是枯寂感，“老树”给人的是苍老感，“昏鸦”给人的是昏沉感，而这三者在感受上又是互相交织的。如果我们在物与人的互渗关系中来感受人，在视觉上便会产生一个面目苍老、形容枯槁、表情迷惘而阴沉的人物形象，在心灵感受上就会有一种枯寂、沉郁、阴暗的感觉。这实际也就是那个游子的形象和心灵状态。但必须注意，“枯藤”是枯寂的，但未失苍劲感；“老树”是苍老的，但未失坚挺感；“昏鸦”是阴沉的，但未失矫健的姿态。就画面而言，这里全是黑白分明的轮廓，线条有力，对比强烈，像黑白两色的木刻，阴沉而有力。因而这时“断肠人”的形象在内外两面上都是阴沉而带有力感的。同时我们应当想到，“断肠人”因为故乡发生了令自己极度伤心的事情，遂离开这令他触目心伤的地方，离开让他见之心伤的人，出外四处流浪。在流浪中，他经受着孤独和寂寞，经受着困乏和饥饿，用意志抗拒着心灵的痛苦和生活的困乏，渐渐把痛苦深深地埋在了心底。澎湃的热情消失了，剧烈的痛苦平静了，青春的幻想消失了，但人也很快地苍老了，心灵变得枯寂了，性格也变得阴沉了。“枯藤老树昏鸦”暗示出的就是现在的一个“断肠人”，而不是乍离故乡时的他了。

“小桥流水人家”。一个苍老、阴沉、枯寂的流浪者眼前出现了“小桥流水人家”，作者并没有告诉我们他内心有什么情绪感受，但读者自己会有一种情绪感受。当这种情绪感受补充到“枯藤老树昏鸦”所已经给我们产生了的情绪感受的基础之上的时候，也便自然是这个流浪者本人的情绪感受了。假若说大的东西给人以沉重感、庄严感、崇高感，小的东西就给人以轻松感、玲珑感、亲切感。小桥让人感到亲切、优美、轻松。“桥”是沟通障碍的建筑物，一种虹形的曲线建筑，在中国语言中形成了一种相对稳定的意象，它一向是情感沟通的象征物；“流水”是清新的、澄澈的、流动的、活泼的，它也是一种相对稳定的意象，是一段波动的情绪，一种流动的感情；“人家”是一个小家庭的住所，是亲人相聚的场所，是其乐融融的一家人的综合体，它包含着生命、爱情和幸福。我们完全可以想到，在这个苍老、阴沉、心灵枯寂的游子看到“小桥流水人家”的时候，心灵中在一刹那间产生了一种生活的欲望，一种希求幸福的感觉，一种感情的萌动。在这时，像在枯藤上绽开了小花，在老树上冒出了新绿，在苍鸦的精神上感到了一点触动，他那沉寂的生命也表现出了一点活意。但这到底是一刹那间的事情，接着他的心灵又沉寂了下来。

“古道西风瘦马”。从“枯藤老树昏鸦”到“小桥流水人家”再到“古道西风瘦马”，景色的不断变换，使读者产生的是游子骑马走动的感觉，仿佛向前推进着的摄影镜头，拍摄下了不同的景物。但你又能感觉到它的推进速度是平匀而又缓慢的，这种感觉来源于它的句式。九个独立意象分别为相等的三组，每一组都不是短促有力的，读起来平缓而均匀。我们似乎觉得游子骑马在一个有三两户人家的小村旁经过，开始看到“枯藤老树昏鸦”，继而“小桥流水人家”映现在他的眼前，但他在不经意地一瞥之后又转眼向前，前面则是“古道西风”，剩下的就是自己骑的一匹瘦马。

“古道”是荒寂的，有一种苍凉感；“西风”是萧索的，令人感到一种心情的衰飒；“瘦马”又有一种孤独感。显而易见，“小桥流水人家”在他的心里添了一点活意之后，他的心情又沉入枯寂、孤独、苍凉的感觉之中了。但是，我们又必须注意“古道西风瘦马”与“枯藤老树昏鸦”之间的细微差别。“枯藤老树昏鸦”包含着更多的枯寂、迷惘和阴沉，是一颗静止着的沉寂的心灵，它埋藏着痛苦，但这痛苦也沉淀成了硬块般的东西，波动不起来了。但“古道西风瘦马”中却有明显的悲凉感，特别是那飒飒的西风，能使你感到明显的凉意。这种心情实际是“小桥流水人家”在游子心灵中掠过一丝暖意后，游子对自我孤独寂寞生活的一点悲凉的感觉。正像前面的暖意在有无之间一样，这时的悲凉感觉也是如此。但是，我们必须感觉到它的存在。

“夕阳西下，断肠人在天涯。”一点暖意变作一点悲凉，但是这位游子是不可能由此而改变自己生活的，这点悲凉也就只能转化为一点惆怅。这种惆怅在曲中是由“夕阳西下”传达出来的。游子在悲凉中抬眼前望，前面正是一轮夕阳向地平线沉下。“夕阳无限好，只是近黄昏”（李商隐），夕阳是一种衰退着的生命力的象征，它的衰竭是缓慢的，但又是不可挽回的。面对自己生命的衰竭、生命意义的丧失，面对自己孤独寂寞的生活，游子这时的心情只能是惆怅的、无可奈何的。他仍只身在远离故乡的荒凉的远方，向着更加荒凉的前方，骑着瘦马，蹒跚而行。

在这时，我们可以对“秋思”的内容再作一个概括：“秋思”指的不是“断肠人”的“断肠”心情，而是他这时的一段情感体验。他的枯寂的心情并没有死灭，人间的温暖、幸福和爱情（“小桥流水人家”）又一次使他枯寂的心情萌生了一点生活的欲望，但这点欲望随之也便转化为一种悲凉的感觉，并以他的怅惘和叹息告终。“秋思”与其说是指他的伤心感觉，不如说指的是他这时产生的对生活的刹那留恋心情。

我们未必都是浪迹天涯的游子，但在生命的途程中，谁又不是一个流浪者呢？《秋思》写出了我们每个人都能够产生的一种感情体验，所以它至今仍被人广为传颂，不失其艺术的生命。

意象并列的弹性空间

◎ 孙绍振

这首经典之作，全文没有一个字提到秋，但恰恰写出了经典的秋天景象，其感受也是传统的忧愁。全文只有五句，一眼望去就可感到，其特点首先在句法上，前面三句都是名词（意象）的并列，没有谓语。但是，读者并不会因为没有谓语而感到不可理解。

第一句，“枯藤”、“老树”、“昏鸦”，这三者之间虽然没有通常的谓语和介词等成分，但它们的关系并不因此而混乱。它调动着读者的想象，构成了完整的视觉图景。三者在音节上是等量的，在词性上是对称的，“枯”、“老”、“昏”在情调的悲凉上是一致的，所引起的联想在性质上是相当的。“小桥”、“流水”、“人家”也一样，只是在性质上不特别具备忧愁的感觉。（有人解释，这是诗人看到别人家的生活，是反衬。）后面一句，“古道”、“西风”、“瘦马”，三个意象，互相之间没有确定的联系，但与前面的“枯藤”、“老树”、“昏鸦”在性质上、情调上有精致的统一性，不但相呼应，而且引导着读者的想象进一步延伸出一幅静止的国画。这时，在静止的图景上，出现了一个行人和一匹马。如果是俄语、德语或者法语，就不能这么简洁，人家的语言要求明确性数格。要交代昏鸦是一只还是数只，瘦马是一匹还是多匹，而且还得交代鸦和马乃至风和树是阴性还是阳性，“断肠人”是男人还是女人。本来，骑马可以引起生气勃勃的感觉，但却是瘦马，反加深了远离家乡（漂泊天涯）之感。这种感触，又是在西风中。在中国古典诗歌中，“西风”，就是秋风，秋风肃杀的联想已经固定。所以作者没有正面说肃杀，而是把联想空间留给读者。“古道”，是古老的，或者是从古以来的道路，和“西风”、“瘦马”组合在一起，在感情的性质上和程度上非常统一、和谐。

也许有读者会提出疑问，这样的句子是一种“破句”，为什么有这么多好处呢？因为这是汉语抒情诗。诗比之散文，要给读者留下更多的想象空间，让读者的想象参与形象的创造，参与越自然，越没有难度，诗歌的感染力越强。比如，“古道西风瘦马”，这匹马是骑着的还是牵着的，如果交代得清清楚楚，反而煞风景。这就产生了一个现象，在散文里看来是不完整、不够通顺的句法，在诗歌里却为读者留下了想象的空间，促使读者和作者共同创造。这正是汉语古典诗歌一个很大的特点，也是很大的优点。范仲淹《渔家傲》中的“浊酒一杯家万里”也遵循着同样的规律。这种手法在讲究对仗的律诗中得到了充分的发展，在唐朝已经十分普及，精彩的例子唾手可得。如“鸡声茅店月，人迹板桥霜”，这是温庭筠《商山早行》中的一联。虽然构不成完整的句子，但上联提供的三个意象，却能刺激读者的想象，构成完整的画面。“鸡声”和“月”足够说明这不是一般的早晨，月亮还没有落下，这是黎明。“茅店”，更加提醒读者回想起诗题中的“早行”，是提早出行的旅客的视觉。下联的“人迹”和“霜”联系在一起，互为因果，进一步强化了早行的季节和气候特点，虽然自己已经是早行了，但是还有更早的呢。而“板桥”，则是作者聪明的选择，只有在板桥上，霜迹才能看得清楚，如果是一般的泥土路上，恐怕很难有这样鲜明的感觉。

西方诗歌，语法和词法的规律与汉语不同，他们在诗歌里，也很讲究语法和词法的统一性。西方诗歌中，像《天净沙·秋思》这样的句法可以说是十分罕见的，即使有个别句子，也是十分偶然的。正是因为这样，我们的诗歌语言在20世纪初受到了美国一些诗人的特别欣赏，他们把我们这种办法叫做“意象并列”，并且由此发展出一个流派来，叫做“意象派”。这个流派的大师庞德，还用这种办法写了好多相当经典的诗。其中最著名的是《地铁车站》，原文是这样的：

In a Station of the Metro

The apparition of these faces in the crowd;

Petals on a wet，black bough.

有人把它翻译成这样：

人群中这些面孔骤然显现
湿漉漉的树枝上纷繁的花瓣

在原文中，两个词组之间没有介词和谓语，这显然是学习汉语诗歌意象叠加的办法。有人不满意这样的译法，改译成：

在这拥挤的人群中，这些美丽的突现
一如花瓣在潮湿中，如暗淡的树枝

香港诗评家璧华就认为前者是“不朽的”，后者是“平庸的”。他看重诗歌中空间的空白，这对读者想象的调动，是十分关键的。

从写作实践上来说，以这样的并列，以不完整的句法来表现诗人的直觉，最大的好处就是留给读者的想象比较自由。第二种译文把本来留在想象中的词语补充出来，反而窒息了诗的想象。同样的道理，如果把“古道西风瘦马”补充为“在古老的驿道上，西风紧吹，来了一匹瘦马”，诗意就可能损失殆尽，变成散文了。

当然，如果一味这样并列下去，五个句子全是并列的名词（或者意象），就太单调了。所以到了第四句，句法突然变化了，“夕阳西下”，谓语动词出现在名词之后，有了一个完整的句子。但是，其他方面并没有变化，仍然是视觉感受。后面如果继续写风景，哪怕句法有变化，却因为一味在视觉的感官上滑行，也难免给人肤浅之感。故作者不再满足于在视觉感官上滑行，而向情感更深处突进，不再描绘风物，而是直接抒发感情——“断肠人在天涯”。这里点出了“秋思”的情绪特点，不是一般的忧愁，而是忧愁到“断肠”的程度。这就不仅仅是凄凉，而且有一点凄苦的感觉了。人在天涯，也就是远离家乡。被秋天的景象调动起来的马致远的心灵和范仲淹、杜牧是何等的不同，他对大自然的欣赏只限于凄苦，不涉及国家的责任，故悲而不壮。对家乡的怀恋，与二位倒是相近的，虽然没有明净的图景，但并不妨碍它的动人，诗人个性化的生命就在这不同之中。这首小令幸亏有这最后一句，使它有了一定的深度，在情感的表达上也有了层次，避免了单调。

相比之下，白朴、张可久和无名氏同样曲牌的作品，大抵都显得浅。白朴的《天净沙·秋》，五句都在描绘风景，停留在视觉感官上：“孤村落日残霞，轻烟老树寒鸦，一点飞鸿影下。青山绿水，白草红叶黄花。”尤其是最后两句，完全在玩弄色彩（青、绿、白、红、黄），甚至给人以为色彩而色彩的感觉。这里看不出作者情绪的主要特点，是马致远式的忧愁，还是杜牧式的对秋景的赞叹？读者很难感觉到情绪是悲凉的，还是明快的。如果说是明快的，为什么在明快的景色中夹入“老树寒鸦”呢？如果要强调老树寒鸦，为什么不贯穿到底，让山水带上和老树寒鸦相近的性质呢？而且，五句都属视觉感知，没有在视觉感知饱和的时候，深入到情绪层面。文字的色彩脱离了人的情感，就难免空洞了。

毛泽东：《沁园春·雪》

严酷美的颂歌

◎ 孙绍振

在《卜算子·咏梅》中，我们看到毛泽东的诗学中有一种追求严酷美感的倾向。在《沁园春·雪》中，似乎也有类似的风格。至少在把大地写得“千里冰封”这一点上和《卜算子·咏梅》的“悬崖百丈冰”是十分相似的，而想象中晴好的天气“红装素裹”和“山花烂漫”，也是相通的。

但是，这只是表面的相似，实质上有根本的不同。

首先，《沁园春·雪》中的“雪”和《卜算子·咏梅》中的“冰”，在意象的情感价值上是不一样的。《卜算子·咏梅》中的“冰”，是一种逆境严酷环境的象征，与花枝的俏丽是对立的，而烂漫山花的想象，是战胜了严酷冰雪的预期。《沁园春·雪》中的“雪”是不是这样呢？从最初几行诗句来看，好像格调相近：“千里冰封，万里雪飘”，其中的“封”字，至少给人某种贬义，但是，下面“万里雪飘”的“飘”字，则似乎并没有在贬义上延伸下去。“望长城内外，惟余莽莽，大河上下，顿失滔滔。”贬义显然在淡化，壮美的感觉油然而生。

这是很奇特的。严酷的冰封作为一种逆境的意象，与对严寒抗争的情致联系在一起，早在唐诗中就有了杰出的经典，比如岑参的《白雪歌送武判官归京》："北风卷地白草折，胡天八月即飞雪。忽如一夜春风来，千树万树梨花开。"边塞诗人把严酷的自然条件当作一种美好感情的寄托，诗人感情豪迈，变酷寒为美。"将军角弓不得控，都护铁衣冷难著"，冰雪毕竟是与苦、寒联系在一起的。可是在毛泽东的《沁园春·雪》里，冰雪却没有寒的感觉，也没有苦的感觉。冰封和雪飘，本身就是美的。

面对千里冰封、万里雪飘，却没有苦寒，没有严酷的感觉，这才是理解这首词的关键。不仅没有苦寒、严酷之感，相反，眼界为之一开，心境为之一振，充满了欢悦、豪迈的感觉。在冰雪的意象中把寒冷的感觉淡化，把精神振奋的感觉强化，创造出一种壮美的境界，发出赞美，这是一种颂歌。在颂歌中，有一种压抑不住的鼓舞和冲动。这在中国诗歌史上，乃至世界革命文学史上，都可能是空前的。在俄国有高尔基的《鹰之歌》和《海燕》，以鹰和海燕的雄强象征革命者大无畏的精神，但是鹰和海燕本身并不意味着严酷，而是与严酷的暴风雨作搏斗，战胜严酷才是英雄。把严酷的冰雪转化为英雄主义的欢乐的意象（载体），只有在毛泽东的想象中才有。

冰封雪飘并不是一下子就引发了激情爆发的，其间有一个过程。先是一种极目无垠的眺望感。点明眺望感的是"望长城内外"的"望"字。前面的"千里冰封，万里雪飘"，当然也是眺望，不望不可能有这样广阔的视野，但是那种辽阔的感觉是潜在的，而且，普通人的目力是不可能看到千里万里的。这就涉及诗的感知的虚拟性。从现代诗学来说，抒情诗不同于散文的最大特点，就是它的想象性和虚拟性，强烈的感情不能直接喷发出来，只有通过想象的感知，才能获得自由抒发的空间。当毛泽东写千里万里的时候，早已超越了散文，进入了诗的想象境界，超越了生理视觉局限，因而是自由的。自由，不仅在视觉，而且隐含着胸襟。望得那么远，是一种结果，原因应该是站得非常高。开头几句，表面是描绘风物，深层则是静悄悄的想象延伸，从视野的开阔过渡到视点的高度。这种开阔，不单是视野的开阔，而且是胸襟的开阔；这种高度，不单是身躯的高度，而且是精神的高度的暗示。当我们读到"山舞银蛇，原驰蜡象"的时候，"舞"和"驰"令人感到，登高望远的图像不是静止的，而是有生命的。这种生命，当然不是客观自然界的反映，而是诗人心灵的激动。这种激动，不是一般的激动，而是异常的激动，不激动到相当的程度，不可能冒出这样的诗句来：

欲与天公试比高！

这是大地要与老天比高的写实吗？当然不是。这是诗人突然冒出来的一种壮志得酬、心比天高的感觉。这里没有任何逆境的感觉，不是老天爷作梗而不得不应付的状态，而是掌握了自己的命运，宏图大展，主动挑战。更美好、更壮丽的景观自然在预期之内：

须晴日，看红装素裹，分外妖娆。

把雪写得如此壮丽、如此美好，还不是最理想的，更加精彩的未来就在眼前，是不是意味着大展宏图的冲动？

“江山如此多娇”，是对上片景观的总结，也是毛泽东对上片的美学总结。冰雪无垠，居然是“如此多娇”，有谁曾经把千里万里的冰雪和“娇”字联系起来过呢？它创造了一种什么样的美的范畴呢？

“娇”，是个关键词。

为什么要用女字偏旁的“娇”？他写到自己的妻子杨开慧的时候，用的可不是这个“娇”字，而是另一个字——“骄”。这个带女性色彩的“娇”和红日照耀白雪，好像不相契合。但是，这正透露了毛泽东的诗学追求——颠覆传统的古典话语，赋予其崭新的时代内涵。将自然之美、女性之美赋予政治内涵，又用阴柔之美来表现政治宏图的阳刚之美。冰封雪飘的严酷，艳阳高照，应该是阳刚的，毛泽东却用“妖娆”、“多娇”这样的阴柔之语饰之，外在的色调与内在的情致上有一点反差，达到了使其丰富的目的。（值得深思的是：如果把“娇”改为“骄”，则外部感觉和内在情致未免单调。如果写成“我失娇杨”，把杨开慧界定为“娇”，则难免有浅俗之嫌。）凭着这个“娇”字，从自然转向人事，同时，从写视觉空间之美上升到了一个时间的层次，这个境界和前面有什么区别呢？

引无数英雄竞折腰。

关键词是“折腰”。冰雪覆盖大地山河之美，美到这种程度，英雄都要折腰、朝觐、崇拜了。在中国文学中，折腰本为否定意义，陶渊明不为五斗米向乡里小儿折腰，是一种不受羁勒的傲岸个性。毛泽东的折腰却有肯定的意义，是心甘情愿地谦恭、崇拜。这里，又一次将古典话语作了现代转化。这个转化是诗意的转化，又是诗学话语向政治话语的转化。

非常强烈的对比来得非常突兀：前面是高大伟岸的抒情主人公，到这里居然谦卑起来，不惜降低自己的高度。但这恰恰是一种自我勉励，是为了登上新的高度。这种高度，不是自然地理的空间高度，而是中国历史的时间高度。上片，在空间上眺望千里万里；下片，时间上的雄视，历数百年千年。空间尽收眼底，产生了一幅豪迈的视觉图景；时间历历在目，构成了一幅雄浑的心潮图像。这不但是胸襟的开拓，而且是诗人想象的开拓。空间的展示，皆为可视；而时间的回溯，则不可视。好在诗人有概括的魄力。本来是“无数”英雄竞折腰，但真正历数起来，却只剩下了秦皇、汉武、唐宗、宋祖和成吉思汗五个，其他的不言而喻，都不在眼下。

把自己提升到与这些历史人物并列的高度上去，已经有了大气魄，但这时，诗人不再谦卑了，不再折腰了，用一个“惜”字，把自己提升到了历史人物之上，还更进一步对这些人物的辉煌业绩加以批评、裁判，而且所评没有赞美，均为不足。最后，毛泽东直截了当地宣称，不管他们如何英雄盖世，都只能是“俱往矣”，过去了，真正的“风流人物”要看今朝了。这是作者的自诩，还是对一代新人的期望？这曾经引起过讨论。1945年，这首词在重庆第一次发表，当时就有人攻击说其中有“帝王思想”。作者自注说，这是“反封建主义，批判二千年封建主义的一个反动侧面。文采、风骚、大雕，只能如是，须知这是写诗啊！难道可以谩骂这一些人们吗？”① 这当然有道理，站在新的历史高度上，从新时代的政治理念出发，俯视一系列历史人物，理所当然。此词写于1936年2月，联系到4个月前，中央红军长征结束，作者在《清平乐·六盘山》中颇为自得地写过“今日长缨在手”，在《念奴娇·昆仑》中说过“千秋功罪，谁人曾与评说”，历尽艰辛、几经挫折的作者此时的心境，应该是溢满了宏大的政治

① 《毛泽东诗词集解》，吴雄选编，陈一琴审订，河北人民出版社1998年版，第209页。

抱负。但是，如果把这种抱负直接讲出来，就没有诗意可言了。这里面临一个艰巨的任务，就是把古典诗学话语进行当代转换。

1957 年，毛泽东在给臧克家的信中曾经说过，旧诗不宜提倡，因为“束缚思想”。① 这种束缚表现在，古典诗歌的话语有稳定的历史内涵，与当代政治话语之间有矛盾。当代政治话语的直接搬用，是缺乏古典诗意的。而用古典话语表达当代政治内涵，难度很大。当代政治话语的内涵和古典诗学话语并不对称，二者不可能两全其美，当代观念必然要有所牺牲。硬搬政治话语，可能造成生硬（如把昆仑裁为三截，平分欧美和日本，以示世界大同），当代政治观念进入古典诗学话语，政治内涵可能被朦胧化，甚至可能被淹没。“略输文采”、“稍逊风骚”、“只识弯弓射大雕”，从古典诗意的和谐统一上，是隽永的，但这是以政治内涵的含混为代价的。“文采”和“风骚”，古典话语所指本是文学艺术的成就，很难涉及政治文化的创造。话语本身并不能充分传达当代政治理念，读者只能从话语以外，从毛泽东的政治实践中去附会。相比起来，“只识弯弓射大雕”不但形象跃然纸上，而且意念指向也比较确定，政治观念和艺术形象之间的矛盾得到了和缓。最后的“风流人物”，堪称精彩。古典的“风流”内涵，在人物的才情和精神风格上，转化为当代政治人物的精神境界，应该说是比较自然的。

《沁园春·雪》新解

◎ 钱理群

对《沁园春·雪》的讲解历来有两个难点：一是如何理解诗人关于

① 《诗刊》，1957 年创刊号。

"秦皇汉武，略输文采；唐宗宋祖，稍逊风骚。一代天骄，成吉思汗，只识弯弓射大雕"的批判；二是"数风流人物，还看今朝"中"风流人物"究竟指谁。围绕这两个问题，有过各种不同的分析。后来作者自己作了注，说"略输文采"云云，都是"批判二千年封建主义的一个反动侧面"，并且解释说，"只能如是，须知这是写诗啊！难道可以谩骂这一些人们吗?""风流人物"则明确指示"是指无产阶级"。① 这自然是具有权威性的解释。但是，如果我们不拘泥于作者事后的注释，是否还可以作别样的新解呢？想来是应该允许的吧。

近来读毛泽东早期著作，在1913年冬所记的《讲堂录》里看到了下面几段话，觉得颇耐寻味：

> 王船山：有豪杰而不圣贤者，未有圣贤而不豪杰者也。
>
> 圣贤，德业俱全者；豪杰，歉于品德，而有大功大名者。拿（破仑）翁，豪杰也，而非圣贤。
>
> 有办事之人。有传教之人。前如诸葛武侯、范希文，后如孔、孟、朱、陆、王阳明等是也。
>
> 宋韩、范并称，清曾、左并称。然韩、左办事之人也，范、曾办事而兼传教之人也。
>
> 帝王一代帝王，圣贤百代帝王。

据有关专家考证，上述议论是毛泽东在湖南省立第四师范读书听杨昌济先生的修身课时所记，但有他自己的发挥。② 这里，引人注目地将"圣贤"与"豪杰"作了概念上的区分："豪杰"即是"办事之人"，而所谓"办事"则指"建立事功"③，即在具体的事业上建立了"大功大名"，成为一代杰出军事家或政治家，但"歉于品德"，没有自己的思想体系，而缺乏精神的影响力。"圣贤"则不同，毛泽东在以后的著作里曾解释

① 《毛泽东诗词选》，人民文学出版社1986年版。

② 李锐：《毛泽东早年读书生活·一个用心听讲的学生》。

③ 同上。

说，“所谓圣人，而最大之思想家也”①，“圣人，既得大本者也；贤人，略得大本者也”②。这就是说，圣贤已超越了具体的事功，达到了对“大本大源”即人类、宇宙本源（真理）的根本体认，以思想、学术影响当代与后世，成为“传教之人”，即“改造人类灵魂，净化世俗风气的精神导师”。③ 这两类人在历史发展中的作用自然很不相同；而毛泽东则显然以将“豪杰”与“圣贤”集于一身为己志，既要称一世之雄，也要做“百代帝王”，从根本上影响中国与世界。

自然，这都是早年的豪言壮语。但年轻时代立下的大志看来是影响毛泽东一生的。研究者早已指出，毛泽东在新中国成立后的许多大胆试验都根源于他早年的理想，并称之为“返祖现象”。④ 以早年对“豪杰”与“圣贤”的区分和不同评价，来看中年所写的《沁园春·雪》，我们自然不难发现，毛泽东在词里论及的中国历史上声名显赫的秦皇、汉武、唐宗、宋祖以至成吉思汗，都只是“豪杰”之士，他们虽有“大功大名”，都“略输文采”、“稍逊风骚”，歉于品德、思想，因此，是“办事之人”，而非“传教之人”，仅“一代帝王”，而非“百代帝王”。如此，“今朝”的“风流人物”当是毛泽东的自况。但其所抒发的，并不是《沁园春·雪》发表时许多人所说的“帝王思想”，而不过是重申他早年立下的“集豪杰与圣贤于一身”的大志。但在1945年向世人公开这样的志向，却是意义重大的。此时历史正处于“黑暗的中国”向“光明的中国”的大转折中，毛泽东在军事、政治上的丰功伟绩已是举世公认，《沁园春·雪》的发表意味着从不满足于现状的毛泽东向全中国与全世界宣布他的下一个奋斗目标：他要超越历史上所有的英雄豪杰，也要超越已成为历史的过去的自己，追求“圣贤”的人格理想，要做“传教之人”，自觉地用毛泽东思想来改造人类的灵魂，改造中国与世界。历史确实也从此进入“毛泽东的时代”。因此，毛泽东在《沁园春·雪》里所作出的历史选择是决定性的，不仅影响了几亿人的命运，也影响了他个人的命运。——不过，这都已是后话。

① 毛泽东：《体育之研究》。
② 毛泽东1917年8月20日致黎锦熙书。
③ 陈晋：《毛泽东的文化性格·圣贤精神》。
④ 李锐：《毛泽东的早年与晚年·关于毛泽东功过是非的一些看法》。

里柯克：《我们是怎样过母亲节的》

爱的无私和被爱的自私

◎ 孙绍振

这是一个西方人写的关于母爱的故事。通篇没有一句直接写母亲的无私，但读者却深深感到了母亲的无私；通篇没有一句话写到丈夫和子女的自私，但全篇无处不在显示丈夫和子女的自私。

矛盾随着故事的进展，一层又一层地展开。但不是在表面上的，而是潜在的，隐藏在字里行间的。表面上没有任何矛盾，所有字面上的、公开的、堂而皇之的考虑，都是为了母亲，而实际上，恰恰是丈夫和孩子为了自己。

第一个层次，在字面上和潜在的含义之间的矛盾似乎并不特别明显，只是表现了在一再强调的“隆重”和漫不经心的“否决”之间的矛盾。

一方面是丈夫和子女主动提出为了报答母亲终年的操劳，要在母亲节这一天，做一切“力所能及的事情让母亲高兴”。大家请假回来，庆祝母亲节。这里的关键词是“隆重”。隆重的具体表现，一是用鲜花和格言装饰房间；二是女孩子隆重地购买了新帽子，男孩子则隆重地购买了新领带。另一方面，一切为了让母亲开心的举措却又一个一个地被否决。起先是为母亲买一顶新帽子的提议被轻易地否决了。一旦母亲说自己更喜欢旧的，女儿就说：那顶旧帽子，她戴了更加合适。

这里的矛盾不是特别明显，因为是母亲自己提出不要新帽子的。但被否决的过程，毕竟有点不够认真，这就消解了前面特别强调的“隆重”。

第二个层次，在字面上和潜在的含义之间的矛盾不但明显，而且越来越尖锐化了，即为母亲制定出游的目标及其消解过程。

一方面是大家决定租一辆汽车让母亲到乡下兜游、享受一番，免得她在家里总是忙得不可开交。父亲提议，与其出游，不如钓鱼，有了“目标”，更能提高母亲的兴致。另一方面，则又慢慢透露，钓竿是父亲昨天才买的。暗示了钓鱼和父亲的目的联系在一起是多么巧合。父亲口头上说，钓竿“实际上”是为太太买的。注意“实际上”这个关键词的言外之意，说“实际上”，也就是透露了本来不是为母亲买的。这个矛盾按理可以展开，但被母亲的一句话淡化了。她说，她宁愿看父亲钓鱼，自己却不想钓。

这里的暗示是，父亲有心机，嘴巴上说得好听，实际上却一味考虑着自己，而母亲为了亲人的乐趣，习惯于放弃自己的乐趣。

为了把故事推向高潮，作者设置了一个矛盾：汽车太小，必须有一个人留在家里。这时，父亲潜在的动机和表面堂而皇之的话语之间的矛盾就显得突出了。父亲主动提出自己留在家里。如果光是这样说，也就没有什么矛盾可言了。他接下来说的话，就有点露苗头了。他先说，自己留下来可以在花园里干点活。这也还没有什么潜在的矛盾可言。接着，他说他可以干点“粗活和脏活”，比如“挖个垃圾坑”什么的。这种话的矛盾是：表面上是自己主动留在家里，实际上要让人感觉到他在大家郊游的时候，却承担着繁重的劳动。作者的功夫在于，不是一下子把父亲的底细全部兜出来，而是逐渐透露，在程度上逐渐加强：一点一点把言外之意强化到超越字面的意思。父亲叫大家不要“顾虑”他“三年来”一直没有过过一个“真正的假日”。这里的矛盾在于，字面上是叫大家不要顾虑，实际上却在提醒大家，事情有点严重：三年来都没有过过一个假日了。这样的话语中的逻辑重音，落在“三年来”和“一个真正的假日”之间的对比上，是不能不叫人顾虑的。这里矛盾虽然明显，但父亲的情绪还没有超越语言的表层。下面的话，就近乎牢骚了：“本来，他想过个什么节就是想入非非。”

如果真是这样，就根本不是顾虑不顾虑的问题，而是要不要对这个赌气的家长给以补偿的问题了。

从语言技巧来说，字面表层含义和深层含义不一致时，在具体的上下文中，深层含义占上风的情况叫做“反讽”。用日常口语来说，就是说反话：表面上说自己应该留下来，而实际上，留在逻辑空白中的意思很明显，要他留在家里，是不公平的。

说反话的修辞技巧，我在解读鲁迅的《从百草园到三味书屋》和《阿长与〈山海经〉》时也涉及了。但那里的反语属于幽默的性质。因为鲁迅对长妈妈充满了同情和怜悯，并没有要揭露她什么动机的目的。在这里，作者写父亲也用了反语，突出他千方百计地掩饰自己的自私，而且，他的言内和言外显而易见的矛盾，充分暴露了他的自私。这样，幽默就转化为讽刺了。

讽刺与幽默的相同之处，是都有反语，但幽默是温情的，非对抗性的，而讽刺是严峻的，带着刺的。

下面写孩子们的考虑，也充满了反讽。先是父亲留下来不合适。原因是虚无缥缈的，他“准会闯祸”。而排除另一种选择（两个姐妹留下来）的道理，则更荒谬。因为“她们买了新帽子不戴一戴，未免太使人扫兴”。这样的理由是微不足道的，和文章开头十分强调的要做一切“力所能及的事情让母亲高兴”，“隆重”地庆祝母亲节，形成反差。这一大家子，一个个都很自私，讽刺意味是十分强烈的。

如果文章就写到这个程度，当然也可以了，但可能给人太直露之感。

作者笔墨的深邃之处是：父亲和孩子都自私，但似乎他们并没有感到自己的自私；母亲无私，却也同样没有感觉到自己无私。

一方面，强调把母亲留在家里，大家都觉得有很充分的理由可以让她痛痛快快地休息一天；另一方面，又把这种理由说得不成理由，因为需要她准备午饭。这不是不能休息了吗？矛盾是留在逻辑的空白之中的，由读者去判断。让母亲留下还有一条理由更为荒谬，室外有点凉，“父亲担心母亲着凉”。明明是为自己考虑，却偏偏说是为母亲考虑。父亲越是努力自圆其说，越是漏洞百出，越是漏洞百出，作者的幽默就越显得精彩。下面这一段，可以说发挥得淋漓尽致。父亲说，正当她“本来可以好好地休息的时候，如果他硬拉她到乡下去转悠，一下子得了重感冒，他永远不会原谅自己的”。尤其是考虑到母亲为大家“操劳了一辈子”，大家有责任让她“安安静静地多休息会儿”。不让她郊游，是让她避免了一场“折腾”。本来大家提出让妈妈郊游，是为了让她休息，可是经过父亲这么一演绎变成了“折腾”而且很危险。这是明显的荒唐。但越是荒唐，就越是可笑，越是可笑，就越显出父亲的虚伪——千方百计掩饰自己的自私，明知自私，还要坚持为自私寻找冠冕堂皇的理由。这样的讽刺就有深度了。

文章中对孩子的自私，当然也是有讽喻的，但相对比较温和，可以说，讽刺意味比较少。因为孩子不像父亲那样有意掩饰自己的自私，他们比较单纯、比较天真，在大多数情况下，他们没有感到自己的自私。

全文都从孩子的视角来叙述。在许多明显自私的地方，孩子们并不像父亲那样做出一副为母亲考虑的样子。在把母亲留下来以后，作者在分寸上很有讲究。孩子们向母亲“欢呼了三次”。虽然有些自私，但总还有些天真烂漫，应该说自私得有点无知，还没有学会为母亲设想。正是因为这样，孩子们的自私就不虚伪，有点坦然，因而不无可爱之处。而父亲却表现得对妻子特别多情：

> 母亲站在阳台上，从那里瞅着我们，直到瞅不见为止。父亲每隔一会儿就转身向她挥手，后来他的手撞在车后座的边上，他才说，他认为母亲再看不着我们了。

明明是最自私的，却表现得最多情。挥手，要挥到手碰到车后座，越过了表达感情的限度。这里就有一种对比，过度的外在动作和贫乏的内在情感。

接下去的文章，突出了感受上的反差，用词比较夸张。一方面，孩子们出游的感觉是度过了“最愉快的一天”，玩得“痛快极了”。回来以后，母亲为他们准备了“热腾腾的饭菜”，这是“最豪华的筵席”，“吃得有趣极了”。另一方面，母亲还给父亲拿来手巾和肥皂。这样“忙”了一阵以后，吃饭的时候，母亲又不得不“屡次三番地站起来”帮着上菜。

所有这一切语言，都在构成一种热烈的家宴氛围。但是，所有这一切又和前面宣称的宗旨相违背：让母亲留在家里，是为了给她“安静”。所有用来描述家庭喜庆场景的词语都是与“休息”、“安静”背道而驰的。这就是含蓄的讽喻。含蓄就在上下文之间。

文章正面的描写处处透露了父亲和孩子们的自私，但没有一句说出“自私”这两个字，同样没有一个字正面说明母亲是如何的“无私”。全文的功力在于反讽，但是又不限于反讽，同时有歌颂，反讽父亲和孩子的自私，恰恰反衬出母亲的无私。这二者相辅相成，父亲和孩子有多么自私，母亲就有多么无私。

说好了过母亲节，要让母亲休息，报答她的操劳。结果，母亲不但没有外出休息，也没有在家里安静地待着，却更加操劳了一天。而这个母亲不但没有感到这种矛盾，而且心安理得。不但母亲没有感到任何异常，孩子们也没有感到任何异常。一方面有这么多夸张的对比（安静和忙碌），另一方面母亲又表现得异乎寻常的平静。作者对母亲几乎没有多少正面的描写，基本上都是简洁的叙述，讲话、做事，连细节都没有，都是概括的叙述。而对父亲和孩子们却用了大量的细节（如父亲告别时的手势之类）。只有当孩子们去吻母亲，母亲说这是她有生以来过得“最最快活的一天”时，孩子们觉得她“眼里含着泪水”。这是描写母亲的唯一的细节，也是最意味深长的细节。一个本来要让她休息、安静的节日，却过得这么劳累，说明她并没有把自己的劳累放在心上，她之所以感到愉快，就是因为她看到丈夫和孩子们的快乐。

最后一句可以说是“神来之笔”，孩子们在看到母亲眼睛里含着的泪水时，居然产生了这样的感觉：

> 我们所做的一切得到了最大的报偿。

这里面的含义可真是太丰富了，太奇妙了。

表层的意义是，在孩子们的感觉中，母亲最幸福的一天，是他们给予的。而全文所显示的恰恰是孩子们提出要让母亲休息、安静，可结果母亲没有休息，也没有安静。他们本来打算为母亲做的都没有做。他们做的无非是两个方面：第一，保证了自己郊游，却排斥了母亲；第二，把本来允诺的安静取消，代之以忙碌操劳。对于这一切，他们没有一点惭愧，相反，却感到这是对母亲的奉献。在孩子心目中的“最大的报偿”，在母亲却是“最大的剥夺”。这是显而易见的荒谬，越是荒谬，讽刺的意味就越明显。但是，“最大的报偿”不仅仅是讽刺，还有另外一层含义，那就是母亲并没有感到自己被剥夺，相反，她把被剥夺当成了幸福。这就不是反讽，而是抒情了。同时这种抒情中还隐约带着反讽，即孩子没有感到自己对母亲的剥夺。孩子毕竟是天真的，天真把讽刺意味淡化了，幽默意味就更突出了。同样的倾向还表现在吃饭以后，孩子们“争着帮忙擦桌子、洗碗碟，可是母亲说她情愿亲自来做这些事，我们只好让她去做了，因为这一次我们也总得迁就她才行”。明明是母亲无私奉献了自己的一切，却被说成是迁就，好像不是自己不懂得体贴母亲，而是母亲有什么古怪脾气似的。这种地方，都是幽默文章的深邃、意味深长之处。

从这里可以看出，作者对这个家庭的关系虽然有所批判，但并不太严厉，孩子们并不是有意自私，而是习惯了被母亲照顾，以至于失去了主动照顾人的意识。正是因为这样，讽喻是很有分寸的，就是对父亲，作者也是有节制的。母亲吃饭时，老是站起来为别人服务，“父亲注意到这种情况”，“他要她歇会儿，于是他自己便站起身到碗橱里去拿水果”。大人毕竟是大人，自私也有一定限度，至少意识到该让妻子休息一下了。这种描写虽然并不完全是肯定的，但也并没有给人明显装模作样的印象，多多少少也淡化了讽刺的程度。从这样的分寸感上，可以看出作者的老到，他没有把父亲简单化，没有把人物关系漫画化。

怎样写“母爱”？“母爱”是什么？

◎ 钱理群

一、为什么选这篇文章？

2006 年，我们在修订《新语文读本》时，在“献给母亲的歌”的单元里，选了歌德、海涅等诗人写的诗——母爱本来就是最容易发而为歌的，这是诗歌的永恒主题。散文也很适于表达母爱，或偏于记事（在另一个“我的家”单元里就选过老舍写的《我的母亲》），或偏于抒情（我们特地编了一篇智利作家米斯特拉尔写的满怀深情、想象丰富的《忆母亲》）。

但作为主编的我，仍不满足，我提出：能不能选一篇写母爱的小说，或小说化的散文？我们应该给学生提供多种表达母爱的文体、方式。

于是，朋友们向我推荐了里柯克的《我们是怎样过母亲节的》。

二、故事与情节

小说的第一要素，是要有故事、有情节。

于是，就有了这样的开头：“我们决定为‘母亲节’举行一次特别庆祝。”——这里讲“特别”，是“特别隆重”的意思。可是，读完全文就会知道，真正“特别”的，是接着发生的一系列的事情。这大概就是小说家埋下的伏笔吧。

接着的叙述，“我们要”如何如何，“我们的计划”怎样怎样，都没有什么特别，我们甚至担心，这样写下去，无非是关于母亲节盛典的描述，就不是小说了。但紧接着的这一句，却引起了我们的注意：在“我们”做好了种种“计划”以后，“我们请母亲安排格言和布置装饰品，因为在圣诞节她是经常干这些事情的”。——怎么，“我们”计划中的种种，竟然还有“请”母亲来做事情，而且还有理由：她“经常干这些事情”。这是什么逻辑？

但不容我们深想，叙述就这么展开了，出现了一连串出乎人意料之外的事情，这就有故事、有情节了。

情节一：为了过节，姐妹俩买了新帽子，理应穿戴一新的母亲，却依然戴着“那顶旧帽子”。

情节二：本来计划带母亲“到乡下去美滋滋地兜游一番”，却突然“稍微修改了一下”，变成让父亲去试用他新买的钓竿，母亲在一旁“看着父亲钓鱼”。

情节三：“母亲把所有的东西都给我们收拾齐全”，准备上车时，却突然决定把母亲留下来了。

这都是人们通常说的情节的“逆转”。有意思的是，每一次逆转，似乎都有充足的理由，而且都是为母亲着想的。比如，母亲“似乎更喜欢”旧帽子，“不喜欢新的”，她戴旧帽子“非常合适”；又如，“对母亲来说，有个（钓鱼的）明确的目标会更好些”，“她宁愿看着父亲钓鱼，她自己却不想钓”；再如，“父亲有些担心，要是母亲出门，她没准会着凉的”，留在家里“可以给母亲一点安静”，“很高兴能让母亲避免这一场折腾”；等等。

本来是违反常情常理的事，但在叙述者“我们”（父亲和儿女们）的叙述中，都变成合情合理的了。但读者却会去看、去想，这就看出了荒诞，而且从“我们”的振振有词中读出了冠冕堂皇的自私。这大概就是不动声色的叙述中的情节的“反讽性”吧。

三、人　物

小说还要有人物。

于是，我们又注意到，在以上的叙述中，全是“我们”如何计划，如何改变计划，又如何对这些改变提出种种理由。如何为母亲着想，也就是说叙述的中心是母亲，但母亲始终只是“配角”。这里，当然也有精彩的人物，对父亲的刻画就相当生动。比如，在情节三里，父亲一再说“不必管他”，“不要为他操心”，“他愿意留在家里”，都并非故意作秀，也不乏真诚，但却也掩盖不住他内心还是担心，甚至害怕一人单独留在家中，因为他已经习惯于在母亲照料下生活了，子女们也都知道，“他果真留下来的话，准会闯祸”，结果他越是表态要留下来，就越导致了母亲最后留下的结果。这可以说是骨子里的自私，但却是一种习惯造成的，自己也未必察觉得到的自私。子女们也何尝不是如此！这样的刻画，就有了一定深度。

作者真正着意要写的，还是母亲。但直到最后，“我们”（父亲和儿女们）“玩得痛快极了”（请注意：这时已经不提“过母亲节”了），“到家已经很晚”的时候，才正面写到了母亲。但依然只是写她一系列的动作：“给我们”准备热腾腾的饭菜，“给父亲”拿来毛巾和肥皂，“帮女孩子”开饭，吃饭时“屡次三番”站起来帮着上菜，最后还坚持要一个人擦桌子、洗碗碟，并且“说她情愿亲自来做这些事”。——一个默默为全家操劳的母亲形象已跃然纸上。

最后，母亲却说，“这是她有生以来过得最最快活的一天”。

还有对母亲神态的观察：“我觉得她眼里含着泪水”。——写到这里，作者第一次收起了嘲讽的语气。

这一句话，一个眼神，最后完成了母亲的形象。

应该说，母亲最后的说话与态度，也是出乎我们意料之外的。因为读者早就为这样的结果愤愤不平了：名义上为母亲过节，却只是让父亲和孩子痛痛快快地玩了一天，母亲却比平日加倍辛苦地操劳了一天！但现在，母亲却表示，她过了一个“最最快活的”真正的“母亲节”！——这是什么道理？

这正是作者所要和我们一起讨论的——

四、什么是“母爱”？

母亲之所以感到，而且是自然地、由衷地感到，“这是她有生以来过得最最快活的一天”，原因很简单：就是因为这一天“我们大伙都玩得痛快极了”。也就是说，只要亲人——丈夫、儿子和女儿过得快活，母亲就觉得快乐。她的快乐是建立在家人的快乐基础上的。这是母亲的快乐观、幸福观。只要丈夫、儿女需要，她就愿意献出自己的一切，“情愿亲自做”一切事情，即使劳累不堪，也自以为快乐。这就是母亲的逻辑。因此，在她看来，只要女儿戴上了新帽子，并且感到高兴，那么她依然戴着“那顶旧帽子”，根本就是无所谓的；只要丈夫能够试用他新买来的钓竿，并且因此感到快活，自己去不去兜风，是无所谓的；她当然也很愿意和全家人一起出去玩一天，但如果汽车太挤（她也认为“父亲的鱼篓、钓竿以及便餐”都是不可取消的），需要留一个人，那么应该作出牺牲的就是她自己，如果真的是丈夫或者儿子、女儿中任何一人留下，她都会不安的。她已经习惯于为家人（丈夫、儿女）着想，习惯于不为自己着想了。

这就是母亲的爱——绝对的、无条件的、无私奉献的、不要求回报的、无怨无悔的爱，是鲁迅所说的，完全出于人的天性、本性的，“离绝了交换关系利害关系的爱”。

这正是母爱的伟大之处。这也是本文的真正主旨、主题所在：歌颂这样的伟大的母爱。全篇的嘲讽、调侃，最后归结于这样深沉的抒情，这大概也是出乎我们意料的吧。

五、耐人寻味的标题

但本文又确实有调侃的意思。那么，作者要调侃的是什么呢？

我们来琢磨文章的标题：“我们是怎样过母亲节的”。表面上看，这是故事内容的一个陈述，但其重心显然在“我们”上，这就隐含着一个追问：“我们是怎么对待母亲的?”而这个追问，其实是贯穿全文的，是一条明显的线索。

文章一开头就说：“母亲为我们成年累月地操劳，她吃足苦头和付出牺牲，全都是为了我们的缘故。”——看来“我们”并非不懂得母爱的牺牲精神。

但当“我们请母亲安排格言和布置装饰品”时，却以“她是经常干这些事情的”为理由。这就意味着，“我们”已经习惯于母亲作出牺牲了。——这是不是有问题呢?文章开始出现了调侃。

在以后的情节发展中，“我们”一次又一次地要求母亲作出牺牲，而且理由充分，心安理得，视为当然。——问题就越来越大了，调侃的味道也越来越浓厚了。

直到最后，当母亲含泪说出“这是她有生以来过得最最快活的一天”时，“我们”的反应居然是“大家都感觉到，我们所做的一切都得到了最大的报偿”。——什么“我们所做的一切”!“我们”所做的，不就是坦然地接受母亲作出的一切牺牲?难道这也需要“报偿”吗?问题正在这里：母亲、妻子不要求回报，但作为子女、丈夫，难道就不应该有所反省吗?难道“我们”就可以视为习惯，心安于此，不作任何回报吗?“我们”又为母亲做了什么呢?亲人的爱、家人的爱，必须是双向的，如果“我们”只是利用母亲无私的爱，来满足自己的私心、私欲，那“我们”不就离这天然、天性的爱越来越远了吗?

这正是本文的作者通过他的调侃，向小说中的“我们”——父亲与子女提出的问题。

这也是对读者的提醒。读完这篇文章，我们是不是应该反省自己：“我”是怎样对待母亲的爱的?

六、一点余论：写作和阅读是不同的思维活动

最后，还要请读者注意我们这篇赏析文章的标题：“怎样写‘母爱’?

‘母爱’是什么?”先谈“怎样写”，再说“写什么”，这也是费了一番斟酌的。这里，似乎有一个写作和阅读思维过程的区别问题。一般说来，写作时，是先有“写什么”的想法和冲动，再考虑“怎样写”；而阅读，却是一个反向的运动，即先注意“怎样写”、“如何表达”，再由此而达到对“写什么”、“要表达什么意思”的理解和把握。

弄清楚这样的区别，可能对我们的阅读教育会有所启示。

卢森堡：《狱中书简》

非常状态下的写作

◎ 钱理群

读、讲本文，关键是要体会和把握作者的写作环境、语境，以及由此决定的文章的特点和性质。

《狱中书简》的标题告诉我们，文章是在“狱中”所写，也就是说作者是处在被监禁、人身不自由的状况下。在另一封书信里，她说到在单独囚禁中，“很少想讲话，甚至几个星期听不见我自己的声音”；写作“书简”是她和外界联系的唯一方式，但书简的传递，却又是受到严密检查的：这是一个不自由的写作。在这样的“非常状态”下，依然要表达自己的自由意志，这就必然有特殊的表现对象、特殊的表达方式——这正是我们在读、讲这篇《狱中书简》时必须牢牢抓住的。

一、我在花园里给你写信

信的一开始就先声夺人，急不可耐地向收信人——她的朋友强调：“你知道我现在在哪儿，我在哪儿给你写这封信吗？在花园里！”这样的炫耀，如此的兴奋，是有些反常的。在正常的情况下，坐在花园里写信，是不必这么“大惊小怪”的。我们很快就从下文知道：花园的旁边就是“监狱的教堂”，那里发出的“低沉的木管风琴声”把花园里树木、小鸟的声音都“盖住”了。这样，在同一段里，就出现了两个意象：“花园”和“监狱”。这是“监狱”里的“花园”：一方面，“花园”存在于“监狱”的阴影下，监狱的声音甚至“盖住”了花园的声音；另一方面，“花园”又构成了对“监狱”的对峙，给监禁中的人（“我”）提供了另一个空间，另一种生命的存在。“我”反常的兴奋就来源于此。

于是，和人世隔绝的、生命处于不自由状态下的“我”，在这里发现了大自然的自由生命：这里有“绿森森”的色、“芬芳”的味、“亭亭玉立”的姿态、“绿油油”的感觉。——这岂止是大自然的美的发现，更是自我感官的视觉、味觉、感觉的激发。

最重要的是，“我”发现了“白杨”（下文还会提到白杨），它在花园里，在“我”的狱中生活中，都占有重要的位置。在“我”的眼里，它是“肃穆而慈祥”的，这当然不是简单的拟人修辞手法，而是“我”的真实感受，她把自己对被隔绝了的“人”的爱，移情于这棵白杨了。于是就有了这句最具柔情的文字：“淡淡的叶影和一圈圈闪闪的阳光在我正写字的信笺上舞动，从雨水润湿的树叶上时而有水珠滴在我的脸上和手上。”这“淡淡”的色泽，这“一圈圈闪闪”的光影，这“舞”、“滴”的动态，可谓细致入微，不仅是观察描写的，更是感觉的。

这时候，出现了声音——小鸟的合唱、杜鹃的啼声。但“我”并不展开听觉的描绘，那将是下文的重心；而只是强调自己从鸟声中感受到了“夏季的丰满茂盛和生命的沉醉”这样“仲夏的气息”。这也是下文描写的重心，此处只作铺垫，第一次点出了“生命”的概念。——这其实是全文的中心词。

作者此时要着力抒写的，是由“仲夏”的感觉唤起的“我”的想象。随着想象中的瓦格纳歌剧的声响，“仲夏的节日”里的“群众场面”突然闯入了这封闭窒息的监狱：“一大群人不分男女老少都在拍手”，“忽然间大家跳起皮特尔梅尔华尔兹舞来”。这瞬间的幻境，打开了一个多么自由的空间啊！“我”真正迷恋的还是人，被囚禁的孤独的个体生命，是多么渴望回到人的群体中，汇入“群众”的队伍里啊！——但这又是未曾在文字里点明的，是需要读信者细心领悟的“言外之意”。

二、我竟对这半死的孔雀蝶讲起话来

“我在浴室的窗子上发现一只大孔雀蝶”，一只半死的孔雀蝶。

于是，就有了“生命”和“死亡”的对峙。这正是前文“花园”和“监狱”对峙的实质。

而且“死亡”的力量似乎更为强大。于是，就有了一系列的和“死亡”有关的词语：“无力地飞扑”、“奄奄一息”、“微弱”、“挣扎”、“死”。这确实令人“战栗”。

但仍然有“生机”与“生命”。有了前文的铺垫，在这一段里，“生命”的概念连续出现了三次。

“生命的火焰跳动”虽然“微弱”，但“依然静静地伏着”，只要存在着，就有希望。

“你这小小的生命也必须恢复过来”。于是，鸫鸟唱起歌来了，“唱得嘹亮极了”，这可是充满生机的生命的歌唱啊！特别是，“我竟对这半死的孔雀蝶讲起话来”。我们在前文已经说过，“我”在狱中“很少想讲话”，“沉默不语”，有时“一个字也说不出来”，但“我”却要向这“半死的孔雀蝶”说话。这不仅是因为这也是和“我”一样的生命，而且是垂死的生命，不能不引起“同病相怜”的感觉，“我”对它说话，在某种意义上也是对自己说话，这正是一种“相濡以沫”的互慰与自慰。

正是在这生命的慰藉下，“这只小动物缓过来了”，“缓缓地飞走了”，“这条生命”被“拯救”了！当我目视孔雀蝶远走高飞，自由地掠过天空时，心里岂止是“高兴”而已！

三、我等待太阳时，发现白杨在散播种子

“我等待着太阳”，太阳却久等不至，“我变得忧郁起来了”。——这是

情感上的一个顿挫，不仅是为下文的情感高潮作铺垫，更反映了“我”无法摆脱监狱的阴影这一真实心理。

但“我”仍然在努力寻找生命的活力。于是，就有了“奇妙”的“发现”：“漫天飞舞着（白杨树）银白色的绒毛”，把监狱的“泥地和整个院子都铺满了”。这是多么“神奇”的美！这更是生命的启示：这是白杨树在“散播种子”啊！于是，在“我”的眼前，又出现了这样的想象中的幻景：随着绒毛的漫天飞舞，“自己传播到极远的地方，像野草似的，在墙缝里，石缝间，到处都有它的幼苗在抽芽”。——这里所写的，是白杨树，还是“我”和“我”的同志？

四、夜莺的啼叫压倒雷声，唱亮昏暗

“我”终于又被“关进”牢房。

于是，监狱的阴影再度袭来，“凄凉”、“闷热”、“昏沉沉”、“压着”一块“重物”，这样“沉重”的词语、乐调，和前文“轻快”的词语、乐调，始终形成对峙，贯穿全文。

而且还有色彩的对峙。“漫天飞舞的银白色”陡然变成“晦暗、苍白、阴霾的暮色”，“仿佛垂挂着一重严密的灰色纱幕”。（这“严密”会引起什么联想？）而在“大雷雨袭来，夹着倾盆大雨和两声惊天动地的霹雳”（这是谁在大施淫威？）以后，又出现了闪电的“紫红色”，这血的色彩的陡然出现，更给人以触目惊心之感。

但是——

听哪，“在雨中，在闪电中，在隆隆的雷声中”，一只夜莺在鸣啭，“啼叫得像是一只清脆的银铃”！

看哪，在“时而铅灰，时而艳紫的天空”下，夜莺的歌声“像一道灿烂的银光在闪闪辉耀”！

这是一种听觉和视觉的震撼，更是心灵的震撼。在“我”的感觉里，“它歌唱得如醉如痴，它要压倒雷声，唱亮昏暗”。这里所显示的，是一种“如醉如痴”的生命状态，这和前文说到的“生命的沉醉”是相呼应的。

这正是“我”所向往的，即使身处监狱，与世隔绝，依然在和大自然（花园里的灌木丛、白杨树、小鸟、夜莺，以至半死的孔雀蝶）的生命的交往、交流中，寻找这样的生命的活力和沉醉感。而这样的寻找，对为自己追求自由的信仰而失去自由的“我”来说，既是对信仰的坚守，更是一种反抗，“要压倒雷声，唱亮昏暗”的，不仅是夜莺，更是“我”自己。或者说，“我”把自己的祈望融入到了对夜莺歌声的感受与描述中去了：在这里，“我”和“夜莺”已经融为一体，“我”就是“夜莺”，“夜莺”就是“我”。

文章最后“我不禁反复吟诵”歌德的诗句：“啊，但愿你在这里!”其实是在说：“但愿你在我心里!”

五、别把我的“镇静”估计过高了

这封信在“夜鹰”的歌唱这里戛然而止，是意味深长的。这是文章的顶点、亮点，也是狱中的“我”的情感的一个顶点、亮点。心与文都达到了一个高峰，读者也因此感受到了一种生命和情感的高峰体验，进入高昂的精神状态。

但这样的状态，是容易被简单化的。因此，作者在给收信人宋娅·李卜克内西的另一封信（1917 年 5 月 23 日寄出）里，又有这样的提醒：“你把我的‘镇静’估计过高了。可惜我内心的平衡和喜悦，只要一遇到极其轻微的阴影笼罩，便化为乌有了，我那时就感到说不出的痛苦，我的特点不过是沉默不语而已。”

这是一个重要的提示：因生命的沉醉而情绪高昂，因痛苦而沉默，这两端都是“我”在监狱的“阴影”里的情感、心理的真实，它因此具有了一种丰富性。我们在阅读本文时，一定要把握好这两个侧面，以及两者间的起伏变动。过分强调任何一面，都会导致理解的片面性。

女性柔美的崇高情怀

◎ 孙绍振

课本把《狱中书简》这篇放在“红色经典”单元里。“红色经典”表现的是革命家崇高的精神，为了崇高理想，不惜牺牲个人的一切，包括生命。这一点和《背影》、《慈母情深》、《猫的故事》、《我们是怎样过母亲节的》等文有所不同。后者所强调的是生命的宝贵、情感的美好，即使像母亲那样，有所牺牲，也不一定有崇高的目标，仅仅是为了自己的儿女和丈夫而已，是很平凡的。平凡是美好的，但是平凡并不一定和崇高的社会理想和人格蓝图相联系，当然这并不妨碍它也是一种美好的人性。“红色经典”的特点则是，首先，和理想的信念、理想的人格紧密相连；其次，无条件地牺牲自己的一切；最后，即使在面临生命危险的关头，也大义凛然、威武不屈。在人的精神品质中，这种英雄主义显得尤为辉煌。

《狱中书简》之所以在“红色经典”中独树一帜，是因为它不但有崇高精神，而且还表现了女革命家心灵的优美，那就是对于生命，不管是宏大的，还是渺小的，只要是生命，哪怕是动物、植物的生命，她都充满了热爱。这种热爱，就是在不自由处境中，自己的生命受到威胁的情况下，仍然保持着这种对生命的珍惜感。

文章一开头，写自己在监狱中，却带着强烈的抒情，笔下流露着兴奋，洋溢着激情。要知道，这时她是在牢狱中，是孤独的，但是文章却用书简的形式，用第二人称，展开了心灵的对话。“你知道我现在在哪儿，我在哪儿给你写这封信吗?”既有现场感，又便于超越空间自由的想象。

这种激情对话的氛围，一直持续到结尾，本文最后一句作了呼应：“啊，但愿你在这里！……”这个“你”既是那个具体的宋儒莎，又是读者，这样就成功地拉近了与读者的距离。一般读者可能会觉得，文章中有花园、灌木、花朵，哪里像是坐牢啊？其实，看了后面“六点钟我又跟平常一样给关进去了”就会明白，这是为时极短的放风。就是在这短暂的放风期间，她居然展开这么激情洋溢的思绪和华彩的想象，根本没有把失去自由的监狱当一回事。

激情洋溢，自然会产生“一切景语皆情语”的倾向。

卢森堡的情语相当独特。在一般人笔下，失去自由，免不了产生沮丧、愤懑，把这样的情感投射到周围的花草树木上去，是轻而易举的事。但是在卢森堡的笔下，周围的植物不但没有一点沮丧感，反倒生气勃勃，充满了生命的安详感：

> 你知道我现在在哪儿，我在哪儿给你写这封信吗？在花园里！我把一张小桌子搬到外边来，很隐蔽地坐在绿森森的灌木丛中。我的右边是丁香般芬芳的黄醋栗树，左边是一簇矮矮的女贞，在我顶上，一棵尖叶的枫树和一棵亭亭玉立的小栗树彼此交搭着它们宽大的绿油油的手掌，在我前面是一棵枝叶扶疏的肃穆而慈祥的白杨，它徐缓地摆动着它那白色的叶子，沙沙作响。

这哪里像在坐监牢？沉溺于监牢的严峻感，就不可能对大自然这样专注、这样珍惜。这说明在她内心深处，并不把坐监狱当作什么了不得的事，她相当安详地专注着上下左右的花草树木，一切都很美，很有诗意。她所凭借的不仅仅是语言的华彩，而且还直接写到她的感觉：

> 淡淡的叶影和一圈圈闪闪的阳光在我正写字的信笺上舞动，从雨水润湿的树叶上时而有水珠滴在我的脸上和手上。

有了脸上和手上的感觉，在不自由的监狱和自由的生命之间，现场感才更加真切。

她所在的监狱，虽然比我们想象的要文明得多，但毕竟还是监狱。她笔下多多少少还是透露出监狱特有的阴郁，如监狱教堂正在做礼拜，“低沉的木管风琴声隐约地传出来”。如果作者心情阴郁，这个“低沉”的感觉就可能被渲染、被形容、被强调、被突出，成为文章的主基调。但是，作者没有这样做，相反，这种低沉的琴声被弱化了，“给树木的飒飒声和小鸟的愉快的合唱声盖住了”。这是在文章中第一次出现小鸟的歌声。在作者的感觉中，小鸟是什么样的感觉呢？

> 这些小鸟今天都非常愉快；从远处传来杜鹃的啼声。这多美，我多么幸福，人们几乎感到有些仲夏的气息了——夏季的丰满茂盛和生命的沉醉……

这里的关键词是“愉快”、“幸福”、“生命的沉醉”，作者说是“人们”感到的，实际上是她自己感到的。牢狱，甚至是死亡，也改变不了她对“生命的沉醉”和“幸福”感。特别值得一提的是，在这样的激情中充满了女性的温情，作为一个革命家，她那女性阴柔的崇高完全超越了可能到来的危亡。

按通常说法，“一切景语皆情语”，抒情的最起码办法就是用自己的感情去同化景物。但是，她并没有立即把周围的景物崇高化。在接下来的好几段中，自然现象、花草树木是平凡的。她似乎用更多的篇幅强调了平凡女性的视觉。正是因为这样，她才相当偏爱鸟的歌唱，以至不嫌重复地提到。第一次是不知名的“小鸟”，第二次是“杜鹃”，第三次是“小鸫鸟”，第四次是“燕子”。每一种歌声的性质，不外乎是“嘹亮”，表现了“生命”的“愉快”，但这种生命是“小小的”，甚至是“不知名”的。不过在平凡的生命里，有一种“沉醉”的感觉。“沉醉”于平凡的生命，就是文章的基调。这种“平凡”有双重的意义：第一，她所关注的生命现象本身是极其平凡的、精致的；第二，她又以普通女性的敏感流露出对于生命的无限珍惜。鸟的鸣啭和燕子的飞掠都是平凡的，却使她激动不已；垂死的孔雀蝶的复苏和柔荑花的飘飞，都使她感到“生命的火焰跳动”。为平凡的生命而激动，把这种激动当作宝贵的情操，赋予诗意，用浓郁的抒情笔调加以渲染，这一切都是由女性所特有的多情善感的气质所决定的。

监狱毕竟是监狱，作者并没有回避阴郁的场景，但是阴郁的背景并不一定就会窒息热爱生命的激情。当天空变得“晦暗、苍白、阴霾”，雷声隆隆，却出现了一只夜莺的鸣啭。在这篇文章中，这是第五次出现鸟禽了，这一次和前几次有明显的不同：

> 在这阴森森的氛围中，蓦然间一只夜莺在我窗前的一株枫树上鸣啭起来！在雨中，在闪电中，在隆隆的雷声中，夜莺啼叫得像是一只清脆的银铃，它歌唱得如醉如痴，它要压倒雷声，唱亮昏暗——我从来没有听见过这样美的声音。它的歌声在那时而铅灰，时而艳紫的天空的烘托下像一道灿烂的银光在闪闪辉耀。

这是全文的高潮，是情绪的高潮、思想的高潮，也是话语的高潮。夜莺在西方文学中，和小鸫鸟和燕子相比，更具有抒情内涵，以雄鸟在繁殖季节夜晚发出的悦耳动听的鸣声而著名。夜莺的啼叫声有时被用来形容男高音，在诗歌里常常和爱情联系在一起。而在这里，作者不仅仅在感情的意义上使用它，更是在象征的意义上强调它的思想寓意。这个夜莺，不再单纯地具有平凡的、渺小的性质，它已经不再是平凡的景观的描绘，而是理想的光华了。在现实生活中，隆隆雷声中的一只夜莺的鸣叫，本来是微不足道的，但是作者却把它强化到可以“压倒雷声”、“唱亮昏暗”的程度。夜莺，已经不是自然界中平凡的小鸟，而是作者对于革命必胜信念的体现，成了革命者乐观主义的意象。这是情绪的高潮，也是思想的高潮，在这双重的高潮上，女性的精致温情升华为崇高的、昂扬的、英雄主义的、大无畏的旋律。值得注意的是，这种大无畏仍然带着女性特点。夜莺毕竟不是雄鹰，它的声音不是号角，而是“清脆的银铃”；它的情致不是外向的叱咤风云，而是内向的“如醉如痴”。一种女性的细腻、纤巧、精致的感觉，渗在本文激昂旋律之中。从有机的意象系列中，我们不仅看到革命家的女性特点，而且表现出她高度的诗学修养。她曾经说过：“当街上还剩下一个革命者时，这个革命者一定是女人。”这句话如果用在她身上，应该做些修改：“当卢森堡写出最后一篇书简时，这一篇肯定是带着女性气质的英雄颂歌。”

伏契克：《绞刑架下的报告》

《绞刑架下的报告》的读、讲提示

◎ 钱理群

读、讲这篇文章的关键，是要把握作者伏契克的特殊身份，以及由此决定的《绞刑架下的报告》一书的特殊性质。

伏契克不仅是一个忠贞的反法西斯战士、共产党人，更是一位学者、作家、记者，也就是历史的研究者、描述者、记录者。他用“从死神那儿窃取来的一点时间”（《绞刑架下的报告》附录：《致古斯塔·伏契克娃》）写下的这本书，是为“那些经历过这个时代而幸存下来”（《绞刑架下的报告》第五章）的人写的，更是为没有经历这个时代的后人写的，也就是说，这是一本“为未来”写作的书。他因此有着强烈的历史责任感，他说：“对这一段历史，我显然是最后一个活的见证。”（《绞刑架下的报告》第八章）他写这本书，就更有明确的历史意识：要留下一份真实的历史记录。他把本书命名为《绞刑架下的报告》，就大有深意：这是一本利用从“死神”手里夺回来的时间写下的“历史报告”。

正是这样的历史感决定了本文的写作，它的结构、写法都不同于其他类似题材的文章，例如卢森堡的《狱中书简》，而具有一些新的特点。在我看来，主要有二。

首先，全文以“还差五分就要敲十点了。这是一九四二年四月二十四日，一个美丽而温润的春夜”开头，又以几乎同样的文字“还差五分就要敲十点钟了。一九四二年四月二十五日，一个美丽而温润的春夜”结束，形成了一个完整的历史时间的圆形结构。而文章在叙述进行中，也时时点明时间的坐标：“差五分十点……十一点……一点钟……两点钟……三点钟……四点钟……五点，六点，七点，十点……下午五点钟……”由于长期拷打造成的昏迷，时间突然中断，最后，“从那遥远遥远的地方，我听到了一个像爱抚似的平和而宁静的声音：‘他活不到明天早晨啦。’”“我”才恢复了时间的意识和记忆：“还差五分就要敲十点钟了。”应该说，这样的结构方式是很有特点的，它提示人们：这里发生的是一段“历史”，既是日常生活的历史，又是一个“历史事件”。

更值得注意、也是更重要的另一个写作特点，是作者在叙述每一个“历史时刻”时，都同时描写、呈现了两个画面：一是监狱里的严刑拷打，一是街头的日常生活。如：

一点钟。最后一辆电车回厂了，街上空无人迹，收音机向它最忠实的听众敬祝晚安。

“还有谁是中央委员？电台设在什么地方？印刷所在哪儿？说！说！说！”

现在我又能够比较安静地计算抽打的次数了。我唯一感觉得到的疼痛，是从那咬烂了的嘴唇上来的。

又如：

两点钟。布拉格在酣睡中，也许什么地方有孩子在睡梦中啼哭，丈夫在抚摸妻子的肩膀。

“说！说！”

我用舌头舔了舔牙床，想努力数清被打掉了多少颗牙齿。但怎么也数不清。……而死神却迟迟不来。

两个画面，前者是“我”的幻觉中出现的情景，后者是“我”的现实遭遇和处境。这样类似电影镜头的蒙太奇组合，是意味深长的，应该细加体味。

这里，提出了一个反抗战士在监狱里的牺牲和老百姓日常生活的关系问题，也就是我们前面说到的“日常生活的历史”和反抗法西斯的“历史事件”之间的关系。

而这，恰恰是伏契克在他的《绞刑架下的报告》里讨论的重点问题之一。《绞刑架下的报告》在好几处写到了围绕这一问题反抗战士和法西斯刽子手之间的精神较量。也许我们只有弄清这场比严刑拷打更为严重的心理战，才能明白本文这里的蒙太奇组合描写的意义。

《绞刑架下的报告》第五章特地写到“管我的警官”曾多次带“我”坐在街头花园的小饭馆里，“看着川流不息的人群”，并且说了这样一番话：“我们逮捕了你。你瞧，周围有什么东西改变了吗？人们走着，笑着，想着自己的事，世界还是像从前一样照样继续存在下去，就像不曾有过你这个人似的。……”“我知道，你爱布拉格。好好瞧瞧它吧！你难道不想再回到它的怀抱里吗？它是多么美啊！纵使你不在人间了，它依旧这么美……”这里的意思和意图都很清楚：你的牺牲和老百姓无关，他们只关心自己的生活，你的牺牲毫无价值，不如为自己想想，回到你自己的生活中去吧。——这是一个入侵者和利己主义者的逻辑，他们以这样的眼光看被占领的捷克老百姓和反抗战士的关系，同时，也以这样的逻辑来诱使反抗战士背叛、投降。

“我打断了他的话说：‘……等到你们不在这里了，它会变得更美呢。’”——这是反抗战士的逻辑：他们的战斗、牺牲，就是为了赶走破坏了老百姓生活的幸福与安宁、玷污了布拉格的美的入侵者，他们正是为了老百姓的日常生活不受侵犯，而甘愿忍受酷刑。“呵。即使我们死了，我们也仍将分享你们巨大幸福中的一小部分，因为我们为这幸福献出了自己的生命。这就是我们的欢乐所在。”（《绞刑架下的报告》第五章）

在第六章里，伏契克这样谈到他“从那与世隔绝的监狱世界突然来到这引人入胜的人流里”，面对老百姓的日常生活时的感受：“这就是生命。我在这儿见到的生命，归根结底同我们在监狱里见到的生命是一样的，同样是在可怕的压力之下，却是不可摧毁的生命。人家在一个地方把它窒息和消灭，它却在几百个地方冒出新芽来，它比死亡更加顽强。”反抗战士在老百姓的日常生活中，发现的是民族生命的力量，它是“不可摧毁”的：即使侵略者占领了我们的土地，只要老百姓存在着，老百姓的日常生活还在继续，这个民族就是不可“窒息和消灭”的，它会“在几百个地方冒出新芽”，焕发出民族新的生机、老百姓的生活力量、民族的精神力量，“它比死亡更加顽强”。这也是反抗战士力量的源泉。因此，如这里所描写的，“我”在遭受酷刑、面对“死神”时，却在幻觉中不断出现街头老百姓日常生活的场景，其实正是下意识地要从中汲取抵抗的力量。

和这块土地上的老百姓保持着这样的精神联系，“这就是我们的欢乐所在”。我们因此也懂得了，作者为什么要反复强调，“一九四二年四月二十四日”到“二十五日”这个被酷刑拷打的“二十四小时”（这是本文在《绞刑架下的报告》一书里的原标题），是“一个美丽而温润的春夜”。我们也由此而注意到，本文在大量运用了“疼痛”、“咬烂嘴唇”、“舔血迹”、“热病”、“噩梦”、“拷打”、“沉重”等带着血腥的词语的同时，还不断出现“美丽”、“温润”、“难舍难分”、“酣睡”、“抚摸”、“爱抚”、“平和”、“宁静”等充满温馨的词语，而且他的文章是以“美丽而温润”为起点和结束的。

伏契克在他留下的《遗嘱》里这样写道：

> 我们为欢乐而生，为欢乐而战斗，我们也将为欢乐而死，因此，永远也不要让悲哀同我们的名字联系在一起。

记得五十多年前，我还是一个中学生时，读到这本《绞刑架下的报告》，曾为之深深吸引。印象最深的，就是“为欢乐而生，为欢乐而死”这句话，可以说是铭刻在心，影响了我一生，至今也还是我的人生座右铭。

今天的中学生，又是如何看伏契克的这本书以及他的人生选择的呢？

死亡面前悲壮的幽默

◎ 孙绍振

这一篇也是表现革命家视死如归的崇高精神的，但是其个性却和卢森堡的女性诗人气质大不相同。不但在精神气质上，而且在语言风格上，也有很大的差别。差异就是个性，就是创造性，这正是学习的重点。

语言上，伏契克和卢森堡很不相同。卢森堡的文章，充满了丰富的形容和渲染，可以说是文采风流、激情洋溢、夸张铺饰，哪怕是非常不起眼的植物或者动物的生命现象，都要赞叹一番、激动一番，形容词纷至沓来，滔滔不绝；而伏契克的语言文字却十分简洁，似乎惜墨如金。这也许可以理解为他长期新闻记者职业特点的流露。但是在本文中，伏契克所经受的空前惨烈的拷打，生命备受摧残，忍受着非人的痛苦，如果要形容、渲染一番的话，绝非难事。但伏契克始终行文简洁，干脆利落（除了个别例外），给人以拒绝形容的感觉。这就不仅仅是文风的表现，而是一种精神状态的强调。那就是面对酷刑和死亡，毫不在乎；即使躯体残损，处于死亡的边缘，也无动于衷，宁静致远。他被纳粹殴打，脸上遭到第一拳，还有一句描写："这一拳几乎要了我的命。"而后来就是：

> 接着就是第二拳，第三拳。
>
> 我早就料到了这一手。

类似的还有：

“坐好，不然我就要开枪了！”

“你开枪吧！”

代替枪弹的又是拳打脚踢。

……

一棍子打下来。两棍子。三棍子。

痛苦好像离他很遥远似的。但是，这并不意味着他是神，没有普通人的疼痛感，而是他坚强地忍受着：

我感觉到了疼痛。五下，六下，七下，现在仿佛棍子直打进了脑髓。

棍子打进了脑髓，算是形容，但这是简洁明了的提示，虽然疼痛，但他在数数，这就是说，打多少一个样。这不是不可思议吗？不，这是表现他非凡的忍受力：

现在我又能够比较安静地计算抽打的次数了。我唯一感觉得到的疼痛，是从那咬烂了的嘴唇上来的。

所有这些形容痛苦的词语都是十分简短的，只有一个细节“咬烂了的嘴唇”，是从效果上暗示了殴打之惨烈和忍受之坚毅。

有人又把手枪对准我，我觉得好笑。

从这样的语言中，我们感到了作者追求的不但是对疼痛感的克制，而且是精神的优越。生死置之度外，就无所畏惧了。文中反复提起“死神却迟迟不来”，“可是我还没有死去”，都集中到一点：视死如归。在死神面前，不但毫无畏惧，而且心情平静。这种平静，不仅仅在上述文字中加以含蓄的暗示，而且在关键时刻加以正面的抒写：

濒临死亡本来是沉重的，但这次我竟毫无沉重之感，它轻得像一根羽毛，只要呼出一口气，一切就都完结了。

诚如奥斯特洛夫斯基在《钢铁是怎样炼成的》中所说，人生最宝贵的就是生命，生命对人只有一次。人生最大的恐惧就是死亡，最严重的威胁就是，生命一旦结束，就是永远的、不可逆的。一切恐惧的根本的源头，就是死亡。一旦对于死亡都不恐惧，就能够平静地面对一切苦难，横下一条心，大不了就是如此，这样就轻松了，至少死亡比遭受严刑拷打要轻松。凭着这样一种感觉，就进入一种英雄的、崇高的精神境界。

但是，这并不意味着他就没有感情。没有感情，人还能成为人吗？伏契克在绞刑架下的报告之所以动人，不是因为他不把死亡当一回事，而是恰恰相反，他很当一回事。只不过，他不当一回事的是自己的死亡，他把自己同胞的生命看得比自己的生命更重要。在文章的开头，他站在闯进来的敌人背后，他可以开枪逃命，免受苦刑，但是这样一来，他的同志却免不了要死于非命。他无私地选择了自我牺牲以忍受苦刑。这种选择是理性的，但并不意味着他是无情的，他的妻子被带进来以后，他的感觉就不一样了：

我舔了舔血迹，不想让她看见……这未免有点幼稚，因为我满脸都在流血，连指尖也在滴血。

……

他们把她带走了。我尽力用最快乐的目光向她告别。也许这目光一点也不快乐。我不知道。

这是一个能够忍受非人折磨的人，但对于自己的亲人，却是满怀深情。在这样的境况下，完全忘记了自己的苦难，把照顾妻子的感情放在第一位，即使实际上做不到，还是要努力而为。

作者并没有把自己写成一个超人，他时时刻刻意识到自己的力量是建立在信仰的基础上。所以，他在文章中一次又一次地插入一些看来是与苦刑、与事件的逻辑无关的片段：

收音机播送出午夜时刻的信号。咖啡馆关门了，最后的顾客回家了，情人们还流连在门前难分难舍。

……

一点钟。最后的一辆电车回厂了，街上空无人迹，收音机向它最忠实的听众敬祝晚安。

……

三点钟。清晨从四郊进入城市，菜贩向集市走来，清道夫们打扫街道。

……

五点，六点，七点，十点，中午了，工人们上工又下工，孩子们上学又放学，商店里做着买卖，家里烧着饭……

所有这一切好像都是流水账，记录普通百姓和平的生活。用罗列现象的文字来写这些东西，不是显得很繁琐吗？作者所追求的显然不是这些表面的生活现象，他时刻关切着自己同胞的平凡生活。普通人的生活是美好的，自己的牺牲和受难就是为了让老百姓过上这样普普通通的日子，这就是他的信念。这样的信念，给了他忍受一切苦难的毅力。这种力量是如此强大，以至于他在遭受残酷虐待的情况下，还能够对肉体的折磨和死亡发出嘲弄：

一棍子打下来。两棍子。三棍子。我用得着数数吗？朋友，你在任何时候、任何地方都未必用得着这个统计数字。

……

拷打一阵之后是泼凉水，接着又是一阵拷打，又是："说，说，说！"可是我还没有死去。妈妈、爸爸，你们为什么把我养得这样结实啊？

对于拷打竟如此嘲讽，对于死亡和痛苦如此蔑视，充分表现了他的英雄气概，语气是调皮的，其中还有乐观的意味，这种乐观的特点是反讽。和卢森堡的抒情相比，伏契克最大的不同是他的冷峻。在反讽、幽默的时候，是冷峻的；在和敌人思想较量时，更是冷峻的。当敌人要他“放聪明点”的时候，他这样写：

专门的词汇！“放聪明点”的意思就是背叛。

我可不聪明。

在如此危难的形势下，还在反讽。“放聪明点”，一般的、常规的理解是为你考虑，而作者深邃地洞察到这是宣判理想生命的死刑。如此复杂的内涵，所用的语句却是如此简洁、如此明快，这里包含着英雄的坚定和清醒，在坚定和清醒中，流露着不抱任何幻想的冷峻。伏契克当然有感情，也不是不会抒情，但是他的流露是带着反讽色彩的。这就是开头和结尾互相呼应的话语：

还差五分就要敲十点了。这是一九四二年四月二十四日，一个美丽而温润的春夜。

这句话到了最后又重复了一下：

还差五分就要敲十点钟了。一九四二年四月二十五日，一个美丽而温润的春夜。

按通常的写法，这样的句子是要引起疑问的。首先，这不是与通篇的悲剧情境不太相合吗？明明是英雄面对悲壮的牺牲，这样的夜晚应该是阴郁恐怖的，怎么会是“美丽而温润的”呢？其次，既然开头已经写过了，为什么到了最后又来重复一下呢？这就说明这句有特殊的功能。这是一种反衬，正是为了在这样美好而宜人的夜晚，同胞们能够和平地生活，享受生命的美好和温润，英雄才慷慨赴义，奉献出自己美好的生命。

英雄对死亡并非没有感觉，也并不是对生命没有感情，正因为他对同胞有太深的情感，才这样义无反顾地去牺牲自己。从这个意义上讲，他的痛苦不是一般的肌肤之痛，而是为人民受难而感到深沉的痛苦。在这一点上，他和纳粹的感觉构成了反差。当护士问他什么地方痛时，他的感觉是：

> 这时我感觉到我的全部疼痛是在心上。

但是，纳粹分子说：

> 你没有心。

作为一个被折磨得昏昏沉沉、几乎失去感觉的人，这时却十分清醒起来：

> “呵，我有心的。”我说。我因为还有足够的力量来捍卫自己的心，而感到一种突如其来的自豪。

这是文章最关键的词语，或许也可以说，是文章的点题之句。虽然在肉体上被折磨，生命危在旦夕，但是精神上却拥有优势。一个被折磨得感觉不到痛苦的人，居然感到了自豪。英雄主义的思想基础，在这里已经十分鲜明了。这不是一个没有感觉的人，而是一个有感觉、有感情、有思想、有信念、有意志的人，在遭受生死考验的时候，不但能够抒情，而且还把他的幽默和冷峻感表现得淋漓尽致。

同样是怀抱理想的革命家，同样是视死如归的人，同样是对生命怀着高度热情的人，同样是具有高度文学修养的人，他的个性，他的文字，他对苦难的感知和表达的风格，却是和卢森堡迥然有别的。

伏尼契：《牛虻就义》

比死亡威胁更强大的高贵精神

◎ 孙绍振

文章的第一段，牛虻被“判决枪毙”，这在法律程序上是极其严肃的，在情感上也是极具震撼力的。但是，作者却从两个方面强调其微不足道的性质：一是判决本身只是官样文章而已，文章中有关词语值得注意，如“走过场”、“预先起草”、“无事可做”等等；二是牛虻的反应几乎是无动于衷，有关的词语是“不耐烦地挥挥手”、“毫无影响”、“仅此而已”。

这样表现牛虻视死如归的精神，已经是很突出了。但是作者显然不满足，又采取了一系列手段来衬托这种英雄主义的形象。这种衬托（或者烘托），主要是周围人物的反应，或者叫做“效果”。这是小说常用的手法，不从正面刻画人物，而从人物的对立面、从敌人的反应中显现人物精神的强大。这种对比不是一般的对比，而是有精神层面的反面衬托的意味。从现实力量的对比来说，肯定是敌人强大；但在这里，作者强调的是，在精神上恰恰相反，不是敌人强大，而是即将被处决的人更加强大。这种强大，从执行吏的外部动作中表现出来。军曹、统领本来是执行判决的，通常是冷酷无情的，但是，他们都被感动了，“快要哭出声来”，“在职权范围内作些小小的让步”，如不戴上镣铐等等。

这种反应，不仅有外部可视的，而且有不可视的、心理的。牛虻的英勇与高贵品格，竟然使得统领“常常私下觉得自己所扮的角色可耻”；到了行刑之时，行刑者的感觉竟是，让牛虻死于他们之手，“这对他们来说，就是去熄灭天上的明灯”。

这种反衬是相当夸张的，也可以说是相当浪漫的，或者说，是把人物的精神力量的强大相当理想化了的。然而，正是这种理想化，构成了这部现实主义小说浓烈的浪漫主义风格。但这种反衬只是一种背景，目的是直接表现英雄人物。对于人物，作者同时从反面和正面刻画。听完宣判以后，军曹感动得哭了，而牛虻却无动于衷，甚至忘记已经到回牢的时刻了。后来，牛虻又拒绝了向神父忏悔。如果是一般无神论者的拒绝，并不见得有多么鲜明的个性，精彩的是牛虻的回答：

> 我什么都不要，只求安静。

这就是说，不存在有神和无神的信仰问题，而是连提一下都是浪费精神，哪怕是神父好心，在他看来，纯粹是一种打扰，是对心灵安宁的破坏。更有特点的是，他说这话的时候，“语调沉闷、平静，没有挑衅或愤怒的意味”。说明牛虻在死刑宣判之后，心情多么平静。实际上，这种平静只是在自己的内心，而当他面对敌人的时候，却不平静，对于行刑者常常抱一种嘲笑的、调侃的甚至挑衅的姿态。这种姿态最大的特点在于，自觉无畏、强大，看穿了行刑者心灵的孱弱。要求在行刑时不要按常规遮住眼睛，这本来已经是够骇人的了，应该是他长期深思熟虑的决策，说出来应该是相当严肃的、相当认真的，但是牛虻却说得很随便，好像是偶然想了起来，差一点“忘了”。

行刑的场面，是本文的核心。精神之强大和孱弱的对比达到了高潮。一方面是受刑者，一直“面带微笑”；一方面是执行者，被惨烈的场景震撼得“呻吟颤抖起来”，枪在手中不停地抖动，难以瞄准，甚至“被突如其来的恐惧抓住”，连指挥执行的统领都“打了个冷战”。牛虻身体伤残，几乎难以站立，但还是平静地面对坟坑口，神态自若。其精神力量的强大，大致可以从以下两个方面去分析。

第一，面对即将到来的死亡，他居然还能对刽子手们发表演说，而演说的内容又是充满了对他们的挑衅和调侃。这种调侃是牛虻写杂文时的一贯风格。如：“早上好，先生们”，“这次会面可比上一次愉快多了，是不是?”情境是悲剧性的，但是悲而不惨，悲中有壮，壮中有烈，壮烈中又有喜剧性的幽默感。这比义正词严地斥责敌人，精神优势要强大得多。

第二，悲剧性的受刑，愉快的“聚会”，二者的反差构成了幽默，但这不是一般的幽默，而带着思想上蔑视的讽刺。这是一种冷峻的幽默感，不像一般的幽默感中蕴藏着温情、同情，而是批判。这种幽默或者可以叫做“冷幽默”。牛虻的壮烈，和冷峻的反讽、嘲弄甚至开玩笑的语气结合在一起，就构成了他鲜明的个性。牛虻的精神优势最突出的表现，就是他对敌人总是采用一种嘲弄的语气，不但嘲弄他们精神上的紧张，而且嘲弄他们的枪法。当他们未打中时，他嘲笑说：“枪法太糟糕了，伙计们!”声言自己要来“调理他们”，最后竟然是他向执行者发出向自己开枪的命令。但是敌人还是射偏了，又遭到他的嘲弄：“又射偏了！再试一次——看一看，小伙子们——你们能否——”好像敌人的枪法准确，并不增加自己生命的危难似的，好像不是向他自己，而是向别人开枪似的。最能说明这一点的，是他对神父的嘲弄。神父说：“难道你竟要开着玩笑走到上帝森严的神座前吗?”牛虻接过话头来说，当“轮到我们，收拾你们的时候，我们会用大炮来代替这半打破旧的马枪的，那时候，就会真正领教我们是多么能开玩笑的”。值得注意的是，两个“开玩笑”，内涵是绝不相同的。在相同的词汇中，隐含着相反的语义，这就构成了冷峻的幽默感。

牛虻如此之英勇，精神强大到让敌人心理上恐惧、生理上失常，显示了某种超越常人的特质，这是不是不真实，把人神化，不可信呢？这个问题要从两个方面来理解。

第一，文学并不是生活的照搬，而是作家精神特征和生活特征的猝然遇合。这里的牛虻，不但是当年意大利革命生活的反映，而且是伏尼契理想人格的表现。理想总是超越现实的。对英雄人物理想化的追求，并不是个别作家孤立的现象，而是一类文学作品的共同倾向，也就是浪漫风格的特点。《西游记》中的孙悟空、《三国演义》中的诸葛亮、《水浒》中的武松、里戈里《塔拉斯·布尔巴》中的塔拉斯·布尔巴、鲁迅《故事新编》

中的眉间尺、郭沫若《屈原》中的屈原等等，都是超越现实特征的。

第二，如果一味超越现实，也可能歪曲生活，甚至可能使得作家的精神流于空洞，导致人物的超人化，变成英雄概念的图解，使得人物形象枯燥无味，失去感染力。牛虻的形象，表面上看来似乎有一点理念化，例如牛虻不管受到什么样的折磨，经受什么样生理上的摧残，都是毫无痛苦的感觉，好像一架抗拒痛苦的机器一样。如果仅仅是这样，形象难免要变成概念的图解。但是，牛虻的形象在全书中又是非常丰满的，只是课文在节录的时候，无法把牛虻精神的许多侧面系统地呈现出来。但是仍然有一些地方，透露出牛虻精神的另外一些方面，比如他的痛苦和孤独。文中有这样一个片段：

> 礼拜三早晨，日出时，他们把牛虻带到院子里。他的腿瘸得比往常更明显了，他重重地靠着军曹的胳膊，走得异常困难、痛苦，但他脸上所有的倦怠的温顺都无影无踪。空寂中把他压垮的幽灵似的恐惧、虚幻世界里的幻象与梦境，都随着产生它们的夜消失了，而一旦太阳光芒四射，敌人出现在面前，他便激起斗志，再也无恐惧可言了。

这里明明写到了牛虻也是有“倦怠”的，也是有“恐惧”的，也曾经被恐惧“压垮”，但是，那是在夜间一个人孤独的时候，一旦阳光普照，一旦敌人出现在他面前，他的情感就变化了，他与敌人对抗的意志，立即把恐惧驱赶得一干二净了。

另外，课文中还有一个地方透露出牛虻的痛苦、悲哀。那就是他怀里藏着蒙太尼里丢下的手绢：

> 整整一夜，他一直拿着那手绢亲吻、哭泣，仿佛那是有生命的。

这是因为，蒙太尼里是他的生父，他是这个天主教神父的私生子。但他年轻的时候是一个虔诚的教徒，对此并不知情，把蒙太尼里当作偶像，他把对上帝的信仰当作生命。同时，他又参加了意大利激进的革命派，从事秘密斗争。他和一个同志，共同深深爱着美丽的琼玛。后来，他在忏悔的时候，向另一个神父说出自己因为爱情妒忌过自己的同志，不经意泄露了起义的日期，而这个神父却向当局告了密。琼玛怀疑他由于情妒而出卖同志，打了他一记耳光。他觉得自己受了宗教的蒙蔽，就伪装自杀，潜往南美洲去革命。当他归来时，脸上带着伤疤，内心变得冷酷了。一个当年纯洁、虔诚的教徒，变成了一个对宗教，尤其是对天主教满怀着强烈仇恨的激进革命家。他的杂文以尖锐、辛辣、无情的讽刺而著称，故他取笔名为“牛虻”。他临刑前那些嘲弄刽子手的语言，和他的杂文风格是高度一致的。这一点增加了人物性格的内在可信性。

当然，他的仇恨对象，也包括反对革命的蒙太尼里。但是，他又不是一个仇恨的符号，在心灵深处，又对他的生父怀着深深的爱。在一次起义失利时，他本可以逃生，可遇到了蒙太尼里，他的手枪却垂下了，因而被捕。这说明，他对反革命的生父的感情是如何的深沉。他在临刑之前，仍然拿蒙太尼里的手绢哭泣。这和他在敌人面前的坚定无畏，简直判若两人。这就是牛虻性格的另外一面。正如托尔斯泰所说：“人有时变得不像他自己了，可是却更是他自己。”这就是说，牛虻虽然表面上以对敌人的仇恨为主要特点，但是，又对作为政治敌人的生父充满了爱。这既是牛虻的特点，也是作家伏尼契的特点。这就是一个人道主义者所理解的人性。政治立场的坚定、无情，只是人的一个方面，甚至可能是表面。不管人与人之间有多少仇恨，但人毕竟还是人，亲情有不可抗拒的力量。这一点当然是可以讨论的。

谈谈《牛虻就义》的艺术处理

◎ 钱理群

《牛虻就义》是爱尔兰作家伏尼契所写的长篇小说《牛虻》里的一节，

标题是选编者所加，但却是抓住了要点的。

我们的阅读就从“牛虻”入手。“牛虻”是化名为范里斯·列瓦雷士的意大利革命者、著名的杂文家的笔名。牛虻本是一种昆虫，成虫在夏季的晴朗天气最为活跃，以其锋利的舌头专吸食牛、马等家畜的血液。以“牛虻”为笔名，是表示自己有牛虻般锋利的舌和笔，对统治意大利的奥地利专制体制进行尖锐的批判、无情的嘲讽。小说介绍说，牛虻的外貌和性格，“非常容易使人联想到一只黑色的美洲虎”，他勇猛、无畏，充满复仇的欲望，极具挑衅性、攻击性，如本文中所描述的，“他那直刺人心的辩才，他那无休止的狂笑，他那光明磊落、感人肺腑的勇气”，就“像太阳的光芒一样”，在“死气沉沉的生活中闪耀”。因此，牛虻在统治者及其鹰犬眼里，是一个令人恐怖的危险人物；而在反抗者心目中，他就是一个传奇英雄。

但牛虻还有另一面。他的本名叫亚瑟·勃尔顿，一个英国轮船公司老板的儿子，纯真、善良、温顺，也有些软弱，更是一往情深：他始终爱着自己初恋的女友琼玛和自己的生父但又是敌人的红衣主教蒙太尼里，有着极其缠绕的情感。

这就是说，小说的主人公是一分为二的：一个是牛虻，一个是亚瑟。前者是仇恨的化身，后者是爱的化身；前者是英雄人生，后者是平凡人生。小说写的就是亚瑟怎样转变成牛虻的故事。但作家并没有将这样的转变简单化，而是真实地揭示了：在牛虻的心灵深处，依然隐藏着亚瑟。因此，作家实际上是有两副笔墨的，写的既是现实主义小说，又是英雄传奇。

本文写的是主人公的最后结局。也就是说，小说的两条线索——亚瑟的故事和牛虻的故事，都要在这里汇合，主人公性格的两个侧面，都要在这一刻集中展现。这是一个艺术的难题。而我们的阅读与讲解，正要抓住这一点：看作者如何处理这一艺术难题。

其实，标题就给了我们一个提示：既命名为“牛虻就义”，那就表明作者描述的重心放在小说主人公牛虻那一面，着重写一个“英雄就义”的传奇故事。但作者依然忙里偷闲，稍带几笔，就透露出了亚瑟的气息。也就是说，本文所采取的叙述策略是：正写、详说牛虻，侧写、略说亚瑟。

既两面照顾，又突出重点，既避免了顾此失彼，又给读者留下鲜明而强烈的印象，塑起了一座“英雄雕像”。

这样的叙述策略又具体表现为：时间、场景和写法的选择。

首先是时间的选择。小说正面、详尽地写了两段时间：一是周二早晨的开庭宣判，一是礼拜三早晨的执行枪决。周一晚，即宣判的前一夜，仅写了一句：“他怀里藏着蒙太尼里丢下的手绢，整整一夜，他一直拿着那手绢亲吻、哭泣，仿佛那是有生命的。”但这一句，就透露出了宣判前夕小说主人公心灵深处亚瑟的这一面：对其生父的爱，对生命的留恋。这样的情感是如此强烈，以至在周二早晨开庭时他“眼睑上还有泪痕”，“语调沉闷、平静，没有挑衅或愤怒的意味”。周二的晚上，即枪决的前夕，可以想见，主人公的内心定是极不平静的，作家却有意不作正面描述，只是概括地说了一句：“所有的倦怠的温顺都无影无踪”，“空寂中把他压垮的幽灵似的恐惧、虚幻世界里的幻象与梦境，都随着产生它们的夜消失了”。这其实也就暗示了这一夜曾有过的“倦怠”、“温顺”与“恐惧”。——我们再一次看到了亚瑟。

下面一句也许是更值得注意的：“一旦太阳光芒四射，敌人出现在面前，他便激起斗志，再也无恐惧而言了”。这是典型的牛虻：它本是“夏季的晴朗天气最为活跃”的生物，作为人间战士的牛虻，在阳光照耀下，光明正大地和敌人正面搏斗，是更能激发他的战斗激情的。因此，作者侧写黑夜中的亚瑟，正写白昼中的牛虻，这样的时间选择，是耐人寻味的。

而且，作者还要突出“早晨”的意象。于是，就有了这样的场景描写：尽管是坟墓，却埋在“巨大的无花果树下”，并散发着“新翻泥土的芳香”；枪决地背后的天空，是“红黄交融的灿烂朝霞”；枪响了，“硝烟很快散去，飘入早晨的阳光之中”。——这里竟没有通常刑场上应有的死的阴森与压抑，竟是洋溢着生的灿烂与辉煌！这就具有了几分神奇色彩。

更神奇的是人物心理、情感、关系的颠倒：审判者、执刑者感到“可耻”、“尴尬”、“恐怖”、“局促不安”、“垂头丧气”、“神情沮丧”；而被审者、被枪决者却一再地“微笑”，“低下头微笑着看”，“带着最欢欣的微笑回头看了看”，“含笑的眼睛中（露出）光芒四射的蔑视”，“面对他们，微笑着站好”，“微笑着站得好好的，正用残缺不全的手在擦脸上的血”，“吃力地用一个膝盖支撑着身体，依然在对士兵们发笑”。这背后隐含着一个问题：究竟谁审判谁？

而最后的“自己下令枪毙自己”，更是情节上一个出乎意料的逆转，把小说的传奇色彩推向了极致，也最终完成了牛虻的英雄形象。

最后，还有两点补充。

一是教材的节选是不完整的：牛虻“歪倒在草地上”，其实并没有死，因此，事情也没有了结。小说情节还有一个出乎意外的发展：红衣主教蒙太尼里突然赶到刑场，于是就有了“亚瑟—牛虻”和他的“生父—敌人”的最后一面。

> 草地上那堆鲜血淋漓的东西又重新挣扎、呻吟起来了。……
>
> 牛虻支着医生的膝盖抬起身子，圆睁着眼睛，对那十字架直视着。
>
> 在那鸦雀无声的一片寂静中，他慢慢举起那只打断了的右手，把十字架推开去。十字架上的耶稣就被涂上了满脸的鲜血。
>
> “神父——你的——上帝——满意了没有？”
>
> 说完，他的头又落到医生的臂膀上去了。

到这里，我们说的亚瑟的故事和牛虻的故事，终于会合、纠缠在一起，这才可以了结了。

但，还有一个结尾：刑场上的一个士兵受牛虻临终前的嘱托，将一封信交给了他心爱的琼玛。这是在临刑的前夕，即星期二的那个晚上写的，作者在前文中有意略而不谈，现在终于揭开了最后的“谜底”，让我们窥见了“亚瑟—牛虻”在生命最后一程的内心世界：

> 明天早晨太阳升起的时候，我就要被枪毙了。……我将怀着轻松的心情走到院子里去，好像一个小学生放假回家一般。我已经尽了我工作的本分，这次死刑的判决，就是我自己已经尽职的证明。他们要杀我，是因为他们害怕我；一个人能够这样，还能再有什么别的心愿呢？

可是我还有这么一个小小的心愿。一个快要死去的人是有权利可以提出他个人的心事的，我的一点心事就是要你心里明白……我是爱你的，琼玛，当你还是一个难看的小姑娘、穿着一件花格子布的罩衫、围着一个皱缩不平的胸褡、背上拖着一条小辫子的时候，我已经爱上你了，我现在还是爱着你。……

话已经说完了。别了，亲爱的。

那么，牛虻是怀着亚瑟对初恋情人的爱走向刑场的。

信的末尾没有签名，只写着亚瑟和琼玛小时候坐在一起念过的一首小诗：

不论我活着，
或是我死掉，
我都是一只
快乐的飞虻！

这"快乐的飞虻"，是作家最后完成的主人公形象：亚瑟和牛虻最终合二为一了。

契诃夫：《装在套子里的人》

关于《装在套子里的人》的几个问题

◎ 王富仁

契诃夫的短篇小说《装在套子里的人》在中国可谓家喻户晓，对于别里科夫这个人物形象，中国读者似乎也没有多大的异议。在这里，我只挑出几个小问题说一说，未必精确，但对于加深对这篇小说的感受和理解，我认为也不是一点作用都没有。

一、小说的开头

小说原文的开头扯得有些远，有些细节对塑造别里科夫这个人物形象没有什么直接的关系，用句中国老百姓的话来说，是一些“八竿子打不着”的话或人。小说一开头就交代“误了时辰的猎人们”，实际上，猎人们是不是“误了时辰”，与小说的内容并没有什么关系；作者接着说这些猎人住在米罗诺西斯科耶村，甚至连这个村的村长名字“普罗科菲”也写了出来，这个人物在后来就再也没有提到过，实际上是一个没有意义的名字；在谈到兽医伊凡·伊凡尼奇的时候，作者说他“姓一个相当古怪的双姓：奇姆沙－吉马莱斯基，这个姓跟他一点也不相称，全省的人就简单地叫他的本名和父名伊凡·伊凡尼奇”，还说他“住在城郊一个养马场上”。其实，这些都是可以说也可以不说的一些话。对中学教师布尔金的介绍比较简单，只说他“每年夏天都在伯爵家里做客”。这个伯爵是什么人？他与小说中的人物有什么关系？我们都不知道，大概也不需要知道……

这个开头，契诃夫写得有些随便，并非每一句话都是“紧扣主题”的，正像我们平时讲话，有了一点缘由，就说了起来，至于为什么说到了这些，而没有说到那些，都是不会考虑的。要是句句考虑得那么周全，契诃夫自己不也成了一个“套中人”？自己的小说不也成了一个“套子”？正是有些随便，正是并非每一句话都“紧扣主题”，才让人感到有点自由的感觉，一旦知道了终其一生都中规中矩、活在各种各样的套子中的别里科夫，心里就感到有些别扭、有些压抑了。

一篇揭露“套中人”的小说，绝对不能写得像一个“套子”。

二、小说的倒叙

这篇小说叙述的不是一个故事，而是介绍了一个人物及其性格，所以小说倒叙的意义不在于将结局提前交代出来，造成悬念，提高读者阅读的兴趣，而在于更集中地介绍别里科夫这个人物，突出体现他的性格特征的那些事实。我认为，除此之外，还有两个更加重要的作用：其一是叙述视角的选择，其二是叙述氛围的营造。这两个作用，在倒叙别里科夫这个人物的一生行迹的过程中是交织在一起的。

这篇小说，作者选择的不是完全的第一人称的写法，不是从别里科夫的眼里看自己的人生。我认为，在这样一个选择中，暗示着作者本人以下这样两种相互联系的社会感受和人生感受。

第一，像别里科夫这类的“套中人”是没有基本的自我反思能力的，因为他们是传统规则的奴隶，他们对传统规则的奴性服从总是使他们有一种自我道德完满感，总是认为别人都是有不可忍受的缺点的人，而只有自己才重视道德，恪守社会规则：“我没有做出什么事来该得到这样的讥诮——刚好相反，我的举动素来在各方面都称得起是正人君子。”也就是说，他根本感觉不到自己的荒诞性、可笑性，因而也不会起到充分暴露自己的作用。

第二，一般的读者对别里科夫这类人还不具有异常敏锐的洞察力，还不可能仅仅通过他本人的叙述发现他们的荒诞性与可笑性。对于这类传统规则的奴隶，向来有两种不同的观察视角：从传统规则的角度，他们是一些可以称之为道德的楷模、社会的栋梁一类的人物，因为社会上的大多数人是不可能像他们那样严格地遵守这样一些道德的信条、社会的规则的。实际上，在我们平时所说的“好人”、“老实人”、“严于律己的人”之中，就有很多属于“套中人”这类的人，只不过我们是从社会规则的角度看待他们的，而不是从人的自由意志、自由要求的角度看待他们的。只有那些具有自觉的、强烈的自由意识和自由要求的人，才会在这类向来中规中矩、律己甚严的人身上感受到极难忍受、令人厌恶乃至愤慨的特征。小说中柯瓦连科这个人物大概就属于这类人，但是，这类人在读者中是不多见的，并且他们也没有耐心细致观察和了解像别里科夫这类的“套中人”。“华连卡的弟弟（柯瓦连科）从认识别里科夫的第一天起，就讨厌他”。这样的人，怎么会将别里科夫的事情讲得那么具体、那么清楚呢？多数的读者，是摇摆于传统规则与自由意识之间的一些人，是很容易听信别里科夫的自我陈述而将他仅仅作为一个值得同情的人物的。这分明是作者所不愿看到的。与此同时，作者也没有完全按照第三人称的方式直接从自己的角度叙述别里科夫这个人物。这是一种跨时空的转述方式。作为一个作家的作者，与作为一个中学教师的别里科夫，并不生活在同一个空间环境中，别里科夫的一切，都不是作者能够直接感受和体验到的，是带有更浓厚的客观色彩的事物，这就很难揭示出别里科夫这类人物在自己的生活环境中所起到的压抑作用和窒息作用。别里科夫不是阿 Q，阿 Q 在自己的生活环境中对别人是起不到压抑作用和窒息作用的，阿 Q 的可怕在于未庄的人个个都像阿 Q，个个都缺乏自我意识，别里科夫的可怕则在于他能将不是别里科夫的人也变成别里科夫。在他周围的人，大都是有自由要求的人，是能够灵活地对待各种各样的道德信条和社会规则的人，而别里科夫的存在则压抑和窒息了他们的自由意识。这就不是远离别里科夫这类人的作者所能直接感受到的了。

我认为，只要意识到上述两种视角对于表现别里科夫这个人物的无力性，我们就会感到布尔金这个人物的重要性了。“别里科夫跟我同住在一所房子里”，“同住在一层楼上，他的房门对着我的房门。我们常常见面，我知道他在家里怎样生活”。布尔金这个观察视角，是一个近距离的观察视角，能够将别里科夫极微细的生活细节也表现出来。与此同时，他也是能够亲身感受到别里科夫对周围人的精神压抑的人。他是一个有着天然的自由要求的人，但又无力超越传统规则的束缚，无力摆脱像别里科夫这类人的窒息作用。

> 我们教师们都怕他。信不信由您。我们这些教师都是有思想的、很正派的人，受过屠格涅夫和谢德林的陶冶，可是这个老穿着雨鞋、拿着雨伞的小人物，却把整个中学辖制了足足十五年！可是光辖制中学算得了什么？全城都受着他辖制呢！我们这儿的太太们到礼拜六不办家庭戏剧晚会，因为怕他听见；教士们当着他的面不敢吃荤，也不敢打牌。在别里科夫这类人的影响下，全城的人战战兢兢地生活了十年到十五年，什么事都怕。他们不敢大声说话，不敢写信，不敢交朋友，不敢看书，不敢周济穷人，不敢教人念书写字……

不论是对于作者，还是对于读者，布尔金都是一个最好的角度。

但是，仅仅有布尔金这个视角，也有不尽如人意的地方，即：容易让读者站在旁观的立场上感受和看待别里科夫这个人物，仅仅将其作为布尔金那个中学的一个奇怪的人物，并将其当作奇闻轶事而感到开心。这是在我们日常闲谈之中常常采取的态度：把别人的事情都看作与自己无关的事情，带着一种幸灾乐祸的心理欣赏别地方以及别地方人的缺点和错误。显而易见，一个像契诃夫这样严肃的作家，是必须防止自己的读者以这样的态度阅读自己的小说的。所以，在布尔金这个人物之外，契诃夫又添上了伊凡·伊凡尼奇这样一个人物。他是布尔金的第一个听众，是一个进入到小说内部的读者。他的感受和态度，在很大程度上引领了读者的感受方向，是将别里科夫其人其事的意义升华到整个社会的一个接受视角。他不是一个中学教师，也不是别里科夫的同事，别里科夫的言行对他并没有产生直接的影响作用，他之所以与布尔金发生情感、情绪上的共鸣，说明在他的生活环境和社会环境中同样感觉到像别里科夫这类人的存在，他同样受到这类人的精神压抑和窒息。这就将别里科夫其人其事的意义提升到了一个新的高度。“是啊，有思想的正派人，既读屠格涅夫，又读谢德林，还读勃克尔，可是他们却屈服，容忍这种事……问题就在这儿了。”不难看出，有了伊凡·伊凡尼奇这样几句话，别里科夫的问题就不是一个人或一个学校的问题了，而是关系到整个俄国社会、整个俄国思想界的普遍问题了。如果说布尔金是一个播放视角，伊凡·伊凡尼奇就是一个转播视角，他像一个卫星转播装置一样将布尔金对别里科夫思想的、情感的和情绪化的感受转播到整个俄国社会和整个俄国思想界，并且使之有了更加深沉的力量和更加内在的激情。“过了十分钟，布尔金睡着了。可是伊凡·伊凡尼奇不住地翻身，叹气，后来他起来，又走出去，坐在门边，点上烟斗。”显而易见，伊凡·伊凡尼奇听到布尔金讲述的别里科夫的事情之后，比布尔金更加激动，想得也更远、更多。布尔金与别里科夫这个人的接触太多了，有些司空见惯了，有些麻木了，更容易容忍这样一个人的这样一些事；伊凡·伊凡尼奇则不同，他是个兽医，与别里科夫这类被驯化得没有了一点野性的人很少打交道，也很难理解在自己周围的环境中，在俄罗斯，在有了屠格涅夫、谢德林的作品之后，怎么还会有这样的人存在，并且受到所有人的容忍和庇护。——这不正是作者所希望我们每一个读者都应当有的阅读感受吗？

布尔金和伊凡·伊凡尼奇这两个人物构成的不仅是功能性的叙述视角，同时还是一种情感与情绪的氛围。打猎，对于当时的俄国男人，是一种休闲的方式，也是一种满足自我自由要求的形式。打猎的地点自然是郊外，它离开喧嚣繁忙的城市，来到自由空旷的乡野，这暗示了人的自由要求是无法泯灭的，布尔金和伊凡·伊凡尼奇都是有这样自由要求的人。但在现实的日常生活里，这种自由意志和自由要求是受到长期压抑和窒息的，淤积在自己的内心，无法抒发，甚至也想不到抒发，而恰恰在为了打猎来到乡间之后，在紧张的心情得到暂时缓解的时候，日常生活中各种令人感到郁闷的事情才悄然浮现出来，构成一种扩散着的忧郁心情。乡野的夜晚是静谧的，这两个猎人的心情是平静的，但在这平静的心境中浮现出来的却是平时令人感到不自由、不舒心的往事。这是一种氛围，一种由人物的心境与外在的环境共同酿造成的氛围。正是这种氛围，具体呈现出别里科夫这个人物的具体形象。在过去，我们总是认为，一个人物的形象是客观的、固定的。实际上，文学作品中的所有人物形象都是在特定情绪氛围中呈现出来的特定形象。如果布尔金和伊凡·伊凡尼奇已经在打猎的过程中清洗了平时的忧郁，整个地处于欢乐兴奋的心境中，他们就不会想起别里科夫这个人物；如果他们尚未离开城市喧嚣压抑的环境，正在无奈地承受着别里科夫对他们自由意志的干涉和压抑，别里科夫就会以更加丑陋和凶残的形象呈现出来，或者令人愤恨，或者令人颓丧。而在这时，正是他们的心情虽然有所缓解但仍然不舒畅的时候，别里科夫的形象虽然令人郁闷，但仍然有些可怜，而这，也是作者所需要的。——作者的写作意图是既能够让读者正视这类人物的存在，也能够让读者意识到这类人对周围生活环境和社会环境的毒化作用。

三、别里科夫是个中学希腊文教师

恩格斯在谈到现实主义文学创作的时候，曾经提出过创造“典型环境中的典型人物”的主张，现在很少有人提起了，但我认为，这个主张并不是没有一定道理的。人物，总是环境中的人物；环境，总是在整个社会背景上的环境。只有在特定的环境中，一种人物才有其生成和发展的更充分的土壤，也才会呈现出自己特定的意义和价值；只有在整个社会背景上，一种环境才有充分展开的可能，也才会呈现出自己特定的意义和价值。只要意识到这一点，我们就会感到，作者将别里科夫设定为一个中学教师，不是没有自己的考虑的。

大凡一个专制主义的国家，都有同时存在的两条专制主义线路：一条是在整个社会上实施的政治专制主义线路，一条是在学校教育中实施的文化专制主义线路。在整个社会上，社会成员是相当分散的，政治专制主义除了政治镇压之外，几乎没有其他更加行之有效的统治手段。而在学校教育中，学生则是有组织的，而组织则必须依靠规则、依靠纪律，这就为专制主义提供了极为方便的条件：在学校教育中，专制主义总是通过严化各种形式的规则和纪律的方式，达到控制教师和学生、维持国家的专制主义统治秩序的。在学校教育系统中，各类不同的学校又有各种不同的情况。大学往往是精英知识分子荟萃的地方，他们大都能够通过社会传媒与整个社会建立起思想的或精神的联系，尽管其中也有大量自觉维护现实专制主义统治的知识分子，但它同时也是产生自由主义思想的温床，思想禁锢的力量是相对薄弱的；小学教育的对象是一些未成年的孩子，不论是在学生中还是在教师中，思想都没有多么大的影响力量，因而也没有多么严密的思想束缚。一般来说，中学则是国家专制主义统治最为严密的地方。中学生开始产生自由思想的萌芽，但却是零星的、分散的、不成系统的，并且常常与违反当时社会为学校制定的规则和纪律联系在一起，这就将教师也卷入到与学生的矛盾和冲突之中。在这种矛盾冲突中，教师的职责是维护学校的规则和纪律，所以中学教师较之大学教师和小学教师都更加重视规则和纪律，对于国家为加强自己的政治统治而颁发的各种条例和规则也有更加大的容受力。中学教师也有自己的自由要求，但中学教师因为缺少像大学教师那样跨学校的社会联系和文化联系，其力量仍然是分散的，极难形成一个有统一意志的集体力量，不但没有力量反抗国家的专制主义压迫，即使对于别里科夫这类的“套中人”，也只能忍气吞声、迁就敷衍，这就给别里科夫这样的“套中人”提供了滋生和蔓延的土壤。也就是说，虽然多数中学教师都不会像别里科夫那样，完全成为专制主义社会条件下的规则的奴隶，但在他们之中，却有产生像别里科夫这类“套中人”最适宜的土壤。——契诃夫将别里科夫设定为一个中学教师，谁都不会感到奇怪。

别里科夫不但是一个中学教师，还是一个希腊文教师。“呵，希腊语多么响亮，多么美!”在这里，存在的不是希腊语到底美不美的问题，而是一个一向谨小慎微、不苟言笑的别里科夫为什么一谈到希腊语就眉飞色舞、热情洋溢的问题。实际上，对于别里科夫，希腊语也是一个“套子”，躲进了这个“套子”，别里科夫就感到放心了、安全了，就可以“放心大胆地”说话了。为什么希腊语可以成为一个“套子”呢？因为在别里科夫的环境条件下，希腊语的美已是一个公认的事实，是没有任何一个人会产生异议的，别里科夫不论怎样热情地赞扬希腊语的美，都是不会有人反对的。这样，他就永远立在了不败之地，永远是正确的了。但也正是因为如此，他说的只是一些废话，是一些没有任何意义的话。语言，是用于交流的，是在差异中显示其意义的，所有那些不言而喻的公认的真理，都是不必言说的。这正像在我们中国，有一些知识分子不论在任何情况下，都以汉语捍卫者的姿态出现，好像在他的周围有什么人要消灭汉语一样。其实，汉语是由从老子、孔子、屈原、司马迁到鲁迅、曹禺、老舍、张爱玲这样一些有思想、有追求、有创造精神的知识分子创造出来的，像别里科夫这类总是躲在自己的“套子”里，躲在任何人也不会产生异议的“公理”、“定义”、“教条”背后的人，是不会创造出任何美的语言的。对任何事物，空洞的赞扬与空洞的否定都是毫无意义的，因而也是一些废话。

四、别里科夫的问题到底出在哪里？

在过去，我们习惯于用阶级、阶级矛盾、阶级斗争的观点来分析文学作品以及其中的人物形象，我认为，作为一种解读文学作品的方法，它本身并没有什么错，但我们必须结合作品的实际灵活地加以运用，不能拿来硬套。从阶级的观点，别里科夫绝对不是一个统治阶级的代表人物，相反，他倒是一个被压迫者，一个地地道道的社会底层的“小人物”，但从他的具体社会作用出发，他起到的却是百分之百维护当时专制主义政治统治的作用，其可怕的程度甚至超过现实的政治统治本身。官方能够允许的，他也不能允许；校长能够容忍的，他也不能容忍。在他的辖制下，他那个城市的居民连在专制主义政治统治下能够获得的自由也无法获得。在这个意义上，他简直成了当时俄国社会的无冕之王，是一个比专制主义政治统治者更加可怕的自由的杀手。

在这里，契诃夫让我们感受到的是“精神”的作用：专制，是一种政治的体制，是建立在维护现实政治统治权力的目的之上的，但它无形的精神压迫作用却比它有形的政治压迫作用更加广泛也更加深入。政治专制，是对直接反抗现实政治统治权力的政治反叛者的武力镇压，但这种镇压绝不仅仅起到毁灭这些反叛者自身生命的作用，还是对整个社会民众的一种精神威慑，在整个社会民众中制造了对现实政治统治政权的精神恐怖。专制，是对人的自由意志的扼杀，是建立在对人的自由性的漠视和敌视的心理之上的。害怕专制，实际上就是害怕自由。别里科夫就是这样一个被专制主义政治统治吓破了胆的“小人物”，一个下层知识分子。他在本能上就能感到，专制主义政治统治是不希望人民自由的，是害怕和憎恨人的自由的。但也正是这种对专制主义政治统治的“本质性”的了解，加上他对专制主义政治统治的恐怖心理，使他将人的自由与专制政治统治对立起来。

> 别里科夫把他的思想也极力藏在套子里。只有政府的告示和报纸上的文章，其中规定着禁止什么，他才觉得一清二楚。看到有个告示禁止中学学生在晚上九点钟以后到街上去，他就觉得又清楚又明白：这种事是禁止的，好，这就行了。但是他觉得在官方的批准或者默许里面，老是包藏着使人起疑的成分，包藏着隐隐约约、还没充分说出来的成分。每逢经过当局批准，城里开了一个戏剧俱乐部，或者阅览室，或者茶馆，他总要摇摇头，低声说：
>
> “当然，行是行的，这固然很好，可是千万别闹出什么乱子。”

毫无疑义，他对专制主义政治本质的感受和了解是极为准确的，也是极为到位的。那么，他的错误到底出在什么地方呢？就出在他对人的自由意志的漠然无觉中。专制主义政治是敌视人的自由的，但人对自由的追求也是不可战胜的。这使任何专制主义政治都不可能完全扑灭社会群众的自由要求，尽管不乐意，但也不能不对社会民众的自由要求做出自己某种程度的让步。实际上，在任何社会条件下，都有专制和自由两种力量的交锋：自由的力量越强大，专制的力量越薄弱；自由的力量越薄弱，专制的力量越强大。我们看到，尽管当时处在俄国专制主义政治统治的淫威之下，别里科夫身边的多数人还是热爱自由、有各种不同程度的自由要求的，这也是为什么俄国政府也允许社会民众的一些自由要求的原因之所在。与此同时，我们也可以想到：尽管别里科夫对专制主义政治的恐惧不是没有缘由的，但他之变成一个“套中人”、变成一个专制主义帮凶一类的人物，也不是没有他个人的原因的。——当社会条件发生新的变化之后，这类人总是把自己的过错完全推在专制主义政治的统治上，实际上是没有道理的。

为什么别里科夫周围的人都还程度不同地保留着自己的自由愿望和自由要求，而别里科夫独独成了这样一个“套中人”呢？原因可能是多方面的，但我认为，他那绝对的狭隘和自私无疑是其中最根本的原因。他对人没有起码的同情和爱。他不爱任何人，也不想爱上任何人。他只关心自己的安全，只想在专制主义政治的淫威下救出自己，所以，他就将自己用各种“套子”包裹起来，这些“套子”里当然就没有任何一个其他的人。他把所有的人都留在了他的“套子”的外面，其实就是拒绝了人类，拒绝了整个现实世界，并用这种方式将自己变成了一具活尸。——这是一个只爱自己的人的必然结果。

“死尸”是可以埋葬的，但现实社会的任何一个人都没有权力埋葬一具“活尸”。

别里科夫就像一具“活尸”一样在当时的社会上游走，并将自己阴湿的死气传染到周围每一个人的身上。“他凭他那种唉声叹气，他那种垂头丧气，和他那苍白的小脸上的眼镜降伏了我们”。

别里科夫不是国家专制主义政治统治的本体，而是国家专制主义政治统治在现实社会引发的精神瘟疫的受害者。他是一个受害者，同时也是一个带菌体，他起到的是传播专制主义政治统治的精神病菌而窒息广大社会民众的自由意志的作用。

五、“套中人”的拯救

《装在套子里的人》以主要的篇幅描写了别里科夫与华连卡的“恋爱的悲剧”。

但在作者和小说中别里科夫的同事们的眼里，这个“恋爱的悲剧”实际是作为对别里科夫的一场拯救活动而出现的。

如何将别里科夫从他的“套子”中拯救出来？当华连卡出现在别里科夫的同事们面前的时候，他们想到了别里科夫的“婚姻大事”。

毫无疑义，爱情是将别里科夫从他的“套子”中拯救出来，使他过上正常人的生活的最有效办法。爱情是建立在一个人的自然本能欲望基础上的一种社会结合形式，尽管别里科夫已经成为一个类似“活尸”一样的人物，但其自然本能还是没有完全泯灭的，这就使他有可能爱上一个异性，并将其纳入自己的生活和心灵之中去，他将自己禁锢起来的各种各样的“套子”也就不攻自破了。——也就是说，仅从情理上来说，爱情是可以使别里科夫个人的生活发生某种程度的根本性变化的。

但在这里，也存在一个尖锐的矛盾，即：怎样的一个女人才能使别里科夫从自己的“套子”里探出头来，并使他感到一点爱情的需要？显而易见，这个女人首先必须是一个非常大胆、非常自由并且是非常美丽的女人，因为只有这样一个女人，才能以主动出击的形式和无可回避的诱惑力量将别里科夫那早已枯竭了的生命欲望激发起来，使之产生对异性的爱情。但是，这样一个女人同时也会使别里科夫感到极大的内心恐惧，因为他恰恰是害怕自由、逃避自由的。不难看出，正是这样一个尖锐的矛盾，将别里科夫送上了死路：他被他渐渐复活了的内心的自由欲望吓死了。

她呢，已经不算年轻，年纪有三十岁上下了，可是她长得也高，身材匀称，黑眉毛，红脸蛋，一句话，她简直不能说是姑娘，而是蜜饯水果。活泼极了，谈笑风生，老是唱小俄罗斯的抒情歌曲，老是哈哈大笑。她动不动就发出响亮的笑声：“哈哈哈！”我记得我们初次真正认识柯瓦连科姐弟是在校长的命名日宴会上。在那些死板板的、又紧张又沉闷的、甚至把赴命名日宴会也看作应公差的教师中间，我们忽然看见一个新的阿佛洛蒂忒从浪花里钻出来。她两手叉着腰，走来走去，笑啊唱的，翩翩起舞。……她带着感情唱《风在吹》，然后又唱一支抒情歌曲，随后又唱一支。她把我们大家，连别里科夫也在内，都迷住了。

可以想见，如果华连卡不是如此活泼、如此大胆、如此自由、如此美丽，别里科夫这样一个“套中人”怎么会动心呢？在这时，别里科夫也开始有意讨好人了：“小俄罗斯语言的柔和清脆使人联想到古希腊语言。”对于别里科夫，这正像一个总是用中国古代文言文排斥五四白话文的前清遗老突然说徐志摩的白话诗有中国古代诗歌的古典美一样，实在是一个突如其来的大转变。但是，别里科夫并没有在爱心的萌动中感到幸福和愉悦，而是更加紧张和惶惧，因为他分明感到了他内心的变化，而这些变化也正是他平时指责、攻击别人的理由。因这恐惧，他便更加急切地在自己的“套子”里蜷缩起来。他不但没有稍微改变自己的生活方式，反而“越发深地缩进他的套子里去了”。实际上，他此后的所有变化，都是在这两种内心倾向的尖锐对立中造成的：他越是爱上华连卡，就越是感到内心的不安，也就越是极力缩进自己的“套子”里，而他越是极力缩进自己的“套子”里，他就越是感到自己生活的孤寂和凄凉，也就越是无法摆脱华连卡对他的诱惑。实际上，直至他离开人世之日，他也没有摆脱华连卡对他的诱惑，而且也没有摆脱这种诱惑使他感到的内心恐惧。正因为如此，他害怕别人看穿他内心的秘密，也害怕华连卡毁灭掉他在自己的“套子”里才能够找到的安全和平静。“漫画事件”和“骑自行车事件”分别从两个方面将他内心的恐惧推到了极致，他做了最后一次挣扎，企图通过威胁柯瓦连科而平息自己内心的恐惧，但这一次他碰到钉子上了，并在华连卡面前丢了自己最后的一点“面子”。——他走到了生命的尽头。

六、忧郁的远方有一抹薄明的天色

在我们总结《装在套子里的人》的主题思想的时候，大概常常用“讽刺”、“嘲笑”、“揭露”、“抨击”这类的字眼。但我认为，这些字眼都不完全适合契诃夫和他的这篇小说。在19世纪末叶的俄罗斯作家之中，大概契诃夫是一个最温厚的作家，“讽刺”、“嘲笑”、“揭露”、“抨击”这类带有激进主义色彩的字眼，很难与契诃夫的作品联系在一起（他早期以“契洪杰”为笔名发表的作品除外）。契诃夫作品的主要基调是忧郁，是对于俄罗斯前途和命运的忧郁。这篇小说也不例外。

如上所述，布尔金和伊凡·伊凡尼奇这两个人物也是自觉或者不自觉地受到在专制主义政治统治条件下各种现实规则的束缚和禁锢的人物。他们向往自由，但又无法摆脱现实规则的束缚和禁锢，对别里科夫这类的“套中人”也是无可奈何的。他们希望自己生活于其中的俄罗斯现实社会变得好起来，但他们却不知道怎样使它好起来，更不知道自己应该怎样做，只能消极地企盼着、等待着。这使他们内心充满一种广大的忧郁，一种由希望和失望交织在一起的忧郁。他们也是用这种眼光看待周围的一切的。其实，在契诃夫的自我感觉中，他与布尔金、伊凡·伊凡尼奇这两个人物的情况也差不多。他也不是一个振臂一呼、应者云集的英雄，不是一个完全超越了现实规则束缚和禁锢的“新人”，他与他们一样感受到别里科夫这类人对自己的窒息作用，但却没有能力完全摆脱他。也就是说，契诃夫与别里科夫这类人的关系，并不是绝对对立的关系，那些体现绝对对立关系的“讽刺”、“嘲笑”、“揭露”、“抨击”等字眼都无法精确体现契诃夫对这个人物的感情态度。

> 我们高高兴兴地从墓园回家。可是一个礼拜还没有过完，生活又恢复旧样子，跟先前一样郁闷、无聊、乱糟糟了。局面并没有好一点。实在，虽然我们埋葬了别里科夫，可是这种装在套子里的人，却还有许多，将来也还不知道有多少呢！

所以，问题并不仅仅出在别里科夫一个人的身上，他这个人的生死与整个俄罗斯、整个人类的前途和命运并没有直接的关系。但这也是布尔金、伊凡·伊凡尼奇以至契诃夫在别里科夫的故事中感到的是一种广大的忧郁的原因。

俄罗斯的希望、人类的希望到底在哪里呢？俄罗斯的前途、人类的前途又在哪里呢？

我们不知道！

这是一种广大的忧郁，无边的忧郁，充塞宇宙的忧郁。

但是，契诃夫到底不是一个绝望的作家，一个蔑视人类进步理想和追求的作家，一个对人类的前途抱着虚无主义态度的作家。

所以，即使在这篇小说里，在这个弥漫着契诃夫式的无边的忧郁的小说里，也透露出他对生活、对人类前途的一点微茫的希望和一丝淡淡的亮光。

那就是华连卡和柯瓦连科这两个人物的存在。

在小说中，只有这两个人物与“套中人”是绝缘的。

他们体现了人类的自由精神，同时也表明，人类对自由的渴望是无法被扼杀的。

华连卡和柯瓦连科姐弟不是俄罗斯人，他们来自乌克兰这个在当时是沙皇俄国的殖民地的国家，是产生了舍夫琴克这样的自由诗人的地方。他们不是生活在专制主义的传统中，而是生活在大自然中，在他们身上保留了人类热爱自由的禀性。柯瓦连科是一个充满自由精神的男性知识分子，他在本能上就憎恨专制，也憎恨像别里科夫这样的专制主义的奴才，他一语中的地称别里科夫是一个“告密者”，是一个像“蜘蛛”一样歹毒的人物；华连卡则是一个自由活泼、大胆泼辣的女性，她对别里科夫的爱是纯真的，她似乎不相信世界上还有用爱情无法征服的人。在别里科夫的葬礼上，几乎只有华连卡的哭是发自内心的，是对作为一个人的别里科夫的死亡的哀悼。在这两个姐弟之间，也充满了人与人之间的真正自由平等的关系。他们经常吵架，任何一件微不足道的小事也会使他们在大庭广众之下争吵不休，这正显示了他们之间那种真诚无伪、相互信任的关系。柯瓦连科是憎恶别里科夫的，但当人们暗示他华连卡爱上了别里科夫时，他说：“这不关我的事，哪怕她跟毒蛇结婚也由她。我不喜欢干涉别人的事。”“不干涉别人的事”，也就是不干涉别人的自由，恐怕连契诃夫也会为他笔下的这个人物说出的这样一句话而感动不已：专制主义不就是对人的自由权利的随意侵犯和践踏吗？……

柯瓦连科的独立精神，华连卡的真诚爱心，像一把钳子的两个钳，使别里科夫这样一个能够辖制整个城市、整个俄罗斯几乎所有人的专制手段无所施其技。可以认为，只有在这两个人物面前，别里科夫的失败才是真正的失败。

如果我们感到这篇小说太沉重的话，想想柯瓦连科和华连卡这两个人物吧！

俄罗斯还是有希望的，人类还是有希望的，因为像柯瓦连科和华连卡这样的人物还存在着。

《装在套子里的人》结构上的“套子”

◎ 钱理群

契诃夫的《装在套子里的人》，是人们所熟悉的。小说主人公别里科夫差不多成了文学史上经常为人们所引述的典型，他的绰号“套中人”也成了某一类人的代名词。但关于这一典型的内涵却存在着不同的阐释。其中比较通行的概括是：“这是一个保守、反动、扼杀一切新思想的典型形象。”但在反复阅读本文后，我总觉得这一概括与自己在阅读过程中的感受、体验不甚一致。

但在这里，我不想急忙讨论这一人物典型意义的问题，而想换一个角度，讨论人们经常忽略的小说结构中的一个问题。在我看来，弄清这个问题不仅有助于我们对别里科夫这一典型形象的准确把握，而且对理解作者的写作意图、全篇的题旨，也会有所启发。

小说写的是一个名叫别里科夫的中学希腊语教员的故事。但这故事并不是由作者用第一人称或第三人称直接讲述，而是通过别里科夫的同事布尔金之口讲出来的，布尔金在小说里既是别里科夫故事的叙述者，同时也是小说（故事）中的一个小人物，一个在场的角色。小说结构上明显有两部分，一是“布尔金讲的故事”，这是小说的主体；但在其前后，却有关于“讲故事”之前的情景描述与讲完故事以后的议论、发挥，其中还出现了其他人物，从而构成了一个“套子”，将“别里科夫的故事”“套”了起来。——这样，别里科夫不仅死时装进了“棺材”这个“套子”里，而且人们再讲述他的故事时，也得纳入一个“套式结构”里，这本身大概就有一点意思吧。

何况还有其他意思——这正是我们所要讨论的。

让我们先读未删节的小说原文。小说一开头就告诉我们：有一位姓氏“古怪”的兽医“为了透一透新鲜空气”出来打猎，遇上了一位中学教员，晚上睡觉前“闲聊天”，就聊出了许多故事。从表面上看，这是在交代中学教员讲他同事的故事的背景与由来。这种写法是许多民间故事或者模拟民间故事的小说的惯用写法，薄伽丘的《十日谈》就采用过这样的套式。但细心的读者仍会从中读出两处伏笔：这位兽医的“古怪”仅仅在于他有一个古怪的双姓吗？他为什么要到郊外来“透一透新鲜空气”？这两个问题到下文自有回答，而且对刻画这个人物是至关重要的。

我们很快又注意到，“别里科夫的故事”并不是所讲的第一个故事；在此之前，他们“还谈到村长的老婆玛芙拉”，讲起她一辈子没有走出村子，“一直守着炉子坐着”的故事。那么，这位普通农妇的故事与我们的主人公中学教员的故事有什么内在联系吗？有的，布尔金明确说明，他正是为了证明“像玛芙拉那样的人并不是稀有的现象”，才要讲“别里科夫的故事”的。他并且指明，玛芙拉以及他即将讲到的别里科夫都是“像寄生蟹或者蜗牛那样极力缩进自己的硬壳里去的人”，而类似的人，“这世界上有不少呢”。他还提出了自己的分析，认为这种“内缩”现象是一种“隔代遗传”，是“人的性格的一种变态”。——这就是说，在“别里科夫的故事”正式展开之前，作者已经通过故事叙述者布尔金的自述告诉我们，即将讲述的，“并不是稀有的现象”，是一个关于人性的变态的故事。同时也就规定了：叙述者绝不可能以居高临下的审判者的姿态去讲述故事，相反，其叙述姿态与叙述调子必然既充满了嘲讽，同时又充满了悲悯。

于是，我们很容易就注意到，布尔金在讲述别里科夫的故事时，同时也在讲述他自己以及村里的人对于别里科夫的认识过程，也就是说，他是在别里科夫与村里的人（包括他自己）的关系中来展现其思想性格的。开始，人们把他看作“怪物”，以后，别里科夫却使人感到“压抑”以至

“害怕”，因为“他”而“不敢大声说话，不敢写信……”，以至于觉得“这个老穿着雨鞋、拿着雨伞的小人物，却把整个中学辖制了足足十五年”。尽管后来的“求婚事件”使别里科夫在人们眼里显得可笑，同时也有几分可亲，但最后别里科夫死了，全村的人终于松了一口气，甚至有一种“自由感”。——人们把别里科夫分析为一个“扼杀一切新思想”的“反动”形象，其根据大概就在这里吧。但是，人们恰恰忽略了布尔金紧接着的一段关于“别里科夫死后”的叙述：

> 我们高高兴兴地从墓园回家。可是一个礼拜还没有过完，生活又恢复旧样子，跟先前一样郁闷、无聊、乱糟糟了。局面并没有好一点。实在，虽然我们埋葬了别里科夫，可是这种装在套子里的人，却还有许多，将来也还不知道有多少呢！

这与小说开头布尔金的说明、分析是互相呼应的，可以说是用更加明确的语言说出了作者的写作题旨：别里科夫及其性格变态不仅不是“生活中种种不幸”的根源，而恰恰是这“郁闷、无聊、乱糟糟”的生活的产物，因而它不但具有普遍性，而且只要生活本身不改变，别里科夫“这种装在套子里的人”、这种变态的精神现象与变态性格还会继续存在。这就清楚地表明，作者契诃夫尽管尖锐地嘲讽了别里科夫性格（现象），但他真正否定的是生活本身。

确认了这一点以后，我们可以回过头来进一步分析：究竟什么是别里科夫性格、别里科夫现象？“套中人”只是一种现象的比喻，它的实质正如布尔金所分析，是“缩进自己的硬壳里”，“借此躲避了现实生活”。为什么要“躲避”？这又是出于一种恐惧心理，“千万别闹出什么乱子”这句别里科夫的口头禅，说尽了他对于现行秩序、既成传统，以及代表着这种传统秩序的官方、政府的恐惧，在他看来，任何“违背法令、脱离常规、不合规矩的事”，任何对官方意志的背离，都会“闹出乱子”，带来灭顶之灾。正是这种“恐惧”，导致了他的逃避；而逃避本身即是对现行秩序、既成传统及其官方代表的屈从，以至自觉、不自觉地维护。而这种逃避、屈从、维护，正是一种“奴性”的表现。在我看来，这才是“套中人”的本质。——别里科夫确实有反对一切新思想、新事物的这一面，连中学教员和小姐骑自行车他都要阻止，这就是一个明证；但这仅是现象，反对、阻止的深因正是出于对既成秩序及其官方代表的恐惧，他就是这样去劝告秩序破坏者的："既然政府还没有发出通告，允许做这种事，那就做不得。昨天我吓坏了！……这事又会传到督学的耳朵里……这还会有好下场吗?"正是这样的"劝告"充分暴露了他思想、性格中的"奴性"，这是作家契诃夫所深恶痛绝、决不能容忍的。而在充满"奴性"这一点上，别里科夫与不断嘲笑、戏弄他的同事以至全城的市民之间，并没有本质的区别：与其说全城人"怕"别里科夫，不如说他们与别里科夫一样"害怕"现存秩序及其官方维护者，他们的"降服"、"忍让"，以至"变得什么都怕"，"不敢大声说话，不敢写信，不敢交朋友，不敢看书，不敢周济穷人，不敢教人念书写字……"，不正是驯服的、守规矩的奴才吗？难怪从外地来的柯瓦连科要对"我们"也即别里科夫的同事们说："诸位先生，你们怎么能在这儿生活下去啊！你们这儿的空气闷死人，不干不净！……你们这地方算不得学府，只能算是教人安分守己的衙门，而且有巡警局那股腐臭的气味。"正是这"有巡警局那股腐臭的气味"的生活、环境造就了一群"安分守己"的奴才，别里科夫不过是以其怪戾的言行显得格外突出而已。

这样，对"套中人"别里科夫的批判就必然引向对"生活"本身，乃至对生活于其间的"自我"的批判。因此，在讲完了"别里科夫的故事"以后，作者意味深长地插入一段景物描写："这时候村子给夜色包得严严紧紧，躲开了劳苦、烦恼、忧愁，安心休息……"（按：着重号为笔者所加）显然，这是一个象征：我们的生存空间本身就是一个"套子"，生活于其间的每一个人都是"套中人"。这才引出那位"古怪"的兽医的一番议论："我们住在城里，空气恶浊，十分拥挤，写些无聊的文章，玩'文特'——这一切岂不就是套子吗?至于在懒汉、搬弄是非的人、无所事事的蠢女人中间消磨我们一生、自己说而且听人家说各式各样的废话——这岂不也是套子吗?"在无聊的生活中消磨一生，不正是可耻的"逃避"吗？——这是多么尖锐的自我批判。"你看着人们做假，听着人们说假话"，"人们却因为你容忍他们的虚伪而骂你傻瓜。你忍受侮辱和委屈，不敢公开说你跟正直和自由的人站在一边……"，容忍虚伪、丑恶，忍受屈辱，不敢反抗，这不正是一种别里科夫式的“奴性”？——这又是多么清醒的自我反省。原来这位“古怪”的兽医正是一位觉醒者，他是因为不堪忍受城里庸俗、恶浊的空气，才到乡下来“透一透新鲜空气”的，但他很快又发现（如前所述），连村子里的夜色也是一个“套子”，真是哪里也逃不脱啊！于是，他终于有了这样的新的觉醒：“不成，不能再照这样生活下去啦!”——除了从根本上改变“生活”本身，已别无出路。

应该说，这振聋发聩的一声呐喊，是契诃夫对他的时代生活最重要的发现，也是他的这篇《装在套子里的人》的真正主旨所在。

都德:《最后一课》

渺小的人物和崇高的主题

◎ 孙绍振

《最后一课》是经典名篇，从五四时期被翻译成汉语以来，各种各样的中学语文课本差不多都会选入。在不同的历史时期、不同的意识形态背景下，都被当作经典，其中的奥妙是很值得研究的。

小说不过是写一个小学生本来十分贪玩，对复杂的法语语法极其厌倦，常常逃学去掏鸟窝、滑冰。要让这样一个孩子转变，从贪玩变成好学，并把这个过程写得令人信服，该是多么的艰难。试想，生活中，这样的转变该花多少时间，经历多少曲折？就算转变了，是不是一劳永逸了呢？会不会一遇到新的诱惑，又依然故我？按照传统小说有头有尾、环环紧扣的写法，从开端、发展、高潮到结局，要花多少笔墨？但是在这篇小说里，作者只花了三千多字，就成就了世界短篇小说的经典，主人公从极其厌倦学习法语课变成极其热爱法语课，前后只花了一个小时左右的时间，而且，没有一个读者会怀疑这样的转变是胡乱编造的。这是为什么呢？

作者并没有为孩子的转变设置漫长复杂的故事，甚至也没有虚构完整的情节，他只是把孩子放在短短的一堂法语课上。但这堂课不是一般的法语课，而是非常特殊的法语课，是最后一堂法语课。如果不是这样，孩子肯定不会转变，只能是一如既往地讨厌法语的分词规则。

这种写法，是所谓“横断面”的结构方法。这是 19 世纪以后的短篇小说，在结构上和之前欧洲、中国的短篇小说不大相同。

这种结构原则的关键在于把人从日常的、常规的心理惯性中冲击出来，使之进入例外的、反常的环境，然后表现其心理结构的变幻。但是，要把人物冲出常规是不大容易的。

一个人的心理，其内在结构从表层到深层都具有相当的稳定性，有时外部条件有了某些改变，如父母的责备、老师的鼓励等等，人物的心理也许会在表层作出一些调节，如痛下决心、用功读书之类，但其深层是超稳定的，一般表层的调节不会影响到深层的稳定。因而表层的调节，尽管是真诚的，但不用多久，就会被深层结构反调节所消解。

然而，作者给孩子设置的外部条件，不是一般的变化，而是重大的变故。

这是最后一堂课，从此以后就不再有法语课了。这个冲击特别强烈，因为进入了例外的、超越常规的而且是不可逆的环境，不仅冲击了表层心理，而且引发了深层心理震荡。深层心理震荡，心理不但失去平衡，而且也是不可逆的，这就不能不产生一种深层的调整，这种调整也是不可逆的。正是因为这样，这最后一堂课在时间上是短暂的，但对深层意识的冲击，却比漫长曲折的过程还要强烈。

按照小说中老师所说，平常，贪玩的孩子总把自我调节的余地放在时间上（“算了吧，时间有的是，明天再学也不迟”），但是，小说设置的例外环境把这个余地排除了。这就显示出，作者的构思抓住了心理变幻的要害。不是从外部现象上探索孩子厌学的原因，而是从内心深处探索最深邃的根源。

作为一个法国孩子，却讨厌法语课，这是很不正常的。原因何在呢？

如果从表面看，原因可能很多。例如，法语的教学方法有问题，小说多次提到了分词的变化规则（现在式、过去式、未来式、完成式、虚拟式等等），需要死记硬背，又花时间和精力，不但不能激起学习的愿望，反而摧毁兴趣，必然的结论就是改革母语教学。又如，小说快结束的时候，老师自己作了检讨：没有尽到当老师的责任，有时上课让学生给自己浇灌园子，有时老师自己去钓鱼。再如，小说也提到了，学生的家长也不太重视孩子的学习，为了增加收入，宁愿让孩子去工厂或者田间打工。

但如果按照这样的思路写下去，就没有《最后一课》这样的艺术杰作了。因为这样的思路是改进教学实践的思路，属于实用价值，而不是小说的艺术价值。艺术价值是情感价值。小说的价值集中在人身上，人的心理，尤其是人的情感是核心。至于教与学的因果关系，在这里不很重要。

作者提出了另外一种因果，孩子不爱念法语这个“果”，是由另外一种“因”造成的。即学习法语是天然的权利，这种权利与生俱来、自然享有，在正常情况下，永远不会失去，结果却不但不觉得美好，反而成了沉重的负担，更谈不上珍惜。小说构思的高明之处在于，不跟孩子讲大道理，而把孩子引出常规，逼迫到一种不可逆的环境中去。在这个特殊环境中，学习母语的权利不再是天然的、永远不会失去的，而是即将被剥夺的。

设置这样的环境的目的，是把平时隐藏在心理深层的奥秘暴露出来。

人的心理是个丰富多彩的立体结构，隐藏在深层的和浮在表面上的，并不一定很一致。在一般情况下，深刻的情感是隐藏得很深的，连人物自己都不大了解。只有发生了极端的变化，心理结构受到突如其来的冲击，来不及或者永远无法恢复平衡时，长期潜在的情感、与表层情感相异的情感，才可能暴露出来。这时，人物好像变成了跟平时相反的一个人，可是从根本上来说，他却更是他自己了。

作者之所以要把孩子引入这样的困境，就是要把他内心最深刻的情感袒露出来。原来，他并不是不热爱自己祖国的语言，相反，他是非常热爱的。一旦学习母语的权利被剥夺，即将被迫学德语时，他对祖国语言的天然情感就充分显露出来了。

作者把描写的重点放在孩子的心理感受的临界点上，把临界感受层次分明地展开。

先是让孩子的感情来一个“晴天霹雳”。（按：法语原文是 bouleversèrent，英语译文是 overwhelmed）这种写法，算不得多大的发现，一般的作家也写得出。

接着的是“懊悔”，这就比较深刻了：

我再也不能学法语了！难道这样就算了吗？我从前没好好学习，旷了课去找鸟窝，到萨尔河上去溜冰……想起这些，我多么懊悔！我这些课本，语法啦，历史啦，刚才我还觉得那么讨厌，带着又那么沉重，现在都好像是我的老朋友，舍不得跟它们分手了。

这是转折关头的心理独白，话很平常，语言上没有多少花样，也没有多少修辞技巧，但却很动人。因为这里有矛盾。就在不久以前，他还讨厌法语，琢磨着要逃学。这样的矛盾，很突然。突然就是对读者想象力和记忆的冲击，激起读者自己的记忆和想象的参与，这样突然的矛盾，就转化为自然。

孩子已经转变，作者的构思似乎已经完成。但是真的就此草草收篇，似乎太过单薄。都德作为艺术家的才气，恰恰表现在这里，他没有草草罢笔，他的创作经验告诉他，孩子懊悔的感觉虽然很自然，但光有这么一点感觉，似乎还不够饱和，因而也就不够动人。凭着艺术直觉就能感到，在这个懊悔的感觉里，蕴藏着巨大的潜在能量，不把这个潜在能量发掘出来，心理结构的探索就可能半途而废。以这种懊悔为中心，他展开了层层深化。

第一层是，孩子被老师叫了起来，不争气，背不上分词规则：

可是开头几个字我就弄糊涂了，我只好站在那里摇摇晃晃，心里挺难受，头也不敢抬起来。

后悔深化了，带上了羞愧：

天啊，如果我能把那条出名难学的分词用法从头到尾说出来，声音响亮，口齿清楚，又没有一点儿错误，那么任何代价我都愿意拿出来的。

第二层是，老师意外地没有责备他，他所受到的心灵的惩罚，由老师说了出来：

> 我也不责备你，小弗郎士，你自己一定够难受的了。这就是了。大家天天都这么想："算了吧，时间有的是，明天再学也不迟。"现在看看我们的结果吧。唉……

这一段，如果不让惭愧和忏悔在孩子的感觉中展开，而是把忏悔渲染一番，来一点抒情，对于作者应该是驾轻就熟的，但是，他却让老师长篇大论地发表议论。对于小说来说，议论太多，可能会造成抽象概念泛滥，这本该避免，但作者为什么甘心冒这个风险呢？可能就是为了下面这些话：

> 唉，总要把学习拖到明天，这正是阿尔萨斯人最大的不幸。现在那些家伙就有理由对我们说了："怎么？你们还自己说是法国人呢，你们连自己的语言都不会说，不会写！……"

让一个小孩子讲这样的话，是不真实的。把不能讲自己祖国语言的痛苦上升到民族国家的高度，只能让成年人来完成。还有，老师说到法兰西语言时，也超越了孩子的感知：

> 法国语言是世界上最美的语言——最明白，最精确；又说，我们必须把它记在心里，永远别忘了它，亡了国当了奴隶的人民，只要牢牢记住他们的语言，就好像拿着一把打开监狱大门的钥匙。

从这里，我们可以感觉到作者的匠心。本文情节的进展追随着孩子的视角，在孩子的感觉之内展开。好处是孩子气的、天真的话语很自由、很丰富，但是也有局限，即比较理性的话语多数都超越了孩子的感觉世界。而这样诗一样的、愤激的话语，在当年历史的背景下，作者肯定认为是极其重要的。老师所讲的，其实就是作者自己要讲的，且是非讲不可的。不能让孩子讲，就只好让孩子聆听了。

这些话，就是现在看来，也是很动人的，是思想和激情的交融。

而作者并没有在这样闪光的思绪中过多流连，这种思想性很强的语言不能太多，否则会给人说教的感觉。作者很快就明智地回到孩子的视角中来了。这样，就进入了孩子感觉世界的第三个层次。

这是一个在肃静中沉思的层次。为了强调教室里的肃静，作者一连三次用了反衬的笔法。第一次，“只听见钢笔在纸上沙沙地响”。第二次，连金甲虫飞进教室都被感觉到了。第三次是：

> 屋顶上鸽子咕咕咕咕地低声叫着，我心里想：“他们该不会强迫这些鸽子也用德国话唱歌吧！”

这一笔最为精彩，它又一次深入到孩子的心灵深处，完全是孩子气的感情和想象。这种想象和老师的慷慨激昂，不但异曲同工，而且异趣同工。在对德国侵略者的仇视方面是一致的，但是感觉和想象又有不同。成人的感觉和孩子的感觉属于两个世界，二者相反相成、相辅相成。孩子的想象和老师的慷慨陈词，互为生动的注解，可以相通，却不能相同。

让人物生活在各自的感觉世界里，而且拉开距离，这就是小说艺术。

这篇小说的主体，是孩子的转变。但是，在孩子的转变完成之后，小说并没有戛然而止，相反，小说又花了六分之一的篇幅，用孩子的视角，感受老师的情绪。这是不是多余的呢？好像不是。小说的中心虽然是孩子，但是前面已经说了，光有这个孤立的孩子，他的感知境界是有限的。他的转变，如果仅从他的角度来看，其意义可能是狭隘的，无非就是从厌倦法语课到热爱法语课。但是当孩子精神关注的焦点集中到他的老师身上时，这个老师不但构成了他感知世界的精神背景，而且成了精神亮点。正是这个亮点，把孩子和小说的思想境界提高到一个新的高度上去了。

老师这个人物在思想意义上是重要的，但是，作者并没有像刻画孩子那样，采用主体自我感知的办法。老师只是被当作孩子感知的客体。凡是孩子经验范围以内的，孩子关注的，都有所表述，在孩子感知范围关注焦点以外的，都被省略。综观整篇小说，给予老师的篇幅很有限。第一个片段是孩子进入课堂所看到的老师。这里包括他节日才穿的衣着，宣布这是最后一课，以及他的慷慨陈词。第二个片段是孩子对老师过去的回忆。他长期的执教生涯中有一些精致的细节，很有表现力。如：他的眼光里流露出对这所乡村学校的留恋，四十年没有变化的教室，而课桌却被磨光了，还有那长高了的核桃树。为什么要强调四十年不变的环境？这是为了说明他是一个很普通、很平凡的教师，四十年来，没有多少成就。留在孩子记忆里的，是课堂上乱糟糟的秩序，还有戒尺。他的教学似乎乏善可陈，显然没有得到过升迁的机遇。然而，他忠于职守。正是由于忠于职守，他才在最后一课穿戴整齐，像主持庄严的仪式似的。

有一句话，孩子重复了多次："可怜的人！"如果这一点没有离谱，那么它的含义是很丰富的。

首先，老师看来可怜，却在下课时表现出了一种崇高、神圣的爱国感情。作者把这个最后的姿态，用孩子的视觉，表现得很"高大"，而且安排在象征和平的午祷钟声和象征侵略的普鲁士军号声中：

> 韩麦尔先生站起来，脸色惨白，我觉得他从来没有这么高大。

一方面是可怜的人，另一方面却从来没有这么"高大"，这都令人想起鲁迅在《一件小事》中对人力车夫的感觉。但是，这个"高大"的人物，却不像刚才那样慷慨陈词了，他的内在情感得不到充分的表达：

> "我的朋友们啊，"他说，"我——我——"
>
> 但是他哽住了，他说不下去了。
>
> 他转身朝着黑板，拿起一支粉笔，使出全身的力量，写了两个大字：
>
> "法兰西万岁！"

在小说的高潮喊政治口号，在文学作品里是有一点冒险的，但作者在这里把政治热情和人物的激情恰到好处地结合起来，表现了一种崇高的、庄严的、神圣的感情。作者并没有以伟大而洪亮的声音表达，相反，这个人物有一种拙于表达的特点。这仅仅表现出他由于过分激动而一时说不出话吗？还是因为作者要突出表现他毕竟是个平凡的小人物呢？

整篇小说的精神无疑是崇高的，但是，和这个可怜的老师一样，作品中的孩子也不能算是一个崇高的人物，他也很平凡，甚至看到占领了自己家乡的普鲁士军队在家乡的土地上操练，也没有表现出任何反感，一心只想逃学。作者是不是有意把崇高的主题让渺小的人物来表现呢？这是可能的。事实上，在普法战争失败之后，法国丧权辱国，法兰西作家在表现本国人民崇高的爱国感情的时候，大都选择了平凡的小人物。左拉的《磨坊之役》写一个庄园主的女婿，原本是一个浪荡鬼，可是抵抗进犯家园的德国侵略者时，变成了一个英勇无畏的战士。莫泊桑的《二渔夫》也是一样，主人公最后坦然牺牲的导因，只不过是因为钓鱼。小人物受到赞颂，而大人物在国难当头时的表现则受到批判，在莫泊桑的《羊脂球》里，上层人士在德国占领军面前的表现是无耻的，还不如一个妓女正直。

《最后一课》释题

◎ 钱理群

读、讲《最后一课》，可从释题入手。

文章的正标题是“最后一课”，副标题是“阿尔萨斯省一个小孩的自叙”（有些选本删去了副题，似有不妥）。这两个方面都有可琢磨之处。

一、为什么写“最后一课”？

这是一篇表现爱国主义情怀的文章。主旨确定以后，就有一个问题：

从什么角度来表达？

于是，就有了两个层面的选择。第一个选择是：不是一般的写爱国情怀，而是要把这样的感情置于非常态下，写“亡国”之痛。在太平年月里，很少有人会去考虑国家的存在对自己生活、生命的意义，爱国是自然的，无须特意强调；但是，到了国家有难、民族危亡的时候，人们才猛然意识到自己的命运和国家、民族的命运密不可分，由此而爆发的爱国情怀，就具有了震撼力。

第二个选择就是写作材料的选择。这也不完全是一个写作技巧问题，首先还是一个认识问题：亡国之痛，痛在哪里？“柏林已经来了命令，阿尔萨斯和洛林的学校只许教德语了。”这里提供的信息是真正令人恐惧的。入侵者不满足于仅仅占领土地，更要占领人心；而占领人心的关键，是从根底上摧毁被占领民族的文化；而摧毁其文化的关键，又是禁止其下一代接受本民族语言的教育——这是真正的釜底抽薪。因此，亡国之痛，不仅痛在土地的沦丧，更痛在民族文化的毁灭，尤其是民族语言在下一代中彻底消灭！

这里提出的民族语言教育和民族生死存亡的关系，是作者找到的一个核心，构成了文章的“魂”。它决定了文章的选材：写“最后一课”，最后的法文课，最后的民族语言的教与学。关键是“最后”这两个字，它牵动了所有的人——老师、学生、家长乃至普通村民——的心，它所激发的感情，空前强烈而复杂，它所引发的思考，也空前严峻和深刻。写文章要找好聚焦点，抓住“最后一课”这一个瞬间，就把一切都照亮了。

很自然地，文章的主题由此而产生。然而，作者却有意将其直白地说出，毫不顾及所谓“文章贵含蓄”之类的写作戒律——一般情况下，文章的主题应隐含于叙述、描写之中，让读者自去领悟；但在某种情况下，也无妨直说，只要有足够的铺垫，也会产生一种震撼力。本文即是如此。因为事情太重大，情势太严峻，情感太激烈，就非得直抒胸臆不可。在前文情感的几番顿挫（下文将有详说）以后，由老师直接点破，也是势所必然：

> 他说，法国语言是世界上最美的语言——最明白，最精确；又

说，我们必须把它记在心里，永远别忘了它，亡了国当了奴隶的人民，只要牢牢记住他们的语言，就好像拿着一把打开监狱大门的钥匙。

这里的关键词是“牢牢记住他们的语言”，这也是“最后”的坚守：民族语言守不住，就什么也没有了；民族文化没有了，个人与民族生存之根也没有了。这正是本文的深意所在。

这样，“最后一课”就成了具有一种普遍意义的文化符号。不同的民族，在不同的时代，都会遭遇“最后一课”的问题。

因此，当我在读法国作家都德写于1871年普法战争之后的这篇《最后一课》时，心里想着的却是1941年太平洋战争爆发，日本军队占领上海“租界”时，中国的“最后一课”。这也是一个学生（作家徐开垒）终生难忘的永恒记忆。将近四十年后的1980年，也是都德小说写作、发表一百多年以后，他也写下了这个瞬间——《我的“最后一课”老师——怀念王统照》。[①] 文章一开头就讲到了都德的这篇小说，并且说：“‘你们走吧’，这是这篇小说的结束句，但在我的脑海里，这篇文章永远没有结束过。”它不但延续到20世纪40年代的中国，而且只要存在民族侵略问题，就会有这样或那样的“最后一课”。

而且，“最后一课”的意义，还可以延伸到民族问题之外：一个教师在离开讲台的不寻常时刻，他往往有许多对他来说是最重要的话要向学生倾诉、交代，这就是“最后一课”。最近我在网上看到过《我的最后一课》这么一篇文章，这是一位大学教师不满意现行教育体制愤而离职时对学生的临别演说，也是从都德的这篇小说说起，联系着当下中国教育、思想、文化问题，充满了危机感，具有一种震撼力。

看来，“最后一课”还要继续讲下去，成为永恒的教育、思想、文化、文学话题。都德开创性的描述，因此而不朽。《最后一课》之所以能成为文学经典与教育经典，绝非偶然。

---

① 该文收入《中国百位名人学者忆名师》，延边大学出版社1990年版。

二、为什么要选择“一个小孩的自叙”?

主题、选材确定了以后，还有一个如何叙述的问题，其中一个要点是叙述者的选择，也就是由谁来讲这“最后一课”的故事。

从文章看，这“最后一课”的在场者有三类人：那天的讲课人韩麦尔老师，听课的学生，还有特意赶来旁听的以郝叟老头儿为代表的镇上的人。也就是说，从理论上讲，这三类人都可以充当故事的叙述者。选择谁，就决定于作者的写作用心，决定于他对“最后一课”的理解与把握。

其实，最容易被选做叙述者的，应该是韩麦尔老师。他在这所学校教法文，已经有四十年的历史，他最懂得法语对法国人的意义和价值，占领军禁止教授法语，对他的冲击应该是最大的，他理所当然是这“最后一课”的主角，事实上，我们现在看到的这篇小说，描述的中心依然是他。——但作家都德却偏不选韩麦尔老师做叙述者。

如果选郝叟老头儿来做叙述者，也会别有特色。因为他作为一个年老的村民特地赶来听课，这本身就已经很特别了。而他听课的神态又那样特别，他带来的那本“书边破了的初级读本”，背后好像隐藏着一段历史；而他和孩子们一起拼字母，他那“发抖”而显得“古怪”的声音背后，又隐含着怎样的苦涩滋味。这些都使我们觉得，在听这“最后一课”时，他一定有许多的感受、感触和感慨，让他来做叙述者，说不定能给我们以意想不到的启示。——但作家都德也不选郝叟老头儿做叙述者。

他选了“一个小孩的自叙”，而且是“我”这样一个平时不用心学习法语且喜欢逃课的调皮学生。

这道理其实我在前面已经讲过，禁止教授法语，其要害是要在法兰西共和国年轻一代中消灭民族语言。因此，上“最后一课”，这是一场引导、争夺下一代的生死搏斗——年轻一代将决定法兰西的未来。作家选择小弗郎士来作叙述者，正是要把叙述的焦点放在法兰西的年轻一代对这一“取消民族语言教育”事件的反应，他们在听“最后一课”时心理的、情感的、思想的反应。——这才是最重要、最关键的。

于是，在小说中就有了一个“成长的故事”。也就是说，作家通过叙述者的选择，写“一个小孩的自叙”，就把“最后一课”的叙述变成了一个“在民族危难时刻，年轻一代精神成长的故事”，这就将小说的叙述大大地深化了。一个人，特别是处于生命起点的儿童，在他的成长历程中，有时候会瞬间爆发出一个照亮他一生的闪光点。而集中了民族危机的“最后一课”，正是促成爆发这样一个闪光点的特殊时机。作者抓住了它，就把一切都写活了。

不仅如此，而且作者写得还很有层次感。如前文提到的，写出了小弗朗士成长过程中情感、心理的几番顿挫。小说开始时，小弗郎士还是一个普通的顽童，他对“暖和”、“晴朗”的天气的向往，在逃学过程中既被“吸引”又努力克制自己的心理，和所有国家的儿童都一样。但当他“看见许多人站在布告牌前边”时，却没有意识到，生活已经发生了重大的变化。于是，就有了他的“惊奇”和“纳闷”—“晴天霹雳”—“懊悔”—“受惩罚”这一系列的情感、心理反应。于是，就有了他上“最后一课”时的特殊感受：“我从来没有这样细心听过讲”。联系他之前的“懊悔”——只要能背记住这些分词规则，“任何代价我都愿意拿出来的”，就不难体会此时他是怀着怎样的情感去专心听课。这课堂上的每一句话、每一个细节，都会永远铭刻在他的记忆里！值得注意的，还有他对讲课的老师、对同时听课的郝叟老人的观察，是那样的细致入微，对他们的心理、情感、思想的分析，是那样的深入到位，这都是平日的小弗朗士所不可能注意到，也不可能理解的，但在此刻，他却突然看到了、懂得了。——他确实在这一瞬间，长大了、成熟了。我在前面说过，本来韩麦尔老师、郝叟老人都有一个独立的故事，现在，通过“我”的观察、领会讲述出来，既凸显了他们的形象，也写出了小弗朗士的成长，真可谓“一石二鸟”。在小说的最后，当“窗外又传来普鲁士兵的号声”时，韩麦尔先生“脸色惨白”地“站起来”，“我觉得他从来没有这么高大”——这“站起来”，而且形象“高大”的，岂止韩麦尔老师！郝叟老头儿这些普通村民们站起来了，小弗朗士也站起来了。

小说最后定格在韩麦尔老师所写的“法兰西万岁”这几个大字以及老师的最后一句话上：“放学了，——你们走吧”。这诚然是一个没有下文的戛然而止，但或许更是意味深长的：通过这“最后一课”，小弗朗士这些法兰西的年轻一代已经成长起来，这才是最重要的，未来的一切就孕育其中了。这或许是作者最想传达给我们读者的一个信念吧。

这就是说，选择谁充当故事的叙述者，这是和作者对故事的理解，以及他要通过对故事的讲述，表达一个什么意思，是直接相关的。因此，我们也完全可以做一个写作试验：选择韩麦尔老师和郝叟老头儿做叙述者，从另一个角度来讲述故事，从而发掘、表达出另一种意思，写出另一篇《最后一课》。

三、“最后一课”对今天中国语文教育还有意义吗？

作为读者，在读完了都德写的这篇《最后一课》以后，我们还要思考并追问上述这个问题。都德的《最后一课》，写的是一个民族危急时刻的爱国故事，而且发生在一百多年前的法国，仿佛离今天的中国已经十分遥远了，我们再也不会面临占领军的威胁了，再也不会有“最后一课”了。但我们真的不存在民族危机吗？《最后一课》所提出的“民族语言教育和民族生死存亡”的关系问题，已经自然解决了吗？

事实上，只要我们敢于正视现实，就必须承认：当下的中国，正存在着民族文化的危机、民族语言的危机、民族语言教育的危机。而这三大危机是相互关联的。

因此，当我们读到《最后一课》里小弗朗士和韩麦尔老师的“后悔”之词，不能不有触目惊心之感：

> 我从前没好好学习，旷了课去找鸟窝，到萨尔河上去溜冰……想起这些，我多么懊悔！我这些课本，语法啦，历史啦，刚才我还觉得那么讨厌，带着又那么沉重……
>
> “……大家天天都这么想：‘算了吧，时间有的是，明天再学也不迟。’现在看看我们的结果吧。唉，总要把学习拖到明天……”
>
> “你们的爹妈对你们的学习不够关心。他们为了多赚一点儿钱，

宁可叫你们丢下书本到纱厂里去干活儿。我呢，我难道就没有应该责备自己的地方吗？我不是常常让你们丢下功课替我浇花吗？我去钓鱼的时候，不是干脆就放你们一天假吗？……”

是的，我们不能不追问自己的责任，我们每个人对民族语言和民族语言教育危机的责任，千万不要到了“明天”，才为今天的马虎、掉以轻心而悔恨。

我们也因此重新认识了语文教育与学习的意义：我们的教学，就其实质而言，就是在保卫民族语言，坚守汉语家园。请记住韩麦尔老师在民族危难时刻所说出的那番话：“法国语言（注：汉语也一样）是世界上最美的语言——最明白，最精确”，“我们必须把它记在心里，永远别忘了它”。

我们还要以上“最后一课”那样的神圣情感、那样的民族责任感，上好每一堂语文课，像韩麦尔老师那样耐心地讲解，像小弗朗士那样专心地听课。

这样，我们、老师和同学，学习了《最后一课》，也都有了“成长”。

安徒生：《皇帝的新装》

意味深长的《皇帝的新装》

◎ 钱理群

安徒生的《皇帝的新装》和王尔德的《快乐的王子》，这两篇童话都是1909年由鲁迅、周作人兄弟俩在《域外小说集》里同时介绍到中国，距离现在已有一个世纪。它们的读者已经有好几代了。每一代读者读起来都是那样津津有味，那样回味无穷。

这恐怕不是偶然的。周作人在《域外小说集》“著者事略”里曾这样介绍：“《皇帝之新衣》本见西班牙曼努尔著《卢堪诺尔伯爵》第七章，安兑尔然取其事，改作此稿，而删其教训，遂弥觉轻妙可喜。盖其所讽刺，意甚明显，若加指示，反足以减损色彩也。”“删其教训”，不加“指示”，不仅因其“意甚明显”，更因此留下极大的阅读空间，让读者自己从不同层面上去填补（理解）文中的“意义空白”。

从最表层的意义上说，这是一个“愚蠢”的皇帝、群臣以至百姓被两个“聪明”（也可以说是“狡黠”吧）的骗子愚弄的喜剧故事。喜剧性在于，明明是“愚蠢得不可救药”，自己却意识不到，自我感觉始终过分良好，甚至“自以为聪明”；即使一旦察觉，也不敢、不愿正视，更不要说公开承认。这种主观、客观的分离，本身就已经包含了可笑的因子。这在某种意义上可以说是“人性的弱点”（因为同时存在于皇帝、大臣、骑士与百姓身上），现在却被两个骗子所利用，他们“制造”了一个“空织机”，作为类似“测谎器”的“测智器”，让他们一一经受考验。这样一个荒诞的情节，就将这些自以为聪明的角色置于十分荒唐可笑的境地。由于作者（故事讲述者）的明确交代，读者早已预知这一切都是假的，所谓“织布机”、所谓“美丽的布”都只是空气；而故事中的人物（角色）自己却茫然不知，还在一本正经地犯愁、作态：这读者的“知”与人物的“不知”之间的反差就造成了喜剧效果，故事中人越是装模作样，就越逗引起读者的笑声。这还不够，还要用夸大的手法，加大力度，将荒诞、可笑推向极致，这就是最后出人意料的情节设计：干脆让皇帝脱光了衣服，当众献丑，而且还要扭腰转身、忸怩作态，丑极了，也可笑极了。最后又飞来神笔，借小孩的一声高叫，让所有的故事中人，包括皇帝自己，都由“不知”变为“知”，明白这是一场骗局。但皇帝为了维护面子，同时也要维护自己的良好感觉，却硬要将这出已经戳穿的闹剧继续演下去，并演到底。如果以前的表演还带有不自觉性，甚至还有某种主观上的真诚性，现在却成了自觉的表演，自欺欺人：“他摆出一副更骄傲的神气。他的内臣们跟在他后面走，手中托着一条并不存在的后裙”。这时，人物（角色）与读者（观众）都处于“全知”状态；面对这场被捉弄（甚至是自愿的被捉弄）的大闹剧，再想到被捉弄者（并且此剧正在起劲地表演着）平时都是道貌岸然的高贵者（国王、大臣），而捉弄者（也是这场闹剧的导演）竟然是两个其实并不高明的小骗子，读者（观众）不能不发出哄堂大笑。——这里，无论是国王与骗子的人物设计，还是荒诞、夸张的情节编制，也无论是读者（观众）与人物（角色）之间对真相“知”与“不知”的反差，还是变化的叙述策略，都显示了民间故事的特点，所关注的是“谁是愚蠢者”这个民间文学的母题。

但安徒生的《皇帝的新装》毕竟不是民间文学，而是作家（文人）的再创作——安徒生童话，从而与记录、整理民间童话和传说的格林童话区别开来。因此，在作者不动声色的叙述中，读者还可以感受着、思考着另外一层（或数层）意思，“皇帝的新装”也就具有了超越于故事的某种普遍的象征意义。

就读读这一段吧。作者仿佛漫不经心地告诉我们，“喜欢好看的新衣服”差不多成了这位皇帝的“奇癖”。为什么如此喜欢新衣服？为了穿得漂亮，以便显耀新衣服，也就是显耀自己。不知不觉间，皇帝自己与新衣服逐渐混同，以至人们提到皇帝总是说“皇上在更衣室里”，也就是说，“皇帝”已经异化为“新衣服”了。这时，读者才能醒悟过来：这“新衣服”实际上已经具有某种象征意义。周作人在译文中称为“美饰”，这是发人深思并且能够引发出种种联想的：岂止这位皇帝，古今中外，又有多少人在给自己（与现实）穿上种种名目的“美丽的新衣”，将自己美化，或者将现实理想化，从而把真相掩饰起来呢？这是美饰，更是伪饰。因此，当两个骗子把这“美丽的布”、“理想的衣服”还原为“实无一物”[①]，即“什么东西也没有”时，正是还原了真实与真相。更彻底地说，只有当皇帝“把他所有的衣服都脱下来”，赤裸裸地暴露于大庭广众、光天化日之下时，他才真正地显露了真实——一切真相都是丑陋的。而“皇帝的新衣”就成了一切掩盖（回避）真实（真相）的“美饰（伪饰）”的象征。

在这个意义上，那两位被称为骗子的外国人是并没有骗人的，更准确地说，他们自然有骗钱的动机，他们也达到了目的，但他们的行为却于无意中揭露了真实。就连他们宣称具有“奇怪的特性”的“空织布机”也确实起到了“辨别出哪些人是聪明人，哪些人是傻子”的作用。如果说真有骗子的话，那穿上“皇帝的新衣”而洋洋自得的皇帝本人，以及对着“实无一物”的“皇帝的新衣”赞不绝口的众大臣、众百姓才是在那里骗人，不过，他们同时也欺骗了自己，就于可笑之外，又显出了几分可悲，作者对他们是既嘲讽又悲悯的。

这里同时提出的一个多少有些严峻的问题是：谁能直面赤裸裸的真实，并且说出真相？那两个外国骗子自然不会，皇帝本人不能，众臣不能——他们都已经自觉、不自觉地参加了自欺欺人的“表演”，就连老百姓也不能——他们虽然没有参与“表演”，但“站在街上和窗子里”，充当了看客，并且附和着：“乖乖！皇上的新装真是漂亮！”在这看似平静的叙

① 见周作人译文。

述里，读者不难感受到一种深刻的失望：从后文便可知道，不仅是对于民众、百姓，更是对于所有的具有了一定社会经历的成年人，他们或者亲自登台，或者充当看客，都对这场自欺欺人的闹剧负有干系、责任，他们也就不会、不能戳穿骗局，说出真相。

终于有了那振聋发聩的一声："可是他什么衣服也没穿呀！"而这是由"一个小孩子最后叫了出来"的。正是小孩子"天真的声音"唤醒了所有的老百姓，大家一齐叫了起来："他实在没穿什么衣服呀！"

这是画龙点睛的一笔：唯有未涉人世的、保持着生命本真状态的、纯洁而天真的儿童，才能无忌地直面真实，说出真相。这里不仅表现了"返归自然，返归人的原初本性"的观念，而且表现了周作人所说的，安徒生"以小儿之目，观察庶类"的儿童本位主义的文学观，显示了"小儿崇拜"的倾向。至此，安徒生赋予这个童话"什么是真实，谁能说出真相"的意义，就得到淋漓尽致的表现。

顺便说一句，类似的儿童的发现，以至小儿崇拜倾向，也曾出现在中国的五四时期。鲁迅在《狂人日记》里"没有吃过人的孩子，或者还有？救救孩子"那一声呼喊，是可以与安徒生童话里小孩子的叫声交相辉映的。

《皇帝的新装》所蕴含的深长意味是说不尽的。

欺骗和自我欺骗的荒诞喜剧

◎ 孙绍振

这是一篇童话，但又不是一般的童话，其主要形象已经走出童话，进入了日常语言，即使没有读过《皇帝的新装》的人，也会懂得这个典故的意思：心照不宣的谎言。按何其芳的典型共名说，一个文学形象成为口头或者书面交往中某一精神现象的代名，成为家喻户晓的典故，这是文学作品最大的成功的标志。在中国文学经典中，类似的还有“画皮”（《聊斋志异》）、东郭先生（《中山狼传》）、诸葛亮和张飞（《三国演义》）、李逵（《水浒》）、贾宝玉和林黛玉（《红楼梦》）等等。

《皇帝的新装》是一篇外国人的作品，在中国之所以有这样大的影响，其中一个原因就是这篇童话有某种寓言的性质。它不仅仅是一个童话故事，而且超越了一般童话想象和道德教化的价值，揭示了人类一种普遍的心理现象：在权势者面前，人们，包括那些位高权重的大人物，对显而易见的谎言都是随声附和的。

因为要揭示的是具有普遍性的、跨越时代历史的社会心理，所以童话故事一般并不强调具体的地点和时代：

> 许多年前，有一个皇帝，为了穿得漂亮，不惜把所有的钱都花掉。

不但时间、地点是不具体的，连皇帝的名字、年龄也都是含糊的。这样写的好处，是便于突出某种普遍性。这是寓言的特殊功能，它讽喻的不是某一个国家的皇帝，也不限于某一个时代的大臣，而是人类生活中一种普遍的精神现象。

《皇帝的新装》中的故事是荒诞的，这自然是作者的虚构。读者和作者有一种默契：这样的情节在现实世界中是不可能发生的，只有在想象世界里才可能发生。但是，这种想象的虚构却必须是可信的。不但讽喻的内容要可信，而且情节的发展也要可信。而要让这个荒诞的故事情节发展的每一环都可信，难度是很大的。不仅要让皇帝，而且要让大臣都睁着眼睛说瞎话，没有一个例外，大家心照不宣，这就必须有一个心理根据。在我国古典文言小说中，有过《崂山道士》以视而不见作为故事情节的核心，但那是道术。可以说是接近神话的（超越现实的）想象：修炼不到家，是要碰钉子、闹笑话的。在梁释慧皎撰的《高僧传·卷二·晋长安鸠摩罗什》中也有过类似的想象：

如昔狂人，令绩师绩线，极令细好。绩师加意，细若微尘。狂人犹恨其粗。绩师大怒，乃指空示曰："此是细缕。"狂人曰："何以不见？"师曰："此缕极细，我工之良匠，犹且不见，况他人耶？"狂人大喜，以付织师。师亦效焉，皆蒙上赏，而实无物。

这段原本是一个寓言，说明大乘佛教"有法皆空"的精义。从性质上说，这是宗教哲理。孤立地看，故事里视而不见的原因是心理的迷狂。首先是狂人自己要求太高，明明是极细之织物，却嫌织得不够精细。后来，什么也没有，却又盲目相信"良匠"。起初，由于自大而盲目，后来由自卑而迷信，皆以不见为见。从性质上来看，这就是一种心理变态、扭曲的现象。从这一点来说，这个故事和安徒生的《皇帝的新装》有相近之处。但是，在安徒生的作品中，视而不见并不是由于道术。它不像道术那样需要超越现实的利害，一旦有了非分的功利之心，道术就不灵了；也不像《高僧传》中的狂人那样完全是由于心理的迷狂。

在《皇帝的新装》里，恰恰相反，首先是由权力决定了利害，使皇帝、大臣、世俗人等明明没有看见任何新衣，为了避免给自己带来不利，就随大流说皇帝的新衣如何美好。除了孩子以外，没有一个人敢讲真话。如果光有这样一个原因，就来构成故事情节，显然还比较勉强。安徒生作为一个艺术家，还特地为整个情节的因果性提供了一个更为深邃的心理基础，他让两个骗子提出，他们缝制出来的最漂亮的衣服有一个特点是："任何不称职的或者愚蠢得不可救药的人，都看不见这衣服。"

骗子骗人，骗一个人是容易的，骗许多人是困难的。但是，有了这一条，就可以使许多人一起顺理成章地自我欺骗并相互欺骗。《高僧传》的欺骗是自我迷狂，是一次性的自我蒙蔽，不是很自觉的；而安徒生笔下的自我欺骗是带有连锁性的，陈陈相因，最后，个人在这个欺骗的网罗中失去了自主和自由。如果没有这样因果的连锁性，从形式上来说，不但情节难以构成，而且更为关键的是，即使构成了，也缺乏荒诞性。没有荒诞性，也就没有童话式寓言艺术的风格可言了。

这种荒诞性不同于一般的荒诞性。第一，其荒诞性是层层强化的，从大臣到国王，从国王到群众，都按着同样的荒诞逻辑行事。当皇帝光着躯体在街上游行的时候，“站在街上和窗子里的人都说：‘乖乖！皇上的新装真是漂亮！他上衣下面的后裙是多么美丽！这件衣服真合他的身材！’”社会身份是不同的，但是，睁着眼睛说瞎话的心理动机却是同样的：“谁也不愿意让人知道自己什么也看不见，因为这样就会显出自己不称职，或是太愚蠢。”第二，在这种愈演愈烈的荒诞性怪圈中，暗示着一种清醒的批判。安徒生一次又一次向读者揭示，每一个人都陷入了矛盾的选择：要么承认自己愚蠢或者不称职，要么就用谎言来掩饰。整个社会都不约而同地选择用谎言来自欺欺人。这不仅表现了个人的心理迷狂，而且说明了社会风习的黑暗。自欺欺人不单纯是一个人的心术不正，更是一种社会心理的恶性循环。人们，不分良莠，都陷入了这种恶性循环中不能自拔。在这里，读者不难感到安徒生严酷的、忧伤的眼神。第三，在所有人中，唯一的例外竟是一个小孩子。保持理性的居然是一个童稚未开的孩子。由此可见人们陷于疯狂之中已经到了不知其疯的程度。字里行间，成人的愚昧和儿童的纯洁、批判和赞扬、揭露和抒情，反差如此强烈，张力如此强大，但又如此和谐地处于水乳交融之中。第四，这篇童话的精彩还在其结构，尽管情节层次相当丰富，但并不像小说那样曲折多变，不像小说那样让每一个人物都各自遵循着各不相同的逻辑作出选择，显示出各不相同的个性；相反，所有的人几乎都按着同样的逻辑行事，这本来是有可能造成个性的丧失的。但是，诚如前文所述，我们不能忘记，这不是小说，而是童话，而且是寓言性的童话。寓言的寓意性，就是把一种普遍的意念寄托在没有时间、地点、条件特点的环境和没有个性的人物身上。这就构成了寓言式童话的单纯性。环境、人物的普泛性和思想的单纯性是紧密联系在一起的。如果是小说，这可能是败笔，但对寓言式的童话而言，却是长处，深刻地揭示了身陷如此社会环境，自欺欺人，恶性循环，越是循环，越是荒谬，越是荒谬，越是可笑。

这就构成了这篇童话的喜剧风格。

正是这种喜剧风格在两个方面展示了安徒生的艺术风貌：其一，越是可笑，越是深邃，也就越是动人；其二，自欺欺人的动机是相同的，但是，每个人的表现如果重复、单纯，就走向单调了。安徒生的匠心就在于，每一个人的外部表现都各有差异。前后两个大臣，都被皇帝认为是

"诚实"的（注意，原文在"诚实"两个字上面，连引号都没有加，后面说他是"善良"的，原文也是没有引号），都一样害怕被认为是愚蠢的或者不称职的。如果安徒生一味单纯下去，用同样的语言表现两个人物，读者就会厌倦。于是，艺术分寸感极其强烈的安徒生得心应手地用了稍稍不同的文字来表现他们的心理。第一个：

> 可怜的老大臣眼睛越睁越大，仍然看不见什么东西，因为的确没有东西。
>
> "我的老天爷！"他想，"难道我是愚蠢的吗？我从来没有怀疑过自己。这一点决不能让任何人知道。难道我是不称职的吗？不成！我决不能让人知道我看不见布料。"

第二个：

> "我并不愚蠢呀！"这位官员想，"这大概是我不配有现在这样好的官职吧。这也真够滑稽，但是我决不能让人看出来。"他就把他完全没看见的布称赞了一番，同时保证说，他对这些美丽的色彩和巧妙的花纹感到很满意。

至于皇帝来的时候，心理逻辑也是一样的，文字上却有明显的差别：

> "这是怎么一回事呢？"皇帝心里想，"我什么也没有看见！这可骇人听闻了。难道我是一个愚蠢的人吗？难道我不够资格当皇帝吗？这可是最可怕的事情。""哎呀，真是美极了！"皇帝说，"我十分满意！"

值得注意的是，这并不是《皇帝的新装》的特殊手法，而是寓意性作品一条重要的规律。比如在《中山狼传》中，狼要吃东郭先生，东郭先生提出应该先征询"三老"的意见，结果是"三老"中的"二老"都认为狼应该吃东郭先生，但二者的表述却各不相同。又如普希金的《渔夫和金鱼的故事》，老渔夫放走了金鱼，老渔夫的太太却贪得无厌，要求报答，金鱼一连几次都同样满足了老太婆的要求，老太婆却总是不满足。当老渔夫向金鱼转达老太婆的新要求时，金鱼都满足了她，但每次都有差异：第一次要一只木盆时，“大海微微起着波澜”；第二次“要座木房子”时，“蔚蓝的大海翻动起来”；第三次“要做世袭的贵妇人”时，“蔚蓝的大海骚动起来”；第四次“要做自由自在的女皇”时，“蔚蓝的大海变得阴沉昏暗”；第五次“要做海上的女霸王，叫金鱼来侍候她，听她随便使唤”时，“海上起了昏暗的风暴：怒涛汹涌澎湃，不住地奔腾、喧嚷、怒吼”。除了最后一次，金鱼都满足了老太婆的要求，但是大海的反应，每次都有递进性的差异。这在美学上叫做统一而丰富。统一性不够（故事情节的因果性不一致，不是因为同样的原因而说谎），就可能杂乱。艺术要求统一。但是，过分统一可能会单调（大家的反应都一样，都说一样的话）。可是，一味曲折，又可能显得芜杂。比起小说来，童话这种形式更加强调统一，以统一的因果性，达到单纯的效果。因而除了文字上的差异以外，人物的心理并没有多大差别。如果是在小说中，可以肯定，那两个大臣的个性肯定是要有巨大反差的，甚至可能产生矛盾乃至冲突。但在童话中，人物的普遍性比人物的特殊个性更受重视。

值得注意的是，皇帝穿着所谓的“新衣”游行的时候，睁着眼睛说瞎话的人并不限于大臣和武士，还有普通的百姓：

> 这样，皇帝就在那个富丽的华盖下游行起来了。站在街上和窗子里的人都说：“乖乖！皇上的新装真是漂亮！他上衣下面的后裙是多么美丽！这件衣服真合他的身材！”

自欺欺人的，并不一定是统治阶级，连普通老百姓都一样陷入了这个欺骗的网罗。

这样的讽喻已经相当警策了。如果安徒生仅仅揭露到这个程度，当然也是相当深刻的。但是，似乎还不够全面。谎言虽然可以被盲目地认同，可它毕竟是脆弱的。为什么安徒生最后安排了一个小孩子来揭穿这个谎言？这说明：首先，谎言并不难识破，只要具备最普通的人的感觉就足以认清；其次，谎言并不拥有特殊的力量，只要小孩子喊一声，它就完蛋了；第三，“所有的老百姓”也并不顽固，只要有人，哪怕是小孩子，带头振臂一呼，就觉醒了；第四，皇帝对真理也没有特别的抵御的感觉，他立即得知，自己身上没有任何衣服，他甚至“有点儿发抖”。这就揭示了一个朴素的真理：谎言是不堪一击的纸老虎，这是比盲从谎言更为深刻的一笔。

但这还不是最深刻的。安徒生接着揭露：滑稽戏并没有因为百姓和皇帝都意识到而立即结束。

> 不过他心里却这样想：“我必须把这游行大典举行完毕。”因此他摆出一副更骄傲的神气。他的内臣们跟在他的后面走，手中托着一条并不存在的后裙。

安徒生虽然是在写童话，在幻想世界自由地想象，但他却很现实——即便意识到了荒谬、虚假和欺骗，也并不意味着马上就能改变。要真正改变现实世界中不合理的事情，还有很长的路要走。

莫泊桑：《项链》

失落的与获得的

◎ 王富仁

莫泊桑的《项链》给我们讲了一个故事，这个故事发生在一个小职员的妻子路瓦栽夫人的身上。显而易见，这个故事给我们的不是一个“教训”，不是说路瓦栽夫人因为爱慕虚荣而招致了人生的灾难，劝我们不要爱慕虚荣，因为在丢失项链之后路瓦栽夫人经历的不仅仅是灾难，还有比灾难更加重要的东西。与此同时，它给我们的也不是一个“经验”，不是说路瓦栽夫人因祸得福，劝我们也像她那样不顾死活地风光一回，然后才能找到人生真正的价值。既然它既不是一个“教训”，也不是一个“经验”，我们就不能仅仅从这个故事的结局和玛蒂尔德最终的命运出发来感受和思考这篇小说，而要回到这个故事的全过程和这个人物的全部经历中来感受和思考它。

我们首先应当想、应当问的是这样一个问题：世界上怎么会发生这样的事情呢？

一、外在的物质世界与内在的精神世界

人，生来就是追求幸福的，但在我们日常生活的经验里，幸福的观念

首先是在对于外部物质世界的直接观察中建立起来的。几乎从我们对社会人生现象有了最初的感受和了解开始，我们就知道世界上有两类人，这两类人分别生活在两个不同的世界里：一类是有钱的、地位高贵的人，他们生活在一个富足、高贵、奢华的世界里。对于这样一个世界，社会上的大多数人只能远远地望着它，但没有或很少有机会走进去。它新鲜、刺激、炫人眼目，在我们的想象里，生活在那个世界里的人都是幸福的，令人艳羡，令人嫉妒，令人向往。社会上的大多数人则是另外一类人，他们在经济上不富裕，在社会上地位低下，经常被各种无法克服的困难所困扰，经受这样或那样的屈辱，而所有这些，仅从外部社会条件而言，又大都是因为没有足够的金钱或相应的社会地位所致。特别是那些比自己更加贫穷、地位更加低下的人，在我们的想象里，他们的生活是不会有真正的幸福的。当然，也有一些人专门为我们举出很多有钱但不幸福、贫穷但却幸福的事例，劝我们安贫乐道、苦中求乐、不要不知足，但那些到底是个别的事例，不是我们亲身体验到的东西，并且对我们讲这些道理的人，大都过得比我们还好，对我们的幸福观念不会产生根本的影响。

《项链》女主人公的幸福观念一开始的时候就是在对于外部物质世界的直接观察中建立起来的，实际上，这也是我们每一个人形成自己幸福观念的基本方式。她出生在一个贫穷的家庭里，没有陪嫁的财产，没有能继承的遗产，没有进入上流社会的机会，只能嫁给一个没有钱也没有地位的低级职员。“住室的寒伧，墙壁的黯淡，家具的破旧，衣料的粗陋”，相对于她向往的那些有着“幽静的厅堂，那里装饰着东方的帷幕，点着高脚的青铜灯”，有着“宽敞的客厅，那里张挂着古式的壁衣，陈设着精巧的木器，珍奇的古玩”的家庭，当然是相形见绌、破陋不堪的；她和丈夫只能围着“三天没洗的桌布的圆桌边”吃饭，一盆炖肉就能够让她的丈夫心满意足、胃口大开。而那些有钱人家吃的却是“精美的晚餐”，用的是“亮晶晶的银器”，墙上挂着“壁衣”，“一边吃着粉红色的鲈鱼或者松鸡翅膀，一边带着迷人的微笑听客人密谈”。在物质世界的这两种情景中，哪一个是更加幸福的呢？当然是她想象中的那些富贵人家的生活了。“她没有漂亮服装，没有珠宝，什么也没有”，作者反复说她“觉得很不幸”，“不断地感到痛苦”，“都使她苦恼”，“心里就引起悲哀的感慨”，每次从女友那里回来“就会感到十分痛苦。由于伤心、懊恨、失望、困苦，她常常整天整天地哭泣”。所有这些，对于我们，都是不难理解的：谁又不是天生就喜欢富足而厌恶贫穷的呢？

路瓦栽夫人之所以值得同情，还因为她原来也是一个美丽动人的姑娘。这样的女人，在现实的物质世界中，可以有两种完全不同的命运的。凭着自己“天生的聪明，优美的资质，温柔的性情”，她可以嫁给一个腰缠万贯的体面的丈夫，成为一个上流社会的贵族夫人，过上她想象中无忧无虑、高贵富足、充满诗意的幸福生活；但也有可能像现在一样嫁给一个低级小职员，过一辈子困窘低贱的生活。因为在现实的物质世界中，正像金钱是一种价值一样，女性的美丽也是一种价值。一个女性单凭自己的美丽就可以嫁给一个有钱的丈夫，进入上流社会。而路瓦栽夫人却像中国人所说的“一朵鲜花插在牛粪上”，嫁给了这么一个既贫穷又低贱的小职员，只能过这么贫贱的生活，难道不是值得同情的吗？不难看出，正是因为路瓦栽夫人是一个美丽的女人，正是因为她可以凭借自己的美貌进入另外一个更加富足高贵的世界，所以这两个世界在她意识里的矛盾和纠缠也就愈加强烈和持久，她的痛苦也愈加鲜明和沉重：她越是向往另外一种更加富足高贵的幸福生活，她就越是不满于自己当下贫穷低贱的生活；她越是不满于自己当下贫穷低贱的生活，她就越是向往另外一种更加富足体面的幸福生活。——她的精神整个陷入到这样一个循环的圆圈之中，不能自拔。她的痛苦也是无法自愈的，“此恨绵绵无绝期”。

我们或许认为，路瓦栽夫人就不应该意识到自己的美丽，就不应该向往更加富足和体面的生活，她原本就应当像其他女性一样安于自己贫贱的生活，不存任何非分之想，做一个贤妻良母式的女性，所以她的痛苦也是自作自受，不值得人们的同情和怜悯。但是，她的“美”不是一个客观的事实吗？现实的物质世界不分明存在富贵和贫贱的差别吗？像路瓦栽夫人这样一个聪明的女人怎么会对自己的美丽无动于衷呢？怎么会安于贫贱而没有对幸福生活的向往呢？所以，问题并不出在她会不会产生这样一些想法上，而在于她的这些想法还仅仅停留在对现实物质世界的感受和了解上。在这个现实的物质世界中，人的精神原本是无所皈依的。——她向往的那种富足高贵的幸福生活只是她的一个梦，一个根本抓不住、抓不牢的梦，而她的现实生活则是不断粉碎她这个美丽的梦的铁蒺藜。在她的现实生活中，还没有哪一根线能够将她的精神系在一个固定的基点上，从而使她能够从自己内在的精神中，找到支撑自己、支撑自己的生活、支撑自己全部人生幸福的精神力量。

二、自我生命价值的发现与自我尊严感觉的觉醒

在中国古代诗歌的欣赏中，有一个“诗眼”的概念，说的是在整首诗的基础上，诗人通过其中的一句诗，甚至一句诗中的一个词语，就能像鲜花绽开一样将整首诗的精神或意境一下子绽放出来。我认为，在小说中，特别是在短篇小说中，也有这类的“眼”。我们可以称它们为“小说眼”。

莫泊桑《项链》的“小说眼”就在路瓦栽夫人清还了所有的债务后遇到她的那个有钱的女友、学校读书时的同学佛来思节太太的那个场景上。我们知道，在此之前，她是不愿意去看望她这位有钱女友的。为什么呢？因为她在自己这个有钱的女友面前感到自惭形秽，有中国人常说的那种“抬不起头来”的感觉。在参加晚会之前，她还曾对她的丈夫说，“在阔太太中间露穷酸相，再难堪也没有了”。现在，她“显得老了。她成了一个穷苦人家的粗壮耐劳的妇女了。她胡乱地挽着头发，歪斜地系着裙子，露着一双通红的手，高声大气地说着话，用大桶的水刷洗地板。……”也就是说，在这个有钱的女友面前，她不但变得更贫穷、更低贱，而且连当初令自己感到骄傲和自信的美丽也没有了。但是，当她再次遇到这位女友，却不但没有感到自己的寒酸，反而表现出异常的自信和果断：“路瓦栽夫人无限感慨。她要上前去跟佛来思节夫人说话吗？当然，一定得去。而且现在她把债都还清，她可以完全告诉她了。为什么不呢？”让我们再听一听她心里说的“当然，一定得去”、“为什么不呢”这两个短句吧。我们听到了什么呢？我们没有听到她的自信、她的自豪、她的坚定、她平视一切的勇气吗？没有听到她对自我人生价值的肯定和嘉许吗？我们似乎听到她对整个世界说：“我并不低贱，我是高贵的！”

路瓦栽夫人变了。

那么，这一切到底是怎样发生的呢？

她丢失了项链，但却找回了自己的生命价值，找回了自己的尊严感觉。

在这时，我们可以回过头来重新思考一下她原来在外在物质世界的观察中形成的那种幸福观所实际失落的东西。必须指出，她的那种幸福观，也是我们每一个人在来到这个世界上之后形成的最初的幸福观念。在这个物质的世界上，原本是存在着贫富差别的，我们向往富裕的生活。鄙弃贫穷的生活，几乎是我们对现实物质世界的本能反应，也是我们自然形成的最初的幸福观念，如果我们在自己的人生中没有受到另外一种力量的冲击或震撼，我们很可能就会带着这样的幸福观念走完自己的一生，并且认为它是天经地义的、无可辩驳的、绝对合理的幸福观念。但是，正是在这种幸福观念中，我们却无法找到自我生命的存在价值，也无法找到自己真正的尊严感觉。因为我们每一个人的生命本身都不是富足的，都是贫穷的，我们的生命是以一个赤裸裸的肉体的形式降生人间的，它不包含着财富，也不包含着尊严，我们在本能上就向往的现成的物质财富，都不是我们自身生命价值的体现，因而也无法唤起我们自己的尊严感觉。对于一个像路瓦栽夫人这样的女人，当然还有一种资本，那就是她的美貌。但是，即使这种美貌，也是她的父母赋予的，不是她的付出，更不是她的创造。美貌本身需要的是他人的赏识和肯定，是外在的荣耀和欣羡，而这需要仰仗他人，要看别人的眼色，并不取决于自己，因而自我在这种企盼中是软弱无力的、没有主体性的。我们看到，当路瓦栽夫人沉湎于自己的美貌，沉湎于自己在对物质世界的观察中形成的幸福观念的时候，她的生命本身还始终处在沉眠状态，还是无所承担也无所作为的。她想到的只是别人的生活多么幸福，而自己的生活多么寒酸，除此之外就没有别的内容了。她自己在这个世界上发挥了或者将会发挥什么作用呢？她为自己的生存和发展做了或者将要做些什么呢？都还是一些连想也未曾想到过的问题。——她感受的都是别人和别人的生活，还未曾感受过自己和自己的生命。严格说来，她还没有过自己的生活。

项链丢失了。毫无疑义，对于她，这是一个深重的灾难，并且是一个无法完全推卸给别人的灾难。但也正是这个深重的灾难，填补了她的生命的空白。她的生活有了目标，她的生命有了承担，她也在自己的生活中感受和体验到了自己，感受和体验到了自己的存在及其存在的价值。

路瓦栽夫人懂得穷人的艰难生活了。她一下子显出了英雄气概，毅然决然打定了主意。她要偿还这笔可怕的债务。她就设法偿还。她辞退了女仆，迁移了住所，租赁了一个小阁楼住下。

她懂得家里的一切粗笨活儿和厨房里的讨厌的杂事了。她刷洗杯盘碗碟，在那油腻的盆沿上和锅底上磨粗了她那粉嫩的手指。她用肥皂洗衬衣，洗抹布，晾在绳子上。每天早晨，她把垃圾从楼上提到街上，再把水从楼下提到楼上，走上一层楼，就站住喘气。她穿得像一个穷苦的女人，胳膊上挎着篮子，到水果店里，杂货店里，肉铺里，争价钱，受嘲骂，一个铜子一个铜子地节省她那艰难的钱。

月月都得还一批旧债，借一些新债，这样来延缓清偿的时日。

"这样的生活继续了十年"，路瓦栽夫人和她的丈夫把"债都还清了"。这生活是艰难的，但这艰难的生活却是她自己的，是靠着她的生命的力量挣扎过来的；还债的压力是沉重的，但这沉重是依靠她的生命承担起来的。她感到了自己生命的力量和这力量的价值和意义。她的物质生活仍然是贫穷和低贱的，甚至比以往的生活更加贫穷和低贱，但在这时，路瓦栽夫人所感到的却已经不仅仅是贫穷和低贱，而更有自己对贫穷和低贱地位的反抗和在这种反抗行动中所绽放的自我生命的力量。

她不再自卑，她在对贫穷和低贱地位的反抗中发现了自我生命的存在价值和自我存在的尊严感觉。

这不是在她对外部物质世界的观察中发现的，而是在她的内在的精神体验里用心灵感觉到的。

三、一个容易忽略的人物

在这个短篇小说里，路瓦栽夫人的故事太离奇了，她的形象也太引人注目了，所以我们常常忽略她的丈夫——路瓦栽先生的存在及其在太太的精神发展过程中的作用和意义。

试想，假若将这篇小说改编成一部电影搬上银幕，我们还会忽略这个人物的作用和意义吗？如果说路瓦栽夫人是女一号，那么路瓦栽先生不就是男一号吗？这个男一号怎能是可有可无的人物呢！

我们知道，路瓦栽夫人并不是因为“爱”而是因为“无奈”才“下嫁”给路瓦栽先生的，所以，他在她的心目中并没有自己相应的位置——路瓦栽夫人心里追慕的是一个与路瓦栽先生完全不同的丈夫，她的“白马王子”是既富有又高贵的。在当时，路瓦栽先生的一切，在路瓦栽夫人的心目中，都是在与这样一个“梦中情人”的比较中得到感受和评判的。这一比，就把路瓦栽先生比得“瘪”了下去。

路瓦栽先生在路瓦栽夫人心目中的形象是怎样的呢？实际上，路瓦栽夫人对自己所处的环境条件的感受也就是对路瓦栽先生的感受：他像他们的住室那样简陋，像他们住室的墙壁那样赤裸裸而没有高雅的装饰，像他们家庭的椅凳那样破旧，像他们穿的衣衫那样丑陋，因为在她的心目中，她的丈夫就是带给她这样一个物质生活环境的人。——她的无休止的痛苦就是路瓦栽先生带给她的唯一的礼物。

路瓦栽夫人的这种痛苦感受有没有合理性呢？对路瓦栽是不是完全冤枉的呢？也不是！因为从所有的迹象都可以看出，路瓦栽确确实实是一个胸无大志、满足现状并且不怎么关心自己这个年轻貌美的妻子的人。他是“教育部的一个小书记”，但除此之外，他再也没有更高的追求，他对生活的最高希望大概就是积攒点钱买一杆猎枪，“好在夏季的星期天，跟几个朋友到南代尔平原去打云雀”。如果说路瓦栽夫人总是与比她更加富足高贵的女人们相比，心里总是感到不满足、不幸福，他则总是与不如自己的男人相比，因而也总是沾沾自喜于自己不通过任何努力便可得到的小利益、小享受。“啊！好香的肉汤！再没有比这更好的了！……”这样一句话，活画出了一个心满意足的庸俗小市民的形象。（请注意：他说的是世上再没有比这“更好”的，而不是“更好吃”的，但在这时，他身边却坐着他的像白雪公主般美丽高贵的太太。）试想，一个像路瓦栽夫人这样心高气傲的女人怎么会爱上这样一个没有任何理想、没有进取心甚至也没有一点男子气概的庸俗小市民呢？他娶了玛蒂尔德这样一个漂亮的女人，心里是很满足的，但也只是对自己的满足，并不真正关心他的太太，并不想如何使自己的太太过得更加幸福和快乐，甚至也不想知道他的太太天天在想什么、希望得到什么、过得幸福还是不幸福，更没有想到要为自己太太的幸福去做点什么、争取点什么。——他根本不了解他身边的这个女人，也不想了解她，更莫说去爱她。

如果说路瓦栽夫人一生犯的最大的“错误”是她丢失了借来的项链，路瓦栽先生一生犯的最大的“错误”就是给他的太太弄到了一张晚会的请帖，因为他是在根本不了解他的太太，也无法预知这张请帖可能导致的后果的情况下为讨太太一时高兴而弄来的，但这也为他开启了一条走进他太太心灵的通道：他开始了解到她的内心需要，开始关心她的情绪变化，也开始设法满足她的精神要求。

> “但是，亲爱的，我原以为你一定很喜欢的。你从来不出门，这是一个机会，这个，一个好机会！我费了多大力气才弄到手。大家都希望得到，可是很难得到，一向很少发给职员。你在那儿可以看见所有的官员。”

这是一个“无辜”的丈夫，但也是一个并不了解女人的心的丈夫；他怀着占小便宜的心理弄来了这张请帖，而不是为了太太的幸福和快乐去争取到它。他没有料想到他的太太会做出这样激烈的反应，但也正是她强烈的痛苦震撼了他那颗粗糙懵懂的心，使他并不感困难地将平时为自己积攒的四百法郎拿出来为自己的太太置办一套参加晚会的漂亮衣服。“就这样吧。我给你四百法郎。不过你得把这件长衣裙做得好看些。”这大概是他生平第一次在满足自己妻子的要求的时候自己也感到了内心的轻松和愉悦。——他在“爱”中体验到了“幸福”，为精神上的满足牺牲了物质上的财富。

从此，他开始关心太太的心情。“你怎么了？看看，这三天来你非常奇怪。”这一次，路瓦栽夫人并没有大哭大闹，只是说出了自己的痛苦。显而易见，她也感到了丈夫对自己的关心。这一次，他仍然在无意间说了一些让妻子不高兴的话，但从妻子不高兴的神情中立刻意识到了自己的错误，并为妻子想出了解决问题的切实有效的办法。大概，这是他第一次让太太感到开心和愉快。——她感觉到了他的爱与关心。

当路瓦栽夫人在晚会上大出风头的时候，路瓦栽先生一直在小客室里等候着她，从半夜睡着一直等到早晨四点晚会结束，还怕她出门着凉，专门给她带来了衣服，一出门就“披在她的肩上”。路瓦栽夫人为了避开那些穿着珍贵皮衣的女人的视线，“想赶快逃走”。在这时，路瓦栽先生不无焦急地拉住她：

“等一等，你到外边要着凉的。我去叫一辆马车来。”

在这样一个简单的细节里，我们感到了什么呢？我们感到：在这时，对于路瓦栽先生来说，他的太太已经不是自己之外的另外一个人了，而成了自我生命的一部分。如果说他在给她带回晚会请帖的时候还分明是为了讨好自己的太太，讨好自己之外的另外一个人，而在这时，他为自己太太所做的一切，就已经没有讨好的痕迹了。他不是在为别人而做，是在为自己而做。——这就是“爱”，因为只有“爱”，才能将物质层面的“他者”与“自我”在精神的层面上融为一体，物质层面的“为他者”在其精神感受中也自然而然地表现为“为自我”。

我们注意到，在此之前，作者还从来没有用“他们”这个第三人称复数形式的代词指称过路瓦栽先生和路瓦栽夫人这两个人，因为不论在实际上还是在作者的感受上，这两个人物都不是一种一体性的存在，而在这时，作者不但开始用“他们”将这两个人物概括为一个整体，并且在短短的三个自然段中连用了五个“他们”：“他们到了街上”，“他们到处找”，“他们在失望中顺着塞纳河走去”，“车把他们一直拉到马丁街寓所门口”，“他们惆怅地进了门”……直到这时，路瓦栽先生和路瓦栽夫人才在精神上结合成了一个整体。

我认为，我们必须认识到，也正是依靠这个整体的力量，路瓦栽先生和路瓦栽夫人才没有在即将来临的灾难面前被摧毁、被压倒。

项链丢了，尽管路瓦栽夫人已经完全沉浸在这个突如其来的灾难之中，但她在下意识中仍然能够感到，在这个世界上，她并不是完全孤独的。路瓦栽先生并没有将丢失项链的责任完全推卸在她一个人的身上，并没有因此埋怨她、歧视她，甚至责罚她、虐待她、离弃她，而是与她一起在这个人生灾难的漩涡里艰难地挣扎着。路瓦栽先生同她一起搜寻遗失的项链，一起追忆遗失项链前后的细节，“他们惊惶地面面相觑”，像两个同时迷路的人，同样地焦急，同样地慌乱，但又蕴含着相互的鼓励和安慰。此时路瓦栽夫人气力耗尽，“连上床睡觉的力气也没有”了，而路瓦栽先生一人独自回到他们步行走过的那段路去寻找，直到第二天早晨七点才回到家中，随即又到警察厅、各报馆和出租小马车的各车行去找。当找回项链的希望完全破灭之后，路瓦栽先生与太太一起商量对策，并且将自己父亲遗留给他的全部遗产拿出来抵债，接着就是到处借钱：

> 他开始借钱了。向这个借一千法郎，向那个借五百法郎，从这儿借五个路易，从那儿借三个路易。他签了好些债券，订了好些使他破产的契约。他跟许多放高利贷的人和各种不同国籍的放债人打交道。他顾不得后半世的生活了，冒险到处签着名，却不知道能保持信用不能。未来的苦恼，将要压在身上的残酷的贫困，肉体的苦楚，精神的折磨，在这一切的威胁之下，他把三万六千法郎放在商店的柜台上，取来那挂新的项链。

他将承受着肉体与精神的双重折磨，但为什么仍然要冒这样的危险呢？

因为在这时，对于他来说，他的太太已经比什么都重要：为了她，他必须冒这个险。

在此后，他与太太共同承担了生活的艰难，他“一到晚上就给一个商人誊写账目，常常到了深夜还在抄写五个铜子一页的书稿”。

我为什么认为我们绝对不能忘掉路瓦栽这个影子式的人物呢？因为只有当我们意识到这个人物的存在的时候，我们才真正懂得了在路瓦栽夫人丢失了项链之后，同时也获得了一种更加美好的东西，即路瓦栽先生对她的爱。

路瓦栽夫人是这样向佛来思节夫人叙述还钱的过程的：“……我们花了十年工夫，才付清它的代价。你知道，对于我们这样什么也没有的人，这可不是容易的啊！……”

说完这一切之后，“她带着天真的得意的神情笑了”。

她得意什么呢？她得意依靠自己的努力还上了那笔巨额的欠款，更得意于自己获得了路瓦栽先生那种超于物质利益之上的精纯的爱。——这种爱，并不是用陪嫁和遗产就可以买到的，也不是用美丽的装饰和高贵的谈吐就可以赢得的，而是两个生命的直接拥抱，是两颗心的无间融合。她的“笑”也不是任何物质上的享受，而是内在精神上的真正愉悦。

四、从人物到小说

“故事”是“人物”的故事，“人物”是“故事”中的人物，但“故事”加“人物”还不完全等于“小说”，因为小说是“作者”的，而“作者”则不是他小说中的一个人物——他是将人物和故事写出来的人。

那么，作者通过路瓦栽夫人的故事想告诉我们点什么呢？

如上所述，他告诉我们的既不是一个“教训”，也不是一个“经验”，而是这个故事的本身。

必须看到，这个故事是极其偶然的，是没有必然性的。“要是那时候没有丢掉那挂项链，她现在是怎样一个境况呢？谁知道呢？谁知道呢？人生是多么奇怪，多么变幻无常啊，极细小的一件事可以败坏你，也可以成全你！”我们甚至还可以补充说：即使她丢失了那挂项链，事情的结局是否就一定会像现在这个样子，也是难说的。我们平时总是认为，人生是有规律的，人的命运是可以由自己来把握的，只要我们追求幸福的生活，我们的生活就会幸福起来。实际上，迄今为止的人类社会，都证明了我们的这种自信是毫无根据的，这不仅因为迄今为止的人类社会始终存在着灾难和痛苦，同时也因为我们对幸福本身的理解就是各不相同的。一个人，生到这个现实世界中来，首先看到的就是物质世界的差别，首先形成的就是建立在物质享乐欲望基础上的幸福观。在这里，又有两种人：一种是像路瓦栽一类的人，一类是像路瓦栽夫人一类的人。路瓦栽体现的是一种典型的知足常乐、随遇而安、不求上进、得过且过的庸俗的幸福观念。这类人满足现状，没有任何超于现实物质生活之上的愿望和要求。他们不但感觉不到自己生活的缺憾，更不容易感觉到别人内心的痛苦和不安。这类人是无法成为人类生活、同时也成为自我命运的主人的，是没有能力承担任何人生灾难的打击，也没有能力始终维持自己命运的正常状态，以保障自己不堕入万劫不复的人生深渊。在这个意义上，只有像路瓦栽夫人这类永远不满于现状，对更加富足高贵、更加美满幸福的生活有着真诚向往的人，才是人类社会存在与发展的原动力。我们看到，正是路瓦栽夫人这种对现实物质生活的不满及其由此而产生的痛苦感受，震动了路瓦栽那种向来无忧无虑但也无自我存在价值感觉、无自我尊严感觉的麻木虚无的心灵，使他不能不设法关心自己太太的人生感受和人生追求，从而也开始调动起自己的生命力量，成为他和他的太太人生命运的承担者乃至创造者。路瓦栽夫人尽管是有物质生活上的幸福追求的人，但她的追求在开始阶段却不能不主要表现为对优越的物质生活条件的直接企盼和对自我现实物质生活条件的不满，所有这一切，都还只是她对外部物质生活表象的浮面了解，而不是她真实具体的人生感受和生活体验，对于她内在精神生活的丰富和发展是没有实际的价值和意义的，消极地自怨自艾是她这时精神生活的主要特征。真正影响到她内在精神生活的是她的丈夫给她弄来的那张舞会的请帖。正是这张请帖，使她的生活进入了一个动态的变化过程，这个动态的变化过程也带给了她各种新的人生感受和生活体验。多年以后，她“回想起当年那个舞会来，那个晚上，她多么美丽，多么使人倾倒啊”。也就是说，这次舞会在她的精神生活中还是具有重要的转折作用的，这个转折作用直接表现为激活了她久已沉眠着的心灵，使她重新对变动不居的外部世界有了直接的感受和亲身的体验：

夜会的日子到了，路瓦栽夫人得到成功。她比所有的女宾都漂亮、高雅、迷人，她满脸笑容，兴高采烈。所有的男宾都注视她，打听她的姓名，求人给介绍；部里机要处的人员都想跟她跳舞，部长也注意她了。

她狂热地兴奋地跳舞，沉迷在欢乐里，什么都不想了。她陶醉于自己的美貌胜过一切女宾，陶醉于成功的光荣，陶醉在人们对她的赞美和羡妒所形成的幸福的云雾里，陶醉在妇女们所认为最美满最甜蜜的胜利里。

这是一种感受，一种幸福的感受，但却只是一种感受，一种幸福的感受。这种感受，这种幸福的感受，是在优越的物质条件下所能够获得的幸福感受的极致，但也正是路瓦栽夫人已经真实具体地获得了这种幸福的感受，它也就有了与其他人生感受相比较而存在的可能。当她离开了舞会现场，特别是当她因丢失项链而陷入了人生的困境，这种幸福感受的霎时性、浮面性就表现出来了。——这种幸福只能是短暂的、表面的，它无法承担一个人的全部生命和整个的人生。在最艰难的环境中，真正承担起了路瓦栽夫人生命的，不是这种物质世界的荣耀和幸福，而是她反抗贫穷的精神力量和路瓦栽对她的真诚无伪的爱。

路瓦栽夫人这个故事是偶然的，但这个偶然的故事所给我们揭示的精神生命对于人、对于人的一生命运的重要性则不是偶然的。

路瓦栽夫人丢失了一条项链，但却没有丢失自己的幸福。

“唉！我可怜的玛蒂尔德！可是我那一挂是假的，至多值五百法郎！……”

但在这时，这挂项链到底能值多少法郎，对于路瓦栽夫人，已经毫不重要了。

她获得了比这挂项链更加贵重的东西。

一个人物的两个自我

◎ 孙绍振

不少中学语文老师在讲解《项链》这篇课文时，喜欢以小说“三要素”，即情节、人物、环境为理论基础。作为初级常识，应该说没有大错，但这只是某些现实主义的、古典性质的小说的特点，并不是所有的小说都具备这三种要素。有些小说，甚至是现实主义的小说，就没有情节，以非情节性见长，还有些小说，主要是现代派色彩比较浓的，根本就回避具体的地域和历史时代的环境。说到情节，一些老师常常倾向于把开端、发展、高潮、结局作为情节的必要成分。这一点好像没有太大的问题，中外小说中，有许多都是以情节的一贯和完整见长的，我国古典小说强调一环套一环，环环紧扣，就体现了这种道理。但是，细究起来，并非所有小说都是这样。有些小说，比如《孔乙己》，其主要情节，诸如孔乙己偷书被打，特别是后来被打折了腿，都被作者有意安排到幕后去。在小说中，读者看到的只是被打以后的两个场景，没有发生什么情节。这算不上环环紧扣，作者的匠心是让主要环节隐藏到幕后去。特别值得注意的是，作为情节性小说，《项链》的全文绝大部分虽然都是环环紧扣的，但是到了最后一环，发现那带来灾难的项链并不是真的，而是不值多少钱的假货，这对主人公过去和未来的命运，是关系甚大的一环，但小说到这里却戛然而止，下面将要发生的环节，被作家有意地省略了。

作为结局的环节脱落了，就会产生一些问题：省略导致情节不完整，是不是恰当呢？如果不恰当，算不算是一个缺点呢？如果恰当，从什么地方可以看出这是一个优点呢？

要说清这个问题，首先要弄清情节最根本的功能是什么。许多老师都知道，情节的功能是为表现人物服务的。这没有疑义。也就是说，情节的发展取决于人物个性心理的刻画。

问题的关键在于，情节是如何为人物服务的。

情节的特点是什么呢？一般来说，情节包括开端、发展、高潮、结局。但是，在这四个环节中，哪个环节最能表现人物呢？从理论上说，应该是高潮最能表现人物。在玛蒂尔德得知自己为之付出十年青春代价的项链是假货时，她的内心，从十分虚荣到非常坚强，都已经表现得很充分了。有了这个高潮，人物的欢乐和悲哀突然获得了一种新的意味：反讽。第一，虚荣的落空。之所以要付出十年青春这样重大的代价，原因就是以为它是真货。一旦发现是假货，就显得荒谬、可笑、可悲。此后，哪怕是在经济上得到补偿，但精神方面的代价是不可补偿的。第二，这个代价本来是迫不得已的，甚至表现出人物的坚强，但是，假货却使这种付出变成了无谓而又无奈，变成了对于人物内心深处的坚强的嘲弄。导致如此重大牺牲的原因，却只是为了在晚会上出一次风头。这个代价，就不是假货的代价，而是风头的、虚荣的代价，是人物的自我折磨。

情节的戛然而止，情节结局的失落，并未削弱对人物内心的两个极点的全面批判。

这个高潮之所以深邃，在很大程度上得力于作家充分描写了失去项链以后，主人公为之辛苦劳碌的"英雄"的十年。这十年过程，应该是作者表现的重点，但作者并没有花多少笔墨。相反，作为重点来表现的却是当年舞会上大出风头的一幕：那时的她，十分虚荣，爱出风头。出风头的特点，就是把自己在别人心目中的优越，看得比什么都重要。文章在此处大笔浓墨，写得相当细致。以星期日为中心的十天左右的事情，用了两千字以上篇幅，尽情地展示主人公心理层次的丰富变幻。

第一层次：在得到晚会的邀请之初，因为没有华丽的服装而用"恼怒的眼光瞧着"丈夫，继而又是"哭泣"又是"悲痛"。

第二层次：丈夫把全部积蓄都奉献出来定制时装以后，她又为没有相应的首饰而"郁闷、不安、忧愁"，为"在阔太太中间露穷酸相"而预感到"难堪"。

第三层次：想出借首饰的主意后，"惊喜"—"高兴得心都快跳出来了"，双手"发抖"—"出神"、"迟疑"—"跳起来，搂住朋友的脖子，狂热地亲她"。

第四层次：在舞会上的成功，作者营造了一个情绪的高潮。

不过是几天的工夫，就花了这么多的笔墨，而十年时间却只有这么几句：

> 路瓦栽夫人懂得穷人的艰难生活了。她一下子显出了英雄气概，毅然决然打定了主意。她要偿还这笔可怕的债务。她就设法偿还。她辞退了女仆，迁移了住所，租赁了一个小阁楼住下。
>
> 她懂得家里的一切粗笨活儿和厨房里的讨厌的杂事了。她刷洗杯盘碗碟，在那油腻的盆沿上和锅底上磨粗了她那粉嫩的手指。她用肥

皂洗衬衣，洗抹布，晾在绳子上。每天早晨，她把垃圾从楼上提到街上，再把水从楼下提到楼上，走上一层楼，就站住喘气。她穿得像一个穷苦的女人，胳膊上挎着篮子，到水果店里，杂货店里，肉铺里，争价钱，受嘲骂，一个铜子一个铜子地节省她那艰难的钱。

对十年的苦难写得十分概括，没有场面的展示，只有简洁的叙述。从语言的驾驭来说，这是需要气魄，也需要功力的。

本来表现一个人物十年的辛劳和艰难，作者至少有三种选择。一是正面写这十年，那将耗费大量篇幅。二是一笔带过：十年过去了，路瓦栽夫人青春消逝，老了，她变成了一个穷苦人家粗壮的、耐劳的妇女。……但过分简括，就可能变成简单，简单就可能变成简陋。作者采取了第三种方法，主要是在叙述中用了细节描写：

迁移了住所，租赁了一个小阁楼住下。

油腻的盆沿上和锅底上磨粗了她那粉嫩的手指。

洗衬衣，洗抹布，晾在绳子上。

提水，每走一层楼就喘气。

争价钱，受嘲骂，一个铜子一个铜子地省钱。

十年的艰难挣扎，光凭着这五六个细节，就不是简陋，而是简练了。因为这些细节是精选的，带着鲜明的特点，有着强大的能量召唤读者的经验。表面上，这十年被简单地交代过去，读者却不难感受到这十年对路瓦栽夫人的重大影响，从一个上流社交社会追求高雅的女士变成了一个粗笨甚至有点粗野的女人。叙述中夹带富于特征的细节，就兼具了叙述与描写的双重功能。叙述的好处是概括、简练，但弱点是不如描写那么感性。为了弥补这一点，在叙述中夹带特点鲜明的细节，整整十年，悬殊的变化，丰富的内蕴，以如此有限的细节，就把十年的辛劳，甚至“英雄”气概的轮廓勾勒出来了。

如此简练，是小说的重点吗？好像不是。如果真是重点，应该是大笔浓墨的呀。但，这并不妨碍它的动人。其动人的奥秘何在？关键在于，这不是一般的对比，而是两个极端的反衬：最初追求时髦、高雅、风头，其特点是在物质上和精神上出人头地，超越自己的社会地位，进入更高一层的社交领域，甚至在高层的社交圈中，在美貌和气质上也赢得出类拔萃和赞美；而在后来，却遗忘高雅的追求，甘于贫贱，只讲世俗的实用，不在乎粗野，唯一的考虑是节约，完全不在意自己的形象在别人心目中的地位。

> 她胡乱地挽着头发，歪斜地系着裙子，露着一双通红的手，高声大气地说着话，用大桶的水刷洗地板。

一个为了一条项链而煞费心机的妇女，居然变得如此低俗，和小说开头所展示的刻意追求高贵，判若两人。这是一种对比，动人之处就在这种对比中。因为这不是一般的对比，而是结构上对称，结构的功能大于要素之和，结构性质的对比是整体性的，但实际进入对比程序的却不是全部，而是人物内心极端化的两极。在极端的这一侧是：

> 她比所有的女宾都漂亮、高雅、迷人，她满脸笑容，兴高采烈。……
>
> 她狂热地兴奋地跳舞，沉迷在欢乐里，什么都不想了。她陶醉于自己的美貌胜过一切女宾，陶醉于成功的光荣，陶醉在人们对她的赞美和羡妒所形成的幸福的云雾里，陶醉在妇女们所认为最美满最甜蜜的胜利里。

一方面是如此的爱慕虚荣，把自己在他人眼中的地位看成是最大的幸福光荣；另一方面则是艰苦备尝，排除万难，完全不在乎他人对自己的看法。当然，这样做的好处是，适合短篇小说的文体要求，以少胜多，以最有特点、最有想象冲击力的内涵，刺激读者的想象，召唤读者的经验，迫使读者把两极之间的心灵体验补充出来。

在数十篇分析《项链》的文章中，这一点似乎还没有引起足够的注意。原因在于，许多解读者脱离作品的艺术追求来对人物进行所谓的分析，往往不能充分到位。有的解读者认为，小说中的女主人公是一个虚荣的、追求享乐的女人，一心想着往资产阶级上流社会的高层爬，她的虚荣是精神贫乏的表现，莫泊桑尖锐地讽刺了这一点。[①] 与此相联系的是，小说指明了在以金钱为中心的资本主义社会中，妇女唯一的出路只是饰物。[②] 另有解读者则认为，她追求自身的幸福，是她的权利，她“爱美”，这无可厚非；她“单纯”，因而她不辨真假；她“勇毅”，“面对残酷的困境，不气馁，不悲观，不走歪门邪道，更不出卖自己美丽动人的容貌，完全依靠自己的意志、精神和力量”。[③]

在这些评论者笔下，玛蒂尔德好像完全是两个人：一个是浅薄的、世俗的，以虚荣为特点，为虚荣而白白耗费了青春；另一个则是清白无辜，纯洁善良，勇敢坚强。二者好像水火不相容。女主人公究竟是虚荣的还是坚强的，是英雄的还是卑微的，在这一点上纠缠不休是没有意义的，把二者割裂开来，孤立地看待，只能是片面的。其实，不管是虚荣的还是坚强的，也不管是英雄的还是卑微的，都是被统一的，作家就要把二者统一起来严峻地审视，加以调侃，加以批判。其实，这是同一个人的两个方面，不过一个是显性的，一个是隐性的。这隐性的方面，也就是莫泊桑用“英雄”来形容的那一方面，是深深地埋藏在她的内心深处的，平时不会表露出来，不但她周围的人不知道，就是她自己也不知道。

而艺术家的任务，就是要探索人物内心深层的奥秘。

通常情况下，人总是有自己的人格面具，社会和伦理的角色定位是固定的，在常态中，人的深层意识（潜意识）埋藏得很深，掩饰得很严密，外界即使有些事变，也可能本能地调节，保持常态。只有在不得已之时，来不及调整或者无法调整，导致常态瓦解，深层的精神奥秘才会逼出来。用什么手段去逼近呢？郁达夫说，就是“偶然事件”（accident）。这种偶然事件就是情节。情节的功能是，把人物打出常规环境，逼迫到非常规境地，或者叫做第二环境，使得人物无法按常规来调整自己的心态，这时，

① 参见高中《语文》第三册“预习揭示”，人民教育出版社1990年版。

② 李定青：《玛蒂尔德与女权主义》，载《语文教学与研究》，1998年第9期。

③ 姚敏勇：《对爱美女性的警示和勉励》，载王丽编《中学语文名篇多元解读》，广东教育出版社2006年版，第278～280页。

隐性的、潜在的意识与非常态的第二心态就会冲破表层的日常的面具，人物心理的纵深层次的奥秘就会流露出来。[①]

情节中的偶然事件，是一种假定。通过假定来测试人物的内心深处。只要把人物打出常规，迫使其第二心态爆发出来，就成了。关键就是偶然事件和人物的心态变幻，只要发生了超越平常的变幻，情节的任务就完成了，接下来的事情便显得可有可无。通过假定的事变，迫使人物的心态发生变幻，莫泊桑对于这一点，似乎是自觉的，在小说中有一段女主人公的心理描述，可能是某种透露：

> 要是那时候没有丢掉那挂项链，她现在是怎样一个境况呢？谁知道呢？谁知道呢？人生是多么奇怪，多么变幻无常啊，极细小的一件事可以败坏你，也可以成全你！

作者说，极细小的一件事可以改变一个人的命运。在《项链》里，借到的本是假货，可以说是一件小事，不足以引起主人公心灵的巨大震动。莫泊桑的杰出之处，在于他让主人公误认为这条项链价值巨大，足以摧毁她常态的小日子，由此打破了第一心态，把主人公的潜在心态从隐性逼到显性层次上来，这就完成了情节的功能。至于后来发现项链是假货，对于主人公来说，大事又变成了小事，经济可以得到补偿，但是对于艺术来说，此后的事情对于人物内心只是回到常态，已经变得很不重要。情节的任务，就是让读者窥探深层潜在的心态。

这种通过假定性的事变来检验人物内心深层奥秘的小说结构，是19世纪契诃夫和莫泊桑对短篇小说结构的一种新发展。这和此前的小说有所不同，此前的小说写的是整个事变，可能一波三折，目的在全程，环环紧扣，每一环都重要；而在这里，只要一次事变、一次波折就足够了，事实上，它只是生命的一个片断，或一个断面。胡适在《论短篇小说》中，把这称之为“生活的横断面”，或者“纵剖面”。这种横断面或者纵剖面的构

---

① 孙绍振：《巴尔扎克为什么那样残忍地折磨于洛夫妇》，见《名作细读》，上海教育出版社2006年版，第440～441页。

思，往往只用一个事变来揭示人物的内心深层次与表面层次的不同。在《最后一课》中，都德的构思也是同一模式。不准再学法语的法令，把一个平日厌恶法语学习的孩子内心深处对法语的热爱给逼迫了出来。至于他日后会不会反复，会不会故态复萌，这并不重要，重要的是，常态的表层被打破，被逼迫到一种不可逆的环境中，潜在的心态已经不由自主地流露出来了。

莫泊桑的杰出之处，还在于他并不在乎这种第二环境，是实在的，还是误解的，并不一定要让他真的遭受灾难，哪怕是误会，哪怕是可以弥补的事变，也一样，只要能把人物的潜在心理逼迫出来，就完成了艺术的探索功能。只要它能够让人物深层心灵得到一次曝光，就成了。所以，他特别强调，这个变故，这个失落贵重饰品的突发事件是假定的、误解的。但是，这种假定和想象，却比真实发生的事变更为艺术。因为，第一，它完成了对于人物潜在的、隐性的心态的探测任务；第二，由于其后果的严重性，即使物质上可以得到弥补，但是造成了一个女人的青春不再，就显得当年出风头的欢乐更加无价值、空虚，面对今日之后果，更加无奈，更加可笑，带上了喜剧性。恰恰是假货引出真伤害，假的珠宝可以复原，而人的青春却一去不复返。这样的喜剧性，又带上了深沉的性质。其中所含的无可奈何与反讽的深邃，是一般正剧的灾难所不能相比的。

事变的假定性不是偶然的，而是莫泊桑在短篇小说中反复运用的构思原则。《项链》还有一个姊妹篇叫《珠宝》。一个女人酷爱假珠宝，积有相当的数量。等她死了以后，她的丈夫才发现，这些珠宝竟是真的，价值连城。在这个秘密暴露以前，莫泊桑笔下的这个女人：

> 仿佛是规矩女人的完美无缺的典型，每一个明智的年轻男人都梦想把自己的一生托付给这种典型的女人。她的纯朴美里有一种天使般的贞洁的魅力。

在他人眼中则是："娶她的人肯定会幸福。再也找不到比她更好的人。"在结婚以后，这种视觉渐渐过渡到丈夫的视觉中："跟她在一起，他幸福得简直难以用笔墨形容。"在她突然死了以后，她丈夫的表现是："差一点跟她进了坟墓。”所有这一切都在说明丈夫对她的爱情之深厚。然而就是在这样的爱情氛围之中，他却发现他本以为不值钱的假首饰原来是真的，而且价值相当可观，超过他年收入的五六十倍。确切的线索证明，这些首饰全部系一富豪所赠。为一个女人支付如此昂贵的代价，个中缘由不言自明。作者没有让这个富豪出场，显得匠心独运，不然就可能耗费巨大的篇幅。这里假的变成真的，不过是为了揭示女人灵魂深处的秘密，以及这种秘密包含着金钱与情感交易和对丈夫不忠的性质。从情节结构的功能来说，《珠宝》和《项链》里真的变成假的，是毫无二致的。戏剧性的结果是，虚荣的女人变得坚韧而朴实，而贞节的女人变成了感情的骗子。

莫泊桑构思中的批判性是很尖锐的，但他的杰出还在于语言的含蓄和深沉。不管是对女主人公路瓦栽夫人在舞会上的成功，还是对她日后十年辛劳的“英雄”气概的描述，在第三人称的全能全智的叙述中，隐含着某种反讽。这种反讽，主要表现在用语的情感分量略带夸张的、过度的形容，而隐含的调侃，则比比皆是。让我们重新来品味路瓦栽夫人在舞会上的描写：

> 她比所有的女宾都漂亮、高雅、迷人，她满脸笑容，兴高采烈。……
>
> 她狂热地兴奋地跳舞，沉迷在欢乐里，什么都不想了。她陶醉于自己的美貌胜过一切女宾，陶醉于成功的光荣，陶醉在人们对她的赞美和羡妒所形成的幸福的云雾里，陶醉在妇女们所认为最美满最甜蜜的胜利里。

所有这一切心理描写，反差都十分强烈，从事前的极度郁闷，到舞会上的极度兴奋，都仅仅是为了一条项链。对心理效果形容的程度，都是叠加的、排比的、积累性的，构成某种极端的强度。“漂亮”、“高雅”、“迷人”、“狂热”、“兴奋”、“沉迷”、“欢乐”、“陶醉”、“美貌”、“成功”、“光荣”、“赞美”、“幸福的云雾”、“最美满最甜蜜的胜利”……所有这一切都集中在一个焦点上，那就是“陶醉于自己的美貌胜过一切女宾”。这显然不可能是绝对客观的，不可能有人作过这样精确的比较，显然是产生于女主人公的主观感觉。正是在这样的词语中，流露出作者微妙的反讽、调侃，特别是最后“陶醉在妇女们所认为最美满最甜蜜的胜利里”，显然更透露出作者的保留：这种“最美满最甜蜜的胜利”，只是女主人公极端的主观感觉。作者的保留和女主人公毫无保留的美满感，形成了微妙的不统一，讽喻、嘲弄之意隐含其中。

至于写到项链失落后女主人公的艰苦奋斗，则以“英雄”二字为纲领，显然是大词小用。通常所说的“英雄”应该属于为国、为民、为集体、为人格、为精神、为理想而作出的超越常人的奉献，而这里却是为弥补自己一时的风头而造成的后果，而且这种英雄气概（heroism），又因为发现项链是假的而显得毫无意义、毫无必要，这两者之间的不统一，构成了反讽。这里隐含的是，作者的嘲笑和怜悯。

当然，反讽的意味还在于作者超越于女主人公，和她的感觉拉开了距离的视觉。作者好像有点冷眼旁观，看着女主人公在情感上大起大落，她那虚荣的衣饰带来了胜利和欢乐的结果却是更大痛苦。在经受了痛苦以后，到头来却发现，一切的痛苦居然是白费，不管是欢乐还是痛苦，都一下子变得可笑。归根到底，谁作的怪，谁作的孽呢？是胜过一切女性的虚荣追求，也是主人公的自我折磨。在这样的语言背后，读者可以感到作者的讽刺带着同情的、悲天悯人的笑容。

当然，不可忽略的是，在这虚拟的境界之中，主人公经历的磨难却必须是真实的，必须是符合生活和情感的逻辑的。极端虚荣的女士，被逼迫到灾难性的境遇中，居然激发出如此坚强的意志，显出如此强烈的反差。她好像变成了另外一个人，可是这另外一个人并不是别人，而是她自己。是她自己的心灵里所潜藏的自我冒了出来。这不是人格分裂，而是有机统一的。她什么都可以不顾，什么都可以付出，什么都可以忍受，破产的风险、“未来的苦恼”、“残酷的贫困”、“肉体的苦楚”、“精神的折磨”，都不在乎，唯一不能放弃的是她的自尊：一切的一切，都是为了把朋友的项链偿还，最不能忍受的是朋友把自己“当成一个贼”。这就是她道德的底线。

正是这条底线，把两个互相矛盾的方面有机地统一为一个人格的整体。

所以托尔斯泰在《复活》中说：

有一个流传得很普遍的迷信，说是每一个人有所独有的、确定的品性。说人是善良的，残忍的，聪明的，愚蠢的，勇猛的，冷淡的，等等。人并不是这个样子。我们讲到一个人的时候，可以说他是善良的时候多，残忍的时候少；聪明的时候多，愚蠢的时候少；勇猛的时候多，冷淡的时候少。或者刚好相反。至于说，这个人善良而聪明，那个人卑劣而愚蠢，那就不对了。不过，我们总是把人们照这样分门别类的。这是不合实际的。

人同河流一样，天下的河水都是一样的，每一条河都有窄的地方，有宽的地方。有的地方流得很急，有的地方流得很慢，河水有时澄清，有时混浊，冬天凉，夏天暖。人也是这样。人身上有各种品性的根苗，不过有时这种品性流露出来，有时那种品性流露出来罢了。

人往往变得不像他自己了，其实，他仍旧是原来那个人。

从情节的构成来说，同样要求符合逻辑的必然性。项链由真到假，得有因果的充分缘由。情节的发展要经得起读者的怀疑和挑剔，否则就可能损害其可信度。故欲强调最后的结果，先前要有伏笔，这在中国古典小说中叫做“先时伏着”，或者叫做“草蛇灰线”。项链是假的，在文章前头也有“伏着”。这些伏笔是很隐蔽的，表面上看来好像是闲笔，可有可无，但实际上把结果的必然性大大加强了。如：当他们夫妇二人到商店去寻访时，商家说，他们只出卖过盒子，并未出卖过项链。又如：当玛蒂尔德快乐得狂热，拒绝破旧的外衣，逃得远远的，此处已经埋下了丢失项链的可能。这就叫做结构严谨，用中国话来说，叫做针脚严密。

当情节完成了探索人物的心灵深层隐性奥秘之时，其任务就完成了。如果继续写下去，物归原主，从人物的心灵检测来说，并无大碍，但于情节本身则是一种贬值，从审美层次陷落到实用层次，而且是对读者想象和参与创造的一种阻断。

最后，不能忽略的是，《项链》作为杰出的短篇小说，其不朽的艺术价值还在于它的结构。它采取生活的一个片段来带动人物整个命运的转折，用一条项链构成单纯的情节的核心。这种结构方式，打破了传统的有头有尾、环环紧扣、繁琐的叙事程式。以《项链》为例，其特点是：第一，情节的核心集中在一个道具上，一条项链的真假、得失就够了，足以使得人物的深层精神奥秘得以显现。第二，一个人物也就够了，足以显示人性的深度。其他的成分，都是背景性质的，就是有助于推动情节，也都淡化处理，相关性不大的，就更是略而不计了。具体来说，她的丈夫是影子式的人物，甚至可以说是道具式的人物。由于他和女主人公在情感上处于同一境界，因而也就没有自己的艺术生命。始终同甘共苦，心心相印，只有浪漫诗歌的价值，而小说中人物要有个性，起码得与主人公“心心相错”，在情感上拉开距离，发生错位，甚至造成痛苦的后果。要做到这一点并不难，哪怕让丈夫埋怨一番，吵一回架，让他露出变成另外一个人的端倪。但是，那样就可能让情节节外生枝，结构就不单纯了，短篇小说就可能不短了，生活的横断面也就难以发挥其优越性了。而这样的优越性和它的局限性是联系在一起的，那就是让一个人有充分的艺术个性，相关人物失去个性是必要的代价。不给她的丈夫生动的个性，不给他精神深度，这并不是作家的失误，而是艺术上果断的决策。

《项链》告诉读者什么？

◎ 钱理群

抛开一切先验的既成观念，从头细细读来，首先注意到的，是作家的如下交代（说明）：他所要描写的是“一个美丽动人的姑娘”，凭借她的外在条件，“她觉得她生来就是为着过高雅和奢华的生活”，可偏偏“由于命运的差错”，“生在一个小职员的家里”——这不是她自己作得了主的，全是命运的安排。其实，命运的恶作剧岂止施加于这个法国城市里的小女子。你可能还会想起托尔斯泰的安娜·卡列尼娜、莫泊桑的老乡司汤达笔下的于连等等文学史上的著名人物，他们哪一个不是面临着个人天赋与出身地位之间、人能够做到的与人实际可以做到的之间的巨大落差，从而引起无数的人间悲喜剧？且看我们这位女主人公是如何对待所谓命运的安排的吧。

作者告诉我们："她觉得她生来就是为着高雅和奢华的生活"，她不安于"住宅的寒伧，墙壁的黯淡，家具的破旧，衣料的粗陋"，"因此她不断地感到痛苦"。"这些东西，在别的跟她一样地位的妇人，也许不会挂在心上，然而她却因此痛苦，因此伤心。"这大概就是这位法国小女子的"特殊"之处，"特殊"即容易引起非议。其实，我们这位天生聪明、灵活的女主人公是自有逻辑的。在她看来，每个人都可以凭着自己的才智与努力，去得到自己想得到的东西；何况人活着就是为了享受（即最大限度地满足人的各种欲望），而不是忍受种种贫困与丑陋。据说有人因此而指责这位法国女子的"虚荣心和追求享乐的思想"，并且断言作者的本意（也即小说的主题）即在对此进行"尖锐的讽刺"。且不说这样代作者立言是否合适（读下去我们就会知道），单是这"指责"本身，就颇值得研究。猛一看，似乎也不无道理，人们早已习惯于把追求享乐看作是资产阶级的腐朽思想，但仔细琢磨，就发现这背后隐藏着一个"安贫乐道"的价值标准，而这种将贫困道德化的价值观恰恰是十分可疑的。不说别的，单就小说描写的范围而言，按照这种价值标准，小说中那位见到炖肉（这是法国老百姓最起码的食物）就"心满意足地"赞叹不已的丈夫，就应该是作者（以至我们读者）歌颂、赞美的对象（他确实没有任何虚荣心，也从不追求享乐），但恐怕任何一个忠实于自己的艺术感受的人都不会承认这一点。说实在话，作者并不热衷于对这位女主人公的逻辑与追求进行严厉的价值判断，他更关注女主人公在命运的这一在她看来不合理的差错面前，按照她的逻辑，她究竟做了什么。于是，在作者细致入微的描写中，我们看到这位"心比天高，命如纸薄"的女人陷入了"悲哀的感慨和狂乱的梦想"，"她梦想那些幽静的厅堂，那里装饰着东方的帷幕，点着高脚的青铜灯……她梦想那些宽敞的客厅，那里张挂着古代的壁衣，陈设着精巧的木器，珍奇的古玩。……"人的欲望（不只是物质的，更有精神的）在现实生活中得不到满足，只有在精神幻想（幻觉）中寻求补偿：作者提供给我们的生活图景，正是揭示了这样一种人的“生存境遇”。它使我们想起了福楼拜笔下的法国外省小镇的爱玛，她也是经过女性所特有的浪漫幻想，臆造出一个想象的世界，以及想象的自我与他人，借以逃出她的真实身份与周围真实的环境。当我们读到《项链》的女主人公面对“铺着一块三天没洗的桌布的圆桌”，却想到“精美的晚餐，亮晶晶的银器”，面对粗粝的食物，却想到“盛在名贵的盘碟里的佳肴”，又不能不联想起那位将破旧小店看（想象）作宫殿，将娼妓看（想象）作贵妇的著名的西班牙骑士。我们甚至会想起在想象中将现实的失败变成精神的胜利的中国农民阿Q。莫泊桑笔下的法国女子的“狂乱的梦想”，与文学史家所概括的“包法利主义”、“堂吉诃德精神”、阿Q“精神胜利法”①，尽管不能简单地绝对等同，但存在着某种内在的相通却是事实，即都是对人类某种精神现象的关注与发现。它集中体现了人对超越现实的物质与精神追求的执迷，受着现实的种种限制的这种追求的无奈、荒诞与虚幻，以及由此产生的人的本性的坚持与扭曲、人的命运的悲剧性与喜剧性。

如果小说仅仅写到这里，我们的阅读仅仅局限于此，作者（以及我们读者）只是写出了（认识了）他的女主人公的某种“共性”。莫泊桑笔下的这位法国女子，毕竟不是爱玛、堂吉诃德和阿Q，她有着自己的特殊境遇，因而有着不同的悲、喜剧的形态。于是，在玛蒂尔德（原谅我现在才提到她的名字）的命运中出现了一个“好机会”——请注意“机会”这个词，“机会”是偶然的，突如其来，又稍纵即逝，却对于人的命运具有某种神秘的力量与作用。玛蒂尔德即是如此，当她抓住这次“机会”时，她的命运似乎发生了戏剧性的转折。在那一天的晚会上，她的被压抑的一切天赋——她的美丽、丰韵，她“天生的聪明，优美的资质，温柔的性情”突然释放，得到淋漓尽致的发挥与表现；她于是得到了她日思夜想同时也是她应该得到的一切——尽情地享受高雅和奢华的生活，人人对自己殷勤献媚，即物质与精神欲望最大限度地得到满足。不错，无论在玛蒂尔德的心理、感觉上，还是在事实上，这都不再是梦与想象，而是活生生的现实。但这精神幻觉向现实的真实转化，在旁观者（作者以及我们读者）的

① 参见钱理群《丰富的痛苦》第7、9章的有关分析。

视觉与感觉中，玛蒂尔德“沉迷在欢乐里”，“陶醉在人们对她的赞美和羡妒所形成的幸福的云雾里”，也就是说，仍然处于精神的幻觉之中，具有某种不真实性。这正是一个“暗示”（启悟）：无论是当初玛蒂尔德坐在“铺着三天没洗的桌布的圆桌边”陷于空洞的幻想，还是这一天晚会上，玛蒂尔德完完全全握在手中的“最美满最甜蜜的胜利”，都是冥冥中命运的安排，人根本无法自主，也无从选择。因此，当以后的情节急转直下，玛蒂尔德因丢失借来的项链而陷于绝境，命运又一次发生戏剧性转折时，作者（以及我们读者）都不感到惊奇：这不过是命运又作了一次恶作剧似的安排，已经说不上错与不错。

但作者（与读者）的注意力仍然集中于在命运的又一次安排使自己再度面临困境时，我们的女主人公的态度与反应。这里又出现了一个对比：当那位似乎“安贫乐道”的丈夫，因为现状被打破，因为物质与精神更加贫困的“远景”而心怀恐惧时，这位普通的法国女人却“毅然决然打定了主意”，她面对现实，重新安排一切；于是，在小说快要结束时，我们又看到了另一个玛蒂尔德，“她成了一个穷苦人家的粗壮耐劳的妇女了”。这确实是“另一个”，与小说开头出现的那位娇艳的、好幻想的女子相比，从外貌到精神（性格、心理以至气质）都发生了真正的截然相反的变化，反倒与当年为女主人公绝对瞧不上眼的“那个替她做琐碎家事的勃雷大涅省的小女仆”相趋近了。但我们要注意，尽管作者显然是着意要强化（夸大）这连人物自己也绝不敢相信的变化的戏剧性，但他在原先那个“狂乱梦想”的女子与变化后的这位粗壮耐劳的妇女之间，并没有作出明确的倾向性选择。其实，我们已一再说过作者本无意（我们读者似乎也应该如此）对人物作明确的价值判断，他所感兴趣的，或者说发生在人物身上的这种戏剧性的变化引起作者心灵震撼与深思的，是人自身对于这种变化的无能为力。因此，他才忍不住发出感慨：

> 要是那时候没有丢掉那挂项链，她现在是怎样一个境况呢？谁知道呢？谁知道呢？人生是多么奇怪，多么变幻无常啊，极细小的一件事可以败坏你，也可以成全你！

敏感的读者自会感觉到，作者在这里似乎改变了全篇小说含蓄的有节制的客观叙述调子，在连续的感叹、诘问中，显示出内心的焦躁不安。作者是为人的命运的变化无常，人太容易为生命中的偶然所左右，而感到不可理解，这正与小说开头“命运的差错”的感慨遥遥相应。——我们读到这里也才终于懂得了“命运的差错”的意义与分量。

小说似乎应该到此结束，但作者又着意安排了一个戏剧性的转折——这转折确实太突然，几乎没有什么伏笔，无论谁（小说中的人物、读者甚至作者自己）都没有思想准备，因而引起的惊讶（甚至震动）是格外强烈的，或许作者精心运用这样的小说技巧，所追求的正是这震撼力：这最后的戏剧性揭示最有力地显示了偶然在人的命运中的威力，也可以说是命运给人开的一个最残酷的玩笑。当小说在“我那一挂是假的”一声大喊中戛然而止，我们读者再回味眼前这位“目瞪口呆、不知所措”（作者没有写明，是在读者想象中完成的）的妇人戏剧性的一生，心中掂量着的正是“残酷”这两个字，是不是？

莫泊桑：《我的叔叔于勒》

怎样感受人？怎样感受人与人之间的关系？

◎ 王富仁

莫泊桑著名的短篇小说《我的叔叔于勒》，我曾经读过多次。每一次读，心头就像压着一块石头，感到一种无法排解的悲哀。

我想，假若让我对中学生讲解这篇短篇小说，我将怎样讲呢？

我无法讲。

“让学生自己去感受吧！”我会这样说。

我认为，仅仅这样说还不够，我们还应该说：“让他们对我们、对我们的生活、对我们的心灵进行一次审判吧！”

不是吗？小说选取的不是我们成人的视点，而是一个与我们的学生年龄相仿的少年人的视点。

一个少年在用自己的眼睛、心灵观察和感受着我们成年人的世界，观察和感受着我们成年人的思想和感情。

我们成年人看待世界、看待人，是与少年人有所不同的。

小说中的“我”是怎样看待于勒的呢？假若我们读了全文，“我的叔叔于勒”这个题目就会给我们一个意味深长的感觉。小说中的一切都已经发生了，“我”已经知道了关于于勒的一切，但在这个少年人的心目中，于勒还是“我的叔叔”，而不是“我的不走正路的叔叔”，也不是“骗子、流氓”。在这个题目中，我们感到的是亲切、亲近，一点也没有疏远的感觉。在这里，于勒是作为一个“人”，一个与“我”有着密切关系的“人”而被称谓的，而不是作为一个值得尊重或是不值得尊重的人而被称谓的。“我看了看他的手，那是一只满是皱纹的水手的手。我又看了看他的脸，那是一张又老又穷苦的脸，满脸愁容，狼狈不堪。”这是一个“人”，一个以当下的生存状态和精神状态呈现在“我”面前的“人”。他过去是不是“花花公子”，是不是“无赖”、“流氓”，他是怎样落到这么一个悲惨的境地的，对于“我”都不重要，重要的只是当下这个“人”，这个“人”的生存状态和精神状态，并且这个“人”是与自己有着不可分割的联系的：“这是我的叔叔，父亲的弟弟，我的亲叔叔。”三个同义反复的判断句，强调了这种自然的联系，这种联系存在的确实性。我们成年人经常提出一个人值得还是不值得同情的问题，但是，这只是我们成年人世界里的语言，而不是小说中“我”的语言，不是童稚心灵世界里的语言。在童稚的心灵里，不存在一个人值得还是不值得同情的问题，也不存在同情这样一个人对自己有好处还是没有好处的问题，而只有发生还是没有发生同情心的问题。面对落到这样一种悲惨境地的人，并且这个人就是“我”的叔叔，“我”感到由衷的同情，在代父亲付给于勒牡蛎钱时，“我”给了他十个铜子的小费。在这时，“我”想到的根本不是自己，不是这样做对自己有什么好处，而是感到应当这样做，必须这样做，不这样做心里就感到不安宁、不舒服。前因和后果这种离开当下情景的回忆和推论，值得还是不值得这种以利益为基础的理性考虑，在这种自然发生、自然流露的同情心中，是没有任何地位和作用的。

于勒值得还是不值得同情的问题只发生在我们成年人的世界里。在我们成年人的世界里，有一个人与人的情感关系的问题，也有一个人与人的利益关系的问题，因为我们成年人不仅仅生活在人与人的情感关系中，更生活在现实生活的物质和金钱的关系中。在情感的世界里，人与人的苦乐是相通的，忧喜是相连的，别人的痛苦也能引起自己痛苦的感觉，别人的欢乐也能引起自己欢乐的心情。而在物质的和金钱的世界里，人与人则是各个分离的。它不但区分了富人和穷人，而且区分了这个家庭和那个家庭、这个人和那个人。别人的利益不是自己的利益，别人的体面不是自己的体面。每一个人都必须关心自己的利益，并且以个人的得失为得失。趋利避害，权衡轻重，即使付出，也是为了最终的获得。这样，也就有了一个值得还是不值得的问题。在这个意义上，我们完全可以说，对于勒的任何同情和理解，对于勒的任何微不足道的帮助，都是不值得的。首先，于勒现在的悲剧命运，完全是由他自己的行为造成的，不是“我”的父母剥夺了他的遗产，而是他“把自己应得的部分遗产吃得一干二净之后，还大大占用了我父亲应得的那一部分”。用句我们成人世界里常常说的话，那就是他“咎由自取”、“罪有应得”，任何人对他的这种悲剧性的后果也没有、更不必担负道义上的责任。其次，在一般的情况下，对于勒这样的人的同情，对自己是没有任何好处的。它要求自己的付出，而无法从对方身上获得应有的回报。“别叫这个小子又回来吃咱们!”不能不说，“我”的母亲的担心并不是没有根据的。再次，不论是从“我”的父母的眼中，还是从“我”的眼中，都没有看出现在的于勒有任何“悔过自新”的表现。在我们的观念里，假若通过我们的同情和理解，通过我们的感化和教育，一个不好的人变得好了，一个堕落的人不堕落了，对这个人的同情也是值得的，但这种情况也没有发生在于勒身上。所以，从利益的关系出发，于勒是不值得同情的。

我们生活在一个物质的世界里，一个以金钱关系组织起来的世界里，我们每一个成年人都不能不首先承担起个人的和家庭的经济重担，都不能不重视金钱的作用。正是这种对金钱的重视，对财富的关心，使我们越来越淡漠了对人的关心。甚至在我们对人的关心里，也渗透着大量对自我利益的考虑、对金钱和财富的关心。只要我们承认这样一个基本的事实，我们就不能不承认，不论我们意识到还是没有意识到，不论在实际的生活中表现出来还是没有表现出来以及表现的程度如何，我们成年人都不能没有这种对自我利益的关心，我们这种对自我利益的关心都不能不导致我们同情心的淡漠。在这里，直接关系到我们如何感受和评价小说中“我”的父亲和母亲的问题。我们生活在一个重视个人道德的国家，我们常常把道德问题仅仅视为个人修养的问题，因而我们习惯于追究个人的道德责任，嘲笑那些公开表现出狭隘自私倾向的个人。但莫泊桑不是一个中国作家，他是一个法国的现实主义作家，一个人道主义者，一个从现实社会生活本身思考人的道德发展状况的知识分子。在这篇小说里，他是以“我”的眼光环视周围的人物的，他同情、理解于勒，也不可能不同情和理解自己的父母。他不可能站在一个旁观者的立场上嘲笑自己的父母。与此相反，小说中的大量描写都集中在对“我”的父母的理解和同情上。“我”的父母不是不想成为“体面”的人，成为有道德修养、有高雅趣味的人，甚至他们也不是不爱自己的亲人，他们对自己子女的前途是十分关心的，只不过这种关心也不能不首先落实到对家庭经济状况的关心上。“我母亲对我们的拮据生活感到非常痛苦。那时家里样样都要节省，有人请吃饭是从来不敢答应的，以免回请；买日用品也是常常买减价的，买拍卖的底货；姐姐的长袍是自己做的，买十五个铜子一米的花边，常常要在价钱上计较半天。”“不为穷困宁有此”，贫穷使他们不能不斤斤计较每一个小钱，不能不把自己生活的目标放在经济状况的好转上。我们每一个成年人，每一个教师，都不能不生活在这样一个经济的世界里，生活在经济世界的金钱关系中，我们也不能不时刻关注着自己的经济利益，不能不重视金钱的作用。所以，我们对他们的经济处境和在这种经济处境中所形成的生活习俗、思维习惯，没有理由采取嘲笑的态度，没有理由把他们身上的弱点仅仅视为他们道德上的弱点。

我们与“我”的父母有什么不同呢？不同之处不在于我们没有生活在一个物质的和金钱的世界上，不在于我们不像“我”的父母那样关心自己家庭的经济状况，而在于我们没有像于勒这样一个能够从根本上颠覆自己家庭的经济基础、使我们不是越来越富裕而是越来越贫穷的亲人，一个我们中国人所说的“败家子”的弟弟。而没有这样一个人，是无法挖掘出经济世界里的金钱关系对我们人性的扭曲的，是无法显示出我们成年人心灵的本真状态的。在这里，我们看到的是小说艺术的作用。于勒这个人物的设置，是这篇小说之所以能够揭示出我们成年人内心世界的秘密的关键所在，也是莫泊桑的艺术匠心之所在。借助于勒，揭开了覆盖在我们心灵表面的东西，使我们看到了我们在这个物质的、金钱的世界里内在心灵发生的自觉的或不自觉的变化，使我们看到了物质和金钱对我们心灵的扭曲和腐蚀。与此同时，“我”这个少年人的视角的选取也是具有关键意义的。

正因为我们和"我"的父母一样，也生活在一个物质的和经济的世界上，也生活在人与人的金钱关系之中，所以我们很容易仅仅站在"我"的父母的角度看待于勒，看待"我"的父母和于勒的关系。"我"则改变了我们平时感受人、评价人的视角，把我们的视角转移到"我"的视角上来。而"我"还不是一个成年人，还没有成年人所不能没有的强烈的经济意识和金钱意识。他对人的感情还是朴素的、自然的，是从人与人的自然联系中产生的，既不像"我"的父母那样仅仅从金钱关系中看待于勒，看待于勒在现实世界的失败，也不像我们成年人中一些假道学者一样用严酷的道德眼光看待"我"的父母，看待他们在这个物质的、经济的世界上所极难避免的人性的弱点。这样，就把小说的主题完全集中在现实社会的金钱关系对人、对人性的扭曲与破坏上，强化了小说对社会现实的批判力量。在这里，也显示着小说作者高超的艺术技巧。

只要我们不能不重视金钱的作用，只要我们不愿穷下去而愿富起来，外部的世界，其中也包括人，便不能不与我们构成物质的和金钱的关系。而在这时，我们看到的就不再是对象的本体，而是它的经济的价值，是它与我们的物质利益的关系。于勒在"我"父母的眼里，就成了这样一个符号。他们有时把于勒称为一个"行为不正，糟蹋钱"的"坏蛋"、"流氓"、"无赖"，有时又说他是一个"正直的人"、"有良心的人"。当他们认为于勒能够给他们带来实际的利益、带来更优裕的物质生活的时候，于勒是他们的希望，是他们的骄傲；当他们感到于勒不但不能给他们带来实际的利益，而且会成为他们的生活负累的时候，于勒就是他们的灾祸，是他们的恐怖。一个真实的于勒在他们面前消失了，作为一个"人"的于勒在他们眼前消失了。

自然，"我"父母眼中的于勒已经不是一个真实的于勒，我们只能通过想象重新复制出一个真实的于勒来。创作小说需要想象，阅读小说也需要想象。在小说描写的基础上进行丰富的想象，是读者能够激活文学艺术作品并且参与艺术作品的再创造的基本形式。而一个作品的读者之所以能够参与这个作品的再创造，归根到底还是因为作品的作者给读者留下了丰富的想象空间。他没有把所有的事情都告诉我们，我们必须用自己的人生经验丰富它、充实它。我认为，这也是这篇小说能够成为一个世界小说名篇的原因之一。它短小、简练、含蓄，它的外部尺幅很小，而内部的尺幅极大，耐人寻味，余音袅袅，与它的这种处理方式是有极大关系的。那么，于勒到底是一个怎样的人呢？显而易见，于勒是与“我”的父母截然不同的。“我”的父母是懂得金钱的重要性的人，是把每一个小钱都看得非常重要的人，因而也是精于金钱算计的人；而于勒则不像他们那样懂得金钱的重要，因而也不精于金钱算计，但在我们成年人生活着的物质的、金钱的世界上，他的不精于算计也就成了他悲剧命运的总根源。“在有钱的人家，一个人好玩乐无非算作糊涂荒唐，大家笑嘻嘻地称他一声‘花花公子’。在生活困难的人家，一个人要是逼得父母动老本，那就是坏蛋，就是流氓，就是无赖了。”所以于勒并不像“我”的母亲所说的是一个“贼”，也不像老船长所说的是个“老流氓”，只是他不像社会上的一般人那样爱惜金钱，才把自己有限的遗产挥霍罄尽。他的哥哥和嫂嫂为了不受他的经济的拖累，把他“送上从哈佛尔到纽约的商船，打发他到美洲去”。于勒并不像他的哥嫂那样看重金钱，因而也不像他们那样寡于人情。他到了美洲之后，经济上略有好转就写信回来，表示愿意赔偿哥嫂的损失，表达了他对哥嫂的怀念之情。他破产之后，又给哥嫂写了一封信。这封信虽然简短，但是细心体会，实际上是很感人的。他隐瞒了自己破产的事实，但不是为了自己，而是以为哥嫂仍然关心着他，让他们不要担心他的健康和他的前途。他希望赚了钱之后，再回到自己的家乡，和哥嫂“一起快活地过日子”。在此之后，他过着穷愁潦倒的生活，但却没有回到哥嫂身边来，因为他不愿成为哥嫂生活的负担。这与“我”的父母处处从自己的利益出发，形成了一个鲜明的对照。总之，于勒是个不会过日子的人，但却不是一个薄情寡义的人。

经济的世界，金钱的关系，毁灭了像于勒这样一些没有金钱意识的人的生活，把他们推入了人生悲剧的深渊，使他们不但失去了生活的经济基础，也失去了亲人的爱和社会的关心；经济的世界，金钱的关系，扭曲了像“我”的父母这样一些不能不重视金钱的人的精神，使他们淡漠了对人的爱和同情，使他们变得庸俗、狭隘和自私。

这一切，都通过一个少年“我”的眼光和心灵折射出来。这个“我”既同情于勒的悲剧命运，也同情父母的悲剧处境，但对金钱关系、对成人社会人与人情感关系的破坏却有着较之我们成年人更加敏锐的感受。

我们无法嘲笑于勒，也无法嘲笑“我”的父母。小说让我们反思我们的生活，反思我们的人生，反思金钱关系对我们人性的扭曲和破坏，并且在这种反思中把我们的灵魂从现实生活的物质和金钱的关系中升华出来，提醒我们不要失去对人的真诚的爱心和同情。

它对像“我”这样的少年人有什么影响作用呢?

它可以让一代代的儿童都不要忘记、更不能轻视自己少年时期的人生观察和人生体验，并把自己对人的自然、朴素、真诚的爱和同情保留到自己的成年，不要被现实的金钱关系所异化，因为只有这样的心灵，才是人类最健全、最美好的心灵。

略说《我的叔叔于勒》

◎ 钱理群

我们的读与讲还是从写法入手。

莫泊桑是著名的短篇小说家，本篇写作上的最大特点有二：一是故事悬念的设置，一是故事叙述者、叙述视角的选择。

一、悬　念

小说一开始就写道：“只要一看见从远方回来的大海船开进港口来，父亲总要说他那句永不变更的话：‘唉！如果于勒竟在这只船上，那会叫人多么惊喜呀！’”就是这一句话，给这位远方的于勒叔叔蒙上一股神秘的色彩：他究竟是什么人？为什么父亲对他寄以这么大的期待？这就有了悬念。

以下的一段回述，说于勒叔叔是因为“把自己应得的部分遗产吃得一干二净之后，还大大占用了我父亲应得的那一部分”，而被打发到美洲的。但这只是部分地揭开了于勒叔叔的身世：他大概是一个人们常说的不会守财、理财的浪荡子吧。

但他在远方的行止，却依然充满疑团。只是传说他“到那里就做上了不知什么买卖”，不仅语焉不详，而且也不确实。他的来信，也让人摸不着头脑，先说是赚了点钱，又说他要去南美发了财才回来，要好几年不和家人通信，而且果真十年没有消息。尽管他的形象越来越模糊，但在“我”的父母和全家人的想象中，却越来越神奇，不但要“用这位叔叔的钱置一所别墅”，连二姐的婚事都寄托在他身上了。

写到这里，尽管“我的叔叔于勒”始终是叙述的中心，但他却从来没有露面，只存在于种种传闻和全家人的想象中。这样悬念就更加重了：他究竟是怎样一个人呢？特别是那个青年因为看了于勒叔叔的信，“不再迟疑而下决心求婚”以后，敏感的读者就开始担心起来：万一……万一于勒叔叔不尽如人们想象的那样，会发生什么呢？

就在这样的期待、疑惑的悬念中，作者悄悄布置了一个最关键的情节。开始也很自然，全家要在二姐婚礼后作一次旅游。接着在不经意中看见一个“衣服褴褛的年老水手”在卖牡蛎。但正是这一个细节却引发了父母情感的轩然大波：由父亲的“不安”到母亲的“哆嗦”，到向船长“紧张”地打听，终于揭开谜底——那衣服褴褛的老水手就是于勒叔叔！这和“我”的父母乃至我们大多数读者原先的期待形成了巨大的反差，构成了情节发展的一个“逆转”，即使如前文所说，少数敏感的读者原先有所担心，但这么快得到证实，也是出乎意外的。

在“狼狈”的父亲、“暴怒”的母亲走开以后，“我”和这位曾经是那么神秘的于勒叔叔见面了。请注意，直到这时，小说的真正主人公“我的叔叔于勒”才得到正面描写的机会，露出其“庐山真面目”：我们仿佛和小说中的“我”一起“看他的手”——“那是一只满是皱纹的水手的手”，一起“看他的脸”——“那是一张又老又穷苦的脸，满脸愁容，狼狈不堪”。

这一个瞬间的大特写，是具有震撼力的。可以说，前面所有的悬念的设置、所有的描写，都是为了“我”以及读者和于勒叔叔的这个瞬间相遇：原来于勒叔叔是饱经风霜的“又老又穷苦”的人，而不是传说中、想象里的那个在远方发了财的人。

这同时又产生了新的悬念：他怎么会变得又老又穷，成为这样一个人？这十多年远方漂泊的生活，他是怎么度过的？当全家人都对他满怀期待时，他对家里的亲人有过怎样的感情？——关于这些问题，作者一句也没有说。这“十年漂泊的于勒叔叔”的形象，都留给我们读者在自己的想象里完成了。

二、叙述者与叙述视角

但作者的用心，并不只是在“于勒叔叔是怎样一个人”，更在于人们“怎样看待于勒叔叔这样的人”。这就有一个由谁来讲述于勒叔叔的故事、以什么眼光并从什么角度来写于勒叔叔的故事的问题，即我们通常所说的叙述者与叙述视角的选择。

小说家莫泊桑精心选择了“我”——若瑟夫、于勒的侄子、一个未成年的孩子，来讲“我的叔叔于勒”的故事。

由于这样的叙述者的选择，整个故事形成了多重的“看”与“被看”的关系。

首先是“我”的父母这样的成年人怎样看于勒叔叔。——这是第一层面的“看”与“被看”。

前面已经说到，于勒叔叔是有两个形象的：一个是实际的形象，一个是传说中、想象里的虚拟形象。于是，就有了两种看法和评价。而这不同的看法、评价又通过对于勒叔叔的不同称呼表达出来。可以分作三个阶段。一开始，当于勒表现出前文所说的“不善守财，不善理财”那一面时，大家把他称作“坏蛋”、“流氓”、“无赖”，总之，“分文不值”。后来，传说他“赚了点钱”，还要到远方去“发财”，他自己也许诺要赔偿损失、帮助家人时，他一下子成了“正直的人”、“有良心的人”、“好心”的人。到最后，他终于露出真面目，不过是一个创业失败的穷苦的老人，他立刻又成了“老流氓”、“贼”，只把他叫做“这个小子”、“那人”、“那讨饭的”，根本不认这个亲戚了。——这里的褒与贬，标准只有一个：看他是否赚了钱。表面上是看人，其实是看钱。有钱人，会赚钱、发了财的人，就是“正直的人”、“有良心的人”；穷人，不善守财、理财、赚钱的人，就是“流氓”、“坏蛋”、“无赖”。因此，这个故事是完全可以有另一个结局的：如果“我”的父母和家人在船上遇到的不是穷人“于勒叔叔”，而是发了财的富人“于勒叔叔”，那就是另一番情景了。你能想象得出，并加以描述吗？

单就“我”的父母如何看于勒叔叔的这一层关系，读者很容易把“我”的父母看作是一个“以钱论人”的势利小市民，看作是一个个人道德问题，这就不免有些片面。因此，还需要另一层“看”与“被看”，即“我”怎样“看”父母这样“看”于勒叔叔。——这是小说叙述的第二层面。

于是，我们就注意到，在小说一开始谈到于勒叔叔之前，有一段交代性的描写，反复强调父亲“挣的钱不多”，养活全家五口人相当不容易，“母亲对我们的拮据生活感到非常痛苦”，姐姐要“买十五个铜子一米的花边，常常要在价钱上计较半天”。这些都不是无关紧要的闲笔，而是要读者理解钱对于这样生活拮据的家庭的重要性。因此，在下文谈到于勒叔叔把自己应得的部分遗产吃得一干二净，还大大占用了父亲的一份，因而遭到谴责时，说到了“他当初行为不正，糟蹋钱。在穷人家，这是最大的罪恶”，显然怀有一种理解的同情。因此，“我”尽管对于勒叔叔采取了完全不同于父母的态度（详见下文分析），但他叙述父母如何看于勒叔叔时，虽然多少有嘲讽之意，但语气却是善意的，也还是怀有同情的理解。这就是说，父母的“以钱论人”，绝非个人的道德缺陷，而是生活环境所逼。

这就说到了“我”怎样看于勒叔叔——这是第三层面的“看”与“被看”。

小说其实只写了一句：在“我”终于和这“又老又穷”的叔叔面对面时，“心里默念道：‘这是我的叔叔，父亲的弟弟，我的亲叔叔。’”这一笔却极有分量，甚至可以说是全文的点睛之笔。在这里，实际上是提出了另一种看法，另一种评价人的标准，另一种人与人的关系的准则——只看亲情，不管有钱还是无钱。有意思的是，这样的看法、标准是由一个孩子提出来的，原因也很简单：他未受金钱万能的拜金主义和“钱就是一切”的伦理观念的污染，是一个鲁迅说的“心思纯白”的人，因此，他心目中只有“离绝了交换关系利害关系的爱”①。

这样，围绕着如何“看”于勒叔叔，就出现了两个视角，一个是父母的成年视角，一个是“我”的童年视角。在成年视角里，只有钱；在童年视角里，亲情的爱胜过一切。而通篇小说选择“我”作为叙述者，也就选择了以童年视角来讲述于勒叔叔的故事。

但深谙小说艺术的作家，为避免叙述视角的单一，又为整个故事的讲述设置了一个“套子”。这就是小说的开头和结尾，现在被教材删去，似有不妥，故补录如下：

> （原文开头）一个白胡子穷老头儿向我们乞讨小钱，我的同伴若瑟夫·达夫朗司竟给了他五法郎的一个银币。我觉得很奇怪，他于是对我说：“这个穷汉使我回想起一桩故事，我这就讲给您听。事情是这样的……”
>
> （原文结尾）此后我再也没有见过我父亲的弟弟。以后您还会看见我有时候要拿一个五法郎的银币给要饭的，其缘故就在此。

首先我们注意到，开头、结尾里的“若瑟夫·达夫朗司”不同于小说主体里的“我”，那个小若瑟夫已经长大了，这又出现了一个成年视角。而“看”的对象，已经不是于勒叔叔，而是和于勒叔叔有类似境遇的一个乞讨的“白胡子穷老头儿”。有意思的是，成年若瑟夫依然是用童年若瑟夫“爱”的观念、眼光、心态去对待穷人，而且显然由对于勒叔叔一人之爱扩大到所有的穷人，也就是由亲情之爱扩展、上升到了对所有不幸者的爱，这是真正的人道主义之爱。

---

① 鲁迅：《我们现在怎样做父亲》。

这样，我们终于明白，其实小说里还有第四层“看”与“被看”的关系，就是作者莫泊桑在“看”——童年的“我”若瑟夫如何看“于勒叔叔”？成年的父母如何看“于勒叔叔”？成年的若瑟夫又是如何看“于勒叔叔”这样的穷人？作家在小说里看似隐身，但通过他对小说情节、结构的精心设置，对叙述者的精心选择，已经不动声色地显示了他的看法：他显然更认同于成年若瑟夫的观点和做法，也就是说，他对现实成年社会对人的评价标准，以及人与人关系中的拜金主义的倾向，持批判和嘲讽的态度，对在孩子身上仍然保留着的纯真的亲情之爱，则显然有一种亲和力，并期待着能够上升到“爱一切不幸者”的人道主义的高度。——莫泊桑本质上是一位伟大的人道主义作家。

最后要说的是，当我们阅读这篇小说时，就同时产生了新一层“看”和“被看”的关系：生活在当下社会的我们这些读者怎么“看”于勒叔叔，以及小说中的种种“看”。同时也要追问：我们自己以及社会上的许多人又是怎么“看”现实生活中“于勒叔叔”这样的穷人的？由此应引发怎样的思考？

这些问题需要大家来回答，这里就不说了。

《我的叔叔于勒》中的人称视觉

◎ 孙绍振

从内容上来说，《我的叔叔于勒》和《范进中举》风马牛不相及，地域和时代也各不相同。但是，有两点却如出一辙。首先作为小说，都是揭示同样一个人，由于处于不同的社会地位，在同样的亲属心目中，竟然产生截然不同的评价和观感。在《范进中举》中最为明显的是胡屠户，中举以前，视范进若粪土；中举以后，奉范进若神明。《我的叔叔于勒》也是这样，于勒在自己亲兄弟心目中的地位，可以说是经历了三次起落。

第一次，他作为一个浪荡子，是全家的“恐怖”。因为他把自己应得的那部分遗产吃得一干二净之后，还大大占用了自己哥哥应得的那一部分。这样，他就被归入“流氓”、“无赖”、“坏蛋”之列。

值得注意的是，作家在表现这样的变化的时候，用的不是描写、叙述或者抒情的手法，而是一种议论的手法：

> 据说他当初行为不正，糟蹋钱。在穷人家，这是最大的罪恶。在有钱的人家，一个人好玩乐无非算作糊涂荒唐，大家笑嘻嘻地称他一声“花花公子”。在生活困难的人家，一个人要是逼得父母动老本，那就是坏蛋，就是流氓，就是无赖了。

这是一种议论，因为他讲的是普遍的现象，而不是个别的、个体的情况。议论的最大特点，就是概括的、普遍的，甚至是抽象的；而描写则是具体的、个别的、感性的。但是在这里，议论固然是普遍现象的概括，但又是很感性的、很形象的。因为议论本来应该是概括抽象的道理，可是这里讲的恰恰是没有道理。同样的事情发生在不同经济状况的人身上，就有截然相反的评价。这样的道理，明显不合理。把不合理的事情用肯定的语气说出来，用极其明显的反差，使其表现出显而易见的荒谬，这就使之具有了讽刺的意味。

小说的主题虽然没有直接说出来，但全都包含在这样的议论之中。

小说接下来所表现的，就是对于勒的第二种评价，以反差极其强烈为特点。由于他写信来说自己赚到了一笔钱，希望能够赔偿哥哥的损失，而且有望改变哥哥的贫困状况。其结果，这个被视为“坏蛋”、“分文不值”的于勒，就变成了“正直的人，有良心的人”，而且成了全家“唯一的希望”。以后，于勒又宣告他发了财，于是，他的信就成了“福音书”，成为炫耀的资本。

对于勒的第三种评价，贯穿在小说的高潮和结局之中。他的哥哥和嫂子发现他并不是什么富翁，而是一个潦倒的、又老又脏、满脸皱纹的水手，后来又了解到，他被认为是一个“老流氓”，欠债累累，靠在轮船上卖牡蛎维持生计。这时他的哥哥和嫂子立即对他改变了评价：把他当成了“贼”、“讨饭的”，唯恐被“拖累”。

显然，这是一种对比。作者的立意，在于极端的反差。

但是值得注意的是，这种反差，如果仅仅在于对于勒的评价，那还不是作者的追求，因为评价毕竟是理性的，作者集中笔力揭露的是哥哥嫂子的情感。如果作家采用《范进中举》那种第三人称的视角，也未尝不可。但是，作家采取了第一人称描述，可又并不是哥哥嫂子第一人称的自述。如果用哥哥嫂子的自述，内在情感当然是可以得到自由的表现，但那样可能显得太直露了，一览无余。作者选择了从天真无邪的侄子的视角来感受眼前的事变。这就是说，他父母潜在的情感不能直接抒发，要靠他所听到的语言、所看到的动作和表情来表现。这样的视角有一个好处是，父母的语言、动作和表情的前后不一，经过孩子的眼光被放大了。从前后相反这一点上说，它和《范进中举》在基本方法上是一致的，也就是对同一个人，用前后相反的评价来表现那个时代的拜金主义，拜到连自相矛盾、自己打自己嘴巴都感觉不到廉耻的程度。

但是，毕竟是不同的艺术作品，二者在艺术风格上的不同是很明显的。

吴敬梓笔下的胡屠户，当然是势利小人，利欲熏心，但是，吴敬梓只是把他写得挺可恶，并没有把他写得十分可恨。除了势利以外，胡屠户还喜欢吹牛，而且是不高明地、欲盖弥彰地吹牛，自我表扬的结果，其实是自我暴露，在自鸣得意中自我显露。吴敬梓还把他写得很迷信，迷信得很愚蠢，迫不得已打了范进，以为天上的文曲星真的来惩罚他了，自我迷惑到有一点自我折磨，在这过程中，有一点天真，显出一种傻乎乎的样子。因而，胡屠户的形象是一个喜剧形象。在可恨之中，是不是又有一点好玩、可爱？而《我的叔叔于勒》的作者对待于勒的兄嫂，却并不宽容，对之所用的方法，是纯粹的揭露、讽刺和批判。因而，这两个人物的形象，一点也不像胡屠户那样丰富，那样可恶又可爱，可恨又可笑。这两个人物势利到在未来的女婿面前，连起码的虚伪，莫泊桑都没有赋予他们。到了最后，孩子出于同情，给了于勒叔叔十个铜子的小费，他母亲的反应居然是“吓了一跳”，说：

> 你简直是疯了！拿十个铜子给这个人，给这个流氓！

仅仅是因为穷苦，一下子就变为道德上的不齿，而且为了不再见他，回来的时候，换乘了一条轮船。

小说的情节设计得相当巧妙。情节的难点在于，于勒在国外，他自己是不会回来的。要让作品中的父母亲眼看到他的穷愁潦倒，就得让他出国。可是要让这个陷于穷困的家庭出国旅游，在经济上是不可能的。于是，作者精心设计了另一条线索，那就是姐姐的婚事。新郎就是因为得知于勒叔叔有钱才向姐姐求婚的。在婚礼之后，一家人决定到外国一个地方去旅游。这里有几句话，对于读者来说，很可能被忽略，然而对于作家来说，却是十分关键的：

> 哲尔赛岛是穷人们最理想的游玩的地方。这个小岛是属英国管的。路并不远，乘小轮船渡过海，便到了。因此，一个法国人只要航行两个小时，就可以到一个邻国，看看这个国家的民族，并且研究一下这个不列颠国旗覆盖着的岛上的风俗习惯。

要让这一个经济贫困的家庭一起到国外旅游，至少要有三个条件：一是有非同小可的缘由，二是十分经济实惠，三是名义上必须是堂皇的、风光十足的。而把这一家人送到国外，是为了让他们亲眼看到于勒的困境，而这必须有充分的理由。从这里，我们可以看出莫泊桑的写作技巧，按中国小说的说法，就是针脚绵密。

图书在版编目（CIP）数据

解读语文/钱理群，孙绍振，王富仁著．--福州：福建人民出版社，2010.4（2026.2 重印）

ISBN 978-7-211-06053-5

Ⅰ．解...　Ⅱ．①钱...②孙...③王...　Ⅲ．语文课－中学－教学参考资料
Ⅳ．G633.303

中国版本图书馆 CIP 数据核字（2009）第 181786 号

解读语文 | JIEDU YUWEN

钱理群　孙绍振　王富仁　著

责任编辑：林诗鸿
出版发行：福建人民出版社
地　　址：福州市东水路 76 号　　邮政编码：350001
电　　话：0591-87533169（发行部）　　87553647（编辑室）
网　　址：http://www.fjpph.com　　电子邮箱：fjpph7211@126.com
经　　销：福建新华发行（集团）有限责任公司
印　　刷：福州万达印刷有限公司
地　　址：福州市闽侯荆溪镇溪头工业区徐家村 166－1 号
开　　本：787mm×1092mm　1/16
印　　张：28
字　　数：428 千字
版　　次：2010 年 4 月第 1 版　　印　　次：2026 年 2 月第 18 次印刷
书　　号：ISBN 978-7-211-06053-5
定　　价：58.00 元